MANFRED CLAUSS

Geschichte Israels

Von der Frühzeit
bis zur Zerstörung Jerusalems
(587 v. Chr.)

VERLAG C.H.BECK MÜNCHEN

Mit 26 Abbildungen

CIP-Kurztitelaufnahme der Deutschen Bibliothek

Clauss, Manfred:
Geschichte Israels : von d. Frühzeit bis zur Zerstörung
Jerusalems (587 v. Chr.) / Manfred Clauss. –
München : Beck, 1986
  ISBN 3 406 31175 X

ISBN 3 406 31175 X

Umschlagentwurf: Bruno Schachtner, Dachau
© C. H. Beck'sche Verlagsbuchhandlung (Oscar Beck), München 1986
Gesamtherstellung: C. H. Beck'sche Buchdruckerei, Nördlingen
Printed in Germany

Inhaltsverzeichnis

Abkürzungsverzeichnis 7

I. Einleitung – Raum, Zeugnisse, Chronologie 9

II. Frühgeschichte der Hebräer 16
   1. Der Alte Orient im 2. Jahrtausend 16
   2. Ursprünge der Hebräer 22
     a) Nomadenleben 23
     b) Hebräer in Ägypten – ‚Auszug‘ 28
   3. Landnahme 31
   4. Helden, Herrscher, Richter 39
   5. Leben in vorstaatlicher Zeit 50
     a) Familie, Sippe, Stamm 50
     b) Gesellschafts- und Wirtschaftsordnung 60
     c) Religiosität 64

III. Die vereinigten Königreiche Juda und Israel 69
   1. David 70
   2. Salomo 83

IV. Zerfall der Doppelmonarchie und Rivalitätskämpfe 90
   1. Ende der Doppelmonarchie 90
   2. Rivalitätskämpfe 93

V. Israel 97
   1. Konstituierung Israels unter Jerobeam und seinen Nachfol-
     gern 98
   2. Dynastie Omri – Auf dem Höhepunkt der Macht 102
   3. Dynastie Jehu – Auseinandersetzung mit den Aramäern . . . 109
   4. Untergang 114

VI. Juda 121
   1. Im Schatten Israels 122
   2. Vorherrschaft Assurs 127
   3. Restaurationsprogramm des Josia 137
   4. Untergang 142

VII. Struktur der hebräischen Monarchien 147
    1. König – Hof – Beamtenapparat 147
    2. Heerwesen 157
    3. Wirtschaft – Handel – Finanzen 164
    4. Gesellschaft – Sozialgefüge 172
    5. Recht – Justiz 182
    6. Wissenschaft – Geschichtsschreibung 186
    7. Religion – Kultus 190

VIII. Ausblick 203

IX. Zeittafel 207

X. Abbildungsverzeichnis 212

XI. Bibliographie 213

XII. Register 224

Abkürzungsverzeichnis

Abb.	Abbildung
ANET	Ancient Near Eastern Texts Relating to the Old Testament, Hrsg. J.B. Pritchard, Princenton ³1969
BASO	Bulletin of the American Schools of Oriental Research
Bd.	Band
BiZ	Biblische Zeitschrift
CBQ	The Classical Biblical Quarterly
1./2. Chr.	1./2. Buch der Chronik
ders.	derselbe
Dtn.	Deuteronomium (5. Buch Mose)
ebd.	ebenda
Ex.	Exodus (2. Buch Mose)
Ez.	Buch Ezechiel
Gen.	Genesis (1. Buch Mose)
Hld.	Hohelied
Hos.	Buch Hosea
Hrsg.	Herausgeber
HThR	Harvard Theological Review
IEJ	Israel Exploration Journal
JBL	Journal of Biblical Literature
Jer.	Buch Jeremia
Jes.	Buch Jesaja
JNES	Journal of Near Eastern Studies
Jos.	Buch Josua
JThS	Journal of Theological Studies
1./2. Kön.	1./2. Buch der Könige
ND	Nachdruck
Num.	Numeri (4. Buch Mose)
OA	Oriens Antiquus
PalEQ	Palestine Exploration Quarterly
Ps.	Psalm
RBi	Revue Biblique
Ri.	Buch der Richter
RSO	Rivista degli Studi Orientali
s.	siehe
S.	Seite
1./2. Sam.	1./2. Buch Samuel
SB	Sitzungsberichte
Spr.	Buch der Sprichwörter (Sprüche Salomos)
TGI	Textbuch zur Geschichte Israels, Hrsg. K. Galling, Tübingen ²1968

ThLZ	Theologische Literaturzeitung
ThZ	Theologische Zeitschrift
Tob.	Buch Tobias
TUAT	Texte aus der Umwelt des Alten Testaments, Hrsg. O. Kaiser, Gütersloh 1982 ff.
VT	Vetus Testamentum
VT(S)	Vetus Testamentum Supplements
W&D	Wort und Dienst
ZATW	Zeitschrift für die Alttestamentliche Wissenschaft
Zeph.	Buch Zephanja
ZPalV	Zeitschrift des Deutschen Palästina-Vereins
ZThK	Zeitschrift für Theologie und Kirche

I. Einleitung – Raum, Zeugnisse, Chronologie

Der Kirchenvater Hieronymus schrieb zu Beginn des 5. nachchristlichen Jahrhunderts, daß man die Heilige Schrift besser verstehe, wenn man Palästina gesehen habe (praefatio in librum Paralipomenon). Ganz allgemein gilt für jedes Gebiet und für jeden Aspekt der Geschichte, daß Ort und Geschehen stets unabdingbar aufeinander einwirken. Der Schauplatz der Geschichte der hebräischen Monarchien und ihrer Vorzeit ist der ‚fruchtbare Halbmond‘, jener Großraum an der Nordseite der arabischen Halbinsel, der diese durch zwei, ihrer Struktur nach verschiedene Landschaften begrenzt. Im Nordosten der Halbinsel breitet sich ein Kulturland aus, das seine Fruchtbarkeit der Lage ‚zwischen den Strömen‘ Euphrat und Tigris verdankt, Mesopotamien. Im Nordwesten schließt längs der Ostküste des Mittelmeeres ein zerklüftetes Bergland die arabische Halbinsel ab. Der nördliche Teil dieser Landschaft heißt Syrien, ihr südlicher Palästina.

Palästina hieß ursprünglich allein das Siedlungsgebiet der Philister in der Küstenebene; in dieser Bedeutung kennt es noch Herodot (1,105). Erst die Römer haben den Namen auch auf die westjordanische Gebirgsgegend übertragen, auf jenes Gebiet also, für das wir ihn noch heute verwenden. Im Westen wird dieses Palästina von der relativ geradlinigen Mittelmeerküste abgeschlossen. Das Gebiet gehört wie die gesamte Mittelmeerwelt zum Bereich des sogenannten subtropischen Klimas, für das der Wechsel zwischen einem regenlosen Sommer und einer Regenzeit im Winter charakteristisch ist; das Jahr ist somit nicht in vier, sondern in zwei Jahreszeiten aufgeteilt. Allerdings wird diese subtropische Lage durch die Nähe des warmen Mittelmeerwassers etwas gemildert. Eine Bergkette und die Philisterstädte in der Küstenebene trennten jedoch das Siedlungsgebiet der Hebräer so sehr vom Meer, daß eine Meerfremdheit oder gar Meerfeindlichkeit für die Bibel charakteristisch war. Der Kontakt der Hebräer sowohl mit dem Mittelmeer als auch dem Roten Meer blieb unbedeutend. Noch um 100 n. Chr. schrieb der jüdische Historiker Flavius Josephus (contra Apionem 1,60): „Wir bewohnen kein Land am Meer ..., unsere Städte liegen landeinwärts fern vom Meer. Wir widmen uns der Pflege des ertragreichen Bodens, mit dem wir gesegnet sind."

Im Norden ist Palästina offen. Hier drangen immer wieder Völker und Armeen aus dem Zweistromland ein. Im Osten erstreckt sich fast ohne Oasen die weite syrisch-arabische Wüste, die Palästina von Mesopotamien trennt. Von Jerusalem nach Babylon ziehen sich 1250 km Karawanenstraße, die zurückzulegen sogar für das Dromedar, das in der Mitte des 2. Jahrtausends in der Gegend heimisch wurde, eine beträchtliche Leistung darstellte. Der kaum besiedelte Sinai bildet im Süden die Brücke von der arabischen Halbinsel zum afrikanischen Kontinent. Die natürliche Beschaffenheit Palästinas erscheint keineswegs als einladend. Unwegsame Kalkgebirge südlich des Libanon und des Hermon werden durchschnitten von tiefen Schluchten, werden ferner durch das mächtige Tal des Jordangrabens getrennt. Der Jordan ist, wie sein Name, der ‚Fließende‘, besagt, der einzige wichtige Fluß des Landes mit einer Länge von 288 km. Er erreicht im Toten Meer, dem ‚Salzmeer‘ des Alten Testaments, seinen tiefsten Punkt, zugleich mit nahezu 400 m unter dem Meeresspiegel die tiefste Depression der ganzen Erde. Diese ‚Mondlandschaft‘ um das Tote Meer gestattet zwar weder klimatisch noch landschaftlich eine normale Besiedlung, gewann jedoch zeitweise Bedeutung als Zufluchtsstätte; die Gegend an seinem Südrand diente schon David als Rückzugsgebiet (1. Sam. 24,1). Der Jordangraben teilt Palästina in eine westliche und östliche Hälfte. Auffallend sind die extremen Höhenunterschiede des Landes auf kurzen Strecken. Jericho am Nordende des Toten Meeres liegt 250 m unter dem Meeresspiegel, während das nur 25 km westwärts davon entfernte Jerusalem 760 m hoch gelegen ist, was einen Höhenunterschied von über 1000 m ausmacht.

Auf den ersten Blick also eine Landschaft, die sich dem menschlichen Leben zutiefst abgeneigt zeigt. Die wenig fruchtbaren Böden ermöglichen eine nur spärliche Vegetation. Nur in den unwegsamsten Tälern finden sich Gewässer, während sie in den weiten Tälern fehlen. Dazwischen ragen die Höhenzüge auf, damals meist noch in ihrer ursprünglichen Bewaldung, mit steil abfallenden Hängen, welche die Kommunikation zwischen den Menschen erschwerten. Diese geographische Struktur des Landes förderte eine Aufsplitterung der Bewohner in verschiedene, meist unabhängig voneinander lebende Gruppen. Heterogen wie das Land war auch die Bevölkerung, die es besiedelte. Zudem umgeben Wüsten und unfruchtbare Steppen, die zuweilen bis ans Meer reichen, diese Berge. Bei diesen Wüsten Palästinas handelt es sich fast ausnahmslos nicht um Sandwüsten, sondern um Stein- und Salzwüsten, deren östliche bereits zur Sinaihalbinsel zu rechnen ist.

Der Kulturlandstreifen Palästinas ist in der West-Ost-Richtung nie breiter als 120 km. Den nördlichsten und südlichsten Punkt des hebräischen Siedlungsgebietes bezeichnet das Alte Testament mit der Wendung ‚von Dan bis Beer-Seba‘ (2. Sam. 17,11), was eine Luftlinie von 240 km ausmacht. Die Gesamtfläche des von den Monarchien in der Zeit der höchsten Blüte beherrschten Gebietes überstieg nie 26 000 qkm mit etwa 500 Dörfern und Städten.

Neben den zahlreichen Gebirgen weist das Gebiet Palästinas zwei wichtige Ebenen auf. Zu ihnen gehört die Küstenebene, die sich mit einer Breite von weniger als drei km südwärts des Karmel bis fast 40 km auf der Höhe von Gaza am Meer entlangzieht. Als gute Verkehrsverbindung war sie häufig Durchgangsgebiet für die großen Eroberungszüge. Gleiches gilt für die fruchtbare Ebene, die das ephraimitisch-samarische Gebirge vom galiläischen Hochland im Norden trennt. Sie trägt ihren Namen nach der an ihrem Ostrand gelegenen Stadt Jesreel. Diese ‚Große Ebene‘, auch Ebene von Megiddo genannt, war nicht nur die Kornkammer, sondern sie hatte auch strategische Bedeutung: So bildete sie das klassische Schlachtfeld Palästinas. Letzteres prägte sich derart in das Bewußtsein der Hebräer ein, daß nach der Offenbarung des Johannes am Ende dieses Weltzeitalters dort die letzte Schlacht geschlagen werden soll (16, 16).

Zeugnisse

Die Grundlage meiner Darstellung bildet das Alte Testament. Dieses unterscheidet sich von anderen Quellen, die dem Altertumswissenschaftler zur Verfügung stehen. Es handelt sich um eine Sammlung von historischen Zeugnissen aus allen Epochen der Geschichte der Hebräer, die nicht zum Zwecke einer lückenlosen Geschichtsdarstellung gesammelt wurden, wenn auch die Hebräer mehr als irgendein anderes Volk des Altertums die Erinnerung an ihre Vergangenheit hegten und pflegten. Doch diese Geschichte wurde als Erziehung des auserwählten Volkes zum wahren Glauben gedeutet. Die Erzählungen dienten daher der steten Vergegenwärtigung des Wirkens Gottes. Stärker als für jede historische Darstellung gilt selbst für die Werke der Geschichtsschreibung (S. 188) innerhalb der Bibel, daß sie Geschichtsdeutung bieten, wenn sie die Taten Jahwes bezeugen und erklären. Aber da es sich dabei immerhin um irdische ‚Taten‘ handelte, läßt auch das Alte Testament eine historische Untersuchung analog zu anderen Quellen zu.

Die Schriften des Alten Testaments sind Werke der Literatur. Deshalb ist die Eigenart der einzelnen Zeugnisse gebunden an den Charakter der unterschiedlichen Literaturgattungen: Sagen, Heldenerzählungen, Lieder und andere Werke. Somit vermittelt das Alte Testament so gut wie nie Material, das der Historiker ohne weiteres verwenden kann. Er muß sich seine Informationen sorgsam aus dem Überlieferungsstoff herausfiltern. So bleibt vieles, oft allzuvieles ein Tasten im Dunkel.

Licht in dieses Dunkel bringen mitunter die Dokumente der Nachbarstaaten der Hebräer. Für die Frühzeit ergeben sich vor allem Parallelen zur Kultur und Lebensform der wandernden Sippen der frühen Hebräer. David und Salomo werden außerhalb des Alten Testaments in den

bislang zutage getretenen orientalischen Quellen nicht genannt. Für die
Entwicklung seit dem 9. Jahrhundert ändert sich diese Situation allerdings. Personen und Ereignisse, welche das Alte Testament teils nur am
Rande, teils auch ausführlicher erwähnt, werden nun auch durch außer-
biblische Dokumente bezeugt. Diese Quellen sind neuerdings leicht zugänglich in dem von O. Kaiser herausgegebenen Sammelwerk ‚Texte aus
der Umwelt des Alten Testaments‘; sie werden hernach unter dem Kürzel
‚TUAT‘ mit Angabe der Band- und Seitenzahl zitiert. Weiteres Material
wurde dem von K. Galling zusammengestellten ‚Textbuch zur Geschichte Israels‘ (TGI) entnommen beziehungsweise aus dem englischsprachi-
gen Sammelband ‚Ancient Near Eastern Texts Relating to the Old Testament‘ (ANET) ins Deutsche übertragen.

Die Geschichte der hebräischen Monarchien ist also ohne das Alte
Testament nicht zu schreiben. Ähnlich wichtig sind die Funde und For-
schungen der Archäologie des Alten Orients, die neben die Bibel getreten
sind und für nahezu jede Periode der hebräischen Geschichte neue Er-
kenntnisse gebracht haben. Ergebnisse der Ausgrabungen, die im heutigen Israel besonders intensiv vorangetrieben werden, sind zum Beispiel
Grundrisse von Wohnhäusern oder Gesamtpläne von Dörfern und Städten. Aus solchen Grundrissen können Schlüsse auf Art und Größe der
Familienstruktur gezogen werden (S. 52). Die Stadtpläne illustrieren das
interne Funktionieren der Gesellschaft, die Beziehungen von Stadt und
Land, die Rolle der Religion im täglichen Leben.

Ein besonders anschauliches Beispiel der gegenseitigen Ergänzung von
literarischen und archäologischen Zeugnissen stellen die Informationen
über die judäische Festungsstadt Arad dar. Die Ausgrabungen haben für
die Zeit vom 12./11. vorchristlichen bis zum 16. nachchristlichen Jahrhundert auf dem Hügel insgesamt zwölf Besiedlungsschichten (Strata)
ans Tageslicht gebracht, durchgezählt von der jüngsten (I) der arabischen
Phase bis zur ältesten (XII) aus der Zeit der Einwanderung der frühen
Hebräer. Die Besiedlung der Gegend begann noch früher mit einer Ansiedlung am Fuße des Hügels, in der Unterstadt, im 4. Jahrtausend, die
im 12. vorchristlichen Jahrhundert allerdings bereits eineinhalb Jahrtau-
sende in Ruinen lag. Nach dieser Besiedlungslücke erfolgte die Anlage
eines Dorfes im 12./11. Jahrhundert (Stratum XII). Die Sage von den
Kriegen, die nach Auskunft des Alten Testaments die Hebräer gegen die
Könige von Arad führten, sollen die Ruinen erklären, welche die Neuan-
kömmlinge vorfanden (S. 35).

Mit dem Ausbau der Monarchie und während ihrer Dauer vom 10. bis
6. Jahrhundert lassen sich insgesamt sechs Bauperioden und ebensoviele
Zerstörungen (Strata XI bis VI) nachweisen. Die durch die Archäologie
geleistete grobe Datierung der jeweiligen Aufbau- und Zerstörungspha-
sen kann durch die Informationen des Alten Testaments präzisiert wer-

den, obwohl der Ort in den Erzählungen über die Königszeit selbst nicht vorkommt. Arad lag am Südrande Judas in einer exponierten Lage gegenüber Edom. Salomo (965–932) hat bei der militärischen Sicherung seines Reiches den Ort zur Festung ausgebaut (XI), die allerdings kurze Zeit nach ihrer Entstehung wieder dem Erdboden gleichgemacht wurde. Dies geschah anläßlich des Schoschenk-Einfalls 926, der für Israel und Juda die Zerstörung mehrerer Orte brachte, während das Alte Testament lediglich den Durchzug des Pharao und die Tributzahlungen des judäischen Königs Rehabeam (932–916) erwähnt (S. 93). Nach einiger Zeit erlebte die Stätte einen Wiederaufbau (X), existierte aber erneut nur kurze Zeit, etwa ein halbes Jahrhundert. Dieser Aufbau ist mit einem wirtschaftlichen und militärischen Erstarken Judas unter Josaphat (874–850) zu erklären, der Gebiete Edoms unter seine Kontrolle brachte (S. 124). Das Ende dieser Siedlungsphase kam um die Wende vom 9. zum 8. Jahrhundert, als die Edomiter eine Schwächeperiode Judas ausnutzten (S. 125). Die nächste Bauphase (IX) kurze Zeit später läßt sich mit den auch sonst zu beobachtenden Erfolgen des Amazja (797–769) in Verbindung bringen, dem es unter anderem gelang, die Südgrenze seines Reiches wieder zu stabilisieren. Arad, im ständig umkämpften Grenzgebiet zwischen Juda und Edom gelegen, fiel nach nur wenigen Jahren. Die Edomiter vermochten erneut, Elath und die Zugangswege dorthin zurückzuerobern, weil Juda in den ephraimitisch-syrischen Krieg verwickelt war und eine deutliche Niederlage gegen seinen Erzrivalen Israel einstecken mußte (S. 127). Als Hiskia (715–697) den Abfall von Assur vorbereitete und die wichtigsten Garnisonen seines Königreiches instand setzte, erlebte Arad einen erneuten Aufbau (VIII). Doch Arad konnte ebensowenig wie Lachis und andere Festungen gegen die Assyrer bestehen, und so folgte 701 rasch die vierte Zerstörung (S. 133). Die nächsten Bautätigkeiten (VII) fielen vermutlich in die Regierungszeit des Manasse (697–642), unter dem sich Juda von der Niederlage gegen Assur allmählich erholte. Wie unter Rehabeam im 10. Jahrhundert machten anschließend die Ägypter Arad dem Erdboden gleich, denen König Josia und damit der Traum eines erneuerten davidischen Großreiches zum Opfer fiel (S. 142). Die sechste und letzte Bauphase aus der Zeit der Monarchie zeigt deutlich Parallelen zur vorletzten. Wieder versuchte sich ein judäischer König, Jojakim (609–598), aus der Kontrolle einer Großmacht, Babylon, zu lösen, und setzte dafür seine Festungsstädte wie Arad instand (Stratum VI). Auch diesmal existierte der Bau nur wenige Jahre. Aber nicht die Babylonier brachten Arad zu Fall, sondern erneut die Edomiter. Sie profitierten vom verzweifelten Abwehrkampf, den zu führen Juda sich an seiner Nord- und Westgrenze vorbereitete (S. 145), und griffen von Süden an. Dieser sechsten Zerstörung folgt eine weitere Besiedlungslücke bis ins 5./4. Jahrhundert.

Die Ruinen von Arad, archäologisch hervorragend ergraben und methodisch mustergültig präsentiert, illustrieren anschaulich das wechselvolle Geschick des südlichen judäischen Grenzgebietes.

Die Geschichte der beiden Monarchien ist die Geschichte dauernder Kämpfe, von Strömen von Blut; die Geschichtsschreibung konzentriert sich selbst bei den biblischen Erzählern oft genug auf Krieg und Mord, was ja allgemein Eigenart der Geschichtsschreibung ist. Wichtig war allerdings, daß die Geschichte der Hebräer Heilsgeschichte wurde: zunächst des exilischen und nachexilischen Judentums, dann schließlich Heilsgeschichte des Christentums. Und da schon Jahwes Eingreifen in die Geschichte seines auserwählten Volkes so martialisch, so blutig war, kannten die Christen, die sich auf diese Geschichte beriefen, kaum eine Hemmschwelle, als es darum ging, den neuen Glauben gegen tatsächliche oder vermeintliche Widersacher durchzusetzen.

Chronologie

Das Alte Testament macht für die Regierungsjahre der Könige beider Reiche häufig widersprüchliche Angaben. Zunächst wird ein Synchronismus geboten, der neben den Jahren der Regierungsdauer angeführt ist; jeder Regierungsantritt in Israel wird gleichzeitig nach dem Jahr des gerade regierenden Königs von Juda datiert und umgekehrt (1. Kön. 16,8): „Im 26. Jahre Asas, des Königs von Juda, wurde Ela, der Sohn Baesas, König über Israel." Leider stimmen diese synchronistischen Angaben nicht mit den absoluten Zahlen überein, die für die Regierungsjahre der einzelnen Könige genannt werden. Beide Reihen zusammengenommen, die synchronistischen und die absoluten Zahlen, stehen wiederum an manchen Stellen im Widerspruch zu der zuverlässigeren Chronologie, die aus den mesopotamischen Quellen errechnet werden kann.

Als Ursache der angedeuteten Ungenauigkeiten lassen sich einige Gründe vermuten. Möglicherweise haben die biblischen Redaktoren Mitregentschaften, wie sie gelegentlich vorkamen, nicht immer berücksichtigt. Manche Zeitangaben klingen sehr schablonenhaft, wie diejenigen über den judäischen König Joas, der sieben Jahre im Versteck gelebt haben soll, um dann vierzig Jahre zu regieren (S. 125). Weitere Schwierigkeiten mögen aus den Unterschieden zwischen den chronologischen Systemen in Juda und Israel resultieren. In Israel sind manche Jahre doppelt gezählt worden. Wenn ein König starb, galt sein Todesjahr als letztes Regierungsjahr. Bestieg sein Nachfolger im selben Jahr den Thron, betrachtete dieser den Rest des angebrochenen Jahres als sein erstes Regierungsjahr; das Jahr konnte somit zweimal in Anrechnung gebracht werden. In Juda dagegen berücksichtigte man im gleichen Fall den Rest des Jahres, in dem bereits der neue König regierte, nicht, sondern setzte seine

Regierungszeit ab dem ersten vollen Jahr an. Eine zweite Differenz bestand darin, daß der Jahresanfang in beiden Monarchien unterschiedlich lag: in Israel im März/April, in Juda dagegen im Oktober/November. Von daher ergibt sich nach heutiger Zeitrechnung, daß man in Israel bereits acht Monate beispielsweise im Jahr 900 lebte, ehe in Juda dieses Jahr begann.

Doch lassen sich auf diese Art nicht alle Ungereimtheiten der Chronologie erklären. Wenngleich die Unterschiede bei modernen Darstellungen auffallen, wiegen sie nicht schwer. Im folgenden schließe ich mich der Chronologie von S. Herrmann (S. 213) an, ohne allerdings die korrektere, aber umständlichere Datierung (wie 926/925) zu übernehmen. Alle Jahresangaben beziehen sich auf die Zeit vor Christi Geburt.

Abschließend eine Bemerkung zu dem Begriff ‚Israel‘. Ich verwende ihn in der Darstellung ausschließlich für das politische Gebilde, das sogenannte Nordreich. In der Literatur und in den alttestamentlichen Quellen dagegen bezeichnet er häufig die Gesamtheit aller derjenigen Stämme, die später die Staaten Juda und Israel bildeten. Für die Angehörigen dieser Stämme gebrauche ich dagegen den Terminus ‚Hebräer‘, der im Alten Testament selbst mehrfach vorkommt. Zusammen mit den Kanaanäern stellten die Hebräer die Gesamtbevölkerung der beiden Monarchien Juda und Israel: die Judäer und die Israeliten. Bei der Bezeichnung der Gegner der Hebräer hat sich unter dem Einfluß der Septuaginta der gräzisierte Name Philister durchgesetzt, obgleich diese Bevölkerungsgruppe Palaistu genannt werden müßte, nach dem gleichen Wort, das auch der Landschaftsbezeichnung Palaistina/Palästina zugrunde liegt.

Die Darstellung bringt eine verwirrende Anzahl von Namen, die wohl nicht jeder sofort kennt oder lokalisieren kann. Um lästige Wiederholungen und ein kompliziertes Verweissystem zu vermeiden, habe ich in einem etwas breiter angelegten Register alle nötigen Angaben zusammengefaßt.

II. Frühgeschichte der Hebräer

1. Der Alte Orient im 2. Jahrtausend

Die Geschichte der Hebräer wurde bestimmt durch die politischen Beziehungen der führenden orientalischen Großmächte. Der Schauplatz dieser Geschichte war ein Gebiet, auf das zahlreiche politische, geistige und religiöse Einflüsse einwirkten. Es war die Landbrücke Syrien-Palästina, zwischen den Kulturländern an Euphrat und Tigris und längs des Nils gelegen: Mesopotamien und Ägypten.

Die Bevölkerung von Syrien-Palästina war seit dem ausgehenden dritten Jahrtausend im wesentlichen kanaanäisch. In Karkemisch, Aleppo, Ugarit und anderen westlichen Gebieten gründete sie Kleinstaaten, die durch Entwicklung einer eigenständigen Kultur, Erfindung der Buchstabenschrift und auch durch ihre Religion Bedeutung erlangten. Nachhaltig beeinflußten die Kanaanäer später die Hebräer kulturell: Poesie, Psalmodie und zahlreiche Legenden stehen, wie ugaritische Texte beweisen, in kanaanäischer Tradition. Auf dem Boden Kanaans lernten die Hebräer Reben und Wein sowie deren mystische Bedeutung in Opferriten kennen. Ebenfalls sind mehrere hebräische Bezeichnungen für Gott der kanaanäischen Religion entlehnt. Staat, Verwaltung und Heerwesen sind in den Monarchien weitgehend von kanaanäischen Vorbildern geprägt und werden durch kanaanäische Beamte gestaltet.

Die politische und territoriale Ordnung Palästinas wird zu Beginn des 2. Jahrtausends in schwachen Umrissen erkennbar. Das Gebiet ist von einem Netz selbständiger Stadtstaaten überzogen, von denen uns u. a. Megiddo, Jericho, Geser, Lachis und Jerusalem später noch mehrfach begegnen werden. Diese Stadtstaaten existierten mitunter auf kleinstem Raum; zu übergreifenden politischen Ordnungen kam es nur gelegentlich mancher Koalitionen gegen gemeinsame Gegner. Ökonomische Basis war die Landwirtschaft, Obstanbau, Klein- und Großviehhaltung. Für diese Zeit ist keineswegs sicher, daß das Land vollständig besiedelt und überall staatlich fest organisiert war.

Gleichfalls zu Beginn des 2. Jahrtausends herrschte in Ägypten, diesem ‚Geschenk des Nil‘, wie es Herodot (2,5) für alle Zeiten treffend charakterisiert hat, relative Stabilität, die während des sogenannten Mittleren Reiches (2040–1785) anhielt. Die Geschichte Palästinas war seit diesem Zeitpunkt einmal mehr, einmal weniger eng mit derjenigen Ägyptens verknüpft. Kräfte aus dem semitischen Raum führten das Ende des Mittleren Reiches in Ägypten herbei. Da es keinen einheimischen Namen für sie gibt, bezeichnen wir sie mit den Ägyptern als ‚Beherrscher der Fremdländer‘; sie sind in der gräzisierten Form dieses Ausdrucks als ‚Hyksos‘ bekannt.

Die Hyksos brachten eine bis dahin unbekannte Kriegstechnik mit, den Kampf mit Pferd und Streitwagen, eine Technik, die ihnen eine militärische Überlegenheit verlieh. Diese Wagenkämpfer waren Berufskrieger. Um ihre militärischen Aufgaben ungestört erfüllen zu können, bedurften sie in wirtschaftlicher und sozialer Hinsicht einer bevorzugten Stellung, die sich durch die Schaffung größeren Grundbesitzes sicherstellen ließ. Das war die Oberschicht, die zugleich die Herrschaft über die restliche Bevölkerung ausübte. Die geographische Beschaffenheit Palästinas verhinderte in der Zeit der Hyksos derart übergreifende politische Zusammenschlüsse, wie sie in Ägypten gelangen. So etablierten sich in Palästina weiterhin zahlreiche Zwergstaaten mit einer befestigten Stadt als Mittelpunkt, einem König als Herrscher, einer kleinen, waffentragenden Herrenschicht und den rechtlosen Untertanen, von deren Arbeit die Oberschicht lebte.

Nach einer langen Herrschaft der Hyksos (1650–1540) gelang es in Ägypten den Pharaonen der 18. Dynastie (1540–1295), ihr Land zu befreien. Damit begann der Aufstieg Ägyptens zur Großmacht, eine Epoche der Expansionen, in der die Sicherheit Ägyptens durch Feldzüge nach Osten weiter erhöht wurde und in deren Verlauf die Pharaonen auch Palästina und weite Teile Syriens für Jahrhunderte unterwarfen. Ägyptische Truppen drangen in der Folgezeit immer wieder in das Gebiet Kanaans ein und beeinflußten es politisch und militärisch.

Seit der Zeit, als die Hyksos durch die Pharaonen aus Ägypten vertrieben und anschließend auch in Syrien-Palästina entmachtet worden waren, mehren sich für uns die Nachrichten aus diesem Raum. Zunächst wurden die Ägypter als Befreier begrüßt, aber bald zeigte sich, daß die Kanaanäer nur einen Unterdrücker gegen einen anderen getauscht hatten. Amenophis I. (1515–1494) drang in Kanaan ein und stieß gegen Syrien vor; Thutmosis III. (1479–1425) erlangte 1457 durch einen Sieg bei Megiddo erstmals eine Kontrolle über den syrisch-palästinensischen Raum. Eine Gefährdung der Eroberungen in diesem Gebiet erfolgte durch das Reich von Mitanni, dann vor allem durch die Hettiter, als diese zur Zeit Amenophis IV./Echnaton (1353–1336) Nordsyrien eroberten. Von etwa 1350 bis 1290 übten die Hettiter eine Vorherrschaft über Syrien-Palästina aus. Ihre Bedeutung lag in der Mittlerrolle zwischen der Welt des Orients und derjenigen der Ägäis. Ferner halfen die Hettiter zeitweise ein Gleichgewicht der Kräfte herzustellen, das allein zwischen Ägypten und Mesopotamien schwerlich zustande gekommen wäre.

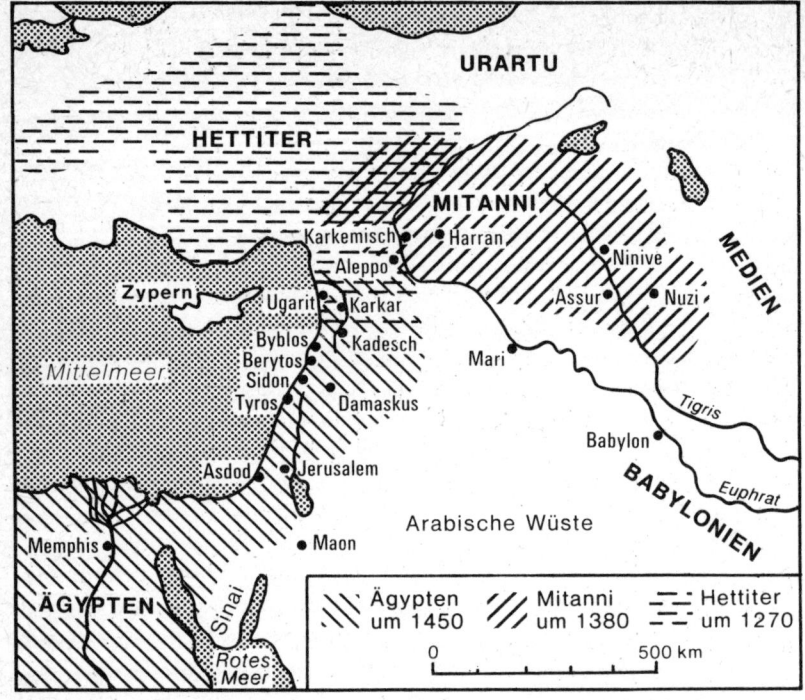

Abb. 1. Der Vordere Orient im 2. Jahrtausend

Revolten von Landesfürsten sorgten in Syrien erneut für Unruhe. Daher gelang es Sethos I. (1293–1279) lediglich, dem weiteren Vordringen der Hettiter ein Ende zu bereiten, die in Palästina eingesickerten Wüstenvölker niederzuwerfen und das Gebiet zurückzuerobern; Nordsyrien entzog sich seinem Zugriff. In diesem Grenzgebiet ägyptischer und hettitischer Machtbereiche kam es schließlich unter Ramses II. (1279–1213) zu jenem berühmt gewordenen Gefecht bei Kadesch am Orontes (1274) gegen das hettitische Heer unter dessen König Muwatalli. Die Ägypter blieben siegreich und beseitigten damit die Bedrohung des syrisch-palästinensischen Raumes durch die Hettiter. In einem Friedensvertrag wurden 1259 die beiderseitigen Interessensphären gegeneinander abgegrenzt. Das dadurch hergestellte Gleichgewicht der Kräfte stabilisierte die Verhältnisse ägyptischer Herrschaft in Syrien-Palästina nochmals für fast ein Jahrhundert. Der Pharao Mernephta (1213–1203) führte eine Expedition in das Land Kanaan, wo ein erneuter Aufstand ausgebrochen war. Sein Sieg ist auf einer Stele verewigt, auf der die vernichteten Gegner aufgeführt sind (TGI 37–38): „Die Fürsten sind niedergeworfen und sagen ‚Frieden‘; keiner erhebt mehr seinen Kopf ... (der Libyer) ist zugrunde gegangen, Hatti (das Land der Hettiter) ist friedlich, Kanaan (um Gaza herum) ist mit allem Schlechten erobert, Askalon ist fortgeführt und Geser gepackt, Jenoam ist zunichte gemacht, Israel (ein Volk, dessen Wohnbereich unbekannt ist) liegt brach und hat kein Saatkorn (keine Nachkommen mehr, die Widerstand leisten)."

Die Pharaonen haben die vorgefundenen politischen und territorialen Ordnungen im wesentlichen unangetastet gelassen und sie damit noch weiter stabilisiert. Sie ersetzten nur die Hyksoskönige, indem sie diese in der Oberhoheit des Landes ablösten und den alten Adel zur Treue verpflichteten. Obgleich diese Treue der Dynasten mitunter zweifelhaft wurde, verließen sich die Ägypter weitgehend auf die indirekte Kontrolle des Landes und verzichteten auf den Aufbau einer straffen Verwaltung. Sie richteten lediglich an der Küste Flottenstationen und im Hinterland Militärstützpunkte ein. Besonders in diesen Orten hinterließen die Ägypter demonstrativ Zeugnisse ihrer Macht, Stelen der Pharaonen und Götterbilder, aber auch kleinere Relikte ihrer materiellen Kultur wie Siegel, Skarabäen und Objekte des täglichen Gebrauchs.

Das Rückgrat der Organisation im Lande bildeten die befestigten kanaanäischen Städte, zu denen ein mit kleinen Dörfern besiedeltes umliegendes Territorium gehörte. Es waren Erbmonarchien, die ein differenziertes Sozialgefüge aufwiesen, über welches die Beutelisten der Pharaonen, vor allem von Amenophis II. (1427–1401), Auskunft geben (TGI 28–36). An der Spitze der Sozialpyramide standen die Stadtherren – Könige – mit ihren Brüdern, Frauen und Kindern. Diese Dynasten zeichneten dafür verantwortlich, daß die abhängige Bevölkerung Naturalabgaben und Dienstleistungen erbrachte. Ihre Machtbefugnisse, dies macht ihr Boten- und Briefverkehr mit dem ägyptischen Hof deutlich, hingen allein vom Pharao ab, aber dieser setzte auch niemanden in Amt und Würden ein, den nicht seine Abstammung aus dem herrschenden Geschlecht der betreffenden Stadt legitimierte. Die Herrscher stützten sich in den Städten auf die örtliche Aristokratie. Zur Mittelschicht zählten Händler und reiche Grundbesitzer. Die Unterschicht bildeten die große Masse der Städter und die nichtseßhafte Bevölkerung. Noch unter diesen im sozialen Ansehen standen die ‚Apiru‘, die wegen einer möglichen etymologischen Verbindung von Apiru-Ibrim-Hebräer große Aufmerksamkeit gefunden haben. Die Mitglieder dieser Gruppe, die es im ganzen 2. Jahrtausend im Nahen Osten gab, standen aus den verschiedensten Gründen außerhalb des Sozialgefüges und entbehrten damit des Rechtsschutzes (S. 53), den die Gemeinschaft ihren Mitgliedern gewährte.

Die inneren Verhältnisse der kanaanäischen Städte illustriert die Episode von Abimelech (Ri. 9). Er erscheint in der Überlieferung als der Sohn Gideons (S. 40), da Abimelechs Vater Jerubbaal mit Gideon gleichgesetzt wurde. Ob Jerubbaal Herrschaftsansprüche auf Sichem hatte, ist unbekannt; bei der Verknüpfung seiner Person mit der Geschichte Gideons sind solche Angaben fortgefallen. Abimelech war demnach Kanaanäer, der in der Stadt Sichem die dort regierende Dynastie mit Hilfe von Söldnern ausrottete, um sich selbst zum Stadtherrn zu erheben. Diese Stellung bestätigte ihm schließlich eine aristokratische Versammlung, wohl das souveräne Organ des kanaanäischen Stadtstaates für die Zeit, in der kein König amtierte. Abimelech bemühte sich, sein Königtum zu stärken, indem er seine Herrschaft über mehrere Städte ausdehnte: Sichem, Aruma und Thebez. Bei dem Versuch, die zuletzt genannte Stadt unter seine Kontrolle zu bringen, fand er den Tod.

Von 1550 bis ins 12. Jahrhundert bildete Palästina also eine ägyptische Provinz, wenngleich eine sehr unruhige, denn die Formen der ägyptischen Machtausübung sind ziemlich locker gewesen. Die Pharaonen begnügten sich in der Regel mit der Vasallität der kanaanäischen Dynasten. Die relativ milden Formen der Oberhoheit führten zu ständigen Unruhen in den abhängigen Gebieten. Immer wieder mußten sich die Ägypter gegen Aufstände einzelner Städte und Städtekoalitionen behaupten, um die Tribute aus dem Land zu ziehen. Die Unruhen führten zu einer verschärften Kontrolle über die Stadtstaaten. Ägyptische Beamte mit ägyptischen oder nubischen Söldnertruppen überwachten die Straßen, kontrollierten die Arbeiten auf den königlichen Landgütern und trieben die Abgaben ein, neben Edelmetallen vor allem Naturalien, Getreide, Öl, Wein, Vieh, Holz und Sklaven. Neben ihnen gab es eine ‚zweite‘ Regierung, die lokalen Stadtherren mit ihren Streitwagenkämpfern, was für das Gros der Bevölkerung bloß doppelte Ausbeutung bedeutete.

Die ägyptischen Beamten wurden immer korrupter, als ihre Truppen die fehlende Besoldung durch Plünderungen ausglichen. Dadurch verarmte die Bevölkerung, und so verfiel die kanaanäische Kultur immer mehr. Daher waren die kanaanäischen Stadtstaaten selbst zu geschwächt, um nach dem Zerbröckeln der ägyptischen Herrschaft deren Erbe zu übernehmen. Rechtsnachfolger der Ägypter wurden in diesem Raum die Seevölker, die noch vor dem Auftreten der Aramäer in das Gebiet vorstießen.

Um die Mitte des 13. Jahrhunderts hatten drei Großreiche, die in enger Verbindung miteinander standen, die Geschichte des Alten Orients bestimmt; das Hettiterreich, Assyrien und Ägypten. Doch bereits ein halbes Jahrhundert später, um 1200, waren von diesem Großreichgefüge nur noch Trümmer übrig. Die Ursache dafür lag in Völkerbewegungen, die jetzt den Orient erfaßt hatten. Eine erste kam aus dem Norden und beeinflußte vor allem Kleinasien und den syrisch-palästinensischen Raum, es waren die sogenannten Seevölker, von denen uns vor allem die Philister interessieren. In einer zweiten Wanderungswelle, fast gleichzeitig mit dieser West-Ost-Eroberung der Seevölker, überschwemmten Ara-

mäer, Semiten aus der arabisch-syrischen Wüste, die Kulturländer von
der Binnenseite her: Syrien-Palästina und hauptsächlich Mesopotamien,
also fast den gesamten fruchtbaren Halbmond. Bereits in der ersten Hälfte des 11. Jahrhunderts sollten Aramäer in Babylonien auf friedlichem
Wege an die Herrschaft gelangen. Sie gründeten nördlich des Euphrat
neue Staaten und traten das Erbe der Hurriter an, lediglich die Assyrer
konnten sich in ihren Kernlanden behaupten. Diese Staatengruppierung
führte später nacheinander zur Bildung des neuassyrischen (1112–606)
und des neubabylonischen Großreiches (625–538), Gründungen, die uns
noch beschäftigen werden (S. 97). Innerhalb weniger Jahrhunderte beherrschten die Aramäer in Syrien die dortigen Staatengebilde, während
sich in Palästina Edomiter, Moabiter, Ammoniter und schließlich auch
die Hebräer niederließen.

Unter Mernephta (1213–1203) sah sich Ägypten erneut einer schweren doppelten Bedrohung ausgesetzt. Zwar gelang es nach mehreren
blutigen Schlachten und gewaltigen militärischen Anstrengungen, die
vom Westen her ins Land strömenden Libyer zurückzuschlagen und wenig später eine Invasion der Seevölker – vor allem der Philister –
abzuwehren; doch gingen diese Kriege über die Kräfte des Landes. Davon blieb die Oberhoheit über Palästina nicht unberührt. Sie stellte seit
jeher einen Gradmesser der außenpolitischen Stärke oder Schwäche des
ägyptischen Neuen Reiches dar. Es war die Zeit jener militärischen
Schwäche Ägyptens, die der Reisebericht des Wen-Amun so markant
schildert (TGI 41–48). In Palästina, am nördlichen Rande des einstigen
ägyptischen Reiches, zerfiel die Macht der Pharaonen immer mehr, und
mit dem Zurückweichen auf das Gebiet am Nil endete das Zeitalter der
ägyptischen Herrschaft in Syrien/Palästina.

Als ein Teil der Seevölker im 12. Jahrhundert an der Küste Syriens
landete, begann eine neue Periode der Geschichte Palästinas, und es waren die Philister, die für die Hebräer Bedeutung erlangten. Über die Ursprünge ihres Volkes besaßen sie ähnliche Traditionen wie die Hebräer.
So heißt es bei dem Propheten Amos (9,7): „Gewiß habe ich (Jahwe)
Israel aus dem Lande Ägypten herausgeführt, aber auch die Philister aus
Kaphtor." In der Mitte des 8. Jahrhunderts, also mehr als 400 Jahre nach
dem Auftreten der Philister in ihren geschichtlichen Territorien, waren in
Erzählungen noch Traditionen über Wanderungen in ihrer fernen Vergangenheit lebendig. Sie seien von Kaphtor gekommen, gemeint war
wohl Kreta oder die Ägäis im ganzen.

Die Landnahme der Seevölker in der Küstenebene und die Vertreibung
der Ägypter dürfen ebensowenig als Folge eines einmaligen großen Hee-
reszuges betrachtet werden wie diejenige der Hebräer; beide vollzogen
sich etappenweise. So fand beispielsweise die ägyptische Herrschaft
in Asdod schon vor den berühmten Kämpfen unter Ramses III.

(1184–1153) ein Ende. Diese Kämpfe stellten nur den Höhepunkt eines langwierigen Ringens dar. Ramses III. trat den Seevölkern nach dem Zeugnis seiner Inschriften entgegen, als sie die Grenze seines Machtbereiches im mittleren Syrien erreicht hatten. Letzte Spuren seiner Herrschaft haben sich dort bislang an wenigen Orten gefunden. Zeugnisse seiner Bautätigkeit sind in Beth-Sean zu beobachten, Objekte die seinen Namen tragen, kamen ferner in Geser und Megiddo zutage. Vielleicht ist er oder einer seiner Nachfolger auf den nach alter ägyptischer Praxis naheliegenden Gedanken gekommen, die Gefahr, die dem Reich von den Grenznachbarn drohte, dadurch zu bannen, daß er diese gegen die Verpflichtung zu militärischen oder anderen Dienstleistungen als Vasallen im Inneren seines Herrschaftsgebietes auf dem flachen Land außerhalb der großen Städte ansiedelte.

Vermutlich in der zweiten Hälfte des 12. Jahrhunderts wurden die Philister heimisch, und damit zogen sich die Ägypter auf ihr Kerngebiet am Nil zurück. Als die Pharaonen auf die Verwaltung dieses Bezirks verzichteten, rissen die Philister, Erben der ägyptischen Hoheitsansprüche in Palästina, die Macht an sich, besetzten die Städte, errichteten ihre eigenen Fürstentümer und schufen bald eine übergreifende politische Ordnung in Gestalt des bekannten ‚Fünfstädtebundes‘ (Jos. 13,3): Gaza, Askalon, Asdod, Ekron und Gath. Sie begannen zunächst die Küstenebene, dann das Hügelland und schließlich den Gebirgsrücken unter ihre Kontrolle zu bringen. Die Philister stützten sich auf ein gut ausgebildetes und schlagkräftiges Heer. Mit ihren schwerbewaffneten Einzelkämpfern, für die Goliath typisch war (1. Sam. 17,4–7), und den Söldnerscharen stellten sie eine starke zusammengefaßte militärische Macht dar. Durch ihren politischen Zusammenschluß vermochten die Stadtstaaten die Hegemonie in Palästina im 11. Jahrhundert weithin durchzusetzen.

Damit war die Bühne für die Landnahme der Hebräer und später auch für David bereitet, sobald dieser sich anschicken würde, sein Großreich zu erobern. Ägypten fiel, durch Seevölkerkämpfe und libysche Herrschaftansprüche geschwächt, in zwei getrennt regierte Reichshälften auseinander. Die Macht der Hettiter war gebrochen, Syrien den Seevölkern und Aramäern anheimgefallen, Assyrer und Babylonier waren gleichfalls zu schwach, um über ihre eigentlichen Kernlande auszugreifen. David verdankte seinen Erfolg nicht zuletzt dieser historisch einmaligen Konstellation.

2. Ursprünge der Hebräer

Wir wissen weder, wann die Frühgeschichte der Hebräer zeitlich einsetzte, noch, was genau in dieser Anfangsphase geschah. ‚Frühgeschichte‘

meint jene Zeitspanne, in der die embryonalen Gesellschaften der späteren Staaten Juda und Israel Gestalt gewannen. Was gemeinhin als erste Phase dieser Entwicklung bezeichnet wird, das sogenannte ‚Zeitalter der Patriarchen‘, setzt notwendig einen klar begrenzten Zeitraum voraus. Ich lasse diesen Abschnitt beiseite; denn die Erzählungen über die Patriarchen gehören, sofern sie wirklich Erlebtes schildern, wohl in die Zeit der Landnahme (S. 31). Die Patriarchenüberlieferungen schildern deren Wanderleben und lassen die höchst komplexen Anfangsstadien einer mit vielen Problemen behafteten Ansiedlung der einzelnen Gruppen erkennen.

„Ein umherirrender Aramäer war mein Vater; der zog hinab mit wenigen Leuten nach Ägypten und blieb dort als Fremdling und wurde dort zu einem großen, starken und zahlreichen Volk" (Dtn. 26,5). Dieses in Gebetsform gefaßte ‚kleine geschichtliche Credo‘ jedes Hebräers, der zur Zeit der Monarchien sein Opfer im Tempel darbrachte, entrollt in denkbar knappster Form die Frühgeschichte des eigenen Volkes. Dabei verdeutlichen sämtliche Überlieferungsstränge des Alten Testaments die Auffassung, daß die Vorfahren der Hebräer nicht Ureinwohner Kanaans waren, sondern dorthin eingewandert sind.

a) Nomadenleben

Am Anfang der Geschichte der Hebräer steht das Nomadentum, es prägte ihre Frühzeit, als sie weder Land noch überhaupt eine staatliche Organisation besaßen. Menschen auf der Wanderung – so haben die Hebräer noch Jahrhunderte später ihre Vorfahren gesehen. Das Nomadentum mit seiner eigentümlichen Kultur bestimmte das Leben der Hebräer bis zum Ende der Monarchien und noch darüber hinaus. Die Sprache und die Bilder des Alten Testaments zeugen von dieser Wirkung.

Die altorientalischen Nomaden waren Wanderhirten. Ihr wichtigstes Reit- und Lasttier war der Esel. Auch diejenigen von ihnen, die sich vor allem der Haltung von Kleinvieh, also Schafen und Ziegen, widmeten, werden Nomaden genannt. Sie lebten an den Rändern der Wüste; denn sie waren nicht in der Lage, weite Strecken zurückzulegen, da die Herden häufig Wasser benötigten. Die spärliche Weide, welche Wüste und Steppe in der Zeit des Winterregens boten, gab das Hauptfutter für die Kleinviehherden der Hirten her. Sobald die Trockenzeit im Sommer die spärliche Vegetation der Steppe verdörren ließ, suchten die Nomaden andere Weidegründe auf und zogen in die Nähe fester Siedlungen im Kulturland, durchwanderten jedoch nur bestimmte Teile des Landes. Die großen landwirtschaftlichen Zentren, die fruchtbaren Ebenen, Hauptsiedlungsgebiete der kanaanäischen Stadtstaaten, blieben unberührt.

Es lag im Wesen dieses Wanderhirtentums, daß der Nomade gewissermaßen auf die Symbiose mit dem Kulturland angewiesen blieb, also daß er Kontakte zu den ansässigen Bewohnern suchte. Er traf mit den Bauern Abmachungen über die Nutzung von Wasserstellen und Weideplätzen auf den abgeernteten Getreidefeldern, wo es noch genügend Futter gab, wenn der Busch- und Grasbestand der Steppe bereits verdorrt war. Die Nomaden waren daher meist auf ein friedliches Auskommen mit den Bauern bedacht. Mit dem Beginn der Regenzeit begann der Turnus von neuem. Während die Bauern an die Bestellung ihrer Felder gehen konnten, zogen die Kleinviehzüchter mit ihren Herden wieder in die Steppe hinaus. Auf diese Weise fand ein regelmäßiger Weidewechsel statt. Durch diese Perioden des Nebeneinander von Seßhaften und den Nomaden wuchsen Kontakte, die zum Austausch der beiderseitigen Wirtschaftsprodukte genutzt wurden. Und dennoch blieben die Gruppen klar voneinander geschieden.

Die Kargheit des Bodens zwang den Nomaden zum Wandern, wollte er in der unwirtlichen Gegend überleben. Er mußte sich in einer an Kultur und Lebensstandard reicheren Umgebung behaupten. Um so mehr waren solche Menschen auf den festen Zusammenhalt der Familien und Sippen angewiesen (S. 53).

Durch die Möglichkeit, die Sommerfelder der Bauern zu nutzen, begannen die Nomaden irgendwann damit, sich dem Ackerbau zuzuwenden. Am Anfang, als nur verhältnismäßig kleine Flächen bewirtschaftet wurden, nahmen die Feldarbeiten, die in die winterliche Jahreshälfte fielen, noch nicht die gesamte Sippe in Anspruch. Sie ließen sich durch kleine Gruppen erledigen, während das Gros mit den Herden wieder in die Steppe zog. Neben die Kleinviehzucht trat mit dem Ausbau der Akkerwirtschaft die Rinderhaltung. Da dem Großvieh die zur Durchführung eines Weidewechsels erforderliche Beweglichkeit fehlte, verstärkte sich die Tendenz zur Seßhaftigkeit. So blieben die Nomaden mehrere Generationen am Rande des Kulturlandes, ohne ihre traditionelle Lebensweise völlig aufzugeben. Allmählich erfolgte aber eine Verlagerung der Wirtschaftsgrundlage in das Kulturland, eine Bindung der ehemaligen Nomaden an die Scholle und damit der Verzicht auf das alte Leben: Die Landnahme begann (S. 32).

Wie die Bewohner der Städte und Dörfer die einwandernden Nomaden und Halbnomaden sahen, erfahren wir vor allem aus babylonischen Quellen. Vom Standpunkt der fest ansässigen Ackerbauern und Händler ist der Nomade der Mann der Steppe, der im Hochland wohnt, ein Barbar, fern aller Kultur, der kein Haus kennt und den Boden nicht bebaut. Er nährt sich zudem von rohem Fleisch, unzivilisiert; kurz, ihm fehlen die Umgangsformen der urbanen Welt. Gegen solche Menschen mußten die Städte Mauern errichten, hin und wieder sogar mit Waffengewalt vorgehen.

Es überrascht nicht, daß die Nomaden ihre Lebensweise anders bewerteten. Zweifellos war für die Kleinviehnomaden das Gebiet, in das sie eindrangen, ein Land, das von Milch und Honig floß (Ex. 13,5), gemeint ist: überfloß; denn dort konnte man Getreide, Öl, Wein und Früchte im Überfluß ernten. Sie kamen aus der Wüste, wo es weder Feigen noch Weinstöcke noch Granatäpfel gab, nicht einmal genügend Wasser zum Trinken.

Die Hebräer haben sich zwar im Laufe der Seßhaftwerdung mit der städtischen Kultur vertraut gemacht, aber nicht wenige bewahrten für lange Zeit eine Abneigung gegen die städtischen Lebensformen. Einige Beispiele mögen dies verdeutlichen: Als Ahnherr der Städte galt im Alten Testament der Brudermörder Kain (Gen. 4,17), dessen Lebensgeschichte in die frühe Siedlungszeit fällt. Vorbehalte gegen Stadt und Stadtbau sind auch in der Erzählung vom Turmbau zu Babel spürbar (Gen. 11,1–9). Die patriarchalisch organisierte Sippe kannte nur eine Sprache; in der Stadt dagegen, diesem Handelsknotenpunkt, herrschte ein Durcheinander an Sprachen und Gebäuden, eine Vielfalt ungewöhnlicher Sitten, welche für die Nomaden fremd waren und sie zunächst abstießen.

Andere Erzählungen der Genesis vermitteln einen Eindruck von der Selbsteinschätzung der Nomaden; das sind Zeugnisse, die das Selbstbewußtsein des frei umherstreifenden Menschen dokumentieren. So sagt das Geburtsorakel des Ismael:

„Er wird ein Mensch sein wie ein wilder Esel –
seine Hand wider alle, aller Hand wider ihn!
All seinen Brüdern lebt er ins Gesicht" (Gen. 16,12).

Die Jakob-Esau-Geschichte charakterisiert die unterschiedliche Lebensweise zweier Brüder. Esau ist der Jäger, Jakob der Kleinviehhirte. Durch exemplarische Einzelzüge wird gezeigt, daß der Hirte dem Jäger überlegen ist. Der Jäger ist zwar davon überzeugt, daß er die Anwartschaft auf ein bevorzugtes Dasein hat, aber er verliert sie durch Gleichgültigkeit und Dummheit an den listigen Hirten. Die Hirten werden sich solche Geschichten mit Vergnügen erzählt haben, als man den ‚Jägern‘ das Land abgenommen, als man das Land erbeutet hatte. Der für den Nomaden allgemein charakteristische Beuteerwerb erklärt sich aus dessen ärmlichen Lebensbedingungen. Neben der Viehzucht stellte er die wichtigste Quelle des Lebensunterhalts dar. Da es nur auf die Beute ankam, vermieden die Nomaden meist, Blut zu vergießen, und machten sich aus dem Staub, wenn die Abwehr zu stark und die Aussicht auf Erfolg gering waren.

Wie erwähnt, prägten einige Wesenszüge der nomadischen Zeit auch die spätere hebräische Gesellschaft. In der Welt der wandernden Hirten, die keine übergeordneten politischen Instanzen kannten, hing die menschliche Existenz an der Beachtung fester Regeln, welche die Gemeinschaft durch rigorose Appelle an die Solidarität zu bewahren suchte. Den Schutz des Lebens sicherte die Institution der Blutrache, die dem Mörder den Tod durch die Verwandten des Ermordeten androhte. Dabei sprechen die Erzählungen nicht allein von einer Vergeltung ‚Aug um Aug, Zahn um Zahn‘ (Ex. 21,24), sondern fordern den vielfachen Tod für ein Opfer in der eigenen Sippe. Lamech brüstet sich nach echter Beduinenart vor seinen Frauen, er habe einen Toten siebenundsiebzigmal gerächt (Gen. 4,24). Solche Erzählungen und die dahinterstehenden Regelungen sollten die Menschen davon abhalten, Blut zu vergießen. Zu dieser Mentalität gehörte ein geradezu leidenschaftlicher Ehrbegriff. Noch auf seinem Totenbett, so erzählte man, verlangte David von Salomo, daß dieser für ihn Rache an dem Hebräer Simei nehme, der David vor Jahren einmal beschimpft hatte (S. 84). Um die Blutrache zu vollziehen, galten alle Mittel als erlaubt, auch List und Hinterlist, und sie war Privatsache der Familie des Ermordeten. Niemand sonst hatte sich da hineinzumischen. Deshalb ging Joabs Blutrache an dem Feldhauptmann Sauls, Abner, David als König nichts an (S. 74).

Der nomadischen, unsteten Lebensweise entsprachen die Göttervorstellungen; denn die Götter wanderten mit den Menschen mit, von denen sie verehrt wurden. Für unsere Kenntnis der nomadischen Religion bleiben wir auf einen Schatz von Sagen angewiesen, der lange Zeit mündlich vererbt worden ist, ehe er im Zeitalter der Staatenbildung und der beginnenden Geschichtsschreibung schriftlich fixiert wurde. Einige Götter der Nomadenzeit lernen wir so aus den alttestamentlichen Erzählungen kennen: den Gott Abrahams, den Schrecken Isaaks, den Starken Jakobs. Es sind dies Bezeichnungen, die den jeweiligen Gott, das göttliche Individuum, durch die ausschließliche Hervorhebung seines Verhältnisses zu einem menschlichen Individuum, zum später so genannten Erzvater, bestimmen. Und durch diese Menschen wurde der Gott an dessen Familie, an dessen Sippe und an dessen Nachkommen gebunden. Solche Sippengötter, von denen uns das Alte Testament sicher nur eine Auswahl bietet, hatten ursprünglich nichts miteinander zu tun, wenn sie auch, jeder für seine Kultgemeinschaft, den gleichen Religionstyp darstellen. Der Mensch, den der Gott vor allen anderen durch eine Offenbarung ausgezeichnet hatte, galt als Kultstifter; er verdiente es, daß man den ihm erschienenen Gott seinen Gott nannte und diese Bezeichnung weiterhin tradierte. Solange man zum Beispiel den Gott Abrahams verehrte, blieb die Erinnerung an den Menschen Abraham lebendig, sammelten sich um solche Namen weitere Überlieferungen.

Beispielhaft für die Funktion dieser Sippengötter ist die Geschichte eines Streites zwischen Jakob und Laban. Als sie sich endlich friedlich einigen, ruft jeder seinen eigenen Sippengott als Garanten ihres Vertrages an: „Der Gott Abrahams und der Gott Nahors sollen zwischen uns Richter sein" (Gen. 31, 53).

In wenigen Erzählungen des Alten Testaments scheinen Gottesvorstellungen durch, die den Eindruck einer primitiven Religiosität machen. Solche Geschichten prägt oft ein dunkler Stil, der sich aus dem Versuch erklärt, die Kraßheit dessen zu mildern, was späteren Zeiten anstößig erschien, aber gleichzeitig soviel wie möglich von der ursprünglichen, durch Tradition geheiligten Form der alten Mythen zu bewahren. Zu diesen Erzählungen gehören die vom Kampf Jakobs mit einem dämonischen Gott und der Begegnung des Mose mit einer feindlichen Gottheit. Beide spiegeln eine furchteinflößende numinose Atmosphäre wider.

Jakob muß bei Nacht den Angriff eines Wesens abwehren, das ihn töten will. Dieses Wesen, das einmal Mann, dann wieder Gott genannt wird, gibt schließlich seine Absicht auf und segnet Jakob (Gen. 32,25–33). Während des nächtlichen Ringens stößt einer der beiden Kämpfer an die „Höhlung der Hüfte" des anderen. Wir wissen weder, wer dies tat, noch, ob mit Höhlung nicht vielleicht die Genitalien umschrieben werden sollen. Jedenfalls spielen die auch in der folgenden Erzählung über Mose eine Rolle. Diese Geschichte wurde tradiert, weil sie den Akt der Beschneidung als alten Ritus erwähnt. Das bezeugt die Verwendung eines Steinmessers noch in einer Zeit, in der Metall längst nichts Außergewöhnliches mehr war. Mose befand sich mit seiner Familie, seiner Frau und seinem Sohn, auf dem Wege nach Ägypten. Da der Knabe nicht beschnitten war, überfiel Gott die Familie in der Nacht in einer Herberge „und wollte ihn töten" (Ex. 4,24). Ob Gott den Mose bestrafen wollte, weil er den Sohn nicht hatte beschneiden lassen, oder den Sohn, weil er nicht beschnitten war, wissen wir nicht. Die Frau des Moses rettete auf jeden Fall den Bedrohten: „Sie nahm einen scharfen Feuerstein und beschnitt die Vorhaut ihres Sohnes und berührte seine Scham." Die Scham des Moses, des Sohnes oder des unbekannten Wesens? Die hebräische Syntax bietet dem Erzähler die Möglichkeit, sich entweder klar und deutlich auf eine Person innerhalb eines Satzes zu beziehen oder aber auf mehrere. In diesem Fall nutzt der Erzähler die zweite Möglichkeit. Beide Geschichten berühren die Sphäre des Geschlechtlichen, der menschlichen Fruchtbarkeit, die für den Nomaden im Zentrum gerade des religiösen Denkens stand (S. 57).

Neben dem Glauben an einen persönlichen Schutzgott existierten allerlei magische Vorstellungen und Praktiken. Die Nomaden fürchteten die Dämonen, die in der Steppe und Wüste lebten, schützten sich durch Amulette und versuchten, durch Magie auf sie einzuwirken, wie es beim Vorläufer des Passah-Festes geschah. Das ist ein altes Fest, das die Hirten jährlich feierten, in einer Frühlingsnacht beim ersten Vollmond, ehe sie die Tiere auf die Sommerweide trieben. Um Wohlergehen und Fruchtbarkeit der Herden zu erhalten, schlachtete man bei diesem Anlaß ein junges Tier. Das Blut wurde an Pfähle und Zelte gestrichen und sollte böse Mächte, personifiziert in dem ‚Vernichter‘, vertreiben. Ebenso versuchte man bei Kriegszügen während des Kampfes den Gegner durch Zaubersprüche zu schwächen. Dieses magische Erbe der Nomadenzeit erfuhr nach der Seßhaftwerdung in Palästina durch kanaanäische, später auch ägyptische und babylonisch-assyrische Magie eine spürbare Verstärkung.

Anders als bei den Orts- und Naturgöttern haftete das Göttliche in den religiösen Vorstellungen der Nomaden nicht an einem Stück Land, sondern an einem menschlichen Leben, erst an einem Individuum, schließlich an der ganzen Sippe. Entscheidendes Merkmal war diese ständige Beziehung zu einer Menschengruppe. Solchen Göttern war von Anfang an ein besonderes Maß von Anpassungsfähigkeit an die Veränderungen der Lebenslage ihrer Verehrer zu eigen, weil die enge Bindung an die Menschen über alle anderen dominierte. Dieser Religionstypus entsprach den Lebensverhältnissen nichtseßhafter Sippen, denn sie brauchten Wege- und Schutzgötter, weshalb ihm auch der Übertritt ins Kulturland nicht den Untergang bereiten konnte. Ja, eine Religion der vorwiegenden Betonung des Verhältnisses zwischen Gott und Mensch, zwischen Gott und menschlichem Verband, ohne starre Bindung an ein bodenständiges Heiligtum, reagierte flexibler auf alle Veränderungen der Lebensumstände ihrer Verehrer. Durch die Bindung der Götter an die Person und an ihr Schicksal ist diesem Religionstypus ein Zug zum Historischen eigen, der sich in der Geschichte der Hebräer immer wieder manifestierte. Da alle Sippengötter dem gleichen Typus entsprachen, ausgeprägt in einer Mehrzahl individueller Gottesgestalten, erleichterte dies ihre spätere Gleichsetzung zunächst als „Gott der Väter“, dann als Jahwe.

Die Macht solcher Götter offenbarte sich in allem, was vom Alltäglichen abwich: im Sturmwind, im Erdbeben, in Mond- und Sonnenfinsternissen. Zu diesen Besonderheiten traten im Laufe der Jahrhunderte auch historische Ereignisse, die ebenfalls wegen ihres überraschenden Ausgangs vom Erwarteten und Herkömmlichen abwichen. Dazu gehörten der Auszug aus Ägypten ebenso wie später die Erfolge Davids, der ein Großreich schuf.

b) Hebräer in Ägypten – ‚Auszug‘

Der Mythos, auf dem die Identität der Hebräer aufbaute, war derjenige des Auszugs aus Ägypten, der Befreiung aus der Knechtschaft des Pharao. Dessen Niederlage bezeugte zugleich den Triumph Jahwes, des Gottes der Hebräer. Wachgehalten wurde die Erinnerung an dieses Ereignis nicht nur durch zahllose Erzählungen und Gebete, sondern durch das zentrale Fest der Hebräer: Passah, in dem sie das Wunder der Errettung priesen und feierten.

Die Einwanderung und der Verbleib von semitischen nomadisierenden Gruppen in Ägypten sind in zahlreichen dortigen Texten vom 15. bis zum 12. Jahrhundert bezeugt. Häufig ist davon die Rede, daß Nomaden im Anschluß an Hungersnöte mit ihren Herden nach Ägypten zogen und dort auch Aufnahme fanden. Die einwandernden Fremden mußten die Grenzfestungen passieren und wurden dabei von den Grenzbeamten, welche die Ein- und Ausreise zu kontrollieren hatten, registriert. In einem Bericht aus der Zeit um 1200 schreibt ein solcher Beamter an den Pharao: „Wir sind damit fertig geworden, die Schasu-Stämme von Edom durch die Festung des Mernephtah in Tkw passieren zu lassen bis zu den Teichen von Pithom des Mernephtah in Tkw, um sie und ihr Vieh auf der großen Besitzung des Pharao, der guten Sonne eines jeden Landes, am Leben zu erhalten" (TGI 40).

Zu solchen Gruppen werden diejenigen Nomaden gehört haben, welche in die Geschichte der Hebräer die Tradition von einem Aufenthalt in Ägypten einbrachten. Nach den biblischen Erzählungen haben die auf oben genannte Weise in Ägypten mit Land bedachten späteren Hebräer sich in Gosen um die Stadt Pithom herum aufgehalten (Ex. 1,11), wo gutes Weideland vorhanden war. Als Gegenleistung zogen die Ägypter die Hirten zu Dienstbarkeiten bei Bauvorhaben heran. Diese Forderung rief bei den an Freiheit gewöhnten Nomaden einen Aufruhr hervor, sie ergriffen die Flucht.

Es flohen Familien oder Gruppen, die mit einem der Stämme verwandt waren, die später auf dem Boden Kanaans siedelten. Ein Hinweis auf die geringe Zahl der Leute liegt vielleicht in der Mitteilung, daß lediglich zwei Hebammen die Hebräer versorgten (Ex. 1,15).

Diese Flucht aufsässiger nomadischer Fronarbeiter wurde dadurch zum Ereignis, daß sie gelang und daß die Errettung vor den ägyptischen Verfolgern so unerwartet kam. Denn normalerweise hätte es keine Chance gegen die ägyptischen Streitwagen gegeben, die nicht nur schneller waren als wandernde Nomaden, sondern ihnen durch die Ausrüstung militärisch weit überlegen. Dies alles vermochte jeder Hebräer, der die Geschichte hörte, bis in die Anfangsjahre der Königszeit problemlos nachzuvollziehen, da man es immer und immer wieder erlebte. Gerade dadurch konnte die Errettung der aus Ägypten Geflohenen nicht nur für die unmittelbaren Zeitgenossen, sondern auch für die Generationen nach ihnen als Wunder empfunden und immer wieder nachempfunden werden.

Das Wunderbare klingt noch im alten Siegeslied der Flüchtlinge an, die ohne eigenes Zutun entkamen, denen eine Flucht gelang, die alles andere war als ein militärischer Erfolg. Heute werden zwar rationale Erklärungen für dieses Wunder gesucht, die ja durchaus denkbar sind, aber damals gab es nur die eine für einen Vorfall, der allen Erwartungen widersprach. Der Schutzgott der Nomaden hatte sie gerettet:

„Singet Jahwe, denn hocherhaben ist er,
Pferd und Wagenkämpfer warf er ins Meer" (Ex. 15,21).

Daß wir dagegen den Ort des Untergangs der ägyptischen Soldaten nicht kennen und auch sonst kaum konkrete Angaben über den Hergang besitzen, sollte uns nicht überraschen, da für die Überlieferung immer stärker der Nachdruck auf der Befreiungstat Gottes lag. Daher ist die Schilfmeererzählung im Laufe der Zeit mehr und mehr von solchen wunderhaften Zügen durchsetzt worden, bis hin zu jener in modernen Filmen so spektakulär dargestellten Mauerbildung des Meeres für den Durchzug der Hebräer. Der Mißerfolg der technisch überlegenen Ägypter wurde in der Erinnerung zur großen Niederlage stilisiert. Deren Scheitern geriet mehr und mehr zu einem Sieg der Hebräer, der neben Gott auch einen menschlichen Sieger verlangte. In diesem Zusammenhang ist die Person des Mose dominierend geworden. Wie bei allen als ‚Großen‘ empfundenen Personen bietet sein Bild zahlreiche Übertreibungen. Um Mose und um seine Gefährten und Gegner ranken sich Sagen und Legenden. Es wäre zwar falsch, allein aus diesem Grunde Mose die Geschichtlichkeit abzusprechen, aber seine Historizität ist für die Frühgeschichte der Hebräer unerheblich.

Den tiefen Eindruck, den die Flucht hinterlassen hat, bezeugen ferner die unterschiedlichen Überlieferungen, deren Bezug auf die tatsächlichen Gegebenheiten immer geringer und deren theologische Interpretationen immer weitreichender wurden. Die kürzeste Verbindung zwischen Ägypten und Palästina war bis ins 12. Jahrhundert fest in ägyptischer Hand; daher erklärt uns ein Text aus der Königszeit: „Als nun der Pharao das Volk ziehen ließ, führte sie Gott nicht den Weg nach Palästina – der wäre ja der nächste gewesen. Denn Gott dachte: Vielleicht könnte es das Volk bereuen, wenn es einen Kampf vor sich sieht, und sie könnten nach Ägypten zurückkehren. So ließ Gott das Volk einen Umweg machen" (Ex. 13,17–18). Der Weg an der Küste entlang wurde überwacht und war deshalb gefährlich. Die Gruppe zog daher in südöstlicher Richtung und gelangte in das Innere der Sinai-Halbinsel. Eine spätere Schrift des 6./5. Jahrhunderts ließ Jahwe bereits einen vollständigen Sieg über den Pharao erringen und folglich die Hebräer auf der kürzesten Route nach Osten marschieren (Ex. 14,1–4). Aber auch jede christliche Generation hat sich die Exodus-Route nach ihrem jeweiligen geographisch-historischen Wissen und ihren theologischen Überzeugungen ausgemalt.

Der Bericht über die Befreiung und den Auszug aus Ägypten erlangte für die Hebräer entscheidende Bedeutung. Der Exodus bildete bald das grundlegende Ereignis ihrer Geschichte, den Beginn einer neuen Epoche. Aus dem eintönigen und ereignisarmen Leben der Kleinviehnomaden gab es allenfalls Erinnerungen an Alltägliches und Unerfreuliches. Aus diesem Nebel des Einerleis ragte der ‚Erfolg' über die größte Macht, welche die damalige Welt kannte, als einsamer strahlender Gipfel heraus. So wurde der Bericht, als er in Verbindung mit dem Jahwe-Kult trat, zugleich Kern des Glaubens und des Kultus. Die Erfahrungen jener Gruppe, die mit den Ägyptern in Berührung gekommen war, wurden so durchschlagend, daß sie schließlich sogar Bekenntnischarakter annahmen in der Formel: „Jahwe, der Gott, der uns aus Ägypten herausgeführt hat" (Jos. 24,17). Das Volk der Hebräer entstand im Augenblick des Auszugs aus Ägypten, dem Lande der Sklaverei. Das wiederholen die biblischen Erzähler unermüdlich. Richtig ist dies aber nur insofern, als das Erlebnis und die Erzählung einer kleinen Gruppe konstitutiv für die Entstehung einer Identität war, die half, wenigstens in den Erzählungen ein Volk zu schaffen.

3. Landnahme

Syrien-Palästina stand längere Zeit unter ägyptischer Kontrolle. Als um die Wende vom 13. zum 12. Jahrhundert in dem Raum aufgrund der beschriebenen Konstellationen (S. 20) ein politisches und militärisches Vakuum herrschte, kam es zu einem Kampf aller gegen alle, der soziale und politische Umschichtungen zur Folge hatte und eine Infiltration neuer Bevölkerungsgruppen in größerem Ausmaß ermöglichte. Die Landnahme der Philister und einiger aramäischer Völker – Edomiter, Moabiter, Ammoniter und Hebräer – im West- und Ostjordanland war also in dem erfolgten Ausmaß nur in dieser Periode der politischen Schwäche bzw. gar des Zusammenbruchs der bisherigen Großmächte möglich, in einer Zeit, in der Palästina ‚herrschaftslos' neuen Siedlern und Eroberern offenstand. Dabei vollzog sich aber die Landnahme der Hebräer später als die philistäische; denn diese hatten die Ebenen im Westen Palästinas bereits zu der Zeit besetzt, als die Hebräer einwanderten.

Bei der Konzeption der alttestamentlichen Erzählungen von der Landnahme, die ein Gesamtvolk unter der Leitung von Mose und Josua bereits sehr früh voraussetzen, sind zahlreiche Überlieferungen, die von einem Bruchteil der späteren Hebräer erlebt wurden, auf alle bezogen worden. Darunter fielen auch solche, die ursprünglich nichts mit den Hebräern zu tun hatten. Schließlich stießen die Einwanderer in ein Gebiet vor, das keineswegs eine ‚tabula rasa' war, sondern längst eine Geschichte, also auch Geschichten hatte, die auf ihre eigenen Schilderungen

abfärbten. Der gesamte Erzählungsstoff wurde somit zum Sammelbek-
ken für die unterschiedlichsten Überlieferungen. Dabei sind gerade die
Berichte über Mose und Josua, wie alle vergleichbaren in der Antike,
aufs Persönlich-Heldenhafte stilisiert und bei den Hebräern noch zusätzlich ins Allgemeine, das ganze Volk Betreffende ausgeweitet.

Das historische Geschehen wird zeitlich gerafft erzählt, die Beschreibung des langwierigen Prozesses der Landnahme generalisiert und natio-
nalisiert, schließlich auf einen einzelnen Helden zugespitzt: Josua. Die
spätere Geschichtsschreibung fügt dabei ineinander, was in Wirklichkeit
getrennt bleiben muß. Sie schließt die Entwicklung mit der Feststellung
ab: „So gab Jahwe den Israeliten das ganze Land, das er geschworen
hatte, ihren Vätern zu geben. Und sie nahmen es in Besitz und ließen sich
darin nieder. Und Jahwe verschaffte ihnen ringsum Ruhe, ganz so wie er
es ihren Vätern geschworen hatte, und niemand hielt stand vor ihnen von
all ihren Feinden; alle Feinde gab der Herr in ihre Hand" (Jos.
21,43–44).

Dieses Konzept einer einmaligen großangelegten Eroberung des gesamten kanaanäischen Landes ist ein idealisiertes Bild aus einer planvoll
komponierten und durchstrukturierten späten Bearbeitung. Die Darstellung des Buches Josua ist aufgrund alter Erzählungen, aber unter starker
Verkennung ihres ursprünglichen Sinnes erst Jahrhunderte nach den eigentlichen Ereignissen entstanden. Daß dabei die vielen Landnahmeschil-
derungen, die jede der in Palästina eingewanderten Gruppen aus ihrem
Gesichtswinkel infolge jeweils unterschiedlicher Erinnerungen und Vorstellungen tradierte, sich notwendigerweise ähnelten, mag deren Verschmelzung zu einer einheitlichen Gesamtdarstellung erleichtert haben.

In Wahrheit gab es aber keine politisch-militärische Einheit der Hebräer vor und während der Landnahme. Eine solche spielte weder bei den
Vorgängen um den Auszug aus Ägypten eine Rolle, noch wurde Palästina von einer Heermacht unter dem Befehl des Josua erobert. Die Landnahme war kein einmaliger, in kurzer Zeit vollzogener Akt, vielmehr
haben die einzelnen Sippen der späteren Stämme aus verschiedenen Richtungen kommend von ihren künftigen Wohngebieten Besitz ergriffen.
Der Vorgang war äußerst komplex und ist nur anhand einzelner Episo-
den darzustellen.

An eine Verlaufsschilderung darf demnach bei der folgenden Darstellung nicht gedacht werden.

Das Gros der Einwanderer bildeten einzelne Sippen oder Sippenver-
bände von Kleinviehnomaden, die mit ihren Herden während der winter-
lichen Regenperiode im Grenzgebiet zwischen Wüste und Kulturland
lebten und im Sommer mit dem Ende der Vegetationsphase gezwungen
waren, tiefer ins Kulturland einzudringen. Von einigen Gruppen wird
berichtet, daß sie als erste Maßnahmen nach der Besetzung des Gebietes

Kleinviehgatter und dauerhafte Siedlungen anlegten. Mit den Eigentümern des Landes mußten sich die Nomaden über die Nutzung der Sommerweide auf den abgeernteten Feldern verständigen. Ein Beispiel für eine solche Übereinkunft könnte der Vertrag sein, den wahrscheinlich Benjamin mit den Stadtherren von Gibeon schloß (Jos. 9,15). Es ging dabei um eine Abgrenzung von Nutzungsrechten an Wegen, Weideland und Wasser. Diese Sippen, die auf dem Wege des Weidewechsels ins Land kamen, sind allmählich dazu übergegangen, sich in den Gebirgsregionen niederzulassen und ein wenig Ackerbau zu treiben. Die Hebräer wichen dabei den Einheimischen aus und machten das teilweise noch unkultivierte Gebirge nach Art der Kolonisation regelrecht urbar. Davon erzählt exemplarisch eine Episode des Buches Josua (17,14–18). Da beschwert sich der Stamm Joseph, daß ihm sein Gebiet im Kulturland, das Gebirge Ephraim, nicht den nötigen Lebensraum gebe. In dieser Situation weiß Josua Rat. Der Stamm habe in seinem Bergland ein größeres Gebiet, als er glaube. Denn das Bergland ist Waldland, und wenn man den Wald rodet, gewinnt man ausreichend Ackergebiet.

Widerstand war in dieser Phase kaum zu erwarten, denn es handelte sich teilweise um herrenlose Gebiete, die bei der Ausbildung des kanaanäischen Stadtstaatensystems unberücksichtigt geblieben waren. Diese politisch nur schwach organisierten und vermutlich noch dünn besiedelten oder menschenleeren Territorien eigneten sich am besten zur Aufnahme von Neuankömmlingen. Solche Gegenden hatten die Nomaden einst bei ihrem Weidewechsel kennengelernt, und sie boten den Einwandernden nun eine Möglichkeit, seßhaft zu werden und allmählich aus ihrer halbnomadischen Lebensweise in das Bauerntum überzugehen. Das vor allem in den fruchtbaren Ebenen heimische Stadtstaatensystem war von der Landnahme der Hebräer zunächst allenfalls an seinen Rändern betroffen. Für die kulturelle Entwicklung wurde wichtig, daß die Hebräer mit der Landnahme nicht geradewegs in die städtische Kultur Palästinas hineinwuchsen, sondern sozusagen vor den Toren der Städte haltmachten. Die Öffnung für die Stadtkultur vollzog sich spät und langsam, so daß Elemente des Nomadenlebens auch nach der Seßhaftwerdung erhalten blieben und somit bis weit in die Königszeit hinein wirkten (S. 74).

Die Landnahme geschah in der Regel friedlich. Es ist für diese Anfangszeit auch schwer vorstellbar, wie sich die Hebräer angesichts der überlegenen kanaanäischen Kriegstechnik hätten durchsetzen sollen, ehe sie längere Zeit im Lande lebten. Der Territorialbesitz der Kanaanäerstädte galt als unangreifbar, ihre militärische Überlegenheit in einer Feldschlacht als sicher. Die Streitwagen der Kanaanäer und der Philister verbreiteten bis in die Zeit Sauls hinein Furcht und Schrecken, was noch an vielen Stellen des alttestamentlichen Textes durchscheint. Die aus der Wüste kommenden Hebräer brachten weder die angemessene Bewaff-

nung noch die Erfahrung mit, die nötig gewesen wäre, um mit einiger
Aussicht auf Erfolg gegen die ummauerten Städte der Kanaanäer vorzu-
gehen, „deren Wälle bis zum Himmel stiegen" (Dtn. 1,28). Diesen ‚riesi-
gen' Mauern analog, deren Überreste in Hebron noch heute über neun
Meter stark sind, stellte man sich die Anakiter, die Bewohner Hebrons,
als Riesen vor (Num. 13,34).

Da die Landnahme unter wenig spektakulären Umständen ablief, sind
auch keine ausführlichen Berichte über sie zu erwarten. Heldentaten, die
bei dem später einsetzenden ‚Landesausbau' zutage traten, erwiesen sich
für die alttestamentlichen Erzähler weit eher schildernswert als Geschichten über Rodung, Urbarmachung, Aussaat, Ernte und Herdenalltag. Im
Richterbuch werden solche Zeiten mit der lapidaren Feststellung abge-
tan: Da hatte das Land jahrelang Ruhe (Ri. 3,11). Die Ansiedlung in den
Bergländern hat also wenig konkrete Spuren in der Überlieferung hinterlassen, wenngleich die Hebräer sich immer der Tatsache bewußt blieben,
daß ihre Wurzeln außerhalb der späteren Grenzen lagen, daß sie im
Lande Kanaan nicht autochthon waren.

Archäologisch läßt sich diese Landnahme im Negeb an mehreren Orten fassen. In der Nähe von Beer-Seba richteten sich auf den Ruinen eines
steinzeitlichen Dorfes nach einer 2000-jährigen Besiedlungslücke um
1200 Nomaden ein, die nur Gruben und gestampfte Fußböden, aber
keinerlei Spuren von Bautätigkeiten hinterlassen haben. Etwa 100 Jahre
später errichteten sie die ersten, noch sehr einfachen Häuser. Bei dieser
Art der Seßhaftwerdung wurden Zelte erst allmählich durch Hütten und
feste Häuser abgelöst.

Erst nach der Seßhaftwerdung in den Bergregionen begannen die Hebräer in einer zweiten Phase in die Täler vorzustoßen, in denen sich
kanaanäische Städte befanden. Bei diesem Vorgang – auch als Landesausbau bezeichnet – gelang es ihnen hin und wieder, eine feste Stadt
einzunehmen und deren Bevölkerung niederzumachen beziehungsweise
zu vertreiben. Allerdings haben programmatische Zielsetzungen, die teilweise fanatische Züge annehmen und vor allem in der späteren Geschichte des Judentums und dann des Christentums immer wieder fatale Nach-
wirkungen gezeitigt haben – daß nämlich von den Völkern des Landes
niemand am Leben gelassen werden sollte (Dtn. 20,16) –, den historischen Ablauf dieser Phase nicht geleitet, da dazu die Mittel fehlten. Nur
gelegentlich berichtet die Bibel auch von Niederlagen, die bei dem
Landesausbau unvermeidlich waren (Num. 13–14); denn Sagen und
Heldenüberlieferungen verherrlichen meist die Siege.

Viele solcher Erzählungen über sogenannte Heldentaten kreisen ursprünglich nicht um Personen, sondern waren ausgesprochene aitiologische Sagen (von griechisch aitia = Ursache). Sie wurden einzelnen Plät-
zen zugeordnet und dienten dazu, auffallende Tatbestände aus der Ge-

genwart ihrer Erzähler aus angeblichen Ereignissen der Vergangenheit abzuleiten, also ihre Entstehungsgeschichte zu bieten. Darum endet so manche von ihnen mit der für solche Sagen typischen Schlußformel ‚bis auf den heutigen Tag'. Gelegentlich wird sogar noch deutlicher darauf Bezug genommen, daß sie von Fall zu Fall Antwort geben auf die große Kinderfrage aller Zeiten: ‚Warum?'.

„Wenn eure Kinder euch in Zukunft fragen werden: Was bedeuten euch diese Steine? Dann sollt ihr ihnen sagen ..." (Jos. 4,6). Es folgt eine Geschichte wie die von Ai (Jos. 8), eine Sage, die einen am Weg von Jericho nach Bethel liegenden Schutthügel und einen Steinhaufen an seiner Seite mit einer früher an jener Stelle angelegten Kanaanäerstadt und ihrem Tor in Verbindung bringt. Die Eroberung und Zerstörung der Stadt soll Josua mit den einwandernden Hebräern durch eine Kriegslist gelungen sein. Diese Kriegslist wird detailliert beschrieben und kann in anderen Zusammenhängen durchaus einmal Erfolg gehabt haben. Ausgrabungen haben jedoch ergeben, daß der Ort seine erste intensive Besiedlung und Befestigung schon in der frühen Bronzezeit, also noch im 3. Jahrtausend erlebt hat, dann in der mittleren und späteren Bronzezeit aufgegeben war und erst in der frühen Eisenzeit, als die Hebräer längst im Lande saßen, von neuem besiedelt wurde. Die alte Stadt konnte also keinesfalls durch die Einwanderer erobert worden sein; die Erzähler der Sage vergriffen sich um Jahrhunderte, als sie die Zerstörung dieser Stadt für die Hebräer in Anspruch nahmen. Daher versteht man denn auch, warum die Sage den Namen der längst untergegangenen Stadt nicht mehr kennt, sondern sie einfach als das bezeichnet, was sie war, ein Trümmerhaufen (Ai); anders als in Trümmern haben sie die Hebräer nie gesehen. Die spätere Überlieferung versuchte allerdings die neuen Siedler zu legitimieren und zu glorifizieren. Es war oft keine ganz geheure Sache, sich in fremden Ruinen niederzulassen; Geschichten wie die von Ai konnten dabei helfen. Ferner spielten Trümmerhaufen die Rolle katechetischen Anschauungsmaterials zur Verherrlichung des Land und Lebensraum schenkenden Gottes. Viele derartiger lokaler Aitiologien fanden Gefallen und gingen in die Landnahmetradition ein, die auf diese Weise einen ‚blutigen' Anstrich erhielt und damit auch für spätere Geschichtsschreibung bedeutsam wurde.

War aber einmal ein Erfolg zu verzeichnen, dann gelang er oft nur unter besonderen Umständen und nicht durch einen klaren militärischen Sieg. Die Hebräer konnten gegen die Städte keinen regelrechten Angriff führen. Sie verfügten über keine Belagerungswaffen und besaßen ebensowenig die Erfahrung, um ummauerte Orte anzugreifen, weshalb sie ihnen nur gelegentlich durch List und Verrat in die Hände fielen. Wie wenig sich die Hebräer selbst die Eroberung einer Stadt aufgrund ihrer militärischen Stärke vorstellen konnten, zeigen die Geschichten der Eroberung von Jericho. Beide Versionen sind frei erfunden, aber selbst dann ist der Erfolg nur durch Hinterhalt und Kriegslist vorstellbar. In einer der Erzählungen der Einnahme von Jericho, einer uralten und sagenhaften Stadt im wahrsten Sinne des Wortes, die nur noch in Sagen existierte, sind es die Beziehungen der Hebräer zu einer Dirne, die es ihnen ermöglichten, in die Stadt einzudringen: Ihr Haus lag direkt an der Stadtmauer, und sie verabredete mit den Hebräern, einen roten Faden an ihr Fenster in der Mauer zu binden, um die Stelle zu markieren, an welcher der Einstieg in die Stadt möglich war (Jos. 2,1–21). Solche ‚Siege‘ wurden anschließend wunderbar ausgemalt. So soll, nach einer zweiten Version, der Schall der Posaunen die Mauern von Jericho zum Einsturz gebracht haben (Jos. 6,1–20). Dies führte dazu, daß Jericho die Stadt in Palästina war, in der – außer in Jerusalem – am häufigsten und hartnäckigsten gegraben wurde und daß man die Mauer regelmäßig ‚fand‘.

Erst während dieser zweiten Phase der Eroberung des Kulturlandes, während des sogenannten Landesausbaus, kam es also zu kriegerischen Auseinandersetzungen, welche das Alte Testament nahezu ausschließlich schildert, da sie im Gedächtnis blieben. Die dabei von den Hebräern eroberten Orte lagen fast alle am Rande der sich allmählich herausbildenden Stammesterritorien. Es handelte sich demnach um den Versuch, das kanaanäische Herrschaftssystem, das die Hebräer umgab und beengte, zu durchbrechen. Zu diesen Kämpfen konnte es erst kommen, nachdem die Hebräer sich zunächst abseits von den sie umgebenden Herrschaftsbereichen niedergelassen hatten und von da aus allmählich den festen Orten an den Grenzen näherrückten.

Die Erzählungen dieser zweiten Phase gelangten später in die Geschichte der Landnahme. Da diese friedlich verlief und ihr so die dramatischen Ereignisse fehlten, verschob sich das Erinnerungsbild. Hinzu kam, daß Siegesberichte über befestigte Orte an den Rändern der Stammesterritorien das Höchstmaß von deren Ausdehnung in vorstaatlicher Zeit belegen. Erzählungen solcher Art schrieben in Form von Dokumenten das Besitzrecht auf Dauer fest. Die theologische Geschichtsschreibung verlegte diese Erzählungen wegen ihrer Grundanschauung vom gottgegebenen Sinn und Gang der Geschichte an den Anfang der Landnahme.

Wie schwierig, ja unmöglich es in Wirklichkeit für die Stämme war, gegen die mächtigsten Stadtstaaten etwas auszurichten, zeigt der Bericht über eine angebliche Auseinandersetzung zwischen Josua und dem Stamm Joseph, der sich mit seinem ihm zugewiesenen Territorium, dem Gebirge Ephraim, unzufrieden zeigte: „Das Bergland reicht für uns nicht aus. Alle Kanaanäer aber, die in der Ebene wohnen, besitzen eiserne Wagen. Das gilt für die in Beth-Sean und seiner Umgebung und die in der Ebene Jesreel wohnen" (Jos. 17,16). Dieser Zustand wird bestätigt durch das ‚negative Besitzverzeichnis‘ des ersten Kapitels des Richterbuches, eine Aufzählung von Kanaanäerstädten, deren Gebiet später von verschiedenen Stämmen beansprucht wurde, aber weiterhin unabhängig blieb. Dieses negative Besitzverzeichnis (Ri. 1,19–36), das näher an der Wirklichkeit ist als alle generalisierenden Erzählungen, listet dieselben Stadtstaaten auf, die wir auch aus ägyptischen Quellen und den Amarna-Texten kennen (S. 16): Dor, Megiddo, Thaanach, Jibleam und Beth-Sean im Norden. Diese Städte bildeten eine Kette, die quer durch das Land von Dor am Mittelmeer ostwärts am Südrand der Jesreel-Ebene entlangführte und bis nach Beth-Sean am Jordan reichte; es handelte sich um alte Festungen, die einst in der Hand der Ägypter gewesen waren (s. Abb. 2). Sie lagen überwiegend in den fruchtbaren Ebenen und entlang den wichtigsten Handelsstraßen.

In Zentral- und Südjordanien und Zentralpalästina befanden sich wenige wichtige Orte, die weiter voneinander entfernt waren als die Städte in den Ebenen. So ist in den Amarna-Texten für das Gebiet zwischen der Jesreel-Ebene und Jerusalem nur Sichem als Stadtstaat nachweisbar. Im Süden schloß sich ein weiterer Querriegel von Geser über Ajalon und Saalbim bis zum jebusitischen Gebiet um die Stadt Jerusalem sowie das nördlich und westlich angrenzende Territorium an.

Diese beiden genannten Querriegel entsprechen der natürlichen Gliederung einer Landschaft (s. Abb. 2), welche die Kanaanäer in den Städten strategisch und machtpolitisch ausnutzten. Sogar die Philister operierten später noch von der Basis der Querriegel aus gegen Saul (S. 46) und gegen David (S. 75). Die Städte konnten erst mit dem ‚Erstarken‘ der Hebräer endgültig eingenommen werden, d. h. mit der Errichtung der königlichen Zentralgewalt unter David.

Als zeitlicher Rahmen für die soeben beschriebene Landnahme läßt sich mit Vorsicht das 13. bis 11. Jahrhundert abstecken, wobei der Schwerpunkt eher im 12. Jahrhundert gelegen haben dürfte; an ihn schloß sich der Landesausbau an. Nicht alle Gruppen haben sogleich Siedlungsplätze gefunden, einige mußten innerhalb Palästinas wandern, weil sie sich nicht behaupten konnten, andere sind dort auch untergegangen. Die Hebräer sind in mehreren größeren Wellen aus zwei Hauptstoßrichtungen nach Palästina eingewandert und dort seßhaft geworden. Juda und kleinere Gruppen wie Kaleb und Othniel stießen von Süden, aus dem Raum um Kadesch, in das judäische Gebirge vor und besetzten es. Nach Osten bildete die Wüste Juda eine natürliche siedlungsgeographische Grenze, nach Norden verlegte der südliche Städtequerriegel den Weg. Die Einwanderung der mittelpalästinensischen Gruppen erfolgte aus dem Bereich der edomitisch-moabitischen Hochfläche heraus, durch das südliche Ostjordanland und über den unteren Jordan, insbesondere auf das ephraimitisch-samarische Gebirge; ihren Landnahmeweg wähl-

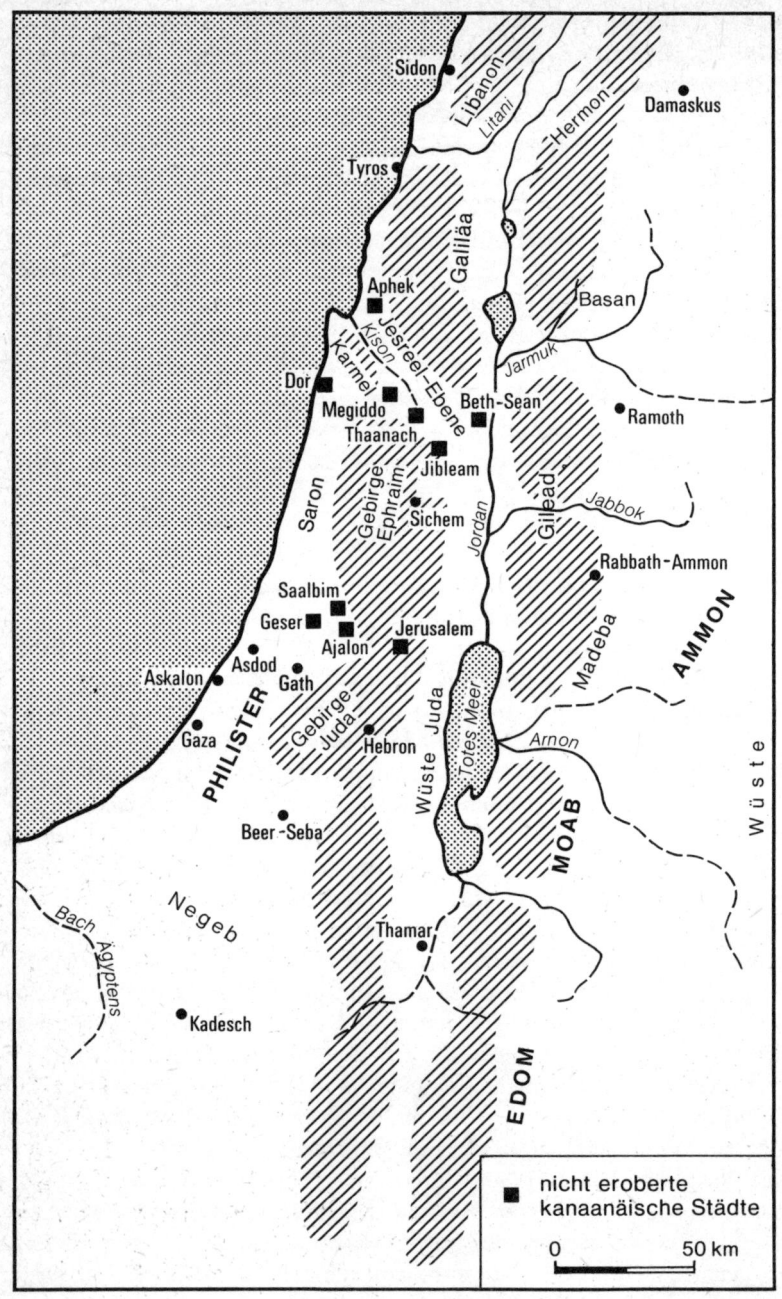

Abb. 2. Die geographische Beschaffenheit Palästinas

ten die späteren Erzähler als gemeinsamen Weg aller Gruppen ins Kulturland; als typischer Landnahmebericht ging er in das Buch Josua ein. Der nördliche Städteriegel der Jesreel-Ebene bildete für diese Gruppen eine unüberwindliche Barriere.

Das zunächst sehr lockere Gefüge der in sich geschlossenen Verbände wuchs in der Folgezeit allmählich enger zusammen, ohne deren Eigenarten je ganz aufzugeben. Landnahme und Landesausbau hatten zur Existenz mehrerer Gruppierungen von Hebräern geführt, die weitgehend unabhängig voneinander lebten. Daran hat später auch der Übergang zu Königtümern und die Entstehung von Staatsverbänden wenig ändern können.

Das Land, das sie nun innehatten, war zum Teil unter Schwierigkeiten erworben worden und wurde daher mit großer Umsicht gehütet. Für diesen Gegenstand ihrer sehnsüchtigen Träume verfügten die Hebräer über manche Synonyme: Es war das Land der Schönheit, das Heilige Land, das Land des Bundes, das Gelobte Land. Es war einfach ‚das Land‘, wobei stets in diesem Begriff der Stolz auf die ständige Heimat mitschwebte.

4. Helden, Herrscher, Richter

Eine Darstellung der Zeit zwischen der Landnahme und der Königszeit enthält im Alten Testament das Richterbuch. Der Redaktor des Geschichtswerkes verfuhr bei seiner Anlage sehr schematisch, was es uns erschwert, die historischen Vorgänge der sogenannten Richterzeit auszumachen. Ihm lagen unterschiedliche Erzählungen vor, so eine Reihe, die sich allein mit den Gestalten der Retter befaßte. Als Einleitung zu diesen Retter-Episoden konstruierte er eine idealisierte Handlung, Othniels Sieg über einen sonst nicht weiter bekannten Herrscher (Ri. 3,7–11). Sie dient als typisches Beispiel für den Ablauf solcher Errettungstaten und besteht fast ausschließlich aus Versatzstücken, die sonst die übrigen Erzählungen verklammern: Das Volk tat, was dem Herrn mißfiel. Da entbrannte der Zorn des Herrn wider das Volk, und er verkaufte es in die Hand der ... Da schrie das Volk zu seinem Gott, und dieser schickte ihm einen Retter – einen Heiland, wie Luther übersetzte. Dieser Retter schlug den Feind und befreite das Volk. Da hatte das Land ... jahrelang Ruhe. Die Retter-Episoden laufen somit nach dem Schema Schuld-Strafe-Reue-Rettung ab.

Neben den Retter-Geschichten kursierte in der Königszeit eine Liste von Männern, die als Richter bezeichnet wurden (Ri. 10,1–5; 12,7–15). Da Jephthah in der Richter-Liste stand und von ihm auch eine Errettungstat berichtet wurde, identifizierte der spätere Redaktor des Richterbuches die Retter mit den Richtern und fügte die Jephthah-Erzählung dort in die Richter-Liste ein, wo Jephthah seinen Platz hatte. Dies hat das Retterbild völlig verändert. Neben der Gleichsetzung von Rettern und Richtern wird nun dem Leser die Meinung suggeriert, ein Retter sei dem anderen gefolgt, der jeweils alle Hebräer vor einer Bedrohung bewahrt und dann ein Leben lang ein Amt bekleidet habe. Wieder wird von einem einheitlichen Vorgehen aller Hebräer berichtet, eine Sicht, die auch bei der biblischen Schilderung der Landnahme vorliegt (S. 32). In diesen Erzählungen werden lokale Helden und lokale Konflikte in einen gesamthebräischen Kontext gestellt.

Im bewußten Gegensatz dazu müssen die Retter-Episoden vielmehr isoliert gesehen werden.

Ehud

Die historische Voraussetzung der Rettertat Ehuds lag darin, daß die Moabiter unter ihrem König den Jericho gegenüberliegenden Teil des Jordangrabens beherrschten; dies erregte keinen Anstoß. Als unberechtigt schildert es die Ehud-Geschichte (Ri. 3,12–30), daß der König sich einiger Gebiete auf der Westseite des Jordans, also der Gegend um Jericho, bemächtigte und dort Tribut verlangte. Wie groß der Druck der Moabiter auf die Hebräer war, als sich Ehud entschloß, den Moabiterkönig zu ermorden, wissen wir nicht. Die Darstellung des königlichen ‚Palastes‘ spricht eigentlich gegen eine fest etablierte Herrschaft in dem westjordanischen Gebiet. Ehud mußte sich für das Unternehmen eigens ein Schwert anfertigen lassen – Hinweis darauf, daß aus Metall gearbeitete Waffen bei den Hebräern noch eine Rarität waren. Es gelang ihm, den König zu töten. Im Anschluß daran konnten die Hebräer die Moabiter wieder über den Jordan zurückdrängen, damit war der ursprüngliche Zustand wiederhergestellt und die Aufgabe des Retters erledigt; zu einer weiteren Verfolgung der Moabiter kam es nicht.

Gideon

Eine Bedrohung besonderer Art ging für andere Hebräer von den Midianitern aus. Midian stellte im ausgehenden 2. Jahrtausend eine bedeutende Stadt dar. Im 12./11. Jahrhundert konnten die Midianiter dank der inzwischen erfolgten Domestikation des Kamels weiträumige Raubzüge unternehmen, die sie bis in die Jesreel-Ebene führten. Als Kamelreiter waren sie äußerst mobil und bereiteten unter den betroffenen Hebräern am Rande der Ebene Angst und Schrecken. Das Neue, das diese Kamelreiter darstellten, die wahrscheinlich einhöckerige Dromedare besaßen, klingt in den Erzählungen noch an. Schutz suchte die Bevölkerung in den für die Kamele unzugänglichen Bergen, um dort so lange in Höhlen zu leben, bis die Gefahr vorüberging.

Diese bestand in einer jährlich wiederkehrenden Bedrohung der Ernte. Bei diesen Beutezügen, die in die Zeit der saisonbedingten Weidewechsel fielen oder als Razzien abliefen, setzten die Midianiter auf der Höhe von Beth-Sean über den Jordan über und führten Schafe, Rinder, Esel und Lebensmittel fort. Wie sehr man sich an die Regelmäßigkeit der Überfälle gewöhnt hatte, zeigt die Bemerkung, daß Gideon aus Furcht vor den umherstreifenden Midianitern das Getreide nicht auf der Tenne drosch, wo es dem Zugriff von Plünderern offenlag, sondern an einem unzugänglichen Ort (Ri. 6,11). Bei solchen Angriffen waren des öfteren auch Menschenleben zu beklagen. Ein solcher Vorfall provozierte das Unternehmen des Gideon. Sein Motiv zur Verfolgung der Midianiter war dabei privater Natur: Er wollte Vergeltung für die Ermordung seiner Brüder üben, die bei der Verteidigung ihres Eigentums gestorben waren. Der Angriff auf die Midianiter geschah spontan; dabei fand Gideon allein die Unterstützung der männlichen Mitglieder seiner Sippe. Die Zahl von 300 Leuten (Ri. 7,8) kommt dem geschichtlichen Sachverhalt offenbar recht nahe. In den Kriegserzählungen der Richter- und der beginnenden Königszeit ist oft von gemeinsam kämpfenden Familienmitgliedern die Rede. Ein ähnliches Phänomen finden wir in der Ilias. Es handelt sich um eine frühe Organisation des Heerwesens, die zunächst aus der Pflicht der Verwandten zum gegenseitigen Schutz resultierte (S. 53).

Nach einem der üblichen Beutezüge hatten die Midianiter in der Nähe von Sunem Rast gemacht und ihr Lager aufgeschlagen. Gideon kürzte bei der Verfolgung den Weg ab und erreichte das Lager der Midianiter, die mit den Verfolgern so schnell nicht rechneten. Sie feierten den Sieg, genossen ihre Beute und dürften sich ähnlich sorglos niedergelassen haben, wie wir es an anderer Stelle von Nomaden nach einem vergleichbaren Beutezug erfahren (1. Sam. 30, 16). Gideon hatte zuvor seine Leute zusammengeholt und sie mit einem hohlen Widderhorn und einem Krug, in dem sich eine Pechfackel befand, ausgestattet (Ri. 7,16–21). Die Truppe umzingelte daraufhin nachts das Lager der Feinde. Auf ein Zeichen hin zerschlugen die Hebräer die Krüge, ließen dadurch die Fackeln aufflammen und bliesen aus Leibeskräften in die Hörner, ohne von der Stelle zu rücken. Solchermaßen aus dem Schlaf und Rausch aufgeschreckt, wurden die Midianiter von Panik ergriffen und flohen. Gideons Kampagne ist also weder als Feldzug zu bezeichnen, noch lieferte er den Midianitern eine Schlacht. Das Ereignis hatte lediglich lokale und gänzlich partikulare Bedeutung.

Jephthah

Das Wirkungsgebiet dieses Retters war der Stamm Gilead, der auf dem östlichen Jordanhochland siedelte. Die Lage dieses Gebietes, von Aramäern, Ammonitern und Moabitern umgeben, war besonders exponiert. Jephthah, der aus der Verbindung eines Gileaditers mit einer Dirne stammte, war von seinen Brüdern durch einen Rechtsakt vor den Ältesten von dem väterlichen Erbe ausgeschlossen worden (Ri. 11,1–3). Er wandte sich nach dem Land Tob, in die Gegend südöstlich des Hermon, jenseits des Jarmuk und versuchte dort, ein Auskommen zu finden, indem er wie später David Männer um sich scharte, die nichts mehr zu verlieren hatten.

Möglicherweise konnten Jephthah und seine Schar bereits in Tob militärische Erfolge erzielen. Sein Ruf drang bis in seine ehemalige Heimat; denn als es in Gilead wieder einmal zu Schwierigkeiten mit den Ammonitern kam, zogen die Ältesten nach Tob und unterbreiteten Jephthah das Angebot, ihr Anführer im Kampf gegen die Ammoniter zu werden (Ri. 11,4–11). Jephthah sah offensichtlich darin die Chance, das in der Heimat gegen ihn gefällte Urteil zu revidieren. Er wies aber auf die ihm zugefügte Schmach hin und lehnte zunächst ab; offenbar hatte er weitergehende Pläne. Denn die Stellung eines Anführers wäre nur vorübergehend gewesen und hätte ihm kaum eine dauernde Rückkehr ermöglicht. So sahen sich die Ältesten genötigt, ihr ursprüngliches Angebot zu erweitern. Jephthah solle nach einem Sieg über die Ammoniter ‚Haupt‘ von ganz Gilead sein. Daraufhin willigte Jephthah ein.

Die folgende Auseinandersetzung Jephthahs mit den Ammonitern (Ri. 11,12–29) war keineswegs der große Krieg, wie er in den Erzählungen dargestellt wird, die den historischen Kern umlagern. Jephthah zog werbend durch seine alte Heimat, kehrte nach Mizpa zurück und überschritt dann mit seiner Truppe, deren Kern die unter ihm bereits in Tob kämpfenden Männer bildeten, die Grenze. Von der ammonitischen Grenzstadt Aroer aus plünderte Jephthah vermutlich das fruchtbare Land südwestlich von Rabbath, ohne den Ammoniterkönig in seiner Hauptstadt selbst anzugreifen. Die Auseinandersetzung blieb auch hier ein lokales Ereignis; Jephthah errang keineswegs einen endgültigen Sieg, denn noch zu Zeiten Sauls und Davids bestand die Ammonitergefahr unvermindert.

Dennoch wurde Jephthah ‚Haupt‘ der Leute von Gilead. Der Begriff ist der gentilizischen Ordnung entnommen und bezeichnet einen Herrscher in Kriegs- und Friedenszeiten. Möglicherweise ging es Jephthah darum, sich und seinen Männern, die wie er besitzlos waren, einen dauernden Lebensunterhalt zu verschaffen. Vielleicht sah er sogar die Chance, seine Herrschaft weiter auszubauen. Bei den Völkern, die östlich der Hebräer siedelten, bestanden nämlich seit einiger Zeit Königtümer, die als Vorbilder dienen konnten.

Barak

Barak gelang in der Zeit vor der Monarchiegründung einer der seltenen Erfolge gegen die Philister, als sich deren Herrschaft in der Jesreel-Ebene für die benachbarten Hebräer störend bemerkbar machte. Allmählich unternahmen diese selbst den Versuch, in die Ebene vorzudringen. Kriegsschauplatz war die ‚Schlachtenebene', die Niederung von Megiddo und Jesreel, speziell der nordwestliche Teil nördlich des Karmel, das Gebiet um den Bach Kison. Anlaß und Folgen des Kampfes werden nicht genannt und müssen erschlossen werden. Vielleicht klingt in den Erzählungen die Erinnerung an eine Verkehrssperre an: „In den Tagen ... lagen die (Karawanen)-Wege still und die Wanderer mußten krumme Pfade gehen" (Ri. 5,6). In der Schlacht standen den philisteischen Stadtfürsten unter der Führung von Sisera ihre bei den Hebräern so gefürchteten Streitwagen zur Verfügung. Offenbar kam den hebräischen Truppen unter der Leitung Baraks wie bei der erfolgreichen Flucht aus Ägypten ein Zufall zu Hilfe: Die Wasser des Kison, die vermutlich nach Gewitter und Platzregen über die Ufer getreten waren, schufen ein versumpftes Gelände, in dem die kanaanäischen Kriegswagen steckenblieben. Daß wiederum die technisch unterlegene Seite den Sieg davontrug, prägt deutlich die Erzählung, die davon spricht, vom Himmel her hätten die Sterne für die Hebräer gestritten, auch dies analog zu der Exodus-Erzählung (S. 29).

Die Sisera-Schlacht ist dasjenige Ereignis aus der Retterzeit, bei dem zum ersten Mal Hebräer mehrerer Stämme beteiligt waren. Das Debora-Lied (Ri. 5) nennt sechs Stämme: Benjamin, Ephraim, Machir (Manasse), Sebulon, Issachar und Naphthali. Die Hebräer um die Jesreel-Ebene waren der Bedrohung durch die Philister ausgesetzt und wehrten sich. Das Fernbleiben von anderen Stämmen ist infolge der räumlichen Entfernung verständlich, von den südlichen Gruppen in Juda ganz zu schweigen. Wichtig ist aber, daß die Erzählung nicht nur die beteiligten Stämme und die Schlacht schildert, sondern auch weitergehend darüber reflektiert, daß andere Gruppen nicht teilnahmen. Hier wird erstmals die Möglichkeit des späteren Israel ins Auge gefaßt, eine Vision der am Kampf Beteiligten, denen klar war, auf wie schwachen Füßen ihr einmaliger Erfolg stand. Diktiert von der militärischen Notwendigkeit wurde also erstmals am Ende des 11. Jahrhunderts der Wunsch artikuliert, so weit wie möglich alle verfügbaren Kräfte zusammenzufassen. Wichtiger für die Herausbildung einer ‚nationalen' Idee als militärische Erfolge waren eben die Niederlagen, die zu gemeinsamem Handeln notwendig anregten. Die Stämme des Südens spielten bei diesen Überlegungen keine Rolle.

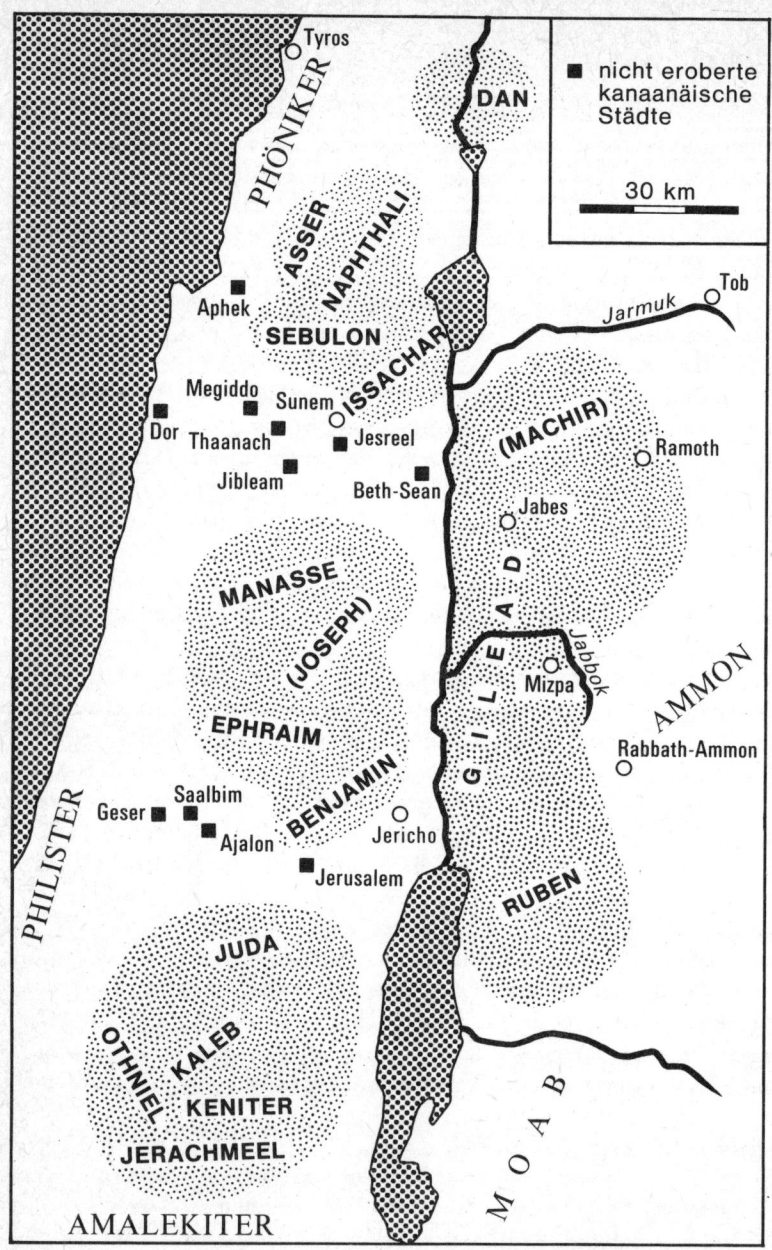

Abb. 3. Die Siedlungsgebiete der hebräischen Stämme

Baraks Sieg stellte für die Hegemoniestellung der Philister in der Jesreel-Ebene eine Bedrohung dar, die sie sofort mit einem Gegenschlag beantworteten. Ihre neuerliche Machtdemonstration fand ihren augenfälligsten Ausdruck in dem Sieg über die Hebräer bei Aphek am Ende des 11. Jahrhunderts.

Saul

Das Alte Testament stellt Saul (1. Sam. 8–12) als den ersten König der Hebräer dar und reflektiert die unterschiedlichsten Auffassungen über die Monarchie an sich; zudem legt es auf das gesamthebräische Konzept großes Gewicht. In die Geschichten flossen ferner die Probleme und Spannungen ein, die aus späteren Erfahrungen mit dem Königtum resultierten. Wenn auch Saul möglicherweise den Titel König für sich in Anspruch nahm, gehört er doch in die Zeit der Retter, wenngleich die kurze Episode seines Wirkens die Entwicklung zur Monarchie in Israel, d.h. im Nordreich, beschleunigte.

Saul ist geschichtlich nicht in vollem Maße faßbar. Märchenhaft ist es, daß der Held auszieht, um Eselinnen zu suchen, und dabei eine Königskrone findet. Dagegen dürfte seine Darstellung als selbständiger Grundeigentümer historisch zutreffend sein. Er stammte aus einer angesehenen Familie mit langer Tradition, sein Vater war ein wohlhabender Mann.

Wie zur Zeit Jephthahs (S. 42) gab es in Gilead Auseinandersetzungen mit den Ammonitern. Die Stadt Jabes mußte angesichts der Bedrohung ihre Kapitulation anbieten und konnte lediglich eine Frist von wenigen Tagen bis zur endgültigen Übergabe aushandeln (1. Sam. 11,3). Der Ammoniterkönig sah offensichtlich in der Gewährung der Frist keine Gefahr für sein Unternehmen, da schon die Bedrohung der Stadt zu keiner Hilfsaktion der übrigen Hebräer geführt hatte. Daher konnte er sich die großzügige Geste leisten, die nichts mit Ritterlichkeit zu tun hatte, weil er hoffte, die Stadt ohne militärische Anstrengung einzunehmen.

Als der Hilferuf aus Jabes die Benjaminiten erreichte, zog Saul mit einigen Haudegen, die er vielleicht persönlich kannte und in kürzester Zeit zusammenbringen konnte, nach Jabes und entsetzte die Stadt. Wichtig ist erneut der Rückblick auf die Jephthah-Episode: In Gilead war bereits früher einmal ein Retter in der Stunde der Not zum Stammesoberhaupt erhoben worden, analog zu den Vorbildern in den östlichen Königreichen. Ansätze zu einer Institutionalisierung und Perpetuierung des Rettertums waren offenbar in Gilead seit längerer Zeit vorhanden.

Zudem bestand nach der Niederlage gegen die Philister bei Aphek die Bereitschaft einiger Stämme, sich einem Retter-Führer unterzuordnen. Sauls Aufgabe war klar. Von dem Mann, der die Ammonitergefahr beendet hatte, erhoffte man sich ebenfalls die Beseitigung der philisteischen

Oberhoheit, die nach der Niederlage bei Aphek immer drückender geworden war. Zugleich erwartete man die Verbesserung der ökonomischen Verhältnisse. Im Gegensatz zu den kurzfristigen Überfällen – etwa der Midianiter – auf das Gebiet der Hebräer wirkte sich die „Herrschaft der Philister" (Ri. 14,4) als ständige Belastung aus: Sie stationierten an strategisch wichtigen Punkten Besatzungen, unternahmen mit ihren Truppen Streifzüge, entwaffneten die Bevölkerung und erhoben regelmäßige Abgaben.

Sauls ,Herrschaft' war militärisch motiviert, und sie erschöpfte sich in Erfüllung der militärischen Zwecke. Für die kommenden kriegerischen Auseinandersetzungen schuf Saul ein Söldnerheer; darin fand jeder, der es wollte, Verwendung. Allzu groß war die Armee allerdings nicht, die ihm zur Verfügung stand; vielleicht konnte er sie gelegentlich durch Zuzug von Bauern aufstocken. Was wir über das Heer Sauls erfahren, vermittelt die von früher bekannten einfachen, ja familiären Verhältnisse (1. Sam. 13,15–16): Eine Abteilung führte Saul selbst, eine zweite sein Sohn Jonathan, und auch Abner, sein Feldhauptmann, gehörte als Sohn des Bruders väterlicherseits mit zur Großfamilie.

Sauls Hauptgegner waren die Philister, denen der hebräische Heerbann in allen Belangen unterlegen blieb. Da die Hebräer noch nicht über eiserne Waffen verfügten, litt ihre Kampfkraft erheblich darunter. Ebenso schlecht stand es mit ihrer Ausbildung, da es jedem Hebräer selbst überlassen blieb, die Handhabung der Waffen zu üben. Schließlich war der hebräische Heerbann nur für kurze Zeit im Jahr verfügbar, da die Bauern und Hirten lediglich vorübergehend ihre Felder und Herden verlassen konnten. Um so mehr mußte Saul sich auf sein kleines Söldnerheer stützen. Vor dem entscheidenden Waffengang mit den Philistern hat Saul offenbar versucht, seine zusammengewürfelten Truppen zu einer schlagkräftigen Armee zu formen, indem er einen Zug gegen die Amalekiter (1. Sam. 15,1–9) unternahm. Es mußte ihm daran gelegen sein, die Fähigkeiten seiner Mannschaften vor der Auseinandersetzung mit den Philistern zu erproben. Außerdem hatte er seine Armee zu versorgen; hier war die Beute aus dem Amalekiterzug willkommen. Ferner konnten ihn Erfolge populär machen und ihm möglicherweise neue Leute zuführen. Dies alles ist aber nur begrenzt eingetreten, da Sauls Kampf gegen die Amalekiter lediglich zu einem Teilerfolg führte.

Sauls Führerstellung hing nun um so mehr von einem Sieg über die Philister ab. Nach der Vertreibung einiger ihrer militärischen Posten durch Sauls Leute (1. Sam. 14,1–15) sammelten die Philister ihre Truppen in Aphek und zogen in die Jesreel-Ebene (29,1). Für sie war es der Ort des früheren Sieges; die Gegend bot den notwendigen Raum für den Einsatz der Streitwagen. Saul wollte die Philisterbedrohung ein- für allemal ausschalten, deshalb mußte er dieses wichtige Gebiet in die Hand bekommen. Vielleicht hing es mit seinem ehrgeizigen Plan zusammen, daß sich Saul darauf einließ, den Philistern dort entgegenzutreten. Außerdem hatten sich einige Stämme, die um die Jesreel-Ebene siedelten, wegen der Philistergefahr zusammengeschlossen. Vielleicht lag es auch an der militärischen Unerfahrenheit Sauls, daß er sich auf diesem Schlachtplatz stellte. Saul war Bauer und ein militärischer Laie, wenn auch ein wohlhabender Mann mit großer Familie und einigem Gefolge, dem bislang aber nur Überraschungserfolge nach kleinen überfallartigen Angriffen gelungen waren.

Die zweite Schlacht bei Aphek endete wie die erste mit einem vollständigen Sieg der Philister, die anschließend wieder Besatzungsposten in das Gebiet der Hebräer legten (1. Sam. 31,1–13). Als Saul starb, hatte seine ‚Herrschaft‘ nur zwei Jahre gedauert. Die Niederlage war vollkommen. Das Heer der Hebräer löste sich in wilder Flucht auf, Saul hatte sich selbst in sein Schwert gestürzt, drei seiner Söhne fielen. Die Philister weihten Sauls Waffen einem Astarte-Tempel, während sie seine Leiche mit denen seiner Söhne als Trophäen an die Stadtmauer von Beth-Sean hängten.

Zeugnisse der Kunst, wie der abgebildete anthropoide (menschengestaltige) Tonsarg, geben für jene Stadt Hinweise auf eine seit dem 12. Jahrhundert aus dem ägäischen Kreis gekommene Bevölkerung. Daraus läßt sich entnehmen, daß die Stadt mit den Philistern befreundet war, und sie brachten die Zeichen ihres Sieges von dem nahe gelegenen Schlachtfeld dorthin.

Offensichtlich hatten einige Stämme die Notwendigkeit erkannt, sich unter einer einheitlichen Leitung gegen die Philister zusammenzuschließen. Dies war freiwillig geschehen, in freier Entscheidung jedes einzelnen Stammes und vorläufig nur in Ausnahmesituationen wie beispielsweise während der Schlacht am Kison unter Barak, also unter dem Zwang militärischer Notwendigkeiten und nicht aufgrund einer darüber hinausgehenden leitenden Idee. Wie zur Zeit Sauls fühlten sich Stämme wie Ruben oder Dan nicht direkt von den Philistern bedroht und waren deshalb an einer Mitarbeit nicht interessiert. Die Stämme östlich der Jordanebene haben am Kampf gegen die Philister ebenfalls nicht teilgenommen. Der Norden war also nicht geeint: Israel lag zu Zeiten Sauls immer noch in weiter Ferne. Alles das, was unter David den Beginn der Monarchie ausmachte, fehlte bei Saul: Er hat keine Residenz errichtet, sondern lebte auch nach seinen ‚Heldentaten‘ immer noch auf seinem Bauernhof und betrieb ihn, wie es viele seinesgleichen taten. Er gebot über keine Beamten, über keine zentrale Behörde, verfügte über kein Krongut, förderte keinen einheitlichen Kult und kontrollierte kein klar umrissenes Territorium.

Neben solchen Rettern, wie Saul es war, spielten in der Richterzeit

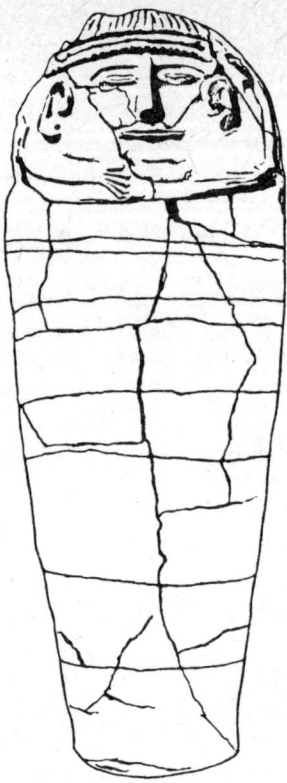

Abb. 4. Anthropoider Sarkophag aus Beth-Sean

diejenigen Männer eine Rolle, der diese Epoche ihren Namen verdankt:
die Richter. Sie gaben auch dem Richterbuch den Namen, nach ihnen
wurden schließlich die Retter Richter genannt (S. 39). Deshalb ist für die
lediglich aus zwei Listen bekannten Thola, Jair, Ibzan, Elon und Abdon
der Begriff ‚kleine Richter' geläufig geworden; über sie liegen keine besonderen Berichte vor (Ri. 10,1–5; 12,7–15)

Eine aufschlußreiche Bemerkung über die Aufgaben und Tätigkeiten
solcher Richter findet sich in der Weissagung Nathans an David. In ihr
wird geschildert, die Richter hätten verhindert, daß die Hebräer von
gewalttätigen Menschen bedrückt wurden (2. Sam. 7,11); diese Richter
hätten den Hebräern Ruhe vor ihren Feinden verschafft. Dies vermochten die Richter nur, wenn ihnen Machtmittel zur Verfügung standen. So
erhält auch die ängstliche Frage an einen Richter Sinn, ob er in friedlicher
Absicht komme (1. Sam. 16,4).

Man darf diese Richter also keineswegs in einem unmittelbar rechtlichen, juridischen Kontext sehen. Wir können annehmen, daß sie Führerstellungen in den einzelnen Stämmen innehatten. Überliefert sind folgende Gebiete, in denen die Personen aus der Richterliste wirkten: Ephraim (Thola und Abdon), Gilead (Jair und Jephthah) und Sebulon (Ibzan und Elon). Für die Richter bestätigt sich somit ihr lokal begrenzter Wirkungsbereich. Auffallend ist ferner, daß sie wie die Retter aus Gebieten stammten, die am stärksten einer feindlichen Bedrohung von außen ausgesetzt waren. Die Namen solcher Männer haben sich deswegen erhalten, weil sie wegen der exponierten Lage ihrer Gebiete häufig militärische Aufgaben wahrnehmen mußten.

Retter und Richter waren lokale Führer, die in Erscheinung traten, wenn sie ihre Familie, ihre Nachbarn oder den ganzen Stamm bedroht sahen. Sie handelten aus persönlichem Engagement, wie beispielsweise Gideon, der seine Blutrache verfolgte, oder Jephthah, der seine soziale Stellung verbesserte, was die spätere Geschichtsschreibung als Berufung durch Jahwe umdeutete.

Das Richterbuch vermittelt schlaglichtartig Eindrücke vom Leben der Hebräer und ihrer Auseinandersetzungen mit den Nachbarvölkern, das heißt mit den Ammonitern und Moabitern sowie den Midianitern. Die Stämme erscheinen in allen Erzählungen bereits fest an ihre späteren Territorien gebunden, es geht bei den Kämpfen nicht um die Gewinnung neuer Gebiete, sondern nur darum, ihr Verbleiben im Land zu sichern. In Einzelfällen gelingt es ihnen, sich gegen Angriffe von außen zu verteidigen, ja sie selbst schließen sich bisweilen zu Koalitionen zusammen, um einer militärischen Bedrohung zu begegnen. Dennoch existierten unter ihnen befestigte Orte, die von der einheimischen kanaanäischen Oberschicht beherrscht wurden, deren Selbstbewußtsein und Macht ungebrochen war. Dieser Zustand unterscheidet sich nicht wesentlich von dem Beginn der doppelten Staatenbildung um die Jahrtausendwende; die hier geschilderten Kämpfe können wir im wesentlichen im 11. Jahrhundert ansetzen.

Die Kriege, die einzelne Stämme oder gar nur Gruppen eines Stammes führten, waren spontan aus lokalen Interessen entstanden. Ihre Darstellung als heilige Kriege im Alten Testament ist ebenso als ein Produkt der späteren Geschichtsschreibung zu beurteilen, wie es zahlreiche andere Versuche sind, gesamthebräische Interessen geltend zu machen. Die Beteiligung der Götter am Kampf war ein gemeinorientalisches Motiv, ganz unabhängig davon, ob es sich um Verteidigungs- oder Angriffskriege handelte.

Jeder Stamm mußte sich allein gegen die feindliche Bedrohung aus der Nachbarschaft verteidigen. Man war noch weit davon entfernt, eine Einheit zu bilden. Im Gegenteil ist oft von Differenzen zwischen einzelnen Stämmen die Rede, sogar von kriegerischen Auseinandersetzungen (Ri.

19–20). Es fehlte eine mit Sanktionsmitteln ausgestattete politische Zentralinstanz. Stattdessen regelten verwandtschaftliche Beziehungen die Kontakte der einzelnen untereinander. An eine aktive Politik im Sinne moderner Begrifflichkeit war überhaupt nicht zu denken, und die gleichfalls neuzeitliche Vorstellung vom einheitlichen Volk war ebenfalls nicht vorhanden.

Es kam zwar gelegentlich zu gemeinsamen Aktionen größerer Gruppen, deren Zusammenschluß durch äußeren Druck, nicht etwa aufgrund von inneren Entwicklungen erfolgte, ohne daß sich aber ein politisches Gebilde konstituierte. Dennoch war ein gewisser Ansatzpunkt für gemeinsame Feldzüge erkennbar, sobald der äußere Druck stark genug wurde und ein Führer auftrat, dem die verschiedenen Gruppen zu folgen bereit waren. Vorläufig aber gab es noch kein gemeinsames Konzept, das den verschiedenen Aktionen zugrunde lag, sondern es galt, was das Alte Testament selbst feststellt: Jeder tat, was er wollte (Ri. 17,6; 21,25).

5. Leben in vorstaatlicher Zeit

a) Familie, Sippe, Stamm

Im Zentrum, im Brennpunkt des gesamten Lebens der frühen hebräischen Gesellschaft stand die Familie. Die Hebräer stellten sich daher selbst das Menschengeschlecht als eine weitverzweigte Familie vor. Die Sippen und sogar später die Stämme führten ihre Abstammung auf einen Stammvater zurück. Vor dem Hintergrund einer alles überragenden Bedeutung der Verwandtschaft sind zahlreiche Ehrenbezeichnungen zu sehen, die aus dem familiären Bereich entlehnt sind. So wurde Debora als Mutter angeredet (Ri. 5,7), die Schüler des Propheten Elia nannten ihn Vater (2. Kön. 2,12), ohne daß jeweils Blutsverwandtschaft dahinter stand. Ein Liebender nannte seine Angebetete Schwester (Hld. 4,9), ‚Sohn des Königs‘ war ein Ehrentitel für hohe hebräische Beamte (Zeph. 1,8). Verwandtschaftsbezeichnungen wurden schließlich auch in der diplomatischen Korrespondenz gebraucht. Hiram von Tyros schrieb an Salomo: mein Bruder (1. Kön. 9,13).

Nach anthropologischen Kriterien ist die hebräische Familie als endogam, patrilokal, als Großfamilie, patriarchal, patrilinear und polygyn zu bezeichnen, Begriffe, die im folgenden erklärt werden sollen. Als der Idealtyp einer solchen Familie, an der sich alle wesentlichen Merkmale zeigen lassen, kann diejenige Jakobs genannt werden (Gen. 25–35). Dabei ist es belanglos, ob die im folgenden aufgeführten Beispiele geschichtliche Ereignisse schildern. Es handelt sich um ein Erzählgut, das Sitten und Gebräuche als vertraut voraussetzt.

Endogam bedeutet, daß Ehen unter Blutsverwandten bevorzugt wurden. Durch unsere Erziehung sind wir daran gewöhnt, bereits den bloßen Gedanken an geschlechtliche Beziehungen zwischen Verwandten ersten Grades voll Abscheu abzulehnen. Im alten Palästina aber waren Ehen zwischen Halbgeschwistern bis in die Zeit der Monarchie hinein ein geübter Brauch. Eine der Frauen Davids gebar einen Sohn, Absalom, und eine Tochter, Tamar. Amnon, ein anderer Sohn Davids begehrte Tamar und bedrängte sie. Sobald sie Amnons Absichten merkte, flehte sie: „Nicht doch, mein Bruder! Entehre mich nicht! So etwas tut man nicht in Israel! Begehe nicht eine solche Gemeinheit! Wo sollte ich mit meiner Schande hin? Und du selbst würdest als ein Frevler in Israel gelten. Sprich doch gleich mit dem König, er wird mich dir nicht verweigern" (2. Sam. 13,12–13). Die Schandtat Amnons bestand in der Vergewaltigung; hätte er David um die Hand seiner Halbschwester gebeten, wäre des Königs Einwilligung zu erwarten gewesen.

Für eine Heirat zwischen Vater und Tochter findet sich im Alten Testament kein Zeugnis, sexuelle Beziehungen zwischen Vater und Töchtern schildert lediglich die Geschichte von Lot (Gen. 19,30–38). Nachdem sie alle drei aus Sodom entkommen waren, machten die Töchter ihren Vater betrunken und wohnten ihm bei, als er im Rausch war, weil sie glaubten, die ganze Menschheit sei vernichtet und fürchteten, kinderlos zu sterben. Beide empfingen und gebaren Söhne. Die Geschichte wird ohne Mißbilligung erzählt, da diese außergewöhnliche Verbindung dem lobenswerten Zweck diente, das Menschengeschlecht fortzupflanzen.

Häufig wurden Ehen zwischen Onkel und Nichte, zwischen Neffe und Tante und überwiegend zwischen Vettern und Cousinen geschlossen, sogar den Ehen zwischen Nichtverwandten vorgezogen. Das Schicksal des Helden Tobias erläutert diese Praxis. Tobias heiratete die Tochter seines Onkels, und, nach den Worten des Engels, der ihn begleitete, hätte der Onkel Schuld auf sich geladen, wenn er seine Tochter einem anderen gegeben hätte als Tobias, der das Recht hatte, seinen Onkel, der keinen Sohn besaß, zu beerben (Tob. 6–7). Die Vorliebe für eine Heirat zwischen Verwandten hatte also mit dem Bemühen zu tun, das Eigentum innerhalb der eigenen Familie zu halten. Ferner wurden durch solche Ehen die verwandtschaftlichen Bande verstärkt, und Verwandtschaft bildete ja den Angelpunkt des ganzen Lebens. Status und Prestige eines Mannes, aber auch oft genug nur das nackte Überleben, hingen von der Verwandtschaftsgruppe ab, der er angehörte. Je größer die Anzahl der männlichen Verwandten, auf deren unbedingte Loyalität das Familienoberhaupt zählen konnte, desto größer waren Einfluß, Macht, Sicherheit und Ansehen der Familie. Eine der bewährten Methoden, die Interessengemeinschaft zwischen Familienoberhaupt und seinen männlichen Verwandten zu sichern, bestand eben darin, ihnen seine Töchter zur Frau zu geben. Damit konnte zugleich dem Wunsch nach möglicher Statusgleichheit der Ehepartner Rechnung getragen werden; denn die Kinder zweier Brüder wiesen darin sicherlich den geringsten Unterschied auf. Die Ehe zwischen Ebenbürtigen war und blieb das Ideal, und die Vorstellung der Ebenbürtigkeit war in erster Linie auf nahe Verwandte und in zweiter Linie auf Angehörige der eigenen Gruppe beschränkt.

Nach der Landnahme, als die frühen Hebräer sich inmitten einer fremden Umwelt niederließen, hielten sich die alte Familienstruktur ebenso wie die Heiratsgewohnheiten eine Zeitlang. Gerade die Praxis der endogamen Ehe förderte den Widerstand gegen Verbindungen mit den fremden Ortsansässigen. Solche Ehen mit ‚Ausländern‘ wurden durch abschreckende Beispiele in Verruf gebracht. Die Ehe Simsons mit der Philisterin aus Thimna zählte nicht zu den glücklichsten des Helden, der allerdings meist das Opfer der Frauen wurde, die er liebte. Als er die Philisterin zur Frau nehmen wollte, erhoben seine Eltern dagegen Einspruch mit dem althergebrachten Argument: „Gibt es denn unter den Töchtern deiner Brüder und in unserem ganzen Volk keine Frau?" (Ri. 14,3). Bedenken gegen eine Verschwägerung mit den Kanaanäern kamen auch aus erbrechtlichen Überlegungen auf. Über die in hebräische Familien eingeheirateten Töchter hätten die Kanaanäer Ansprüche erheben können. Darin lag der eigentliche Grund, weshalb man Eheschließungen innerhalb der Sippe des Mannes bevorzugte.

Diese Art der Heirat wurde weiterhin durch eine zweite obengenannte Eigenart der hebräischen Familie gefördert: sie war patrilokal. Die Söhne Jakobs lebten auch dann noch mit ihrem Vater zusammen, wenn sie schon geheiratet und eigene Kinder, ja sogar Enkel hatten. Ein Mädchen, das im selben Heim wie ihr Ehegatte aufwuchs, hatte keine Schwierigkeiten, sich an die Familie des Bräutigams anzupassen; denn im Falle der Heirat brachte der Mann seine Frau in die Familie und den Haushalt seines Vaters ein. Die Familie bestand damit aus dem männlichen Familienoberhaupt, seiner Frau oder seinen Frauen, seinen Söhnen mit ihren Frauen und Kindern und seinen unverheirateten Töchtern. Im Gegensatz zu unserer heutigen Kernfamilie, die nur aus Vater, Mutter und den minderjährigen Kindern besteht, handelte es sich hier um eine Großfamilie.

Diese Großfamilie lebte in der Regel gemeinsam in einem Schwarm von Zelten, die dicht beieinander aufgeschlagen waren. Nach der Seßhaftwerdung wohnte sie in benachbarten Häusern. In dem alten Aroer der Zeit Davids fand sich bei Ausgrabungen die Besiedlung des 11. Jahrhunderts. Die nahezu gleich großen Häuser waren in einem Kreis von etwa 100 m Durchmesser angeordnet. Die Hauseingänge öffneten sich zum runden Platz in der Mitte der Ansiedlung. So bildeten sie eine Art steinernes Zeltlager.

Als Folge des organischen inneren Zusammenhaltes, der die Einheit der Familie ausmachte und eine zwingend notwendige Voraussetzung für ihr Überleben, auch im Wettstreit mit anderen Familien darstellte, herrschte das Familienoberhaupt in nahezu absoluter Weise über seinen Hausstand; dies drückt der Begriff patriarchal aus. Die Familie war ein Ganzes, ein Körper, bestehend aus Mit-Gliedern, jeder einzelne war ein Glied, nur alle miteinander konnten sie existieren, konnten leben und überleben. Ein einzelnes Familienglied allein war lebensunfähig, hilflos, wie es ein vom Rumpf getrennter Arm oder ein Bein ist. Beraubte man den Menschen daher der Zugehörigkeit zu seiner Familie oder wurde er verstoßen, dann bedeutete dies nicht nur die soziale Deklassierung, sondern auch den Entzug des wichtigsten Schutzes, dessen er bedurfte, um nicht belästigt, beraubt, erniedrigt und sogar getötet zu werden. Als Kain seinen Bruder Abel erschlug, wurde er mit einem doppelten Fluch verwünscht: Der Boden solle ihm seine Kraft nicht geben, und er solle flüchtig und unstet werden. Der zweite Teil des Fluches ließ Kain mehrmals verzweifelt aufschreien: „Meine Strafe ist größer, als daß ich sie ertragen könnte ... Unstet und flüchtig muß ich auf Erden sein. Jeder, der mich antrifft, kann mich totschlagen" (Gen. 4,13–14). Allein die Solidargemeinschaft garantierte das Überleben des Individuums.

Das Familienoberhaupt sah sich stets mit dem Anspruch konfrontiert, für das Wohlergehen aller verantwortlich zu sein. Die Mitglieder der Familie mußten ihm gehorchen, er aber hatte sich an die jahrhundertealten traditionellen Verhaltensmuster anzulehnen. Die Funktion des Patriarchen verlangte Solidarität der Familienmitglieder, da durch deren enges Zusammenleben alle für die Verfehlungen einzelner büßten. Daraus bildete sich ein Grundbegriff des frühen hebräischen Rechtsdenkens, die kollektive Verantwortlichkeit, indem Gott „die Schuld der Väter heimsucht an den Kindern bis in die dritte und vierte Generation" (Ex. 20,5).

Dienten die Handlungen des Patriarchen aber dem Wohl der Familie, kannte die Machtfülle des Oberhauptes keine Grenzen. Als Abraham von Gott befohlen wurde, seinen Sohn als Brandopfer darzubringen, gehorchte er, ohne zu fragen. Die Erzählung (Gen. 22,1–19) sollte den starken Glauben Abrahams verdeutlichen. Die Frage nach Isaaks Rolle in dieser Geschichte wurde nicht gestellt. Daß Isaak in die Angelegenheit verwickelt wurde, war ein Nebenumstand. Sein Leben, das ausgelöscht werden sollte, bildete lediglich einen Teil des größeren Lebens, das der Vater lebte, und da war es besser – bildlich gesprochen –, das einzelne Glied starb als der Kopf. Dergleichen Geschichten bietet das Alte Testament häufig, und gerade die Verfügungsgewalt des Vaters über seine Kinder demonstriert am augenfälligsten patriarchale Vollmachten.

Solche Geschlechterrollen und -beziehungen der Hebräer haben sich im Alten Orient über Jahrhunderte hin ausgeprägt und sind dann in der Monarchie und der Exilszeit unter dem Einfluß des Jahwe-Glaubens fixiert worden. Als später das Alte Testament das heilige Buch der Juden und Christen wurde, haben diese Normen eine nachhaltige Wirkung erfahren.

Patrilinear besagt, daß die Abstammung der Kinder nach der väterlichen Linie und nicht nach der mütterlichen gerechnet wurde. Bei Abstammungsfragen und Erbangelegenheiten zählte allein die Verwandtschaft mit dem Vater. Daher sehnte man sich nach einem Stammhalter, Söhne galten als das eigentliche Zeichen von Segen und Macht. Die Geburt einer Tochter stellte dagegen ein zweitrangiges Ereignis dar, wenn nicht gar eine Enttäuschung. Ein Ehepaar, das seine Tochter „Gomer = genug!" nannte, mochte von weiblichen Nachkommen nichts mehr wissen (Hos. 1,3). In der patrilinearen Familie gehörten die Kinder zu ihren Vätern. Eine neue Verbindung, eine neue Ehe, vermehrte die Stärke der Familie, welcher der Vater des Bräutigams vorstand. Der Familie der Mutter erwuchs kein vergleichbarer Vorteil. Daher resultierte die Einrichtung des Brautpreises. Der Vater der Braut, der nicht nur eine Tochter, sondern zugleich auch ihre zukünftige Nachkommenschaft verlor, erhielt eine materielle Entschädigung, die durch lokale Tradition festgesetzt war. Die Verheiratung einer Tochter wurde wie ein Geschäft abgewickelt; das Mädchen stellte dabei einen wirtschaftlichen Wert dar, dessen Verlust durch den Brautpreis ersetzt wurde. Andererseits erhielt die Familie des Bräutigams für den Betrag, den sie aufbrachte, sofort eine zusätzliche Arbeitskraft. Gelegentlich konnte der Brautpreis abgearbeitet werden. Rührend mutet die Geschichte Jakobs an, der bei seinem Schwiegervater sieben Jahre dienen mußte, bis er die falsche Frau, und weitere sieben Jahre, bis er seine geliebte Rahel bekam (Gen. 29,15–30).

Der sechste und letzte Grundzug der hebräischen Familie beruht auf ihrer Polygynie; sie besagt, daß ein Mann mehr als eine Frau haben konnte. Dies beweist erneut, wie sehr die Institution Ehe auf den Mann zugeschnitten, wie sehr sie eine patriarchalische Einrichtung war. In einer solchen polygynen Gesellschaft war es für ein Mädchen eine Auszeichnung, einen Mann zu bekommen, der sich mehr als eine Frau leisten konnte; außerdem teilten sich mehrere Frauen die Lasten der Hausarbeit, was für jede eine Erleichterung darstellte.

Vielweiberei blieb bei den Hebräern während der gesamten Königszeit üblich, war aber anscheinend auf Männer in leitenden Stellungen beschränkt, die reich genug waren. Für die meisten ‚kleinen Richter‘ (S. 48) sind Kinderzahlen überliefert, die nur von mehreren Frauen stammen konnten. Die Könige David und Salomo, letzterem wurden 700 Frauen und 300 Nebenfrauen angedichtet, waren aufgrund ihrer wirtschaftlichen und sozialen Stellung Besitzer großer Harems. Nach der Seßhaftwerdung zwangen die wirtschaftlichen Verhältnisse die Mehrzahl der Bauern zu Monogamie oder allenfalls Bigamie, da ja für jede Frau ein Brautpreis gezahlt werden mußte. Unter der breiten Masse der Bevölkerung dürfte daher in der Königszeit die Einehe vorgeherrscht haben, ohne daß das alte Ideal eines Harems in Vergessenheit geriet.

Die Häufigkeit der Ehe mit zwei Frauen mag man daraus ableiten, daß eine eigene Gesetzgebung erlassen wurde, welche die Rechte ihrer Kinder regelte. Von den persönlichen Problemen, die sich aus diesem ehelichen Dreieck ergaben, gewinnen wir aus den Erzählungen von Jakob und seinen beiden Frauen, den Schwestern Lea und Rahel, einen lebendigen Eindruck (Gen. 29–30). Trotz der vielen Söhne, die Lea Jakob geboren hatte, vernachlässigte er sie und liebte nur Rahel, so daß Lea gegenüber ihrer Schwester ausrief: „Ist es dir nicht genug, daß du mir meinen Mann genommen hast?" (30,15). Solche Auseinandersetzungen, von denen diejenige im Hause Jakobs sicherlich für viele nicht überlieferte Alltagsschicksale stand, führten zu einer Regelung der ehelichen Pflichten eines Mannes gegenüber seinen beiden Frauen. Wiederum bietet sich die Ehe Jakobs als Beispiel an. Ruben, Leas ältester Sohn, fand als Knabe beim Durchstreifen der Felder einige Alraunen und brachte sie seiner Mutter. Der Glaube an die Wunderkraft dieser Pflanze – unfruchtbare Frauen sollen fruchtbar und impotente Männer zeugungsfähig werden, wenn sie sie verzehrten – besteht in manchen Teilen der Erde bis heute, und so verursachte der Fund einen Aufruhr im Zeltlager Jakobs, denn Rahel erfuhr davon und bat ihre Schwester um die Früchte. Beide Frauen schlossen einen Handel ab. Lea gab Rahel die Alraune und diese versprach Lea: „Nun, so mag er (Jakob) heute nacht bei dir schlafen für die Alraunen deines Sohnes" (30,15). Als Jakob abends vom Feld heimkam, „ging Lea ihm entgegen und sprach: Du mußt zu mir kommen, denn ich habe dich erkauft für die Alraunen meines Sohnes. Also schlief er jene Nacht mit ihr" (30,16). Nach dem Brauch mußte der Mann die Nächte abwechselnd bei seinen Frauen verbringen, diese konnten aber untereinander einen Handel abschließen, um der anderen die Nacht abzukaufen.

Die Polygynie bildete die Voraussetzung dafür, daß sich die Regel durchsetzen konnte, der zufolge ein Mann verpflichtet war, die kinderlose Witwe seines Bruders zu heiraten (Levirat). Da die Brüder zusammen mit ihren Frauen im Hause des Vaters lebten, konnte man davon ausgehen, daß meist ein Bruder zur Erfüllung des Leviratsgesetzes zur Verfügung stand. Schließlich war diese Regelung nur in einer patriarchalischen Familienordnung möglich, wo die Väter über ihre Töchter verfügten und diese nach der Heirat unter die Gewalt ihrer Ehemänner beziehungsweise der Väter ihrer Gatten kamen.

Wir erfahren von der Pflicht des Levirats durch Erzählungen aus der sogenannten Patriarchenzeit. Juda, der Sohn Jakobs, hatte selbst drei

Söhne, von denen der älteste, Er, kinderlos starb. Danach befahl Juda Onan, seinem zweiten Sohn: „Geh zur Frau deines Bruders und vollziehe mit ihr die Ehe, daß du deinem Bruder Nachkommen verschaffst" (Gen. 38,8). Das folgende Verhalten Onans verweist auf den Zwangscharakter dieses Brauches. Obwohl er seiner Pflicht nicht nachkommen wollte, mußte er mit der Frau seines Bruders verkehren. Da eine offene Weigerung gegenüber den Anweisungen seines Vaters nicht möglich war, vollzog er den Koitus interruptus, „um seinem Bruder nicht Nachkommen zu verschaffen" (38,9). Onans Beispiel, wenngleich mißverstanden, sollte Schule machen und seinem ‚Erfinder' zweifelhafte Berühmtheit einbringen. Die Erzähler der Geschichte sahen die Tat Onans als sexuelle Verfehlung an; Strafe folgte auf dem Fuß: Onan wurde von Gott getötet.

In der Leviratsehe verfügte die Witwe über den Besitz ihres ehemaligen Mannes, bis ein Sohn das Erbe seines ‚Vaters' antreten konnte; denn der vom Bruder des verstorbenen Vaters gezeugte Sohn galt nicht als dessen eigenes, sondern als des Toten Kind. Onan wußte, daß der Sohn, den seine Schwägerin gebären würde, als Erbe seines verstorbenen älteren Bruders anerkannt und somit Familienoberhaupt geworden wäre; diese Ehrenstellung hätte andernfalls ein Sohn des Onan eingenommen. Dies dürfte wohl die Abneigung des Onan erklären, seine Pflicht zu erfüllen. Die strenge Handhabung dieses Brauches, der dazu diente, Besitz innerhalb der eigenen Familie zu halten, lockerte sich nach der Seßhaftwerdung, als die alten Familienbindungen eine deutliche Schwächung erfuhren (S. 185).

Das Levirat stellt hinsichtlich der Übertragung von Eigentum ein Beispiel dafür dar, daß das Erbe eines verstorbenen Mannes mit dessen Frau oder Frauen übernommen wurde. Die Inbesitznahme der Frau(en) des Verstorbenen galt als der wichtigste Akt des Erbschaftsantritts, und diese Inbesitznahme geschah in der für die Umwelt einzig verständlichen Art und Weise, indem man sie nämlich heiratete. So vollzog der Sohn nach dem Tod seines Vaters mit dessen Frauen die Ehe, mit Ausnahme seiner eigenen Mutter, und zeigte der Umwelt damit, daß er die Nachfolge seines Vaters antrat. Dieser Übernahmeakt war noch in den Zeiten der Monarchie ein wesentlicher Bestandteil der Machtergreifung eines Königs (S. 81).

Da in der bisher beschriebenen Familie die Anzahl der Nachkommen eines Mannes sich auf sein Ansehen und sein Fortkommen im Leben auswirkte, war die ganze Atmosphäre vom Gebot der Fruchtbarkeit bestimmt. Nur ein Mann mit vielen Söhnen vermochte sich in einer Umgebung sicher zu fühlen, in der Macht Recht bedeutete und Machtausübung letztlich von der Zahl der männlichen Verwandten abhing (Ps. 127,3–5):

„Siehe, Söhne sind eine Gabe des Herrn,
sein Lohn ist die Frucht des Leibes.
Wie Pfeile in der Hand des Helden,
so sind Söhne gezeugt in der Jugend Kraft.
Wohl dem Manne, der seinen Köcher mit
  ihnen gefüllt hat:
Er wird nicht zuschanden, wenn
  er mit den Widersachern redet im Tor".

Nur ein Mann, der zahlreiche männliche Nachkommen hatte, konnte in vorgerücktem Alter damit rechnen, ein bedeutendes Mitglied seiner Gemeinschaft zu werden, dessen Stimme im Rat Gehör fand. Sterne und Sand – beides Symbole der Fruchtbarkeit – kehren als Motive in den biblischen Erzählungen immer wieder. Segen wie der über Rebekka – „oh unsere Schwester, werde du zu ungezählten Tausenden" (Gen. 24,60) – oder der über Abraham gesprochene – „So will ich dich zu einem großen Volke machen" (12,2) – werden mit einer beharrlichen Monotonie in der Genesis wiederholt, die nur aus der Überzeugung stammen kann, daß reiche Nachkommenschaft das höchste Ziel ist. Frauen werden daher im Alten Testament oft mit Brunnen und Wasserquellen verglichen. Es war ihre Aufgabe, den Durst des Mannes nach sexueller Befriedigung und Nachkommenschaft zu stillen.

Die Hebräer sahen die Bestimmung der Sexualität in der Fortpflanzung, und sie verurteilten daher jedes Sexualverhalten, das diesem Ziel nicht diente. Die Christen übernahmen diese Auffassung und engten sie noch weiter ein. Diese Konzentration auf die Fruchtbarkeit und Vermehrung der Familie führte zu einer strengen Reglementierung des Geschlechtslebens, um den Segen Gottes für die Nachkommenschaft nicht aufs Spiel zu setzen. Kein anderer Bereich des menschlichen Lebens war derartig mit positiven und negativen Grundsätzen überladen wie der sexuelle. Um den Menschen von dem Verbotenen abzuhalten, wurde der Geschlechtsverkehr mit zahlreichen religiös-rechtlichen Sanktionen geregelt. Sexuelle Verfehlungen konnten, so glaubte man, die Fruchtbarkeit eines ganzen Volkes gefährden; insbesondere der Ehebruch wurde als eine solche Gefährdung angesehen. Als Isaak mit seiner schönen Frau Rebekka in eine Philisterstadt kam, soll er sie als seine Schwester ausgegeben haben, da er befürchtete, die Männer würden ihn um Rebekkas wegen töten. Eine solche Tat ohne Konsequenzen für die Mörder konnte sich der Erzähler durchaus vorstellen. Als bald darauf aber herauskam, daß Isaak und Rebekka Mann und Frau waren, warf der Philisterkönig dem Hebräer vor: „Was hast du uns da angetan! Wie leicht hätte einer aus dem Volk mit deiner Frau schlafen können, und du hättest dann Schuld über uns gebracht" (Gen. 26,10). Im Klartext bedeutete dies:

Hätte ein Einwohner Rebekka beigewohnt, ohne Isaak vorher getötet zu haben, hätte er Ehebruch begangen. Nicht aus moralischen Gründen fürchtete dies der Philister, da man ja ohne Skrupel Reisende tötete, um deren Frauen zu besitzen, sondern wegen der Strafe für Ehebruch, die in Form von Unfruchtbarkeit über die ganze Stadt hereingebrochen wäre.

Ehebruch erachteten die Hebräer als Erzsünde, die bewirken konnte, daß ein Volk umkam. Von daher wählte man die sexuelle Terminologie und die Bilder aus der Geschlechtssphäre, als die Propheten in der Königszeit die zweite große Sünde geißelten: den Götzendienst. Durch beides wurde die gleiche Strafe heraufbeschworen: Unfruchtbarkeit der Menschen und Unterbrechung des normalen Laufes der Natur. Fruchtbarkeit oder Unfruchtbarkeit der Felder, Regen oder Trockenheit, Unwetter oder Windstille hingen nach solcher Auffassung nicht vom Spiel der Naturgesetze ab, sondern waren sichtbare Folgen des menschlichen Gehorsams oder Ungehorsams gegen traditionelle Regeln beziehungsweise gegenüber den göttlichen Geboten.

Wie hart sexuelle Verfehlungen in der Frühzeit der Hebräer geahndet wurden, zeigt die Geschichte von Sichem und Dina, auch wenn sie nur symbolhaft die Zerstörung einer Stadt vorführen will. Sichem, ein Sohn des Fürsten der gleichnamigen Stadt, vergewaltigte Dina, die Tochter Jakobs. Obwohl er sich nach der Tat bereit erklärte, das Mädchen zu heiraten und einen immensen Brautpreis zu zahlen, der den wirtschaftlichen Schaden, den er auch angerichtet hatte, wieder ausgeglichen hätte, führte nach Ansicht der Hebräer kein Weg an der Rache vorbei. In der kompromißlosen nomadischen Frühzeit konnte ein solches Vergehen nur gesühnt werden, indem das Blut des Frevlers vergossen wurde. Die Rache übertraf jedes normale Maß: Alle männlichen Einwohner der Stadt wurden getötet, ihre Frauen und Kinder geraubt, und schließlich bereicherten sich die Söhne Jakobs auf Kosten des Feindes nach echter Nomadenmanier (Gen. 34). Eine in ihren Folgen als noch verheerender geschilderte Tat war die Unzucht, welche die Bewohner von Gibea bei Jerusalem mit der Frau des Gastfreundes eines ihrer Mitbewohner trieben (Ri. 19–21). Der Erzählung nach büßte der ganze Stamm Benjamin für dieses Vergehen und ging unter. Obwohl die Geschichte historisch keine Bedeutung besaß, wurde sie so erzählt, um von derartigem Unrecht abzuschrecken. Erst eine zentrale Regierungsgewalt war später in der Lage, solchen kollektiven Racheakten ein Ende zu setzen und der Auffassung zum Sieg zu verhelfen, daß in einem derartigen Fall eine Heirat die Schmach tilgen konnte.

In der nomadischen Frühzeit vermochte die Familie sexuelle Verbote auszusprechen und ihre Befolgung zu erzwingen. Mit der Schwächung ihrer Autorität infolge der Seßhaftwerdung (S. 185) traten religiöse Institutionen die Nachfolge des Familienoberhauptes an. Wir haben, am vorläufigen

Ende dieser Entwicklung stehend, von den Hebräern den Glauben ge-
erbt, eine göttliche Macht habe den Menschen einen Gesetzeskodex ent-
hüllt, in dem unter anderem das Sexualverhalten reguliert ist.

Die Zeit zwischen der Landnahme und der Entstehung der hebräischen
Monarchien war also geprägt durch ein Gesellschaftssystem, das durch
die Sippenordnung bestimmt war. Die ungefähren Größenordnungen
von Großfamilien und Sippen verdeutlicht das militärische Gliederungs-
schema der Tausendschaften und Fünfzigschaften, wobei die Fünfzigschaft die wehrfähigen Männer einer Großfamilie umfassen könnten, die
Tausendschaft diejenigen einer Sippe. Die Zahl von 300 Männern, die
Gideon aus der Sippe der Abieseriten gegen die Midianiter zur Verfügung
stand, hat demnach einige Wahrscheinlichkeit für sich (S. 41).

Als größte blutsverwandtschaftliche Einheit galt der Stamm. Die Ge-
nealogien der Stämme sind allerdings Fiktion, die dem Zwang blutsver-
wandtschaftlichen Denkens entsprangen. Zwar fühlten sich mehrere Sippen zu einem Stamm gehörig, aber diese Stämme waren ein weniger
stabiles Element als die Sippen und waren später entstanden. Dies lag
daran, daß der Stamm erst auf dem Boden Palästinas nach der Landnahme aus den in einem begrenzten Raum lebenden Sippen zusammen-
wuchs. Ein solcher Stamm war vornehmlich eine Interessengemeinschaft,
zu der man aufgrund militärischer Überlegungen fand, wenn die einzelnen Sippen zur Abwehr der Feinde nicht mehr stark genug waren. Er
wurde in solchen Krisenzeiten von einem internen Gremium geleitet, von
den Ältesten, vielleicht allen Sippenältesten. Eine Rechts- oder Kultgemeinde haben die Stämme nie dargestellt. Es gab ferner keine Herrscher
eines Stammes – von Herrschern über mehrere Stämme ganz zu schweigen –, welche die Selbständigkeit der Sippen ernsthaft gefährdende,
rechtliche oder exekutive Befugnisse besaßen.

Diese Aufsplitterung in einzelne Stämme hatte offensichtliche Nachteile für die spätere Staatenbildung. Die Stämme neigten nämlich dazu,
selbständig zu bleiben und für sich allein zu bestehen, eine Tendenz,
welche die geographische Beschaffenheit des Landes in zahlreiche Einzel-
regionen noch verstärkte. Ferner schnitten die Querriegel der kanaanäischen Stadtstaaten einzelne Gruppen von Stämmen voneinander ab; dies
alles förderte die Bildung zentrifugaler Kräfte.

Die Konzeption des zwölf Stämme umfassenden Volkes der Hebräer
geht auf die Zeit der Doppelmonarchie zurück, als man die Zwölfzahl als
Merkmal der Vollständigkeit ethnischer Gemeinschaft aufgriff. Denn
diese berühmte Zwölfzahl – beziehungsweise eine Sechszahl – findet sich
auch in den Stammesgenealogien anderer Völker. Natürlich ist diese
Zahl der Unterteilung der Hebräer nicht völlig freie Erfindung, sondern
die Anpassung der Wirklichkeit von annähernd einem Dutzend Gruppierungen an eine Idee.

b) Gesellschafts- und Wirtschaftsordnung

Der allmähliche Übergang vom unsteten Hirtendasein zum Leben in einer bodenständigen, bäuerlichen Gemeinschaft bedeutete einen wichtigen Einschnitt in der Wirtschafts- und Gesellschaftsordnung der frühen Hebräer. Aus der gemeinsamen Landnahme durch die Großfamilien und Sippen und der Rodung der Wälder rührte der Anspruch aller Männer und ihrer Familien auf Nutznießung der gewonnenen Äcker. Daher erhielt jedes erwachsene Mitglied der sich entwickelnden Dorfgemeinde einen Anteil am Boden. Das Land wurde vermessen, aufgeteilt, und die einzelnen Grundstücke wurden möglicherweise verlost. Die so den Bauern zugeteilten Landparzellen sollten als Erbgut ständiges Eigentum einer Familie bleiben, daher kam es rasch zur Bildung von Privateigentum.

Die hebräische Gesellschaft setzte sich nunmehr vorwiegend aus Bauern zusammen. Der Ackerbau war für sie die wichtigste Versorgungsgrundlage wie für alle Völker der Antike. Da das Eigentum an Acker die Basis wirtschaftlichen und politischen Handelns bildete, war eine andere Weitergabe als durch Vererbung an die eigenen Söhne erschwert. Grund und Boden waren in der Rechtsordnung der Hebräer dem freien Tausch entzogen, Land konnte nicht beliebig gegen Güter anderer Art eingehandelt werden. Aber wenn auch über dem Prinzip des Tausches dasjenige der Verwandtschaft stand, so war der Verkauf von Land keineswegs generell verboten.

Innerhalb der eigenen Familie konnten Häuser, Äcker oder Weinberge in Form des sogenannten Loskaufs veräußert werden; lediglich die Übertragung an Personen, die nicht der eigenen Familie angehörten, war erschwert. Die Regelungen des Loskaufsrechts zielten auf den Erhalt der Familien und ihrer Äcker. Ein Grundbesitzer konnte sein Land verlieren, wenn er es verkaufte, um seine Schulden zu tilgen oder um eine auferlegte Buße zu begleichen. Wenn ein Hebräer seinen Grundbesitz aufgeben mußte, dann sollte dieser doch nach Möglichkeit in der Großfamilie bleiben. In einem solchen Fall hatte der nächste Verwandte das Recht und die Pflicht, das Grundstück zu erwerben. Diese Institution des Loskaufs begünstigte somit eine Übertragung von Grund und Boden an die reicheren Mitglieder der Großfamilie. Auf der einen Seite förderte dies die soziale Differenzierung, auf der anderen Seite aber auch die gegenseitige Verantwortlichkeit, die trotz der sozialen Unterschiede im Bewußtsein verankert blieb. Das Sippenethos war auf gemeinschaftsförderndes oder gemeinschaftsbewahrendes Verhalten angelegt; dies schloß den Schutz der sozial Schwachen mit ein. Insgesamt wirkten hierbei Wertvorstellungen nach, die aus nomadischer Zeit herrührten.

Es gab also Unterschiede im Besitz, die etwa an der Zahl der Frauen und der Größe der Herden ablesbar waren. Den Hebräern war es zwei-

fellos nicht möglich gewesen, die relativ ausgewogenen Eigentumsverhältnisse der Anfangsphase über einen längeren Zeitraum zu erhalten.
Bei der Verteilung der Böden mußte deren unterschiedliche Ertragsfähig-
keit ebenso berücksichtigt werden wie die Unterschiede zwischen kleinen
und großen Familien. Zu ungleichen Ernteergebnissen führten überdies
die üblichen Schwankungen des Wetters und anderer Naturbedingungen
des Ackerbaus wie Mißwuchs oder Heuschreckeneinfall. Die Größe der
Familien schwankte, je nach den Verlusten bei Seuchen oder feindlichen
Überfällen; an der Größe aber hing die wirtschaftliche Leistungsfähig-
keit, zumal wenn es galt, das Land gegen feindliche Angriffe und Plünderungen (Midianiter) zu verteidigen oder weiteren Boden urbar zu machen. Wer über eine größere Zahl von Menschen oder Arbeitstieren
verfügte, war in der Lage, mehr als andere zu roden. Das auf diese Weise
gewonnene Land gehörte demjenigen, der es urbar machte. Es gab also
immer wieder einzelne, die mehr materielle Güter sammeln konnten,
mehr Ansprüche auf Dienstleistungen, mehr Frauen und Kinder besaßen
als andere. In reicheren Familien gehörte es zum guten Ton, unter anderem Schmuckgegenstände zu sammeln.

Der abgebildete große Gedenkskarabäus (Abb. 5), ein Erinnerungs-
stück an die Heirat Amenophis III. (1391–1353), war eines Tages in die
Hände reicher Hebräer gekommen und wurde offenbar als Familienerb-
stück von Generation zu Generation weitergegeben, worauf die Fundum-
stände hindeuten; er fand sich nämlich in einer Schicht des 10. Jahrhunderts.

Abb. 5. Hochzeitsskarabäus Amenophis' III.

Wohlhabende Männer schufen sich persönliche Abhängigkeiten:
Wenn ein Reicher Gastfreundschaft bieten konnte, wurde sein Haus zum
geschätzten Versammlungsort. Außerdem fiel es ihm leicht, etwa für

Opferzwecke ein Schaf oder aber in Notzeiten einen Korb voll Getreide zu verleihen. Wem auf diese Weise mehrfach geholfen wurde, erwuchs die Verpflichtung, sich durch kleine Dienste gefällig zu erweisen. Wer das Geliehene nicht zurückgeben konnte, mußte wirkliche Hilfsdienste leisten: die Herden seines Wohltäters hüten, seine Felder jäten, die Hütten ausbessern. Mit der Zeit sammelten sich dadurch auf großen Höfen Gefolgsleute oder Diener, alles säumige Schuldner, die ihre wirtschaftliche Unabhängigkeit verloren hatten.

Mit der Konsolidierung der Dörfer zu eigenständigen Gemeinwesen wandelte sich die Sippe allmählich zu einem lokalen Verband. Am Rechtswesen läßt sich dies deutlich ablesen, wo sich die Sippe zur Rechtsgemeinde wandelte (S. 184). Mit der Selbstverwaltung der Gemeinde war die Umformung der ursprünglich sippenrechtlichen Institution der Ältesten zu einer lokalen Behörde verbunden. In diesen Dörfern entwickelte sich eine Schicht gehobener Familien, deren Repräsentanten, die Ältesten, eine Autoritätsstellung einnahmen. Solche Ältesten hatten zwar die unterschiedlichsten Aufgaben inne, waren aber nie mit einem Zwangsapparat ausgestattet und konnten keinerlei Abgaben erheben. Auf der anderen Seite der allerdings noch schmalen sozialen Skala standen Leute, die ihren Anteil am Ackerland der Dörfer aufzugeben gezwungen oder die aus anderen Gründen nicht mehr in die Sippe eingebunden waren. Sie sanken zu Schuldknechten auf Zeit oder auf Dauer herab, oder sie verdingten sich als Tagelöhner in der Landwirtschaft. Andere mußten als Söldner oder Räuber ihr Auskommen suchen.

Jene Fluranteile der Dorfgemeinden, deren Familien ausstarben, fielen an die Allgemeinheit zurück und wurden durch die Ältesten neu verteilt, damit sie nicht verödeten. Auf diese Weise blieb die Ordnung einigermaßen elastisch, konnten manche Verschiebungen in der Sozialordnung aufgefangen werden. Daß die Zahl der freien Familien schrumpfte und eine grundbesitzlose Unterschicht entstand, ließ sich allerdings auch so nicht verhindern. Es war dennoch eine kleinbäuerliche Gesellschafts- und Wirtschaftsordnung, welche die Grundlage für die fernere Entwicklung bildete. Die relativ gleichförmigen Wohngebäude, die bei Ausgrabungen von Siedlungen aus dieser Zeit zutage kamen, zeugen von dieser egalitären Gesellschaftsstruktur der frühen Hebräer, die noch keine allzu gravierende soziale Differenzierung kannte.

Eine solche Gesellschaftsordnung hätte relativ stabil bleiben können, wenn es nicht zur Bildung einer Zentralinstanz gekommen wäre. Denn entscheidend war, daß Besitzungleichheiten nicht auf Dauer bestanden oder sich gar beständig vergrößerten. Insbesondere durch Erbteilung unter allen gleichberechtigten Söhnen ebneten sich Ungleichheiten wieder ein, wurden zumindest Extreme durch die Aufteilung größerer Güter beseitigt. Aus den Verhaltensmaßregeln der nomadischen Zeit war auch

der Zwang zum Aufteilen verschiedenster Güter unter den einander soli-
darisch verpflichteten Mitgliedern der Gemeinschaft in die Epoche der
Seßhaftigkeit übernommen worden. Eine solche Verpflichtung galt vor
allem zwischen Verwandten, aber auch innerhalb der Nachbarschaft, die
allmählich das Verwandtschaftsverhältnis ablöste und verdrängte. Familien, die sich kurzfristig in Notlagen befanden, konnten durch die Einbin-
dung in die Sippe oder Nachbarschaft vor einer Verelendung bewahrt
werden. Diesem Zwang zum Teilen unterlagen besonders die Nahrungsmittel, was gerade in den Monaten vor der nächsten Ernte existenzent-
scheidend sein konnte.

Ferner fehlte in der hebräischen Gesellschaft der Richterzeit eine wichtige Bedingung dafür, daß Anhäufung von Reichtum zu politischer
Macht führen konnte, nämlich die Eigentumsgarantie durch eine Zentralinstanz. Da das Eigentum des einzelnen nur durch seine Verwandtschaftsgruppe geschützt wurde, war der Eigentümer auf das Wohlergehen dieser Gruppe angewiesen. Nur bei der Sippe blieb der einzelne vor
Angriffen sicher; wurde jemand von der Sippe ausgestoßen, war er
schutz- und rechtlos (S. 53). Selbst ein Reicher konnte die Abhängigkeiten nur vorsichtig ausnutzen; er sah sich zudem ständigen Freigebigkeitsan-
sprüchen ausgesetzt – dies ein Relikt der nomadischen Gastfreundschaft.

Mit all diesen Mechanismen ging eine Mentalität einher, die man als
Gleichheitsbewußtsein charakterisieren kann. Dies führte etwa dazu, daß
die Ältesten gegenüber Personen empfindlich reagierten, die allzu sehr
aus dem sozialen Rahmen heraustraten, zu prominent werden wollten.
Das Gleichheitsbewußtsein bewirkte Widerstand gegen das Machtstre-
ben einzelner. In der Richterzeit kam es zwar vor, daß Führergestalten
nach militärischen Erfolgen für ihre Leistungen Gegenleistungen in Form
von Abgaben verlangten; doch war dies stets ein kurzfristiges Phänomen
und in keiner Weise systematisiert, wie es später durch die königliche
Verwaltung möglich wurde. Mit der Beschreibung von Mißständen der
Königszeit liefert das erste Samuelbuch eine, wenngleich äußerst knappe
Analyse solcher Vorfälle der Richterzeit (1. Sam. 8,1–3): „Als nun Samuel
alt geworden war, setzte er seine Söhne zu Richtern ein (hierzu S. 48) ...
Aber seine Söhne wandelten nicht auf seinen Wegen, sondern gingen
ihrem Gewinn nach, ließen sich bestechen und beugten das Recht." Ansätze von Mißbrauch gab es also stets, hier durch die zeitlose Charakterisierung ‚guter Vater – schlechte Söhne‘ zum Ausdruck gebracht. Aber
solchen Mißbrauch konnte die Gemeinschaft rasch wieder kontrollieren,
denn das Eintreiben von derartigen Abgaben war in der hier dargestellten
Gesellschaftsordnung stets nur kurzfristig möglich. Der Widerstand gegen solche Praktiken der Abgabenerpressung und gegen das Machtstre-
ben ging einher mit einer geringen Unterordnungsbereitschaft und einer
Abneigung gegen Befehle.

Die Richterzeit war insofern keine vor-staatliche Zeit, als sie nicht zwangsläufig aufgrund innerer Entwicklung auf einen Staat hinführte. In dieser Zeit bildete sich zwar eine Gesellschaftsordnung heraus, aus der durch äußeren Druck rasch die Monarchie, eine Zentralinstanz entstehen konnte, aber die Existenz der Gesellschaft wäre auch weiterhin ohne eine solche Zentralinstanz denkbar und möglich gewesen.

c) Religiosität

Die aus Ägypten geflohenen Nomaden (S. 29) kamen auf ihrer Wanderung in Kontakt mit dem Jahwe-Kult oder mit Jahwe verehrenden Gruppen. Diese Verehrung Jahwes haftete ursprünglich an einem Bergheiligtum; wir kennen ein Land Jahwe, allerdings in Syrien gelegen, aus ägyptischen Texten des 14. Jahrhunderts. In diesem Heiligtum hat man seit undenklichen Zeiten Jahwe, einen leidenschaftlichen und kämpferischen Gott, angerufen. Die Erinnerungen an die genaue Lage des Gottesberges gerieten bei den Hebräern offenbar in Vergessenheit, zumal es denkbar scheint, daß im Interesse von Wallfahrern der Gottesberg später an verschiedenen Orten lokalisiert und gezeigt wurde.

Obwohl Jahwe also seinen festen Standort hatte, wurde er von den Hebräern analog zu ihren bisherigen nomadischen Gottesvorstellungen als ein mitgehender, führender und rettender Gott erfahren. Und die zentrale Rettungstat, welche die Hebräer aus den Händen des Pharao befreite (S. 29), hatten möglicherweise einige von ihnen noch persönlich erlebt, als sie mit dem Jahwe-Kult in Kontakt traten. Das Erlebnis am Sinai hat für eine Gruppe von Hebräern eine Beziehung zu diesem Gott geschaffen, die aus ihrer späteren Geschichte nicht mehr wegzudenken war. Dieser Jahwe wurde mit alten Gottesnamen und dadurch mit den Gotteserfahrungen beim Auszug aus Ägypten verbunden.

Die Identifikation der alten Numina der Nomaden mit dem lokal verehrten Jahwe war um so leichter zu vollziehen, als diese Gottheiten wie viele andere Palästinas und Syriens keine Eigennamen hatten. Sie wurden mit zusammengesetzten Ausdrücken bezeichnet, deren erstes Element regelmäßig das Appellativum ‚Gott‘ (El) war, während das zweite Element die Individualität der betreffenden Gottheit charakterisierte – etwa Gott (El) Abrahams oder Gott (El) Jakobs.

Die alttestamentliche Darstellung von Jahwes erster Offenbarung an Mose vermittelte dem Leser oder Hörer im Verlauf der Erzählung die Identifizierung Jahwes mit den Göttern der Sippen: „Ich bin der Gott deines Vaters, der Gott Abrahams, der Gott Isaaks, der Gott Jakobs" (Ex. 3,6). Indem Jahwe an die Stelle des bisherigen Gottes trat, überhöhte sich dessen Position, während sich an der allgemeinen Grundeinstellung nichts änderte. Für die Sippe der Hebräer, die vorher den Gott

Abrahams als den Lenker ihres Lebens betrachtet und verehrt hatte, erfüllte nun Jahwe dieselbe Funktion; sie übernahmen infolgedessen schließlich seinen Kultus.

Auf dem Boden Palästinas mußten die Hebräer in das seßhafte, agrarische Leben erst hineinwachsen; dies setzte einen mühsamen Lernprozeß voraus. Hilfreich waren sicher zunächst die Kenntnisse derjenigen Kanaanäer, die am Rande der Stadtstaatenterritorien oder im Gebirge siedelten. Die Hebräer gerieten unter den Einfluß ihrer kanaanäischen Nachbarn, deren Sprache sie übernahmen, zumal beide Gruppen im gleichen geographischen und sozialen Gefüge lebten. Auch in diesem Fall erwies sich, daß Ordnungen, die am Boden haften, wie überall in der Geschichte ein äußerst zähes Leben führen und selbst durch einen Wechsel der Bevölkerung ihre Gültigkeit nicht völlig verlieren. Den nomadischen Sippen hatte sehr viel an der Erhaltung und Mehrung der Zahl ihrer Männer gelegen. Nach der Landnahme trat der Anspruch auf das Kulturland, der Anspruch auf die eigene Scholle hinzu. Weil auch die Hebräer von der Fruchtbarkeit des Bodens abhängig wurden, stellte sich bei den ehemaligen Nomaden das Bedürfnis nach Vegetationsriten ein; denn der Ackerbau war in der Antike alles andere als ein profanes Tun, sondern besaß eine tiefe religiöse Dimension. Hierfür bot die kanaanäische Baal-Verehrung geeignete Modelle an. So gaben sie ihren Kindern die Namen der örtlichen Gottheiten wie Jerubbaal und Esbaal. Doch sie übernahmen nicht nur den Namen des Baal als Gottheit, sondern verehrten ihn auch als Garanten der Fruchtbarkeit. Dies galt ähnlich für die Baal entsprechende weibliche Gottheit, Astarte, die als Göttin der Liebe, der Kraft und der Freude in orgienähnlichen Andachten gefeiert wurde.

Jede Siedlung erhielt im Laufe der Zeit eine eigene Kulthöhe mit Altar, Massebe und Aschera als Mindestausstattung. Die Massebe war ein aufgerichteter Stein, als Gedenkstele Zeichen einer göttlichen Gegenwart. Von hier aus bis zur Vorstellung, der Stein stelle die Gottheit dar, war nur noch ein kleiner Schritt. Eine Aschera war das Symbol einer weiblichen Gottheit, in Form eines Holzpfahles – häufig bemalt – oder auch ein lebender Baum. Das abgebildete Tonmodell stellt einen Kultreigen von drei Frauen um einen solchen Kultbaum dar (Abb. 6). In den Sagen werden die Erzväter ohne Probleme mit solchen kultischen Steinen oder heiligen Bäumen in Verbindung gebracht. Erst Jahrhunderte später sollten einige prophetische Kreise in der Zeit der ausgehenden Monarchie in solchen Masseben und Ascheren wieder reine Baal-Symbole sehen und diese daher verurteilen (S. 200).

Die alten kanaanäischen Feste, die sich eng an die Jahreszeiten anlehnten, entwickelten sich bei einem Großteil der Hebräer zu einer volkstümlichen Religion, die später von den Propheten mit Vehemenz getadelt werden sollte. So entstand ein Synkretismus aus den kanaanäischen religiösen Elementen und der nomadischen Religiosität; die alten bodenständigen Götter verschmolzen mit den neuen eindringenden. Als Kultstifter wurden die Götter der Sippenväter in die örtlichen Kultsagen einbezogen.

Eine andere in der Frühzeit von den Kanaanäern übernommene Neuerung war die Form der Gottesverehrung in festen Gebäuden, in Tempeln oder auf Kulthöhen, als sich durch die Seßhaftwerdung auch der Kult auf die neuen Dorfgemeinschaften aufteilte. Man besuchte nun das Höhenheiligtum seines Ortes, das zum Mittelpunkt der religiösen Aktivität wurde. Solche Höhenheiligtümer befanden sich nicht notwendig immer auf Bergen, sondern waren oft künstliche Erhebungen zum kultischen Gebrauch. Südwestlich von Jerusalem gibt es auf einem Bergrücken eine Reihe von Erderhebungen, von denen mehrere archäologisch erforscht wurden. Eine gut erhaltene Anlage mißt im Querschnitt 25 Meter und besteht aus einer Anhäufung von Erde und Steinen, die von einer Mauer zusammengehalten wird. Auf eingebauten Stufen stieg man nach oben. Noch in der Monarchie waren dies Kultorte für Kanaanäer wie für Hebräer gleichermaßen. Im Zusammenhang mit der Übernahme von festen Kultstätten erfolgte die Ausgestaltung der Opfergebräuche nach kanaanäischem Muster. Bisherige kanaanäische Heiligtümer wie diejenigen von Bethel, Beer-Seba, Sichem und Silo beherbergten in der Monarchie den Jahwe-Kult und vermittelten dadurch zusätzlich zahlreiche Elemente der alten Kultpraxis an die Hebräer.

Das Hauptmittel, mit der Gottheit zu kommunizieren, war das Opfer. Durch diese Huldigung von seiten des Menschen sollte die Distanz zu Gott aufgehoben, dieser mit seinen Verehrern versöhnt werden. Das Opfer stellte auch einen Tribut dar, wie ihn der Untergebene seinem Herrn darbringt; indem der Mensch diese Gabe freiwillig erbrachte, hoffte er, den Gott zufriedenzustellen und ihn von höheren Forderungen abzuhal-

Abb. 6. Tonmodell mit der Darstellung eines Kultreigens

ten. Da Gott der Acker gehört, erhält er alle Erstlingsfrüchte von den
Bäumen und den Feldern, die Erstgeborenen der Herden, ja selbst des
Menschen. Was bei den Semiten Karthagos noch im 4. Jahrhundert bezeugt ist, war auch bei den Hebräern Brauch. Menschenopfer sind hinreichend belegt, auch als man längst dazu überging, diese wertvollste Gabe
der menschlichen Gemeinschaft in doppelter Weise zu ersetzen. Zunächst opferte man stellvertretend Tiere oder Lebensmittel. Schließlich
fand man sogar irdische Stellvertreter des Gottes und übergab das Opfer
den kanaanäischen Vorbildern entsprechend Priestern und Priesterfami-
lien, bis die alte Sitte durch die Abgabe von Geld zu einem bloßen Geschäft entartete.

Wie alle Menschen waren die Hebräer – den Unwägbarkeiten der
Witterung unterworfen und vom unberechenbaren Tod bedroht – begie-
rig, die Zukunft zu erfahren. Dazu benötigten die Seher, die bei Hebräern
wie bei Babyloniern ein hohes Ansehen genossen, die Eingebung Gottes;
um diese zu erlangen, versetzten sie sich durch die unterschiedlichsten
Mittel in Ekstase. Saul begegnete beim Heiligtum von Gibea solchen
Sehern, die zum Klang von Harfe, Tamburin, Flöte und Gitarre bis zum
Delirium tanzten (1. Sam. 10,5); einige Baal-Propheten fügten sich zudem noch Verwundungen zu (1. Kön. 18,28–29). Elia dagegen floh in die
Einsamkeit, wo er den Kopf auf die Knie gestützt kauerte, bis ihm eine
leise Stimme seine Aufträge erteilte (19,4). Der Traum spielte in diesem
Zusammenhang eine wichtige Rolle. Er galt als göttlicher Fingerzeig, den
zu übersehen unvorsichtig und den nicht zu verstehen manchmal verhängnisvoll sein konnte.

Der Seher übte seinen Beruf an zahlreichen heiligen Stätten des Landes
aus. Er gehörte einer religiösen Gemeinschaft an und erhielt eine Ausbildung, durch die er lernte, wie man Opfer darbrachte, Träume deutete,
Zukunft voraussagte und Wunder wirkte. Solche Seher-Priester spielten
im Alltagsleben der Hebräer eine bedeutende Rolle. Doch mit der Errichtung der Monarchie und der Schaffung von zentralen Kultorten in Juda
und Israel schwand ihre Orakelrolle, beschränkte sich ihre Funktion auf
den Vollzug der kultischen Opferhandlungen.

Neben vielem anderen übernahmen die Hebräer das Weltbild ihrer
Umgebung. Sie glaubten die altorientalische, besonders in Mesopotamien bekannte Kosmologie, der zufolge sich über der Erdenscheibe glok-
kenförmig das Himmelsfirmament wölbt, während sich unter der Erde
das Reich der Toten befindet. Für diese Welt kannten die Kanaanäer
einen Schöpfergott. Es war der jebusitische Stadtgott Jerusalems, El-
Äljon, der als weiser Vater der Götter und Menschen verehrt wurde.
Dieser Gott war kein Fruchtbarkeitsgott wie Baal, konnte somit zunächst
leichter mit Jahwe identifiziert werden. Von ihm übertrugen die Hebräer
auf Jahwe die Eigenschaft des Schöpfers.

Es waren starke kanaanäische Komponenten, die in die noch unterschiedlichen Glaubensvorstellungen der einzelnen Gruppen der Hebräer eindrangen. Der Jahwe-Glaube bildete sich allmählich, wurde dann in der Monarchie noch weiter ausgeformt. Die Religion der Richterzeit präsentiert sich als ein buntes Bild, wobei nicht auszuschließen ist, daß einige der hier dargestellten Veränderungen in Wirklichkeit erst später erfolgt sind.

III. Die vereinigten Königreiche Juda und Israel

Außenpolitisch förderte die andauernde Schwäche der Großmächte die Entstehung der hebräischen Monarchien (S. 20); hinzu trat das Beispiel der Nachbarn: Im Ostjordanland hatten sich Edomiter, Moabiter und Ammoniter bereits zu Staaten zusammengeschlossen. Hier regierten Könige, und so konnte das Stadium der Stammesorganisationen überwunden werden. Im Westen herrschten Stadtfürsten über die Philisterstädte, die in machtvollen Städtebünden vereint waren. Auch in den Phönikerstädten Tyros, Sidon und Byblos lag die zentrale Gewalt in den Händen von Königen. Diese Beispiele wirkten auf die Hebräer ein, zumal sie auf der einen Seite die Kraft solcher Monarchien und auf der anderen Seite die eigene Ohnmacht häufig genug spürten.

Den wichtigsten Anstoß zum Zusammenschluß einiger Stämme gab die wachsende Bedrängnis durch die Philister im 11. und beginnenden 10. Jahrhundert. Ihr Expansionsdrang verstärkte sich immer mehr und richtete sich vor allem gegen das Gebiet des Gebirges Ephraim und über die Jesreel-Ebene hinaus. Auf diesen Druck antworteten schließlich die Hebräer mit politischen Zusammenschlüssen unter der Führung eines Königs.

Die Geschichte des Aufstiegs Davids zum König Judas verkörpert gleichsam ein gut Stück der Geschichte dieser Region. Für sie war vor allem der Städteriegel im Norden von Bedeutung, der die Kontakte mit den nördlichen Stämmen verhinderte und Juda bereits in geographischer Hinsicht als etwas Eigenständiges von den anderen Landschaften abhob. Die dadurch entstandene Isolierung des Gebietes bildete die Basis für alle folgenden Entwicklungen, denn bei den offenkundigen Unterschieden zwischen den Monarchien Juda und Israel setzten sich Eigentümlichkeiten durch, die in dieser Form bereits in vorstaatlicher Zeit ausgeprägt waren.

Die Konflikte mit den Kanaanäerstädten scheinen in Juda seltener gewesen zu sein als im Norden. Die Urbanisierung war schon ziemlich weit fortgeschritten, ehe es zur Einrichtung der Monarchie in Juda kam. Als David Beuteanteile aus einem Sieg über die Amalekiter an die Ältesten von Juda sandte, kam eine umfangreiche Liste einzelner Städte zusammen: Bethel, Ramath, Aroer und Horma im Negeb, die Städte der Jerachmeeliter und der Keniter und solche des südlichen judäischen Berglandes wie Jattir, Estemoa und Hebron. Mehrfach ist im Alten Testament von den Städten Judas die Rede, nie von denen anderer Stämme mit

Ausnahme von Gilead, wo die Verstädterung ebenfalls schon ausgeprägt war. Eine Schlüsselstellung kommt in dieser Hinsicht der Erzählung von der Thronerhebung des Rehabeam nach dem Tode Salomos um 930 zu (S. 91). Nachdem Rehabeam die Forderungen Israels abgelehnt hatte, ertönte der Ruf der Ältesten: „Zu deinen Zelten Israel!", worauf sich Israel von Rehabeam abwandte. Über die Hebräer aber, „die in den Städten Judas wohnten, wurde Rehabeam König" (1. Kön. 12,16–17). Hier wird offenkundig auf den Gegensatz: Israel in den Zelten (in Dörfern) – Juda in den Städten abgehoben.

Für ein solches Zusammenwachsen der Städte Judas mit den Stadtstaaten der Kanaanäer gab es neben anderen wirtschaftliche Gründe: Das Gebiet von Juda erstreckte sich nach Süden und Osten bis in weite, dünn oder gar nicht besiedelte Steppen hinein. Dem entsprach eine spezifische Wirtschaftsstruktur, in der Kleinvieh-, Schaf- und Ziegenhaltung, die in solchen Steppengebieten ökonomisch sinnvoll sind, vorherrschte. Daraus ergaben sich Aufteilung des Weidegebietes und Absprachen über die Nutzungsrechte. Jedes der zu Juda gehörenden Gebiete besaß einen Anteil am Negeb. Wir kennen den Negeb der Judäer, der Jerachmeeliter, der Keniter, der Kalibbiter und der Othnieliter; außerdem gab es dort auch noch Philister. Über den gemeinsamen Besitz müssen Absprachen, wahrscheinlich sogar vertragliche Vereinbarungen getroffen worden sein. Die Kleinviehhaltung förderte den Handel, dessen Abwicklung zu einer Häufung städtischer Zentren führte. Aus diesen Handelsinteressen entstand der Wunsch nach einer größeren wirtschaftlichen Einheit. Neben die ökonomischen Gründe für den Zusammenschluß von Juda zu einer politischen Einheit trat auch für diesen Raum eine auswärtige Bedrohung: die Amalekitergefahr, die erst unter David endgültig beseitigt werden konnte.

So hatte Juda, um zusammenzufassen, andersgelagerte Probleme als der Norden und war bereits vor David eine geeinte politische Größe, die durch einen in der Hauptstadt Hebron agierenden Männerrat regiert wurde. Dies alles trug dazu bei, daß schon um die Jahrtausendwende die politische Zusammenfassung der benachbarten Stämme in einem Reich mit dem Namen Juda und mit dem Königssitz in Hebron möglich wurde.

1. David

Der Mann, der die hebräischen Stämme einen sollte, war David, Sohn des Isai, in der griechisch-lateinischen Übertragung des Namens: Jesse. Diese Form fand durch das Christentum Verbreitung, das in Jesse den Stammvater des Messias sah. David stammte aus Bethlehem im nördlichen Teil Judas. Dies dürfte eine historische Tatsache sein; denn es war kein Ruhmesblatt, in diesem Landstädtchen zur Welt gekommen zu sein, über das sonst nichts bekannt ist. Lediglich einer Prophezeiung Michas (5,1–3) verdankte es seiner weltlichen Bedeutungslosigkeit zum Trotz sowohl in der jüdischen wie in der christlichen Legende eine überragende Bedeutung als Geburtsort des jeweiligen kommenden Messias.

David trat als Söldner in das Heer Sauls ein und avancierte zum Truppenführer. Als er in Ungnade fiel, floh er nach Juda zurück. Es ist nicht möglich, der Erzählung von Sauls Machtverlust und Davids strahlendem Aufstieg historisch verbindliche Aussagen abzugewinnen; wir wissen nicht, weshalb David seinen Abschied nehmen mußte. Es läßt sich nur vermuten, daß Saul, der seine Führungsstellung einer momentanen Popularität nach dem Sieg von Jabes verdankte (S. 45), die Konkurrenz eines erfolgreichen Truppenführers, der nicht aus seiner eigenen Familie stammte, fürchtete; dies um so mehr, als seine Erfolge, wie der über die Amalekiter errungene, nur Teilerfolge waren.

In der Folgezeit sammelte David eine kleine schlagkräftige Armee um sich, eine Gruppe von Leuten seiner eigenen Sippe, von besitzlosen Männern, Personen außerhalb der Gesellschaft, die sich der bereits bestehenden oder drohenden Schuldsklaverei entzogen hatten. Vielleicht befanden sich auch nicht erbberechtigte Söhne von Bauern darunter, wie wir sie am Beispiel von Jephthah kennenlernten (S. 42). Es war eine Truppe von 400 bis 600 Mann, die steten Zulauf erhielt. Die Zusammensetzung solcher Armeen war ‚international‘, darauf verweist die Liste der ‚Dreißig Helden‘ Davids (2. Sam. 23,8–39). So wie David ursprünglich im Dienste Sauls gestanden und ihn dann verlassen hatte, folgten andere Anhänger Sauls seinem Beispiel. Auf diese Weise gewann David eine ihm persönlich ergebene Söldnertruppe und eine Hausmacht, die vor allem während seiner Monarchie eine wichtige Rolle spielte.

Mit dieser Armee operierte er zunächst im südwestlichen Teil des westjordanischen Gebirges. Von Schlupfwinkeln in ausgebauten Höhlen aus unterstützte er unter anderem die Stadt Kegila gegen die Philister und bewahrte ihre Selbständigkeit, ferner half er der Bauernschaft von Engedi. Den Lebensunterhalt für sich und seine Leute bestritt er durch Erhebung von Naturalabgaben der von ihm Beschützten. Dieses Vorgehen setzte eine Landwirtschaft voraus, die Überschüsse erwirtschaftete, welche abgeschöpft werden konnten, um eine Schicht, die selbst nicht produzierte, zu ernähren. Hier ist die spätere Versorgung von König, Berufssoldaten und Hofbeamten vorgezeichnet, ist der Übergang von einer organisierten Räuberbande zur später geheiligten Institution des Königtums abzulesen. Bereits in dieser frühen Phase jedoch regte sich Widerstand gegen David und seine Truppen, denn er trieb seine Tribute notfalls mit Gewalt ein (1. Sam. 25). Und dieser Widerstand sollte parallel zur Vergrößerung der Armee wachsen.

Um die Ernährung seiner Soldaten und von deren Familienangehörigen auf eine dauerhafte und solide Basis zu stellen, wählte David den Weg, seine Truppe in den Dienst eines Philisterfürsten zu stellen. Söldner offerierten ihre Dienste demjenigen, der sie bezahlen konnte, und die reichen philistäischen Stadtherren vermochten mehr zu bieten als die hebräischen Viehzüchter. Daher halten die alttestamentlichen Erzählungen diesen Vorgang auch keineswegs für bedenklich; es war kein Verrat an der Sache der Hebräer, weil es eine solche noch gar nicht gab. Die Verschmelzung kanaanäischer Elemente mit denen der Hebräer war in Juda weiter fortgeschritten als im Norden, und der Kontakt zu den Philistern damit zweifellos nicht so ungewöhnlich, wie er meist beschrieben wird. David erhielt durch Achis von Gath den Ort Ziklag zugewiesen und übernahm die Verpflichtung, bei Bedarf Heeresfolge zu leisten (1. Sam. 27,1–7). Ansonsten wird er in diesem Randgebiet philistäischer Herrschaft, das eine Art Pufferzone gegenüber den Bewohnern der südlichen Steppen bildete, freie Hand gehabt haben. Durch seine Tätigkeit im Westen und Süden Judas schuf sich David weitere wichtige Kontakte zu den Hebräern und ihren Nachbarn, denen er die oben erwähnten Beuteanteile aus einem Zug gegen die Amalekiter sandte. Beziehungen zu diesem Kreis knüpfte er ferner durch die Heirat mit Abigail (1. Sam. 25). Sein Auftreten als Beschützer der Judäer verschaffte ihm trotz der geforderten Gegenleistungen Sympathien, die für seine Zeit als König von ausschlaggebender Bedeutung wurden. Hilfreich für sein späteres Vorgehen war zweifellos auch, daß die mit Achis von Gath verbündeten Philisterkönige es ablehnten, den noch nicht lange in philistäischen Diensten stehenden David beim Entscheidungskampf gegen Saul einzusetzen (29,1–11).

Als die Koalition einiger nördlicher Stämme bei Aphek von den Philistern vernichtend geschlagen worden war (S. 47), mußte dies auch in Juda Besorgnis erregen. In dieser Situation bot sich Juda in David ein Führer an, dessen militärische Leistungen allgemeine Anerkennung genossen und der gleichzeitig bei den Philistern in Ansehen stand, so daß Juda mit ihm eine Art Garantie vor einem Angriff der Philister erhielt. David zog nach Hebron, das aufgrund seiner verkehrsgünstigen Lage im Zentrum eines weitreichenden Straßennetzes lag. Die Stadt war daher Markt und Umschlagplatz sowie Schmelztiegel für die Ackerbau treibenden Judäer und die viehzüchtenden Kalibbiter. David besetzte die Stadt und deren Umgebung, wahrscheinlich mit Zustimmung derjenigen Bevölkerungsteile, die er durch seine bisherige Politik gewonnen hatte. Ferner dürfte er den Süden durch die Besetzung von Ziklag weiterhin kontrolliert haben. Nicht zuletzt aufgrund dieser Machtstellung wurde er durch einen formellen Akt König von Juda (2. Sam. 2,4). Damit war in diesem Gebiet die Monarchie errichtet. Die Selbständigkeit Judas seit den Tagen der Landnahme steigerte sich zum Machtfaktor in einer nunmehr veränderten politischen Landschaft. David machte Juda zu einem Staat, der mehrere Jahrhunderte Bestand hatte.

David war Judäer, und er begann seinen Aufstieg als Vasall der Philister, die wahrscheinlich seine Erhebung zum König von Juda nicht einmal ungern gesehen hatten; sie betrachteten ihn als einen Gefolgsmann, über den sie vielleicht die Kontrolle Judas zu erlangen hofften. Schon früh hatte David städtisches Leben und Stadtkönigtümer kennengelernt. Infolgedessen richtete er sein Königtum an dem kanaanäischen Vorbild aus. David bewegte sich daher völlig in den Bahnen der territorialen Staatenbildung. Später schuf er sich ein städtisches Zentrum in Jerusalem (S. 75), dessen Stadtkönigtum er ebenfalls übernahm, womit sich die kanaanäische Komponente in seiner Herrschaft noch verstärkte; dafür war auch das dynastische Prinzip kennzeichnend. Als König war David Führer im Krieg, leitete die Außenpolitik und nahm Aufgaben in der Rechtsprechung wahr. Er bekleidete kultische, priesterliche Funktionen und garantierte als König das Wohlergehen der Bewohner und die Fruchtbarkeit des Bodens. Als Illustration mag eine Geschichte über die Einwohner von Gibeon dienen, die Mißernten und Hungersnot auf eine Verfehlung Sauls zurückführten (2. Sam. 21). Für die Gibeoniten hingen die Erträge der Äcker von dem rechtmäßigen Handeln ihres Anführers ab. Um also die von Saul ‚verwirkte‘ Fruchtbarkeit wiederherzustellen, opferten sie mehrere Söhne Sauls „in den ersten Tagen der Ernte" (21,9). Die Körper der Gepfählten blieben liegen, bis der lange vermißte Regen einsetzte. Es waren Kanaanäer, durch deren Vermittlung dieser Glaube bei den Hebräern Einzug hielt. Und es war David, der diesen Glauben der Gibeoniten offensichtlich teilte und gleichzeitig Konkurrenten der Herrschaft über die nördlichen Stämme ausschaltete.

Wann David die Absicht hatte, auch diese Herrschaft zu erringen, läßt sich nur schwer ausmachen. Sein Brief an die Bewohner von Jabes in Gilead unmittelbar nach dem Tod Sauls und seinem Herrschaftsantritt in Juda (2. Sam. 2,5–7) deutet in diese Richtung, scheint aber ohne Wirkung geblieben zu sein.

Unter den nördlichen Stämmen griff nach der Niederlage Sauls das seit Generationen bestehende Eigenleben der Stämme wieder Platz. Gelegentliche Reibereien mit Truppen Davids, wie eine Auseinandersetzung zwischen Joab und Abner, blieben ohne Folgen. Erst ungefähr fünf Jahre nach der Schlacht bei Aphek vereinigten sich einige Stämme – längst nicht alle – unter Sauls ehemaligem Feldhauptmann Abner und Sauls Sohn Esbaal, ohne daß sich militärische Erfolge einstellten. Als es zu einem Zerwürfnis zwischen Esbaal und Abner kam, weil letzterer eine von Sauls Konkubinen zu sich genommen hatte, trat Abner in Verhandlungen mit David, dem sich dadurch neue Perspektiven eröffneten. Der Empfang für den Feldherrn war großzügig, David veranstaltete ein Festessen. Abner bot dem judäischen König die Herrschaft über den von Esbaal kontrollierten Bereich an. Davids Antwort erfahren wir nicht, und die Formulierung im Alten Testament hat die Orakelhaftigkeit eines modernen Kommuniqués: „Da entließ David den Abner, und er ging in Frieden davon" (2. Sam. 3,21). Möglicherweise forderte Abner für sein Angebot einen Preis, der in einer hohen Beamtenstellung an Davids Hof bestanden haben dürfte, die mit derjenigen Joabs konkurrierte. Da tötete Joab Abner, um seine eigene Position zu retten, und vollzog damit angeblich die Blutrache an seinem Bruder, den Abner erschlagen hatte. Nur wenig später wurde auch Esbaal ermordet. Zwar ging es bei dieser Tat durch zwei Leute seiner Garde wahrscheinlich um eine Vendetta, aber sie war erst möglich geworden, als der Schutz des Esbaal durch Abner entfiel, und ihm daher „die Arme schlaff wurden" (2. Sam. 4,1). Nach dem Tod Abners und Esbaals wurde für David der Weg frei, sich im Norden zu engagieren, zumal er seine Position in Juda nach über siebenjähriger Herrschaft hinreichend gefestigt hatte.

Aufgrund seiner politischen und militärischen Erfolge bot sich David auch für die Stämme des Nordens als Herrscher an: Für sie war er die einzige Hoffnung, die immer länger dauernde Philisterbesetzung abzuschütteln. Sie hatten an strategisch wichtigen Punkten wie in Gibea Garnisonen errichtet, von denen aus sie mit ihren Truppen Streifzüge unternahmen, die Waffen der Hebräer einzogen und regelmäßige Abgaben erhoben. Die Situation erforderte auf seiten der Hebräer eine flexible Persönlichkeit. Zweifellos besaß David die nötigen Fähigkeiten, und so erklärte er sich bereit, die Aufgabe im Norden zu übernehmen. Er wurde in seiner judäischen Residenz Hebron auch König über einige nördliche Stämme (2. Sam. 5,1–5). Dies bedeutete den Anfang der Monarchie in Israel und leitete dort eine neue Entwicklungsphase ein. Es war ein wirklicher Anfang, denn bei dem Bemühen der Samuel-Bücher, David zum legitimen Nachfolger Sauls zu machen, handelt es sich um eine Fiktion. Ein äußerer Zwang nötigte also die nördlichen Stämme zu der unerwarteten Entscheidung, einen König zu akzeptieren. Dieses Königtum war nicht aus langfristigen Überlegungen entstanden, sondern unter dem Druck geboren, die Existenz der Stämme bewahren und schützen zu müssen.

Ein bedeutungsschwerer Schritt für die jungen Monarchien wurde die Eroberung Jerusalems durch David, der eine Residenz zwischen den beiden von ihm beherrschten Territorien gesucht hatte. Hebron war zwar ein idealer Mittelpunkt für Juda gewesen, lag für die Doppelmonarchie jedoch zu sehr abseits. Dies war bei Jerusalem anders, jener Stadt, die nach Aussage des Historikers Flavius Josephus, eines Schriftstellers des ersten nachchristlichen Jahrhunderts, als Königin das umliegende Land überragt wie das Haupt die Glieder (‚Bellum Iudaicum' 3,54). Die 760

Meter über dem Meeresspiegel gelegene Bergstadt, die zu keinem der hebräischen Stämme gehörte, verdankte ihre Bedeutung der außergewöhnlich guten Wasserversorgung, die in der Königszeit weiter verbessert wurde (S. 131).

Jerusalem, bis dahin von etwa 2000 Kanaanäern bewohnt, galt bis zur Zeit Davids als uneinnehmbar, so daß die Einwohner, zu ihm gewandt, spotteten: „Hier dringst du nicht ein, sondern die Blinden und Lahmen werden dich fernhalten" (2. Sam. 5,6). Trotzdem wagte David das scheinbar Unmögliche und hatte Glück. Es war ein Erfolg seiner Söldner, deshalb war es sein Erfolg, die Stadt gehörte fortan ihm, sie wurde die ‚David-Stadt' (5,7). Mit Rücksicht auf die bestehenden Verhältnisse beließ David es dann doch bei dem überkommenen Namen. Zu einer schonenden Behandlung zählte ferner, daß er den Platz für seinen Palast nicht als erobert betrachtete, sondern durch Kauf rechtsgültig erwarb (24,20–25).

Unübersehbar war für David der Gewinn an Machtmitteln, wie sie vor ihm noch keinem Hebräer zu Gebote gestanden hatten. Diese ermöglichten Eroberungen, die Davids Reich für einige Augenblicke der Weltgeschichte in die Reihe der Großmächte des Alten Orients stellen sollten.

Die dringendste Aufgabe für David bestand darin, die Vormacht der Philister zu brechen. Die Initiative zu den militärischen Auseinandersetzungen ging zunächst von den Philistern selbst aus, da nach Davids Krönung zum König von Israel deutlich wurde, daß er keineswegs mehr als Gefolgsmann anzusehen war. Die Philister fielen mit ihrem Heer in die Ebene Rephaim unweit von Jerusalem ein und besetzten das Land bis nach Bethlehem (2. Sam. 5,17–21). Dann griffen sie Davids Hauptstadt an und trieben zugleich einen Keil zwischen seine beiden Reiche. David schlug sie, aber trotz einer Niederlage blieb die Stärke der Philister ungebrochen. Sie rückten ein zweites Mal gegen David vor, diesmal aber durch das Tal Bekaim südlich von Gibeon (5,22–25). Nach einer neuerlichen Niederlage brach ihre Angriffskraft zusammen, und David konnte seinerseits die Initiative ergreifen. Nach mehreren erfolgreichen Schlachten und Feldzügen hörten die Philister zunächst auf, eine politische Rolle im östlichen Palästina zu spielen. Die bisherige Oberschicht ging teilweise in der kanaanäischen Bevölkerung auf.

David war Herr ganz Palästinas mit Ausnahme der Philisterebene; Städte wie Asdod, Askalon, Gaza und Geser griff er nicht an, möglicherweise, um die Ägypter nicht herauszufordern. So konnte der Pharao später Davids Nachfolger Salomo Geser zum Geschenk machen (S. 85). Die jungen Monarchien hatten zweifellos in den Philistern ihre entschiedensten Gegner gehabt, doch auch im Osten, im Ostjordanland, warteten einige Königreiche nur auf die Gelegenheit, ihr Territorium auf Kosten der Hebräer zu erweitern. Als erste brachen die Ammoniter einen

Krieg vom Zaun. Offensichtlich resultierte die Leichtfertigkeit, mit welcher der Ammoniterkönig hierin vorging, als er Davids Gesandtschaft anläßlich seiner Thronbesteigung beleidigte (2. Sam. 10,1–19), aus der Erfahrung der Niederlage, die Saul zuletzt hatte einstecken müssen. Mit der Neuverteilung der Kräfteverhältnisse unter David war das Schicksal des ammonitischen Staates allerdings rasch besiegelt. Erst als der Fall der Hauptstadt Rabbath unmittelbar bevorstand, eilte David selbst zu seinen Truppen, um sich die ammonitische Krone aufzusetzen. Er verband dieses Königreich durch Personalunion mit seinen bisherigen Reichen.

Gegen die Moabiter sicherte David zunächst das unmittelbar an ihr Gebiet grenzende Land der Hebräer. Möglichen Widerstand brach er dadurch, daß er den in einer Feldschlacht bezwungenen moabitischen Heerbann zu zwei Dritteln töten ließ, eine brutale Maßnahme, die ihm auf Jahre hin ‚Ruhe‘ verschaffte (2. Sam. 8,1–2). Das einheimische Königshaus ließ er als Vasallen auf dem Thron. Auch gegen Edom wurde zunächst auf hebräischem Gebiet gekämpft; dann trug David den Krieg aber nach Edom selbst hinein. Nach der vollständigen Unterwerfung beseitigte David das Königtum; fortan verwaltete ein Statthalter Edom.

Nach der Abrundung seines inzwischen stark angewachsenen Reiches im Ostjordanland griff David im Zuge der Auseinandersetzungen mit den Aramäern nach Nordsyrien über. Die Aramäer hatten sich in mehreren selbständigen Staaten organisiert, als deren wichtigster Damaskus galt. Auch in diesen Feldzügen bewies sich Davids militärisches und politisches Geschick (2. Sam. 8,3–13). Nach der Niederlage der Aramäer von Damaskus erkannte er mit sicherem Blick die Bedeutung der Stadt und setzte die dortige Führung ab. Ein Statthalter verwaltete fortan auch dieses Königreich für ihn. Anders als bei den übrigen Gebieten, die noch unter der Führung Hadadesers standen, begnügte er sich hier damit, daß seine Oberhoheit anerkannt und ihm Tribute gezahlt wurden.

Das auf diese Weise entstandene äußerst komplexe Großreich Davids (Abb. 7) griff über die Grenzen Palästinas hinaus und vereinigte in seiner Person die Herrschaft über weite Gebiete der syrisch-palästinensischen Landbrücke. Er beherrschte Ammon in Personalunion, drückte Moab und einige Aramäerstaaten zu Vasallen herab und ließ Edom durch Statthalter verwalten. Sein Reich erstreckte sich in der Tat von der ägyptischen Grenze bis nahezu an den Euphrat (1. Kön. 5,1). Später blieb nur die Erinnerung an Davids Erfolge, wenn Herrscher von Israel und Juda den Anspruch erhoben, bis an die Enden der Erde zu herrschen.

David nutzte die Gunst einer historischen Machtkonstellation, als er dieses Staatengebilde – wenn auch nur für eine kurze Zeit – unter seine Kontrolle brachte. Er konnte das Reich errichten, weil er für seine Außenpolitik zu Anfang auch einen ausreichenden innenpolitischen Rückhalt besaß. Der Ausbau des Heeres gehörte ebenso dazu wie die Grün-

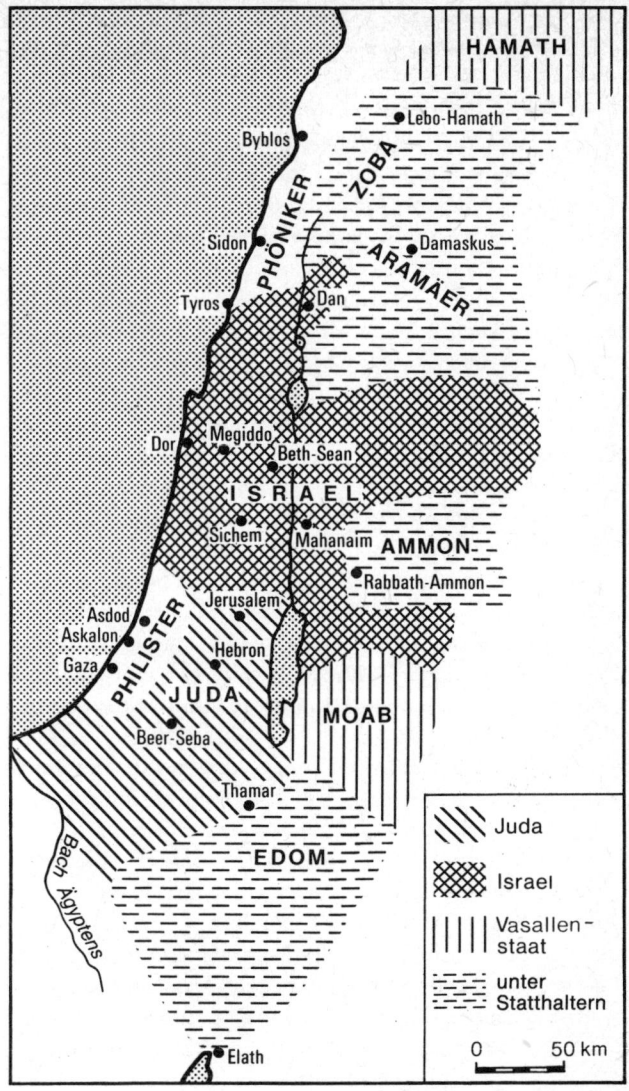

Abb. 7. Die Eroberungen Davids

dung einer eigenen Residenz, in der er Hof hielt und an dem er über einen
selbständigen Beamtenapparat verfügte (S. 149).

Doch David schuf keinen eigentlichen Einheitsstaat, denn die bisherigen Teilreiche bestanden weiter. David kontrollierte ein verwickeltes Gefüge von persönlichen Bindungen und Abhängigkeiten, eine Kontrolle,

die stets prekär bleiben mußte. Während er über mehrere Königtümer in Personalunion gebot, weitere als Vasallenstaaten in loser Abhängigkeit beließ, übernahm er andere Gebiete in seinen Eigenbesitz oder schlug sie zu dem Territorium der Monarchien Juda und Israel. Vor allem Israel erfuhr durch Angliederung ehemaliger philistäischer Besitzungen eine erhebliche Vergrößerung. Unter David und als Ergebnis seiner Politik, die auf die Vereinigung von ganz Palästina in seiner Hand hinauslief, ist der Schritt zum Territorialstaat in Israel vollzogen worden. Auch Juda hat sich eine Anzahl von Stadtstaaten einverleibt, die bis zur Zeit Davids ihre Selbständigkeit behaupten konnten; es waren dies Städte des Hügellandes von Kegila und Lachis. Doch war der Gebietszuwachs des judäischen Staatswesens längst nicht so beträchtlich wie derjenige Israels.

Lediglich die Persönlichkeit Davids und seine militärische Macht hielten das gesamte Reich zusammen. Der Bestand dieses größten Staatengebildes, das je ein hebräischer König unter seine Kontrolle bringen sollte, hing somit wesentlich von der Person seines Nachfolgers ab.

Wie alle Großen seiner Zeit nutzte David die Möglichkeit der Polygynie, um durch eine große Zahl von Frauen seinen gesellschaftlichen Rang zu betonen. Dies bedeutete zugleich, daß er viele Söhne hatte, was sich für das komplizierte Gefüge und die Unausgeglichenheit der Reichsteile als Problem herausstellte, als die Frage der Nachfolge Davids anstand. Gegen Ende der Regierungszeit Davids spielte sich eines der an Königshöfen so häufig vorkommenden Dramen ab; in ihm fiel seinen Söhnen eine tragende Rolle zu.

Den ersten Aufstand gegen David zettelte dessen dritter Sohn Absalom an. Selbstbewußt auftretend, legte er sich einen Streitwagen kanaanäischen Typs zu und umgab sich mit einer persönlichen Leibwache. Der Verschwörung ging eine lange, im privaten Bereich spielende Vorgeschichte voraus, die mit der Vergewaltigung der Schwester Absaloms durch ihren Halbbruder Amnon begonnen hatte (S. 51). Als Absalom die Ehre seiner Schwester rächte, wobei er Amnon in ein Versteck lockte und ihn dort tötete, schloß ihn David von der Thronfolge aus. Absalom mußte vor dem Zorn des Vaters ins Exil fliehen und durfte erst nach zwei Jahren an den Hof zurückkehren (2. Sam. 14). Hier begann er gegen den alternden König zu intrigieren, indem er die Unzufriedenheit vieler Hebräer mit David und der Monarchie nutzte.

Der Aufstand des Absalom war zweifellos von dem persönlichen Ehrgeiz eines energischen Prinzen getragen. Aber er fand genügend Anhänger, so daß er schließlich den Heerbann der Doppelmonarchie gegen die Söldner des Königs anführen konnte. Das Alte Testament beschreibt, daß Absalom sich für die Judäer und Israeliten einsetzte, um vor allem letztere gegen David aufzubringen. Er knüpfte Kontakte mit denjenigen, die auf Rechtsuche in die neue Hauptstadt Jerusalem kamen. In seine Erhebung spielte auch der Gegensatz zwischen Stadt und Land hinein, die Aversion der ländlichen hebräischen Bevölkerung gegen die nun allmählich integrierten kanaanäischen Städte, vor allem gegen die Hauptstadt. Einen Hinweis darauf erhalten wir aus den Erzählungen über die Vorbereitungen Absaloms zur Revolte (2. Sam. 15–24). Er fing im Tor die Rechtsuchenden ab, die nach Jerusalem kamen, und fragte sie zunächst nach der Herkunft: „Aus einer Stadt?" Er wollte die Kanaanäer identifizieren. An diejenigen, die antworteten, sie kämen „aus einem der Stämme", richtete Absalom die Aufforderung: „Bestellt mich zum Richter im Lande!" Der Sohn Davids war bemüht, die Leute persönlich anzusprechen, gab ihnen in ihrer jeweiligen Angelegenheit grundsätzlich Recht, stimmte ihnen in ihrer Kritik an der gegenwärtigen Praxis zu und versprach, besser zu herrschen, als sein Vater es gegenwärtig tat. Dabei griff er bewußt einen Terminus der früheren Zeit, nämlich den des Richters, auf, um so mit den Unzufriedenen die ehemaligen besseren Verhältnisse in Erinnerung zurückzurufen. Absalom versprach diesen Leuten, sich ihrer Sorgen anzunehmen. Über den Inhalt ihrer Beschwerden sagt das Alte Testament zwar nichts, aber es kann sich nicht um Rechtsfälle aus den Heimatorten der Betreffenden gehandelt haben, denn dann hätte Absalom mit Zusage seiner Hilfe automatisch einen von zwei Rechtspartnern bevorzugt, was eine sehr kurzsichtige Strategie gewesen wäre. Er konnte allen Rechtsuchenden gleichermaßen seine Unterstützung versprechen, weil sie alle denselben Kontrahenten hatten: den König. Aber, so stellte er fest, dort „ist niemand, der dir Gehör schenkt" (15,3). Es ging folglich um Auseinandersetzungen der Hebräer mit dem König und seiner Administration. Und es dürften gerade die Wohlhabenden gewesen sein, die sich die weite Reise nach Jerusalem leisten konnten, um sich persönlich an den König oder seine Beamten zu wenden.

Gründe des Unmuts gab es reichlich. Als David mit Hilfe der Truppe von ehemaligen Berufssoldaten die Errichtung einer Monarchie betrieb, entstand eine neue Schicht, die sich aus Berufskriegern und Hofbeamten zusammensetzte. Damit vergrößerte sich die Gruppe derjenigen erheblich, die vom Überschuß der Wohlhabenden leben mußte (S. 173).

War schon Widerstand gegen Davids Abgabeforderungen spürbar geworden, als es sich nur um eine Truppe von etwa 600 Mann gehandelt hatte, so wuchs dieser Widerstand mit den steigenden Anforderungen der Monarchie. Wie solche Anforderungen aussehen konnten, schildert eine politische Kampfschrift gegen die Monarchie, in der die Folgen für die Gesellschafts- und Wirtschaftsordnung pointiert herausgestellt wurden (1. Sam. 8,11–17): „Eure Söhne nimmt er (der König) weg, ... um sie für sich als Offiziere über tausend und über fünfzig (Mann) einzusetzen, und um sein Pflugland zu pflügen und um seine Ernte zu ernten, und um seine Kriegsgeräte und seine Wagengeräte herzustellen. Und eure Töchter

nimmt er weg, als Salbenmischerinnen und als Köchinnen und als Bäcke-
rinnen. Und eure besten Äcker, Weinberge und Ölbaumpflanzungen
nimmt er weg und gibt sie seinen Beamten ... Und eure besten Sklaven
und Sklavinnen und Jünglinge und eure schönsten Rinder und eure Esel
nimmt er weg und setzt sie für sein Werk ein. Euer Kleinvieh belegt er mit
dem Zehnten, und ihr selbst müßt ihm Sklaven sein."

Diese Zeilen verdeutlichen klare Eingriffe des Königs in die bisherige
Ordnung: Die verheirateten Söhne der Hebräer wurden als Offiziere des
Heerbannaufgebotes, zu landwirtschaftlichen Tätigkeiten auf den königlichen Domänen und zu handwerklichen Arbeiten im Heerwesen herangezogen. Die unverheirateten Töchter traf das gleiche Los: Sie mußten
die wichtigsten Arbeiten bei der Versorgung des Hofes erledigen. Die
Grundstücke der Bauern dienten zur Versorgung der Staatsbeamten. Die
Unfreien und die unverheirateten Söhne wurden ebenfalls dienstver-
pflichtet; dabei ist vor allem an den Einsatz bei königlichen Baumaßnahmen zu denken. Dies alles, so das Fazit der Polemik, machte aus freien
Männern Sklaven.

Es handelt sich um ein Pamphlet, das zum Widerstand gegen den König aufstacheln will und deshalb um seiner Wirkung willen übertreibt.
Auf der einen Seite steht der König, auf der anderen Seite die Adressaten
der Schrift. Der König wird nehmen, nehmen, nehmen, und den Angesprochenen wird nichts anderes übrig bleiben, als zu geben, und zwar
jeweils das Beste; wollen sie dies verhindern, müssen sie sich zur Wehr
setzen, was ja der Aufruf bezwecken will.

Angeredet waren diejenigen, die das alles besaßen, was der König ihnen wegnehmen konnte: Felder, Weinberge, Ölbäume, Kleinvieh und
Sklaven. Es handelte sich um wohlhabende grundbesitzende Bauern wie
Nabal (1. Sam. 25). Da nur ihre Söhne und nicht mehr sie selbst zum
Militär- und Arbeitsdienst herangezogen wurden, lassen sich die Adressaten genau ermitteln: Es waren die Ältesten. Sie wollte der Aufruf akti-
vieren, da sie die meinungsbildende und politisch führende Schicht der
bisherigen Gesellschaft darstellten. Diese Führungsschicht, so der Aufruf,
war im Begriff, ihren Reichtum einzubüßen, und daraufhin entschieden
sie sich zum Widerstand, als sich in Absalom ein Führer anbot.

Es waren also die konkreten sozialen Fragen der Politik Davids, die
viele in Schwierigkeiten brachten. Weite Kreise der Bevölkerung zeigten
sich schließlich mit den herrschenden Zuständen unzufrieden. Denn es
waren nicht allein die Wohlhabenden, die gegen den König ins Feld
zogen. Daher konnten die Gegner Davids den Heerbann gegen ihn mobilisieren. Gerade die äußerst aktive Außenpolitik Davids zeigte hier innere, soziale Auswirkungen. Es muß für viele kleine Grundbesitzer schwierig gewesen sein, Jahr für Jahr monatelang ihre Äcker im Stich zu lassen.

Auf diese Unzufriedenheit baute Absalom seine eigenen Pläne. Als er den richtigen Augenblick für gekommen hielt, ließ er sich in Hebron – auch die Wahl dieses Ortes war eine Reminiszenz an Altes (S. 72) – zum König ausrufen (2. Sam. 15,10). Der offenbar völlig überraschte David mußte mit seinen Söldnern aus Jerusalem fliehen, konnte aber dann ein größeres Heer sammeln, da Absalom nicht sofort nachsetzte. Um in Jerusalem seine Herrschaft zu etablieren, unterstrich Absalom seinen Anspruch auf die Nachfolge Davids mit einem eindeutigen Akt. Er vollzog die Ehe mit den zehn Frauen, die David bei seiner Flucht in Jerusalem zurückgelassen hatte. Damit griff er das seit der Nomadenzeit geübte Verfahren der Inbesitznahme eines Erbes auf (S. 56). Der Vollzug dieser Staatsehen glich einer öffentlichen Veranstaltung: „Da schlug man dem Absalom das (Hochzeits)Zelt auf dem Dach auf, und Absalom kam zu den Frauen seines Vaters vor den Augen von ganz Israel" (2. Sam. 16,22). Die weitere Entwicklung zeigte allerdings, daß Absalom voreilig gehandelt hatte; denn Davids Söldner schlugen den Heerbann, und der Aufstand brach in sich zusammen. Joab tötete Absalom, als dieser sich auf der Flucht mit seinen Haaren in einem Terebintenbaum verfing (2. Sam. 18,8–14).

So unklar die sich nun anschließenden Ereignisse im Alten Testament beschrieben werden, so wichtig müssen sie für die Entwicklung der Monarchie und der sozialen Ordnung gewesen sein (2. Sam. 19,10–44). Nach Absaloms Tod spaltete sich dessen Anhängerschaft; ein Teil zeigte sich bereit, dem siegreichen David zu huldigen, ein anderer Teil setzte den Kampf fort. David versuchte, Juda an sich zu binden, indem er zunächst auf mögliche Strafaktionen verzichtete. Die Frage erhebt sich, ob er auch bei denjenigen Problemen, die zum Aufstand führten, nachgegeben, er dem Süden also Zugeständnisse gemacht hat. Dafür spricht, daß später nur noch Israel revoltierte und daß eine Zeitlang allein Israel für die Versorgung des Hofes aufzukommen hatte. Offenbar waren die Verpflichtungen zu Abgaben und Dienstleistungen, die der obengenannte Katalog aufreihte (S. 79), für Juda in einer Weise geregelt worden, welche die wohlhabenden Grundbesitzer und weite Kreise der Bevölkerung akzeptieren konnten.

Die Chance einer Verschmelzung der Reichsteile Juda und Israel verringerte sich damit allerdings; denn nach dieser Regelung der Steuern und Dienstbarkeiten erfolgte prompt der nächste Aufstand in Israel, aber eben nur noch im Nordreich. Möglicherweise erreichten jetzt die Forderungen des Königs noch größere Ausmaße, nachdem Juda als Leistungsträger ausgefallen war. Der Israelit Scheba rief im Norden zum Abfall auf: „Wir haben keinen Teil an David, keinen Erbteil am Sohne Isais! Ein jeder zu seinem Zelt, Israel!" (1. Sam. 20,1). Scheba eröffnete den Aufstand mit dem alten Ruf, mit dem der hebräische Heerbann aufgelöst und ein jeder nach Hause entlassen wurde. Ein seltsamer Aufstand, bei dem die Aufständischen nach Hause gingen: Und doch hielt David Scheba zu Recht für gefährlicher als Absalom, obgleich ihm diesmal kein starkes Heer entgegentrat. Scheba hatte nämlich zur Auflösung des israelitischen Heerbanns aufgerufen, dessen allzu häufige Einberufung eine der Ursachen für die Unterstützung der Revolte des Absalom gewesen war. Scheba verlangte den vollständigen Rückzug der Israeliten ins Private, um damit das Königtum zu beenden. David hätte, um mit den Worten der Jotham-Fabel (Ri. 9,15) zu sprechen, dann in seinem Königsanspruch ähnlich lächerlich dagestanden wie der Dornbusch, der Schatten zu spenden versprach. Die Zeit, in der die Israeliten ohne König, ohne dessen Machtapparat und ohne Abgaben gelebt hatten, lag gerade eine Generation zurück; sicherlich lebten noch genügend Älteste, die sich an solche Zustände erinnern konnten. Da die äußere Bedrohung durch die Philister entscheidenden Anstoß für die Zustimmung zur Monarchie in Israel gegeben hatte, glaubten die Israeliten nun, diesen Schritt rückgängig machen zu können, da die äußere Gefahr beseitigt war. Und eben diese generelle ‚Los-vom-König-Bewegung' fürchtete David; denn sie hätte bedeutet, daß sich die Israeliten in ihre Städte und Dörfer zurückzögen, welche dann Ort für Ort hätten erobert werden müssen. Ein Bürgerkrieg schlimmsten Ausmaßes wäre die Folge gewesen und hätte letztlich bereits zu Davids Lebzeiten die Auflösung der Doppelmonarchie herbeigeführt.

Scheba verschanzte sich in der Tat in einer Stadt, doch als die Lage für die von David eingeschlossenen Bewohner kritisch zu werden drohte, töteten sie Scheba und warfen den Kopf des Aufrührers über die Mauer (2. Sam. 20,14–22). Israel beugte sich schließlich, wenn auch nur widerwillig, der königlichen Gewalt. Die wirtschaftlichen Belastungen für das Land aber hielten an, und so verharrte die Bevölkerung für etwa ein halbes Jahrhundert in einem passiven Widerstand, der sich dann in offenem Aufruhr gegen Rehabeam, den Nachfolger Salomos, entlud (S. 91). Der lange Zeitraum, über den hinweg die Unzufriedenheit mit den ökonomischen und sozialen Folgen der Monarchie andauerte, verdeutlicht deren Ausmaß.

Doch nicht allein diese Aufstände verdüsterten Davids Regierungszeit, er erlebte zuletzt sogar noch den Kampf zwischen zwei rivalisierenden Palastgruppen in Jerusalem. Unter Davids Söhnen gab es noch immer zwei ernsthafte Anwärter auf seine Nachfolge: Salomo und Adonija. Beide wurden von unterschiedlichen Teilen des Heeres unterstützt. Bislang war die Söldnertruppe dem Heeraufgebot der Hebräer überlegen gewesen, und so gab jetzt das Votum der Söldner zusammen mit der Leibwache den Ausschlag für Salomo, den David nach ägyptischem Vorbild zu seinem Mitregenten und präsumptiven Nachfolger salben ließ, während Adonija mit einer Art Putsch eine Entscheidung erzwingen wollte. Damit hatte David für das komplizierte Staatsgebilde, über das er herrschte, endlich einen Nachfolger gefunden.

2. Salomo

Das Bild von Salomo im Alten Testament ist längst nicht so farbig wie dasjenige seines Vorgängers. Dies zeigt, daß Historiker sich schwer tun – und die alttestamentlichen Erzähler und Redaktoren bilden da keine Ausnahme –, unblutige Zeiten, Friedensperioden, ähnlich ausführlich und anschaulich zu schildern wie Kriege. Hinzu kommt, daß vieles, was von diesem König berichtet wird, im Sagenhaften verschwimmt, wie etwa die berühmte Anekdote vom salomonischen Urteil (1. Kön. 3,16–28), die immer schon ein verbreitetes Motiv war.

Salomo gilt als Friedenskönig, was sicherlich nicht allein auf den historischen Konstellationen beruht, sondern auch sein politisches Programm war. Salomo war der Thronname des Jedidja, der so viel wie Friede bedeutet. Und dieser Name war eben nach den kriegerischen Unternehmungen Davids und vor allem nach dessen letzten unruhigen und blutigen Jahren, als es um die Frage der Nachfolge und um die Aufstände im Großreich ging, ein Programm. Salomo wollte ein König des Friedens sein, was ihm weitgehend auch gelang, wenngleich sich die Situation am Hof noch nicht beruhigt hatte.

Denn nach Davids Tod zeigte sich schnell, daß Salomos Regierungsantritt den Thronfolgestreit keineswegs beendet hatte. Zwar unterwarf sich Adonija der Herrschaft seines Bruders, der ihm daraufhin verzieh. Bald wurde er jedoch in eine neue Affäre verwickelt, die nicht einfach zu bewerten ist. Der alternde David hatte gegen Ende seines Lebens das Mädchen Abisag, eine schöne Sunamitin, ins Bett genommen, um sich von ihr „wärmen" zu lassen. Obgleich er „ihr nicht beigewohnt hatte", wie die Überlieferung zu berichten weiß (1. Kön. 1,1–4), galt sie als eine seiner Nebenfrauen. Adonija trat an Salomos Mutter heran und bat sie, sich bei ihrem Sohn, dem König, für ihn zu verwenden, damit dieser ihm Abisag zur Frau gebe. Wahrscheinlich war Adonija in das Mädchen wirklich verliebt, Salomo deutete seine Bitte jedoch in eine andere Richtung: Er legte sie als neuerlichen Anlauf seines Bruders im Kampf um den Thron aus und antwortete seiner Mutter: „Und warum erbittest du Abisag, die Sunamitin, für Adonija? Erbitte für ihn doch gleich das Königtum, denn er ist mein älterer Bruder" (1. Kön. 2,22). Für Adonija endete das, was wohl die große Liebe war, mit dem Tod. Immer noch bedeutete Anspruch auf eine der Frauen eines Königs gleichsam eine Anwartschaft auf dessen Erbe und Nachfolge.

Für mögliche weitergehende Pläne des Davidssohnes spricht, daß sein Tod Kreise zog. Davids Feldhauptmann Joab suchte auf der Flucht vor der Rache Salomos Schutz in einem Tempel und wurde, als er den Altar umklammerte, von seinem Amtsnachfolger bedenkenlos erschlagen. Besser erging es einem dritten aus dieser Gruppe: Der Priester Ebjathar, einer der ältesten Gefolgsleute Davids, wurde lediglich seines Amtes enthoben und auf seinen Grundbesitz in der Nähe Jerusalems verbannt. Ebjathar war politisch nicht so wichtig, vielleicht rettete ihm auch die Scheu vor dem Numinosen des Priesteramtes das Leben. Joab und Ebjathar nutzte es wenig, daß sie ihr Leben lang David treu gedient hatten. Da dessen Regierungszeit sehr lang gedauert hatte und sein Nachfolger entsprechend lange auf die Machtübernahme warten mußte, wollte er daher auch bei der Besetzung von Posten rasch Eigenständigkeit dokumentieren. Ähnliches läßt sich bei Rehabeam beobachten, der nach einer ebenso langen Regierungszeit Salomos auf den Thron kam und sicherlich auch zum gut Teil demonstrativ den Rat der ‚Alten‘ ignorierte (S. 92). Mit der Ermordung des Benjaminiten Simei, eines alten Gegners des Königshauses, beseitigte Salomo den letzten Widerstand gegen seine Regierung. Von nun an war in der Tat, wie es etwas makaber heißt, „das Königtum fest in Salomos Hand" (1. Kön. 2,46).

Das Prädikat ‚Friedenskönig‘ verdiente sich Salomo vor allem aufgrund seiner außenpolitischen Maßnahmen. Verglichen mit den erstaunlichen Aktivitäten Davids, beschränkte er sich vornehmlich darauf, das angetretene Erbe zu bewahren. Und tatsächlich gelang es ihm auch, allerdings mit einigen entscheidenden Ausnahmen, den Bestand des davidischen Reiches zusammenzuhalten.

Die ostjordanischen Randstaaten blieben in den Abhängigkeitsverhältnissen, die David geschaffen hatte. Während der Regentenwechsel in Ammon und Moab ohne Schwierigkeiten akzeptiert wurde, kam es in Edom zu einem Aufstandsversuch. Als David das edomitische Königshaus vernichtet hatte, war es einem seiner Angehörigen gelungen, nach Ägypten zu fliehen. Nach dem Tode Davids kehrte er zurück, um in seiner Heimat Edom die Fremdherrschaft abzuschütteln. Der östliche Teil von Edom, das schwer zugängliche Gebirgsland, scheint daraufhin verlorengegangen zu sein (1. Kön. 11,14–22). Für Salomo war es allerdings wichtiger, weiterhin die Handelsstraße zum Golf von Elath zu kontrollieren, deren Schutz die Festung Thamar gewährleistete.

Für die spätere Entwicklung vor allem Israels, des Nordreiches, sollte es sich als folgenschwer erweisen, daß Salomo bei seiner außenpolitischen Lethargie das Entstehen eines neuen starken Staates im Norden des Großreiches nicht verhindern wollte oder konnte. Es gelang einem Offizier des Königs von Zoba, Resan, sich selbständig zu machen und mit einer Soldateska – ähnlich wie Jephthah und David – die Herrschaft über

Damaskus an sich zu reißen. Binnen kurzer Zeit begründete Resan ein neues aramäisches Königtum mit dem Sitz in Damaskus und brachte ein größeres, territorial geschlossenes Gebiet, das gesamte nördliche Ostjordanland, unter seine Kontrolle (1. Kön. 11,23–25). So brach aus dem Machtgebilde Davids im Norden bereits der erste Block heraus, da mit Damaskus der Sitz des davidischen Statthalters fiel. Die allmählich sich vollziehende Konsolidierung des neuen Staates bedeutete für das Reich Salomos noch keine Bedrohung. Allerdings sollte der Aramäerstaat eine Generation nach dem Ende der Doppelmonarchie bereits zu einem übermächtigen Gegner für Israel werden.

Vorboten einer kommenden Katastrophe (S. 93) waren gelegentliche Vorstöße der Ägypter in das Gebiet Palästinas, Vorstöße, die allerdings noch keinen großen Schaden anrichteten. Salomo bannte diese Gefahr durch eine Methode, die ihm außenpolitische Stabilität zu garantieren schien: Er antwortete dem Pharao nicht mit Krieg, sondern eröffnete Verhandlungen. Sie endeten damit, daß er eine Tochter des ägyptischen Königs als Frau und eine vom Pharao eroberte Stadt gleichsam als Mitgift erhielt. Dies war allerdings weniger ein Zeichen dafür, wie mächtig Salomo geworden, sondern zu welcher Schwäche Ägypten herabgesunken war. Von Gegenleistungen Salomos erfahren wir nichts, sie dürften aber im Schutz ägyptischer Handelskarawanen durch den hebräischen König auf dessen Territorium (S. 165) bestanden haben.

In diesen Verhandlungen mit Ägypten zeigt sich ein wichtiges Mittel salomonischer Politik: Heiraten, die der König einging und die aufgrund der Polygynie (S. 54) bei den Hebräern auf keinerlei Schwierigkeiten stießen. Neben der erwähnten Pharaonentochter bevölkerten so im Laufe der Jahre Frauen der Hettiter, aus Ammon, Moab und Edom den Harem des Königs. Da es sich häufig um politische Heiraten handelte, importierte Salomo für seine Frauen deren Gottheiten und ließ ihnen Heiligtümer in Jerusalem errichten; das bisherige Neben- und Miteinander hebräischer und kanaanäischer Kulte erleichterte ein solches Vorgehen.

Auch gegenüber dem König Hiram von Tyros suchte Salomo seinen Besitz durch diplomatische Aktivitäten zu stabilisieren, wenngleich dies nicht völlig gelang. Tyros, das die Phöniker im 12. Jahrhundert wiedererbauten, hatte sich inzwischen zum Hauptort eines Gebietes entwickelt, welches das ganze südliche Küstengebiet Phönikiens bis zur Bucht von Akko umfaßte. Diese Stadtstaaten entfalteten eine lebhafte Handels- und Kolonisationstätigkeit, so daß sie unter der Führung von Tyros zeitweise zur beherrschenden Seemacht am Mittelmeer wurden. Zur Zeit Hirams (969–936) war die phönikische Expansion zu See bereits in vollem Gange. Die Beziehungen der beiden Staaten waren auf den ersten Blick zwar freundlich, aber Gebietsabtretungen Salomos an Hiram – die Küstenlandschaft von Akko bis Sidon mit etwa zwanzig Ortschaften – deuten möglicherweise auch auf Schwierigkeiten hin (1. Kön. 9,10–11). Es bleibt nämlich fraglich, ob die Gebietsverluste im Norden zugunsten von Tyros allein als Gegenleistungen für die umfassenden Materiallieferungen für Salomos Bauten zu sehen sind.

Dieser kurze Überblick über die außenpolitischen Probleme des Davidssohnes mit Ägypten, Edom, den Aramäern und Tyros lenkt nochmals den Blick auf die Einmaligkeit der politischen Konstellation zur Zeit Davids, die dessen expansive Politik ermöglicht hatte. Bereits Salomo und noch deutlicher seine Nachfolger mußten in den auf ihre ursprünglichen Territorien reduzierten Monarchien Juda und Israel die Abhängigkeit von mächtigen Nachbarn erkennen und bald auch anerkennen.

Salomos geschickte Diplomatie gewährleistete die Existenz der beiden Staaten Juda und Israel, die aber nach wie vor lediglich durch den König in Personalunion miteinander verbunden waren. Beide Staaten blieben eigenständige Größen. Juda erlebte eine lange Friedenszeit, die den Stolz auf die Jerusalemer Regierung förderte. Von Israel dagegen wurden Leistungen verlangt, die ausschließlich mit dem Herrschaftswillen der Zentralregierung in Jerusalem zusammenhingen. Dennoch hielt Israel Ruhe, obgleich nur noch wenig mehr als ein Vasall, weil sein Heerbann nach dem erfolglosen Aufstand des Scheba zu geschwächt war. Salomo baute die von David ins Leben gerufene Verwaltung aus, als er Israel in zwölf Bezirke aufteilte. Jeder Bezirk hatte für einen Monat die Versorgung des königlichen Hofes zu sichern (S. 154). Diese war äußerst aufwendig, denn Salomo zeigte eine Schwäche für Frauen, kostspielige Bauten und orientalischen Prunk, mit dem er sich umgab. Er legte den Untertanen Steuern auf, um damit den Luxus des Harems, der königlichen Tafel und der Stallungen zu finanzieren.

Die Bezirkseinteilung sowie der erhöhte Finanzbedarf aufgrund der Vergrößerung des Heeres und der enormen Bautätigkeit erforderten eine Vermehrung des Beamtenapparates. Diese Kosten waren bereits unter Salomo nicht mehr allein aus den Tributen, aus den Erträgen des Handels, der weitgehend königliches Monopol blieb, und aus Zöllen zu bestreiten, sondern auch die eigenen Untertanen mußten zu Leistungen herangezogen werden. Vor allem die zahlreichen Baumaßnahmen erforderten Geld, nicht allein für Materialien, sondern auch für die große Zahl der Arbeiter. Wiederum griff Salomo auf seine Untertanen aus Israel zurück und verpflichtete dort Hebräer und Kanaanäer zu Dienstleistungen.

Die Bedeutung Palästinas als Durchgangsgebiet wichtiger Handelsstraßen war im Alten Orient seit Jahrhunderten groß. Dies erweckte immer wieder die Interessen vor allem Ägyptens für diese Region. Nachdem David durch seine Eroberungspolitik das Großreich geschaffen hatte, konnte Salomo darangehen, die wirtschaftlichen Möglichkeiten zu nutzen, die sich aus dessen Lage ergaben. Der König kontrollierte die Handelswege von Ägypten und Arabien nach Syrien und trieb von den Karawanen Abgaben ein. Nach phönikischem Vorbild rüstete er einige Schiffe aus, die, mit phönikischen Seeleuten bemannt, von Elath aus Fahrten in das Rote Meer unternahmen. Bei den Reisen nach Ophir ging es aber nicht um den Aufbau von Handelsbeziehungen, sondern um Beutezüge zur Gewinnung von Rohstoffen: Die Schiffe brachten Gold und Silber, seltene Hölzer, Juwelen, Elfenbein und jene Affen mit, die dem König in Jerusalem zur Belustigung dienten.

Diese Aktivitäten eines hebräischen Königs waren neu, die Luxusgüter, die ins Land kamen, weckten die Neugier und das Interesse der Zeitgenossen, das möglicherweise größer war als der tatsächliche Gewinn, den die Unternehmungen einbrachten. Sicherlich konnte Salomo einen Teil des demonstrativ zur Schau gestellten Prunkes aus solchen Erträgen finanzieren, aber es sollte dabei nicht vergessen werden, daß er die Waren und Dienstleistungen, die er aus Tyros erhielt, nur durch Gebietsabtretungen begleichen konnte.

Zeitgenossen und spätere Chronisten wurden nicht allein durch Aktivitäten Salomos als Diplomat und Kaufmann, sondern auch durch die Bautätigkeit des Königs beeindruckt (S. 165). Wenngleich Salomo keine Kriege führte, so sicherte er sein Territorium dadurch, daß er strategisch wichtige Orte befestigte und zu militärischen Stützpunkten ausbaute. Zur Kontrolle und Sicherung des Negeb zum Beispiel richtete der König drei Verteidigungs- und Verwaltungszentren ein: Kadesch, Beer-Seba und Arad. Diese versorgten zahlreiche Forts und Vorposten, die wie ein Netz den ganzen gebirgigen Negeb überspannten. Die in solchen Stützpunkten stationierten Soldaten konnten im Falle eines Angriffs von außen schnell zur Abwehr zusammengezogen werden, aber ebensogut gegen Aufständische vorgehen. Salomo stellte erstmals eine Streitwagentruppe auf (1. Kön. 4,6–8); bislang hatten in Israel und in Juda die geographische Beschaffenheit der zerklüfteten Gebiete und eine fehlende militärische Aristokratie dies verhindert. Letztere fand Salomo in den kanaanäischen Städten, die zu seinem Reich gehörten. Die starke Hervorhebung des Kanaanäertums, das für die Schlagkraft der neuen Waffengattung unentbehrlich war, dauerte im späteren Nordreich auch in den folgenden Jahrhunderten an. Salomo scheint die Streitwagen allerdings mehr um der Repräsentationsgründe willen als wegen ihres militärischen Nutzens geschätzt zu haben. Sie waren Zeichen des königlichen Glanzes; als Statussymbol benutzte schon Absalom den Streitwagen (2. Sam. 15,1).

Neben den Festungen und Garnisonen im Lande war es vor allem Jerusalem, dessen Gesicht der Herrscher durch Bauten prägte. Er erweiterte die Stadt, indem er den Tempel ausbaute, einen neuen Palast, hohe

Ringmauern, die Festung Millo und zahlreiche andere Gebäude wie das Libanonwald-Haus, den Pavillon der ägyptischen Königin, die Säulen- und die Thronhalle errichten ließ.

Eingehendere Nachrichten liegen über die Palastanlage vor, zu der auch der Tempel gehörte. Daher konzentrierte sich das Interesse der späteren Überlieferung auf ihn und kürzte dafür die Beschreibung der Palastanlagen. Der gesamte Komplex ist im Laufe von dreizehn Jahren als neuer Stadtteil nördlich der Davidsstadt errichtet worden. Die Architekten und die ausführenden Baumeister waren Phöniker, die Salomo durch die Vermittlung Hirams von Tyros erhielt.

Die Palastgebäude (1. Kön. 7,1–12) gruppierten sich um zwei Hofanlagen, eine Gliederung, die von anderen orientalischen Palästen bekannt ist. Um einen äußeren Innenhof lagen das Zeughaus, das als Schatzhaus und Waffenlager diente und den Namen Libanonwald-Haus trug, weil Säulen und Balken aus dem dortigen Zedernholz gezimmert waren. Ein zweites Gebäude war eine der Öffentlichkeit zugängliche Versammlungshalle. Ferner gab es einen Thronsaal, der ebenfalls öffentlich genutzt wurde, weil in ihm der König Gericht hielt und seine sprichwörtlich gewordenen weisen Urteile fällte. Um den inneren Innenhof herum schlossen sich die privaten Wohnräume des Königs, seines Harems und des Hofes an.

Am besten bekannt ist die Tempelanlage, die das Alte Testament detailliert beschreibt (1. Kön. 6; 7,13–51), obgleich sie, verglichen mit anderen großen Heiligtümern des Alten Orients, bescheidene Ausmaße besaß. Der gesamte Gebäudekomplex bestand aus Vorhalle, Halle und Allerheiligstem. Letzteres, ein quadratischer Raum, war dunkel und erhielt lediglich von einer Tür her etwas Licht, während die Halle in ihrem oberen Teil mit Fenstern versehen war. Für die bisherigen Verhältnisse Judas und Israels übertraf dieser Tempel allerdings alles bisher Dagewesene und beeindruckte durch seine erlesene Ausstattung und den glanzvollen Kult.

Gewiß, Salomos zum Teil märchenhafter Prunk des Hofes, die beeindruckende Masse der Streitwagen mit ihren Kriegern, die erlesenen Luxusgüter, seine mitunter bizarren diplomatischen Gäste, die Qualität der Materialien mancher Bauten, das mit Sammeleifer zusammengetragene enzyklopädische Wissen, all dies erregte Staunen bei seinen weithin bäuerlich gebliebenen hebräischen Untertanen. Das Reich Salomos geriet zwar unter den kulturellen Einfluß der umliegenden Staaten, es erschloß sich dem Geist der Zeit, den Künsten und Wissenschaften, die allmählich zu blühen begannen, aber alle diese Unternehmungen und Tätigkeiten waren eine Angelegenheit des Hofes und nicht der Untertanen. Ganz langsam wuchsen zunächst die oberen Schichten in diese neue Kultur hinein.

Wenn auch in Jerusalem alles bescheiden und kleinräumig blieb, nur wenig über das Provinzielle erhoben, so wuchs doch allmählich das Interesse für Literatur, und es entstanden Bauten von Rang, welche die Untertanen bewunderten. Je mehr Hebräer aber über das Neue und Fremde in Jerusalem staunten, desto fremder wurde ihnen die Hauptstadt, der sie beherrschende Hof und der König. Seitdem der Heerbann nicht mehr zusammengerufen wurde, entfiel die einzige Kontaktmöglichkeit der Bauern und Hirten mit dem Herrscher, entfiel der letzte Rest persönlicher Fühlungnahme. Nun kam hinzu, daß gerade für Israel die Monarchie eine von außen, von dem Antipoden Juda herrührende Regierungsform war, die sich rasch zu einer absoluten Herrschaft im Sinne altorientalischen Königtums entwickelte.

Salomo hatte sich seine Rolle im politischen Schachspiel der Mächte des Alten Orients durch diplomatisches Geschick noch erhalten können, doch die Bauern Israels waren nicht länger bereit, für diesen ihnen eigentlich stets fremd gebliebenen König dauernd Opfer zu bringen. Die unter David mehrfach ausgebrochenen Krisen lebten durch die Entwicklung unter Salomo neu auf und verstärkten sich vor allem durch die verhaßten Dienstleistungen. Die künstliche Einigung von Juda und Israel zerbrach deshalb nach Salomo und fand ein ebenso abruptes wie unwiderrufliches Ende. Die Entwicklung des salomonischen Reiches im Gesamtgefüge des nahen Orients hatte somit ihren Teil an dem ‚Rückfall‘ in zwei Monarchien.

Man hat den König Salomo in unserer Zeit gelegentlich ‚Salomo den Großen‘ genannt, obwohl er keinen anderen Staat überfallen, keine Beute gemacht, keine Menschenmassen getötet hat. Und in der Tat, für die Hebräer gewann dieser König um so mehr an Größe, je weiter die beiden Monarchien Juda und Israel verfielen. Das steigerte sich noch, als die Hebräer auch das Land verloren und nur noch träumen konnten von vergangenen Zeiten, als sie einmal ein Großreich bevölkerten (Ps. 72,8–11).

IV. Zerfall der Doppelmonarchie und Rivalitätskämpfe

1. Ende der Doppelmonarchie

Die Doppelmonarchie unter Salomo – und die Rückbesinnung verklärte diese Tatsache immer mehr – war zweifellos das großartigste Gebäude hebräischer Staatsentfaltung. Und dennoch war vieles nur eine glänzende Fassade gewesen, hinter der Spannungen politischer, religiöser, sozialer und wirtschaftlicher Art herrschten, die das davidisch-salomonische Staatsgebilde als brüchiges Konglomerat offenbarten und es binnen kurzer Zeit zum Einsturz brachten.

Die politische Unausgeglichenheit der Reichsteile war schon länger zu beobachten gewesen. Die Entwicklung der hebräischen Stämme in vorstaatlicher Zeit (S. 49) ließ bereits Skepsis gegenüber dem Versuch Davids aufkommen, als er zu seinem damaligen Königreich Juda auch die Herrschaft über Israel ergriff. Noch während seiner eigenen Regierungszeit, nach dem Aufstand des Absalom, setzte sich David entschieden für eine Stärkung des Thrones ein und stützte sich seitdem offen auf die Strukturen Judas, dem er gegenüber dem Norden eine bevorzugte Stellung zuerkannte.

Salomo hatte die Assimilierung hebräischer und kanaanäischer religiöser Gebräuche bedenkenlos vorangetrieben; er beschleunigte die Entstehung eines Synkretismus. Die Doppelmonarchie mußte mit möglichst vielen Klammern versehen werden, und dazu gehörte auch ein Kultus, der Kanaanäern und Hebräern eine gemeinsame Grundlage, ein einigendes Band bot. Doch Salomos Politik vertiefte den Graben zu jenen bäuerlichen Kreisen, die sich bemühten, den traditionellen Glauben der Hebräer rein zu erhalten. Parallel dazu verschärfte sich der soziale Gegensatz zwischen Land und Stadt, vor allem zwischen dem Reichsgebiet Israels und Jerusalem, wo sich eine prächtige Hofhaltung etabliert hatte. Auf diese städtischen Kreise in Jerusalem reagierten die Bauern und Hirten, die sie nicht zuletzt auch aushalten mußten, schließlich mit blankem Haß.

Sie sehnten sich ferner nach den Verhältnissen der ‚guten alten Zeit‘ zurück, in der jede Sippe für sich allein sorgte, gelegentlich Waren, die sie nicht herstellen konnte, durch Tausch erwarb. Es war dies auch eine Zeit gewesen, in der man Ackerfrüchte und Vieh noch nicht an den Hof in der Hauptstadt hatte abliefern müssen. Unter Salomo aber nahmen die Belastungen des Nordens zu. Die archäologisch nachweisbare rege Bautätigkeit dieses Königs beanspruchte verstärkt die Dienstleistungen der Israeliten. Die unter David reichlich vorhandenen Tribute aus den eroberten Nachbarstaaten flossen bereits unter Salomo spärlicher. Dadurch erhöhte sich der Druck auf Israel, das in zwölf Verwaltungsgebiete eingeteilt wurde (S. 154). Während in Jerusalem höfischer Glanz triumphierte, gärte und reifte in Israel die Opposition. Vor allem die wirtschaftlichen Schwierigkeiten der Israeliten deckten nach dem Tode Salomos die nur übertünchten Gegensätze zwischen Nord und Süd wieder auf. Schließlich brach die latent vorhandene Ablehnung der Monarchie aus, die zudem von außen, aus Juda, nach Israel gekommen war. Der Eklat wurde zudem durch das politisch unkluge Verhalten des Salomoerben Rehabeam verursacht.

Rehabeam trat als ältester Sohn Salomos die Thronfolge seines Vaters an. Während es im Stadtstaat Jerusalem und in Juda keine Probleme gab, war es in Israel dagegen alles andere als selbstverständlich, daß der König von Juda auch dort die Oberhoheit erhalten sollte. Zunächst trugen Vertreter der nördlichen Stämme dem Nachfolger Salomos ihre wirtschaftlichen und sozialen Forderungen vor. Es ist auffällig, daß Rehabeam von sich aus nach Sichem in den Norden reiste. Anders als David empfing der Davidenkel nicht die Gesandten Israels, sondern machte sich selbst auf den Weg zu ihnen und dokumentierte damit bereits die Schwäche seiner Position. Das Treffen in Sichem bewies aber immerhin, daß Israel zunächst durchaus an einer weiteren Zusammenarbeit Interesse hatte. Man war sogar bereit, die ungeliebte Monarchie zu akzeptieren, wollte allerdings mehr Einfluß auf deren Rahmenbedingungen nehmen, und dafür erschienen Verhandlungen mit dem Thronprätendenten als ein geeignetes Mittel. Die Ältesten der Israeliten stellten eindeutige Forderungen: „Dein Vater", so traten sie gegenüber dem judäischen König auf, „hat uns ein hartes Joch auferlegt; erleichtere nun du uns den harten Dienst deines Vaters und das schwere Joch, das er uns auferlegt hat, so wollen wir dir untertan sein" (1. Kön. 12,4). Die Versammlung der Israeliten strebte eine Reform an; dabei war die Verhandlungsgrundlage klar: Der salomonische Verwaltungsbetrieb mit seinen Steuern und Dienstleistungen sollte, wenn nicht abgeschafft, so doch wesentlich eingeschränkt werden.

Es war sicherlich kein Zeichen diplomatischer Klugheit, daß sich Rehabeam eine Bedenkzeit ausbat, zumal ihn die vorgetragenen Forderungen kaum überrascht haben können. Bei den anschließenden Überlegungen im Stab des judäischen Herrschers trat ein Generationenproblem auf, wie es sich ähnlich nach der Thronbesteigung Salomos beobachten ließ (S. 84). Auch Rehabeam hatte lange warten müssen, ehe er das Erbe seines Vaters antreten konnte; im Jahr 932 war er über vierzig Jahre alt. Daß er daher den Vorschlag der Alten, das heißt derjenigen Ratgeber, die bereits unter seinem Vater gedient hatten, bewußt ignorierte, kann nicht überraschen. Diese älteren Beamten, noch eher mit den Problemen der Israeliten vertraut, rieten zum klugen Nachgeben. Seine jüngeren Berater, offenbar am Hof groß geworden und an Autorität und Gehorsam gewöhnt, empfahlen das Gegenteil, nämlich unnachgiebige Härte. Es ist ferner das ständige Problem aller Herrschaften, mit dem Rehabeam sich konfrontiert sah: Einmal nachzugeben hätte bedeuten können, immer wieder nachgeben zu müssen, das hätte die Autorität der Monarchie gefährdet. Vor diese Alternative gestellt, folgte Rehabeam dem Rat seiner Altersgenossen. Seine Antwort auf die Vorstellungen der Israeliten war ebenso deutlich wie deren Forderung selbst: „Wenn euch mein Vater ein schweres Joch auferlegt hat, so will ich es euch noch schwerer machen; wenn euch mein Vater mit Peitschen gezüchtigt hat, so will ich euch mit Skorpionen züchtigen" (1. Kön. 12,14). Starke Worte gewiß, mit denen er gegenüber den Ältesten Israels von vornherein klare Verhältnisse schaffen wollte, doch der Härte des Tons entsprachen nicht die Machtmittel. Die Israeliten wußten das und fielen von Rehabeam ab; erst nachdem Gespräche zu einer Reform gescheitert waren, setzten sich die weitergehenden Forderungen durch: Es ertönte die alte Kampfparole aus der Zeit des Scheba, mit der dieser zum Aufstand gegen David aufgerufen hatte: „Was haben wir für einen Teil an David? Wir haben kein Erbe an dem Sohne Isais! Auf, Israel, zu deinen Zelten!" (12,16).

Die Ältesten gingen nach Hause und entzogen damit dem judäischen König die Basis zu einer Herrschaftsübernahme über den Norden. In dieser Lage machte Rehabeam zwar noch einen Versuch, zur Tagesordnung überzugehen (1. Kön. 12,18): Er entsandte seinen Minister für die Dienstbarkeiten, allerdings nicht um eine weitere Vermittlung zu unternehmen, sondern um die durch den Thronwechsel unterbrochenen Arbeiten wieder in Gang zu setzen. Der Versuch aber scheiterte und kostete den Minister das Leben; die erzürnten Bauern steinigten ihn.

Die von David geschaffene und von Salomo noch zusammengehaltene Doppelmonarchie der Reiche Juda und Israel sah zwei Könige an ihrer Spitze. Nur etwas mehr als ein halbes Jahrhundert hatte das künstliche Gebilde Bestand gehabt. Es konnte die Rivalitäten innerhalb der Stämme, die Tendenzen der Zersplitterung und des Separatismus zwar für einige Zeit überwinden, vermochte auch Teile dauerhaft zu einen, war aber unter anderem an eben diesen zentrifugalen Tendenzen rasch wieder gescheitert. Man sollte den Blick daher weniger auf die kurze Zeit der gemeinsamen Reiche als auf die längere Zeit der getrennten Existenz der Monarchien in Juda und Israel lenken. Was nach der Entscheidung von Sichem übrigblieb, waren zwei Zwergstaaten, denen künftig jeder politische Einfluß verwehrt blieb; beide kehrten in die Grenzen gewachsener Ordnungen zurück, und dies waren eben bescheidene Verhältnisse. Die

Tünche der Gemeinschaft davidisch-salomonischer Zeit war rasch hinweggespült, bald traten die alten Rivalitäten zwischen den nördlichen und südlichen Stämmen wieder ungeschminkt hervor.

2. Rivalitätskämpfe

In der ersten Zeit der wieder voneinander getrennten Königreiche herrschte zwischen den Königen Rehabeam von Juda und Jerobeam von Israel Kriegszustand (1. Kön. 14,30; 15,7.16), der ein halbes Jahrhundert andauern sollte. Es ging vor allem um die Herrschaft über den benjaminitischen Raum, das Grenzgebiet beider Staaten.

Die Rivalität zwischen Juda und Israel wurde auch literarisch ausgetragen. In Jerusalem bewertete man den Vorgang der Trennung als Abfall des Nordreiches von den Davididen, und da man bald das Reich Davids als Erfüllung der Verheißung Jahwes ansah (S. 147), erschien die Eigenstaatlichkeit Israels zugleich als Abfall vom Gott der Väter. Es dauerte lange, bis man in Jerusalem die Hoffnung auf eine reumütige Rückkehr Israels aufgab. Umgekehrt machten die Israeliten die davidische Dynastie für alles Übel verantwortlich, dessen Wurzel sie in Jerusalem suchten. Dort fand angeblich in religiöser Hinsicht ebenfalls ein Abfall statt, wandte man sich Astarte zu, der Göttin der Sidonier, betete Kamosch an, den Gott der Moabiter, und Milkom, den Gott der Ammoniter (1. Kön. 11, 33), und hielt nicht am traditionellen Glauben fest, so wie er in den Heiligtümern des Nordens gepflegt wurde.

Nach den ersten militärischen Zusammenstößen zog ein außenpolitisches Ereignis die Aufmerksamkeit der beiden Staaten auf sich, das sie daran erinnerte, daß sie in einen größeren Mächtekomplex eingebunden waren. Im fünften Jahre der Regierung des Rehabeam (926) zog der Pharao Schoschenk nach Palästina. Der libysche Adlige Schoschenk hatte gegen Ende des Lebens Salomos die 21. Dynastie in Ägypten gestürzt. Er begründete nicht nur eine neue Dynastie, sondern versuchte darüber hinaus, die längst verlorengegangene ägyptische Autorität in Kanaan wiederherzustellen. Der Feldzug Schoschenks in den palästinensischen Raum verursachte den Königen Judas und Israels Schwierigkeiten, ihren jeweiligen Besitzstand der ehemaligen Doppelmonarchie zu wahren. Während die alttestamentliche Überlieferung in ihrer weitgehend auf Jerusalem zentrierten Sehweise lediglich aus den Tempelannalen über die Tribute berichtet, die bezahlt wurden, um die Hauptstadt zu retten (1. Kön. 14,25–26), zeigt eine Siegesstele Schoschenks am Amun-Tempel von Karnak, daß er bei seinem Feldzug judäische und israelitische Städte geplündert hat. Auf der Stele sind 165 Orte als Gefangene dargestellt, die

dem Pharao an Stricken zugeführt werden. Die Inschriften in den Kartu-
schen der hier abgebildeten Beispiele bezeichnen – von links nach rechts
– die israelitischen Städte Rehob, Beth-Sean, Sunem und Thaanach.

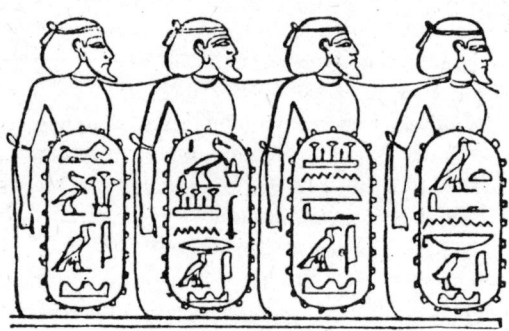

Abb. 8. Darstellung israelitischer Städte aus der Liste Pharao Schoschenks

In dieser Liste der zerstörten Orte taucht Jerusalem nicht auf. Der
Vorgang, der sich um die judäische Hauptstadt abgespielt haben dürfte,
wiederholte sich über 200 Jahre später beim Feldzug des Assyrers Sanherib (S. 136). Schoschenk war wie Sanherib primär an Beute interessiert;
wenn diese aus Jerusalem freiwillig gegeben wurde, zog man wieder ab.
Die nur zweitrangige strategische Bedeutung der judäischen Hauptstadt
lohnte eine mühevolle Belagerung nicht. Rehabeam kaufte seine Residenz mit Tributen frei, für die er auf die Schätze des Tempels und des
Palastes zurückgreifen mußte; goldene Schilde, die aus der Zeit Salomos
stammten, wurden durch eherne ersetzt.

Aus dem israelitischen Staatsgebiet nennt die Städteliste Schoschenks
neben anderen Megiddo in der Jesreel-Ebene; dort fand sich auch das
Fragment einer Siegesstele des Pharao. Wegen dieser Eroberungen verlegte der israelitische König Jerobeam seine Residenz zeitweilig von Sichem
in das sicherer gelegene Pnuel im Ostjordanland (1. Kön. 12,25). Auf
eine dauernde Besetzung Palästinas hatte es Schoschenk offenbar nicht
angelegt; er wäre wohl auch kaum in der Lage gewesen, ständig Truppen
in Kanaan zu unterhalten. Es ging ihm lediglich um Beute; die Nachricht
vom märchenhaften Reichtum der hebräischen Könige war offenbar
auch nach Ägypten gedrungen.

Das Auseinanderfallen der Doppelmonarchie und die Kriege der beiden Staaten gegeneinander erleichterten nicht nur solche Einfälle wie den
des Pharao, sondern auch die Abfallbewegungen derjenigen Gebiete, die
noch unter Salomo den hebräischen Monarchien angegliedert gewesen
waren. Das davidische Königtum über Ammon erlosch, schon weil rein

geographisch die Verbindung zu Juda verlorenging. In der Zeit des assyrischen Königs Salmanassar III. regierte 853 in Ammon ein eigener Monarch (TUAT 1,4,361). Lediglich Moab leistete Israel weiterhin Tribut. Auch die philistäischen Vasallen des Nordreiches versuchten immer wieder, ihre Unabhängigkeit zu erlangen, und zwangen die israelitischen Könige einzugreifen. Von den militärischen Auseinandersetzungen der beiden hebräischen Monarchien profitierten also vor allem die Nachbarn, an erster Stelle die Aramäer von Damaskus.

Die Kämpfe zwischen Juda und Israel nahmen bald härtere Formen an. Lange Zeit geriet Juda gegenüber Israel ins Hintertreffen, da große Teile der salomonischen Truppen und Festungen auf dem Gebiet Israels lagen. Die Lage verschärfte sich für das Südreich noch, als der israelitische König Baesa (910–887) sich an Benhadad von Damaskus wandte und ein Bündnis gegen Juda schloß. Daraufhin konnte Baesa einen Teil des strittigen benjaminitischen Gebietes zurückerobern und begann, den Ort Rama zu besetzen und als Festung auszubauen, „damit niemand bei Asa, dem König von Juda, aus- und eingehen könne" (1. Kön. 15,17). Damit bedrohte er nicht nur unmittelbar das etwa zehn Kilometer südlich gelegene Jerusalem, sondern strebte eine Blockade der judäischen Hauptstadt von Norden an.

Asa von Juda verstand die ernste Gefahr für sein Land zu bannen, indem er Benhadad von Damaskus zu Hilfe rief und ihn an die alten Beziehungen zwischen beiden Staaten erinnerte (1. Kön. 15,18–21). Dieser brach zwar sein bisheriges Bündnis mit Israel, jedoch nicht allein wegen historischer Reminiszenzen. Asa mußte den Frontwechsel des Aramäers teuer bezahlen, denn er übergab Benhadad alles Silber und Gold, das noch in Tempel und Palast nach den Abgaben an Schoschenk übriggeblieben war. Das Alte Testament bezeichnet diese Gabe mit einem Begriff, der sowohl Geschenk als auch Bestechungsgeschenk heißen kann, beides Bedeutungen, die im politischen Bereich zumeist deckungsgleich sind. Offenbar bot Asa mehr als der israelitische König Baesa. Neben den Schätzen zog Benhadad die Hoffnung auf die andere Seite, daß er sich in einem Bündnis gegen Baesa leicht auf Kosten des ihm benachbarten Israel bereichern konnte.

Benhadad fiel in das Gebiet des oberen Jordangrabens und in das östliche Galiläa ein, verwüstete das Gebiet um den See Genezareth in der Landschaft Naphthali und besetzte Teile des Landes. Daraufhin gab Baesa den Ausbau von Rama im Süden auf und eilte an die Nordgrenze. Mit dem Material, das Baesa bei seinem übereilten Abzug zurückgelassen hatte, baute Asa die Städte Geba und Mizpa, elf beziehungsweise fünfzehn Kilometer nördlich von Jerusalem zu Festungen aus. Damit verschob er die Grenzen Judas nach Norden, um vor der Hauptstadt eine breitere Pufferzone zu schaffen. Der Kampf um das benjaminitische Gebiet war zugunsten Judas ausgegangen. Die damit gezogene Grenze nördlich von Mizpa scheint während der weiteren Königszeit Bestand gehabt zu haben. „Von Geba bis Beer-Seba" (2. Kön. 23,8) bedeutete in Zukunft: von der Nordgrenze bis zur Südgrenze des Reiches Juda.

Inzwischen hatten sich die Kämpfe fast zwei Generationen lang hingeschleppt. Zwar setzten die Kampfhandlungen immer wieder aus, waren die Gefechte kaum verlustreich, doch mußte ein beträchtliches Heer unter Waffen stehen, und dies zog die Wirtschaft in beiden Staaten in Mitleidenschaft. Allmählich gewöhnte man sich an die bestehenden Zustände, und der Krieg verlor an Heftigkeit, bis er völlig einschlief. Juda und Israel sanken zu Kleinstaaten herab, deren wichtigste Aufgabe darin bestand, ihren bereits beträchtlich geschrumpften und weiter schrumpfenden Besitzstand zu wahren und sich gegen Übergriffe der Nachbarstaaten zu wehren; dabei stand Juda lange Zeit im Schatten Israels. Solange die Gegner keine Großmächte waren, überlebten beide als eigenständige Staaten. Im Folgenden werden wir die weitere Entwicklung der Monarchien als partikulare Größen auf ihrem jeweils eigenen Boden verfolgen.

V. Israel

Die Zeit der getrennten Reiche Juda und Israel von etwa 930 bis 587 zerfällt in drei größere Abschnitte. Bis etwa 750 blieben Syrien und Palästina nach wie vor sich selbst überlassen, da die Großmächte des Alten Orients kaum in den Raum hineinwirkten. So bestimmten zunächst die Rivalität zwischen den hebräischen Monarchien (S. 93) sowie die Schwankungen des politischen Gleichgewichts beider Staaten deren Entwicklungen ebenso, wie sich die Verschiebungen im Kräftesystem des syrisch-palästinensischen Raumes durch die wachsende Macht der Aramäer auswirkten.

Auf dieser Grundlage läßt sich folgende Untergliederung des Zeitraums vornehmen: in die Periode der Konstituierung Israels unter den ersten Königen nach Salomo und in eine Zeit, in der die Herrscher der Dynastie Omri eine Vormachtstellung Israels gegenüber Juda aufbauten. Die zunehmende Überlegenheit des Aramäerstaates brachte Israel dann um die volle Ausnutzung dieser Machtposition. Einige Zeit später verschaffte der Druck Assyriens auf Damaskus Israel Luft; dadurch war im Nordreich in der ersten Hälfte des 8. Jahrhunderts die Grundlage für eine neue Blüte gelegt.

Das Erstarken der Assyrer leitet den zweiten Abschnitt von 750 bis 640 ein, in dem sich der Einfluß aus Assur zunehmend bemerkbar machte. Diese Ausweitung der assyrischen Macht nach Syrien/Palästina traf zunächst Israel, so daß die dortige Monarchie der Hebräer beendet und das Nordreich in eine assyrische Provinz umgewandelt wurde.

Der dritte Zeitabschnitt, die Ablösung Assurs durch die Babylonier, war dann nur noch für die Geschichte Judas von Bedeutung (S. 121).

Die Instabilität, die Israel während der 210 Jahre seiner Unabhängigkeit erlebte (932–721), läßt sich an der Zahl von neunzehn Herrschern ablesen, eine stattliche Zahl, wenn man bedenkt, daß in Juda während 345 Jahren (932–587) ebenso viele regierten. Eine dynastische Tradition kam zunächst nicht zustande, so etwas war wohl auch durch eine generelle antijerusalemische Einstellung desavouiert; dessen ungeachtet, wurde der Wille zur Dynastiebildung später immer wieder wirksam. Der Grund für den häufigen Wechsel der Dynastien ist weder in dem angeblich charismatischen Charakter der israelitischen Monarchie noch in der Notwendigkeit einer prophetischen Designation zu suchen. Er lag vielmehr in den alten Stammesrivalitäten begründet, denn das Königtum Israel verlor auch trotz der Einverleibung großer kanaanäischer Gebiete

seine hebräische Prägung nie völlig. Der politische Zusammenschluß in
Israel wurde auf Kosten einer Gleichmacherei erkauft, welche die alten,
um 1000 längst etablierten Gegensätze nie überdecken konnte.
Zu diesen Rivalitäten der Stämme traten diejenigen zwischen hebräischen und kanaanäischen Bevölkerungselementen, die beide etwa gleich
stark in dem neuen Staat vertreten waren. Das aus Juda gekommene
kanaanäisch geprägte Königtum hatte in Israel die Integration der Kanaanäer in den Staat gefördert, die sich in Juda zuvor bereits vollzogen
hatte. In dem Verzeichnis der Bezirke, in die Salomo Israel aufteilte
(S. 154), stehen neben den Siedlungsgebieten der hebräischen Stämme
mit gleichen Pflichten und gewiß auch mit gleichen Rechten die Gebiete
der kanaanäischen Stadtstaaten. Damit war eine Integration zwar formal
erreicht, in Wahrheit lebten aber Hebräer und Kanaanäer weiterhin isoliert. Aus dem ehemals außenpolitischen Gegensatz war ein innenpoliti-
sches Nebeneinander geworden, das weit von einem Miteinander entfernt war. David konnte zwar Israel zu einem Staat einen, er und vor
allem Salomo hatten sich aber im Lauf der Zeit immer mehr auf den
kanaanäischen Teil der Untertanen gestützt, deren Oberschicht dann den
Königen wiederum die Traditionen und Institutionen ihrer eigenen stadt-
staatlichen Vergangenheit vermittelten. Eine schnelle und gründliche
Verschmelzung beider Bevölkerungsteile, die für die Einheit Israels und
damit für die Monarchie unerläßlich gewesen wäre, mußte zugunsten der
wirtschaftlich und kulturell führenden Kanaanäer ausfallen, die damit zu
einem innenpolitischen Problem wurden. Bei solchen strukturellen
Schwächen des Staatswesens fiel das persönliche Unvermögen einzelner
Herrscher stärker ins Gewicht, als dies bei anerkannten Dynastien der
Fall zu sein pflegt.
Israel war durch die Einverleibung kanaanäischer Landesteile zwar
größer und reicher als Juda, aber aufgrund seiner geographischen Lage
auch stärker Einflüssen von außerhalb ausgesetzt, die zur Labilität dieser
Monarchie beitrugen. Das Land lag günstig, weil es Anschluß an das
Mittelmeer und an die Küstenebenen nördlich und südlich des Karmel-
Gebirges hatte. Seine Lage am Kreuzungspunkt großer Verbindungsstra-
ßen von Norden nach Süden und von Osten nach Westen zwang jedoch
dazu, das Gebiet beständig nach allen Seiten hin verteidigen zu müssen.

1. Konstituierung Israels unter Jerobeam und seinen Nachfolgern

Nach der Absage der Ältesten Israels an Rehabeam fand sich im Lande
rasch ein politischer Führer, den jene zum König erhoben. Israel kehrte
nach der Trennung von Juda und trotz der Ablehnung des dort regieren-

den Rehabeam zur Staatsform der Monarchie zurück. Bereits die Verhandlungen mit dem König des Südreiches hatten deutlich gemacht, daß im Norden die grundsätzliche Bereitschaft vorhanden war, sich mit der Monarchie abzufinden, wenn man nur deren Rahmenbedingungen mitgestalten konnte. Zu dieser Einstellung gesellten sich erneut äußere Zwänge, die es bereits David ermöglicht hatten, den Norden zu einen. Zunächst war nicht auszuschließen, daß Rehabeam den Versuch wagen würde, Israel zurückzugewinnen. Die militärische Schwäche Judas verhinderte zwar einen solchen Schritt, aber diese prinzipielle Gefahr rief nach einer zentralen Organisation. Eine solche Notwendigkeit wurde spätestens nach dem Schoschenk-Einfall deutlich. Hinzu kam, daß Jerobeam ein energischer Mann war, der das Seine tat, um in Israel die Monarchie weiterzuführen. So wie der äußere Zwang im Norden die Herrschaftsform Monarchie erst hatte Realität werden lassen, so stärkte er zu Beginn des letzten Viertels des 10. Jahrhunderts die Bereitschaft zu ihrer Fortsetzung.

Jerobeam war im Lande ein bekannter Mann. Als Repräsentant des Widerstandes gegen die judäische Monarchie bot er sich für die nun beginnende Eigenständigkeit Israels als die geeignete Persönlichkeit an. Die Fähigkeiten dieses Mannes waren bereits Salomo aufgefallen, als er Jerobeam zu einem der obersten Verwalter über die Dienstbarkeiten einsetzte. So lernte dieser früh das zentrale Problem der hebräischen Bauern kennen und plante wahrscheinlich bereits zu Lebzeiten Salomos den Abfall Israels. Da Salomo versuchte, ihn zu töten, war die Kunde über diese Vorbereitungen offenbar auch an den Hof gedrungen. Jerobeam floh nach Ägypten und kehrte erst nach dem Tode Salomos in seine Heimat zurück. Dort machte er sogleich Stimmung gegen Jerusalem und unterstützte bereits in diese Richtung gehende anti-judäische Tendenzen.

Jerobeams historische Aufgabe bestand darin, erst einmal einen eigenständigen Staat zu schaffen, da Israel bislang lediglich als Annex des davidisch-salomonischen Reiches existiert hatte. Freilich gab es verwaltungstechnische Grundlagen aus der Zeit der Doppelmonarchie, auf denen Jerobeam aufbauen konnte: zum einen die Steuerbezirke, ferner die in Israel stationierten Teile des salomonischen Heeresapparates und nicht zuletzt die Befestigungsanlagen wie in Megiddo und in Hazor. Dennoch blieben zahlreiche weitere Probleme.

Jerobeam mußte sich einer Aufgabe widmen, die auch seine Nachfolger wiederholt beschäftigen sollte: die heterogenen Bevölkerungsteile Israels zufriedenzustellen (S. 106). Außerdem war es notwendig, dem erstmals eigenständigen Königreich Israel ein politisches und – was in der Antike von großer Wichtigkeit war – ein religiöses Zentrum zu schaffen. Jerobeam mußte seinen Untertanen einen Mittelpunkt anbieten, der es mit der Anziehungskraft Jerusalems aufnehmen konnte, das nun zur

Hauptstadt des ‚Erbfeindes‘ geworden war. Diese Abkehr von Jerusalem brachte mehr noch als eine Kalenderreform, verwaltungstechnische und militärische Maßnahmen das Ende der Gemeinschaft mit Juda zum Ausdruck.

Als Ersatz für den Tempel in Jerusalem richtete Jerobeam zwei neue zentrale Heiligtümer in Bethel und Dan ein, an der Süd- und Nordgrenze seines Reiches gelegen (1. Kön. 12,26–33). Er nahm mit dieser Entscheidung Rücksicht auf die alte Zweiteilung Israels durch den Riegel der kanaanäischen Städte der Jesreel-Ebene (s. Abb. 3, S. 44). Die Heiligtümer sollten als Wallfahrtsorte Jerusalem ablösen.

Die Wahl der neuen Kultstätten mit jeweils einem neuen Tempel und neu ernannten Priesterkollegien zeigt eindeutig, daß sie als zentrale Kultorte der beiden vornehmlich hebräisch besiedelten Gebiete des Reiches gedacht waren. Also fanden dort auch primär Kultobjekte für die hebräische Bevölkerung Aufstellung: die goldenen Stierbilder. Sie betonten einen besonderen Aspekt der Exodus-Tradition. Die Erinnerung an die Befreiung aus einem Zwangssystem erhielt nun durch die Befreiung von der judäischen Monarchie neue Aktualität. Diese Stiere erinnerten darüber hinaus an Riten der Nachbarvölker. Vielen Göttern in Mesopotamien, Syrien und Ägypten diente ein Stier als Sockel, wie für die abgebildeten assyrischen Göttergestalten, die auf Flügelwesen stehen (Abb. 9). Aus diesen Gebieten finden sich zahlreiche Einflüsse im syrisch-palästinensischen Raum. Doch stand im Gegensatz zur dort gebräuchlichen Ikonographie auf den israelitischen Stieren keine menschliche Figur; vielleicht war dies ein Einfluß des Jahwe-Glaubens.

Die Vorstellung, daß Jahwe unsichtbar auf den Stieren thronte, ist

Abb. 9. Assyrische Göttergestalten auf Flügelstieren

nicht völlig auszuschließen. Dennoch bleibt fraglich, ob der naive Wallfahrer so komplizierte theologische Erklärungen nachvollziehen konnte oder schlicht seinen Gott in den Stieren repräsentiert sah. Jedenfalls boten die Stierbilder auch dem kanaanäischen Teil der Untertanen Jerobeams näherliegende Identifikationsmöglichkeiten als beispielsweise die Lade in Jerusalem. Der kanaanäische Sturmgott Hadad wurde auf dem Rücken eines Stieres stehend abgebildet. Wie David und Salomo in Jerusalem, versuchte Jerobeam in Israel die alten, noch lebendigen Religionsformen der hebräischen Stämme auf eine einheitliche Linie zu bringen, um damit letztlich auch eine neue Staatsreligion zu schaffen und seine eigene Machtstellung zu sichern. Weil er Hebräer und Kanaanäer zu einem Staatsvolk zusammenfassen mußte, öffnete er die Staatsreligion Israels für Elemente, die den Jahwe verehrenden Hebräern fremd waren, wenngleich der Jahwe-Kult generell aufnahmebereit für neue Elemente blieb. Die stets latente Kritik am Königtum in Israel erhielt dadurch allerdings beständig Nahrung. In den Stämmen wurde die alte Religion reiner als im Staatskult weitertradiert, so daß später die prophetische Opposition hier mit ihrer Kritik ansetzen konnte.

Die sich im wesentlichen auf religionspolitische Tätigkeiten konzentrierenden alttestamentlichen Chronisten haben nur Jerobeams soeben beschriebene Maßnahme überliefert. „Wandeln in der Sünde Jerobeams" (1. Kön. 16,19) wurde zum geflügelten Wort, welches das Verhältnis eines Herrschers zum Jahwe-Kult umschrieb, so wie er sich allerdings erst in der Exilszeit durchsetzen sollte.

Ebensowenig wie es Jerobeam für möglich ansah, ein einziges kultisches Zentrum zu schaffen, erhielt das Reich eine Hauptstadt. Jerobeam verwaltete sein Herrschaftsgebiet zunächst von Sichem aus, wich dann vor dem Plünderungszug Schoschenks nach Pnuel über den Jordan zurück. Später residierte er in Thirza, einem innerhalb Israels relativ zentral gelegenen Ort. Diese Stadt, die weiteren Königen als Residenz dienen sollte und um die Wende vom 10. zum 9. Jahrhundert eine kurze Blüte erlebte, bot außerdem gegenüber Sichem durch ihre zurückgezogene Lage im Gebirge weitaus mehr Sicherheit. Thirza blieb als Königsstadt in der Erinnerung der Hebräer, die später die Anmut eines Mädchens mit der Schönheit von Thirza verglichen (Hld. 6,4).

Jerobeam hatte seiner Regierung den Stempel der Einfachheit aufgedrückt, eine durchaus notwendige politische Maßnahme, die als Abkehr von der salomonischen Zeit verstanden wurde. Israel erlebte bald seinen ersten Bürgerkrieg, als der Issacharit Baesa den Ephraimiten Nadab, den Sohn Jerobeams, erschlug, während der König die philistäische Stadt Gibbethon belagerte. Baesa fegte anschließend das ganze Haus Jerobeams weg, „wie man den Kot wegfegt" (1. Kön. 14,10), und bestieg selbst den Thron (910–887). Aus seiner relativ langen Regierungszeit ist außer dem Konflikt mit Juda (S. 95), der Baesas kriegerische Tüchtigkeit unter Beweis stellte (1. Kön. 16,5), nichts bekannt.

Nach Baesas Tod schlug der Versuch seiner Familie, eine Dynastie zu gründen, fehl. Ein Jahr, nachdem er den Thron bestiegen hatte, wurde Baesas Sohn Ela von Simri, einem Obersten der Streitwagen, im Hause des Palastvorstehers von Thirza erschlagen. Simri ließ Verwandte und Freunde des toten Königs umbringen, um seine Stellung zu festigen. Simris ‚Herrschaft' währte jedoch nur eine Woche. Es gelang ihm zwar, die Macht im Palast in Thirza an sich zu reißen, nicht aber, das Heer hinter sich zu bringen. Im Augenblick des Putsches befand es sich auf einem Feldzug und belagerte zum wiederholten Mal Gibbethon (1. Kön. 16,15–22). Auf die Nachricht vom Tode Elas erhob sich der Feldhauptmann Omri mit Zustimmung des Heerbanns zum neuen Herrscher. Omri zog gegen Thirza, wo Simri während der Kämpfe in den Flammen des Palastes den Tod fand.

Doch der Königsthron war mit der Ermordung Elas gleichsam vakant geworden, und neben Simri und Omri gab es einen weiteren Thronaspiranten: Thibni. Vier Jahre vergingen, dann starb Thibni; Genaues berichtet das Alte Testament nicht. Jetzt erst konnte Omri sich endgültig durchsetzen, er wurde König auch über das von Thibni kontrollierte Gebiet, wenngleich er die Jahre seiner Herrschaft ab 886 zählte. Mit Omri und seinen Nachfolgern erhielt Israel die erste wirkliche Dynastie und eine Hauptstadt. Eine neue Epoche brach an.

2. Dynastie Omri – Auf dem Höhepunkt der Macht

Die Person des Gründers einer neuen Dynastie, die bis 842 in Israel regierte, birgt ein Geheimnis. Von den Vorgängern Jerobeam und Baesa wissen wir, daß sie aus Ephraim und Issachar stammten. Aber Herkunft und Vatersnamen sind weder von Omri noch von Simri bekannt. Omri und Simri waren beide militärische Kommandanten, als sie zur Krone griffen. Es war nicht ungewöhnlich, daß derartige Stellen von Nichthebräern, das heißt Kanaanäern oder Ausländern besetzt wurden. Wäre Omri Ausländer oder Kanaanäer gewesen, so hätte dies den Widerstand erklärt, der sich gegen seine Machtergreifung richtete und der von dem Hebräer Thibni ausging. Dies ließe ferner verstehen, mit welcher Konsequenz Omri an die Lösung zentraler innerisraelitischer Probleme heranging. Ansässig waren die Omriden in Israel bereits länger, die Familie besaß Land in Jesreel, wie aus der Erzählung von Naboths Weinberg (S. 174) hervorgeht. Ferner hielt sich der letzte Omride zur Zeit des Jehu-Aufstandes in Jesreel auf und fand dort zusammen mit der alten Königin Isebel den Tod (S. 109).

Omri war ein kriegstüchtiger Mann. Dies zeigt nicht nur seine Stellung als Feldhauptmann, aus der heraus er zur Krone griff, sondern erweisen auch die außenpolitischen Erfolge. Seine Begabung muß sogar der biblische Redaktor anerkennen, wenn er hinsichtlich dessen, „was sonst noch von Omri zu sagen ist, von allem, was er getan hat, und von seiner kriegerischen Tüchtigkeit", auf die uns nicht erhaltene ‚Chronik der Könige von Israel' verweist (1. Kön. 16,27).

Wesentliches Ziel der Politik Omris und seiner Nachfolger war die Konsolidierung des Staates und darüber hinaus die Erweiterung des Gebietes auf Kosten der Nachbarn. Vordringlich war die Abwehr der aramäischen Bedrohung. Hilfe erhielt Israel dabei aus Juda; weitere Unterstützung suchten und fanden die Omriden in den phönikischen Küstenstädten. Ausdruck der politischen Zusammenarbeit waren wieder einmal Heiraten und Übernahme fremder Kulte. Über die Heirat seines Sohnes Ahab mit einer Tochter des Stadtkönigs Ittobaal von Tyros, Isebel, knüpfte Omri Kontakte zu dieser reichen und mächtigen Handelsstadt. Mit Juda wurde Frieden geschlossen; das freundschaftliche Verhältnis rührte unter anderem von einer militärischen Überlegenheit Israels über seinen südlichen Nachbarn her, ohne daß von einem Vasallenverhältnis Judas die Rede sein konnte. Allerdings nahmen die israelitischen Könige gegenüber Juda das Heft in die Hand; denn Juda leistete eine Art Heeresfolge bei israelitischen Unternehmungen. Auch dieses Bündnis wurde durch die Verschwägerung der beiden Königshäuser bekräftigt. Joram ehelichte, noch als Kronprinz von Juda, Athalja, eine Tochter des Ahab von Israel.

Gestärkt durch dieses Bündnissystem gelangen den Omriden einige beachtliche außenpolitische Erfolge. Zu nennen sind hier vor allem Omris Unternehmungen gegen Moab. Aus dem Text der Stele des Königs Mesa von Moab aus der Zeit um 840 erfahren wir, daß Omri Moab lange Zeit unterdrückt hatte. Der israelitische König griff auf das Gebiet südlich des Jabbok und nördlich des Arnon über und kontrollierte es militärisch. Die Gegend war zwischen Hebräern und Moabitern von alters her Streitobjekt wegen ihrer notorischen Fruchtbarkeit. Offenbar gelang es den Israeliten, alten Ansprüchen aus der davidischen Zeit auf Moab teilweise wieder Anerkennung zu verschaffen und den Rest Moabs als Vasallenstaat in Abhängigkeit zu halten: Moab leistete den Omriden Tributzahlungen in Form von Naturalien, vor allem Wolle. Dies war angesichts der starken militärischen und damit finanziellen Belastung des Staates wichtig: „Omri war König über Israel und hatte Moab lange Zeit gedemütigt, denn Kamosch war erzürnt über sein Land. Und sein Sohn folgte ihm, und auch er sprach: ‚Ich werde Moab demütigen'. Noch in meinen Tagen sprach er so, aber ich sah meine Lust an ihm und seinem Hause" (TGI 52). Nach dem Tode Ahabs stellte der moabitische König

Mesa allerdings die Tributzahlungen wieder ein. Joram, Ahabs Nachfolger, brachte nochmals eine Koalition gegen Moab zustande: Josaphat von Juda und das von Juda kontrollierte Edom unterstützten ihn. So war der Widerstand Moabs gegen Israel erst nach dem Tode Jorams endgültig erfolgreich, als es Mesa gelang, sogar territoriale Erfolge gegenüber Israel zu erzielen. Der König von Moab eroberte die fruchtbare Hochebene nördlich des Arnon, das Land von Madeba, zurück. Hier ‚regierte' jetzt wieder der moabitische Hauptgott Kamosch anstelle von Jahwe, wie es die Inschrift im Stil der Zeit formuliert: „Omri hatte sich des ganzen Landes von Madeba bemächtigt, und wohnte darin während seiner Regierungszeit und des Abschnittes der Regierungszeit seiner Söhne – vierzig Jahre, aber während meiner Regierungszeit wohnte Kamosch darin" (TGI 52).

Über die Auseinandersetzungen der Omriden mit den Aramäern läßt sich nur wenig berichten. Die alttestamentliche Überlieferung versucht, auf Omri und Ahab nicht nur alle ‚Schandtaten' – in kultischer Hinsicht – zu häufen, sondern die Dynastie auch mit möglichst vielen Niederlagen zu belasten. Wenn wir uns allerdings die Erfolge der Omriden gegenüber Moab und die Dominanz über Juda vor Augen halten, können wir für diese Zeit wahrscheinlich ein Gleichgewicht zwischen Israel und dem Aramäerstaat von Damaskus annehmen; die zweifellos erlittenen Gebietseinbußen Israels fallen erst in die Regierung Jehus (S. 111). Omri und Ahab verständigten sich mit Damaskus, beide Staaten gewährten sich gegenseitige Handelsrechte in den jeweiligen Hauptstädten; Ahab konnte sogar die Rückgabe einiger von Aram besetzter Städte an Israel erreichen (1. Kön. 20,34).

Eine solche Verständigung zwischen den beiden mächtigsten Staaten des syrisch-palästinensischen Raumes wurde nicht zuletzt durch die Gefahr herbeigeführt, die beide Königreiche in Gestalt der Assyrer bedrohte. Denn deren erstes Übergreifen auf diesen Raum fällt in die Zeit der Omriden. Bereits Assurnassirpal II. (884–859) war nach Nordsyrien vorgestoßen, hatte seine Waffen im Mittelmeer „gereinigt" und 870 von einigen phönikischen Städten Tribut empfangen (TUAT 1,4, 358–360). Sein Sohn Salmanassar III. (859–824) drang schon in das südliche Syrien vor. Die dortigen Monarchien, die einzeln diesem Gegner nichts entgegensetzen konnten, schlossen sich zu einer militärischen Koalition zusammen, der neben Hadadeser von Aram auch Ahab von Israel mit zehntausend Soldaten angehörte. Ihr trat Salmanassar 853 in Nordsyrien, bei Karkar, entgegen und schlug sie (ebd. 360–362). Der Sieg von Karkar fiel aber nicht so deutlich aus, daß sich den Assyrern augenblicklich Perspektiven eröffneten. Es ging ihnen in diesem ersten Stadium des Vordringens nach Westen noch nicht darum, neue Provinzen zu schaffen, sondern Tribute einzutreiben (S. 115). Die Bedrohung durch Assur schwächte nach Karkar zunächst ab; dies gewährte Aram und Israel einige Jahre des Atemholens, ehe es zu einer Stabilisierung der assyrischen Macht im syrischen Gebiet kam. Letzten Endes füllte aber Assur das Machtvakuum aus, dem die hebräischen Monarchien ihre Entstehung verdankten, und die endgültige Etablierung assyrischer Herrschaft bis an das Mittelmeer sollte dem Königtum in Israel ein rasches Ende bereiten.

Ebenso umsichtig und tatkräftig wie in außenpolitischer Hinsicht ging Omri auch bei der inneren Konsolidierung seiner Monarchie vor. Nach der Zerstörung des Palastes in der bisherigen Residenzstadt Thirza (S. 102) war eine seiner wichtigsten innenpolitischen Initiativen die Errichtung einer neuen Hauptstadt für Israel, die sie auch bis zum Ende der Monarchie blieb. Als er nach dem Tod seines hartnäckigsten Rivalen Thibni seine Herrschaft ungestört und von allen anerkannt ausüben konnte, kaufte Omri den Ort für seinen Regierungssitz (1. Kön. 16,24). In Anlehnung an den Namen des Verkäufers Schemer nannte er die neue Stadt ‚Schomeron‘; der gebräuchliche Name Samaria geht auf die von den Assyrern gebrauchte Namensform Samerina zurück. Vielleicht fühlte sich der Nichthebräer Omri (S. 102) in der alten Residenz oder überhaupt in einer stark hebräisch geprägten Stadt nicht sicher. Samaria lag dagegen zentral und besaß gute Verkehrsverbindungen. Auch in strategischer Hinsicht erwies sich die Wahl als glücklich: Der Stadtberg ließ sich gut verteidigen, die Umgebung war fruchtbar und reich an Wasser, Samaria war „eine prächtige Krone über einem fetten Tal" (Jes. 28,1). Die Hauptstadt wurde zur Festung ausgebaut, die später den Assyrern immerhin einige Monate trotzen konnte.

Die Stadt bestand aus zwei Teilen: Festung, Königsburg und Wirtschaftsgebäude bildeten die Oberstadt, die Bevölkerung bewohnte die Unterstadt und das Land ringsum. Die Häuser waren außerordentlich stabil, da ihre Fundamente nach phönikischer Bauweise in den Fels gehauen oder auf einem Steingrund errichtet worden waren. Durch den Kauf des Geländes gehörten der Berg und die dann auf ihm gebaute Residenz zum persönlichen Besitz des Königs und seiner Familie. Möglicherweise hat er damit David nachgeahmt, denn wie Jerusalem gegenüber Juda, so bewahrte Samaria gegenüber Israel seinen Sonderstatus. Archäologische Untersuchungen haben erbracht, daß der König Samaria auf unbesiedeltem Boden errichtet hatte. Omris Hauptstadt war damit im wahrsten Sinne des Wortes traditionslos und eignete sich somit für seine Politik der Annäherung von Kanaanäern und Hebräern besonders gut. Samaria konnte ein Bindeglied zwischen den Bevölkerungsteilen werden.

In diese neue Hauptstadt zog Isebel von Tyros, die Gemahlin Ahabs, ein. Den Gepflogenheiten der Zeit entsprechend, brachte sie ihren Kult mit seinem Kultpersonal, den sogenannten Baal-Propheten, mit nach Samaria. Es handelte sich um den Staatsgott von Tyros, Melkart.

Dies leitet zu der zweiten wichtigen innenpolitischen Maßnahme über, die im Alten Testament relativ ausführlich geschildert wird, da sie kultische Belange berührt. Zweifellos wurde der Baal-Kult ebenso wie kanaanäische Kulte durch Omri nicht nach Israel eingeführt. Das Nordreich war seit seinem Bestehen ein Staat, in dem hebräische und kanaanäische Bevölkerungsteile nahezu gleich stark vertreten waren. Wie bunt zusammengewürfelt gerade die Bevölkerung in der Umgebung von Samaria war, zeigen dort gefundene Ostraka aus späterer Zeit mit einer Aufzählung von Naturalien, die für den Hof aus den Domänen des Königs abgeführt wurden (S. 169). Wir finden Namen ägyptischen, hebräischen und kanaanäischen Ursprungs. Es kam im Laufe der Zeit zu einer Annäherung der Bewohner auch auf religiösem Sektor, wenngleich hebräische Gruppierungen sicherlich stets dagegen opponierten. Seit David stellte sich die Aufgabe, ein einheitliches Staatsvolk zu schaffen, eine Aufgabe, die Omri nun in Angriff nahm. Dabei bildete der Kult der Isebel zunächst nur einen Ansatzpunkt. Generelles Ziel Omris war es, ein Nebeneinander beider Bevölkerungsteile und Kulte zu stabilisieren, um vielleicht sogar einmal ein Miteinander zu erreichen. Jahwe allein schien ebenso untragbar wie Baal allein, aber gab es für Jahwe mit Baal keinen Weg? Das Königshaus war sicherlich bereit, die Götter aller Untertanen zu respektieren.

So beschränkte sich die Pflege des Baal-Kultes in Samaria nicht allein auf den Hofstaat der Isebel, sondern schloß auch den kanaanäischen Teil der Bevölkerung ein. Die lokalen Sondertraditionen der verschiedenen kanaanäischen Baalim konnten sich nun auf die überregionale Gestalt des in der Hauptstadt verehrten Gottes konzentrieren. Anders als Astarte, Milkom und Kamosch zu Zeiten Salomos, die als Götter seiner ausländischen Frauen Fremde blieben, blickte Baal in Israel auf eine jahrhundertelange Verehrung im Lande zurück. Eine Politik, die den Baal-Kult förderte, stieß also zweifellos auf Sympathien im Nordreich. Und eine solche Toleranz gegenüber dem Baal-Kult besagte zunächst keineswegs, daß die Omriden selbst vom Jahwe-Kult abfielen. Die Namen der Söhne des zweiten Omriden, Ahab, enthielten Teile des Gottesnamens Jahwe: Ahasja und Joram. In Samaria stand als politisches und kulturelles Zentrum des Jahwe-Kultes sein goldenes Stierbild. Möglicherweise entsprang die Toleranz fremder Kulte nicht nur der auf Verständigung angelegten Politik der Herrscher, sondern war selbst in Kreisen der Jahwe-Verehrer möglich, ehe sich der in den alttestamentlichen Zeugnissen niedergeschlagene Absolutheitsanspruch des Jahwe-Kultes durchsetzte. Und durchsetzen konnte er sich erst in dem historischen Moment, als mit dem Untergang beider Monarchien alle politisch motivierten Rücksicht-

nahmen auf kultische Eigenarten bestimmter Bevölkerungsgruppen über-
flüssig wurden. Das Alte Testament deutet die tolerante Haltung selbst
an, wenn davon die Rede ist, daß die Mehrheit der Bevölkerung in der
Frage ‚Baal oder Jahwe‘ „auf beiden Seiten hinkte" (1. Kön. 18,21). Zur
Zeit Omris verlangte die außenpolitische Lage jedenfalls einen gefestig-
ten Staat, und es bleibt offen, ob Omri mit seiner Religionspolitik nicht
mehr erreichte, als der biblische Redaktor zugeben will.

Der Konflikt zwischen den jeweiligen Kultanhängern nahm an Schärfe
zu, als Ahab die Nachfolge Omris antrat. Die Einrichtung einer eigenen
Kultstätte für seine Gattin Isebel galt in der Welt des Alten Orients als
eine Selbstverständlichkeit. Aber Isebel wollte mehr. Sie scheint als Gemahlin des amtierenden Königs eine Dominanz des Baal-Kultes angestrebt zu haben. Sie habe die Verehrer Jahwes ausgerottet, heißt es. Ein
Ausdruck der neuen Lage am Hofe war es, daß Obadja, einer der höchsten Staatsbeamten, Jahwe-Propheten in Höhlen verbergen und dort versorgen ließ (1. Kön. 18,3–4). Mit welcher Brutalität der Konflikt ausgetragen wurde, zeigt die sicherlich in diesen Kontext einzuordnende Tat
des Propheten Elia, der am Fuß des Berges Karmel eigenhändig Baal-
Priester abgeschlachtet haben soll (18,39–40). Beide Seiten gaben sich
offenbar keinen Pardon. Das Zusammenleben der hebräischen und kanaanäischen Bevölkerungsteile gestaltete sich immer schwieriger.

Omri wurde in Samaria bestattet, in ‚seiner‘ Stadt. Seine Herrschaft
hatte für Israel einen Anfang bedeutet, weil mit ihm der erste einer länger
regierenden Dynastie antrat, die ihre Legitimation nicht allein aus der
Gegnerschaft zu Salomo beziehungsweise zu Juda ableitete. Unter Omri
erlebte das Nordreich erstmals eine kurze Blütezeit. Der materielle Wohlstand – zumindest des Hofes und der Aristokratie – spricht aus der
Baupolitik Omris und seines Nachfolgers Ahab. Dieser baute die neue
Hauptstadt weiter aus. Berühmtheit erlangte vor allem das ‚Elfenbeiner-
ne Haus‘ (1. Kön. 22,39). Seinen Namen verdankt es den zahlreichen
Elfenbeinschnitzereien, die sein Inneres ausschmückten. Reste davon traten bei Ausgrabungen zutage, wie die abgebildete Zierleiste mit Palmen-
motiven.

Ferner fanden sich in Megiddo Überreste der dort errichteten ‚Ställe
Ahabs‘ (S. 161). Zu seiner Zeit war Israel eines der mächtigsten König-

Abb. 10. Elfenbeinschnitzereien aus Samaria

reiche in Syrien-Palästina. Die Ergebnisse der Ausgrabungen lassen den fortgeschrittenen Stand von Wirtschaft, Handwerk, Handel und die eindrucksvolle Pracht städtischer Bauten erkennen. Israel entwickelte sich, begünstigt durch die geographische Lage, da Handelsstraßen aus Ägypten, Juda, Edom, Tyros und Aram das Land durchschnitten, zum politischen und wirtschaftlichen Zentrum.

Nie zuvor hatte in Israel eine Dynastie so lange regiert wie die Omriden. Nie zuvor hatte das Nordreich eine Hauptstadt, die sich an Samaria hätte messen können. Nie zuvor hatten militärische Unternehmen und diplomatische Beziehungen dem Land so lange Zeit Frieden beschert. Und letzteres sollte sich auch nachher nicht mehr wiederholen. Die Bedeutung des Dynastiegründers und diejenige Israels unter den Omriden wird dadurch unterstrichen, daß Omri im Ausland geradezu als Schöpfer eines neuen Staates angesehen wurde. Dies war zugleich ein Beweis für den starken Eindruck, den das militärische Auftreten der Omriden in der Welt des Alten Orients hinterlassen hatte. In assyrischen Königsinschriften wird Israel wiederholt das ‚Haus vom Omri‘ oder das ‚Land von Omri‘ genannt, selbst nachdem die Dynastie Omri ausgerottet, selbst nachdem Israel untergegangen war. So wird noch Jehu (842–815) als ‚König von Omriland‘ bezeichnet (TUAT 1, 4, 363), und die letzte Erwähnung dieses Namens findet sich in einer Inschrift Sargons II., des Eroberers von Samaria, aus dem Jahre 713 (TUAT 1, 4, 386).

Omris Sohn und Nachfolger Ahab starb nach einundzwanzigjähriger Regierungszeit eines natürlichen Todes. Auf ihn folgten seine beiden Söhne. Dem ersten, Ahasja, war wenig Glück beschieden. Er regierte nur wenige Monate, dann fiel er vom Obergeschoß seines Palastes; von diesem Sturz sollte er sich nicht mehr erholen. Nach Ahasja trat Joram (852–842) die Herrschaft an, dem der außenpolitische Wind wieder heftig ins Gesicht blies. Moab verweigerte die Tributzahlungen, und Joram versuchte militärisch, das bisher von Israel kontrollierte Land weiterhin zu behalten (S. 104). Bedrohlicher für das Nordreich wurden allerdings die nun verstärkt einsetzenden Streifzüge der Assyrer. Diese brachten zwar noch keine entscheidenden Erfolge für Assur, und auch gegenüber Aram konnte wohl der territoriale Bestand Israels gehalten werden. Die häufigen Kriege, die ohne sichtbaren Erfolg und Beute endeten, heizten allerdings die Stimmung in der Bevölkerung langsam an, bis es schließlich zur Explosion kam. Dazu trug auch der wachsende Widerstand der Jahwe-Kreise gegen die königliche Kultpolitik bei.

3. Dynastie Jehu – Auseinandersetzung mit den Aramäern

Im Jahre 842 belagerten die israelitischen Truppen das mittlerweile in den Besitz der Aramäer übergegangene Ramoth in Gilead. Als König Joram im Kampf verwundet wurde, zog er sich zur Genesung nach Jesreel auf das Landgut der Omriden zurück. Die Abwesenheit nutzte Jehu, nun zum Kommandanten der vor Ramoth liegenden Truppen aufgerückt, und ließ sich als Herrscher Israels proklamieren. Über seine Usurpation sind wir relativ gut unterrichtet (2. Kön. 9). Der neue König bestieg unmittelbar nach seiner Erhebung einen Streitwagen und jagte in aller Eile nach Jesreel, wo sich Joram von seinen Verletzungen erholte. Es gelang Jehu, dessen Landgut zu erreichen, bevor die Nachricht über seine Usurpation dort eingetroffen war. Deshalb zog Joram Jehu ahnungslos entgegen, von seinem Schwager Ahasja, dem judäischen König, begleitet, der an der Belagerung Ramoths beteiligt gewesen war. Jehu tötete den israelitischen König durch einen Pfeilschuß, wenig später erlitt Ahasja auf der Flucht das gleiche Schicksal. In Jesreel stürzten Höflinge Isebel aus eben jenem Erscheinungsfenster des Palastes zu Tode, aus dem heraus die israelitische Königin Geschenke unter das Volk zu werfen pflegte. Die alte Königin, geschminkt und angetan mit ihren königlichen Gewändern, trat ihren späteren Mördern trotzig entgegen, indem sie Jehu in Erinnerung an frühere ähnliche Vorgänge als ‚Simri‘ (S. 102) schmähte. Das Ende Isebels schildert der alttestamentliche Erzähler in schrecklichen Farben und voll erschreckender Genugtuung. Anschließend eilte der Befehl, alle Mitglieder der Familie Ahabs zu beseitigen, Jehu nach Samaria voraus. Die Höflinge sandten die abgeschlagenen Köpfe der Ermordeten, ordentlich in Körben verpackt, aus der Hauptstadt nach Jesreel, wo sie der neue Herrscher vor einem Stadttor aufschichten ließ, um damit zu demonstrieren, wie er Widerstand gegen sich zu bestrafen gedachte. Sogar eine Abordnung des Hofes aus Jerusalem, die Jehu auf seinem Weg in die Hauptstadt zufällig traf, ließ er unverzüglich niedermetzeln (2. Kön. 10,1–14). Ein Blutrausch ohnegleichen hatte die neue Führungsschicht ergriffen.

Die Widerstände gegen das alte Königshaus waren so stark geworden, daß Jehu ohne Schwierigkeiten als Herrscher anerkannt wurde. Seine Usurpation war eine Folge der generellen Labilität der Monarchie in Israel und vor allem Ausdruck eines Unmuts gegen die Kultpolitik der Dynastie Omri, gegen die Kanaanäer und ihre Rolle im Staat, gegen die Gleichberechtigung von Baal und Jahwe. Jehu gab sich als Verfechter und Vorkämpfer der reinen Jahwe-Verehrung aus, daher endete die Dynastie Omris im Namen Gottes in einem Blutbad.

Den geistigen Hintergrund der Erhebung erhellt die Verbindung Jehus mit Jonadab, dem Führer der Rechabiter (2. Kön. 10,15–16). Diese Rechabiter waren gleichsam ein Symbol des in Israel immer stärker werdenden religiösen Fanatismus. Die Gemeinschaft wollte ein strenges nomadisches Ideal verwirklichen und protestierte gegen alle Errungenschaften, die aus der Bebauung des Kulturlandes resultierten. Mitglieder der Gruppe durften keinen Wein trinken, keine Weinberge besitzen, den Boden nicht bewirtschaften und mußten in Zelten leben. Ihr Widerstand und ihre Lebensform müssen mehr in soziologischem als in religiösem Zusammenhang betrachtet werden. Er richtete sich vornehmlich gegen die Stadtkultur generell, die allerdings weitgehend durch die Vermittlung der Kanaanäer in Israel Einzug gehalten hatte. Darauf ist die Begeisterung der Rechabiter beim Vorgehen Jehus gegen Samaria zurückzuführen. Als Exponent von Kreisen, die sich gegen jede Toleranz der Baal-Kulte aussprachen, zerstörte Jehu im „Eifer für Jahwe" die Baal-Kultstätte Samarias und ließ wahllos Priester und Gläubige niedermachen. Den Tempel des tyrischen Baal in der Hauptstadt ließ er zu einem Abort umbauen (10,17–27). Dennoch vermochte er nicht, den gesamten Baal-Kult zu vernichten, denn noch ein Jahrhundert später wetterte der Prophet Hosea gegen den Baal-Dienst. Jehu bemühte sich ferner, auch die Heiligtümer anderer Götter zu zerstören, ließ allerdings die Ascherasäule in Samaria unangetastet.

Der vollständige Bruch Jehus mit der Omridenpolitik wirkte sich auch fatal auf die Beziehungen zu den Nachbarstaaten aus. Israel geriet in eine völlige Isolation. Der nun rapide zunehmende Druck der Aramäer traf daher eine im Inneren aufgewühlte Monarchie, die sich in organisatorischer Hinsicht in einem Wandel befand, da man radikal alle Spuren der Omriden tilgen wollte. Vor allem verschwand unter Jehu die Stärke Israels im syrisch-palästinensischen Raum, vollständig und für alle Zeiten.

Zunächst entfiel die Grundlage des bisherigen Bündnisses Israels mit Tyros, das dem Mörder der Isebel kaum Sympathien entgegengebracht haben dürfte. Juda sah bald ebenfalls keine Notwendigkeit mehr, mit Israel zusammenzugehen, zumal in Jerusalem mit Athalja eine Frau aus dem Hause Omris die Regierung übernommen hatte und der Sturz der Athalja wieder einmal antiisraelitische Ressentiments weckte. Außerdem meldete Assur erneut Ansprüche auf Syrien an. Salmanassar III. erschien 841 im Westen und forderte Tributzahlungen, die Jehu leistete. Auf dem berühmten schwarzen Obelisken Salmanassars III. ist das Zusammentreffen Jehus, wohl in der Gegend des Karmel, mit dem assyrischen König dargestellt. Es ist dies die einzige Abbildung eines hebräischen Herrschers.

Sie zeigt Jehu vor dem Großkönig auf dem Boden, um ihm seinen Tribut anzubieten, während Salmanassar ein Trankopfer darbringt.

Abb. 11. Darstellung Jehus vor Salmanassar III.

Rechts und links stehen Diener mit Wedel, Zepter und Sonnenschirm. Über der Szene befinden sich die geflügelte Sonnenscheibe und der Ischtarstern. Der Text zu dem Bild listet in bürokratischer Gründlichkeit die Wertsachen auf: „Abgabe nahm ich in Empfang von Jehu, vom Haus Omri (die assyrische Bezeichnung für Israel, S. 108): Silber, Gold, eine Schale aus Gold, eine Schüssel aus Gold, Becher aus Gold, Eimer aus Gold, Zinn, ein Zepter für die Hand des Königs und Jagdspieße" (TUAT 1, 4, 363).

Vor allem aber ging Israel gegenüber den Aramäern in die Knie. Etwa gleichzeitig mit dem Putsch Jehus hatte in Damaskus „Hasael, der Sohn eines Niemand" (TUAT 1, 4, 365), wie es in einem assyrischen Text heißt, den dortigen Herrscher Hadadeser beseitigt; 841 wird Hasael erstmals erwähnt. Sein aramäisches Reich war Hauptangriffsziel der Syrienfeldzüge Salmanassars 841 und 838, die Hasael zwar in Schwierigkeiten brachten, ohne aber seinen Staat ernsthaft zu gefährden. Salmanassar hatte das fruchtbare Umland von Damaskus verwüstet, war dann aber an der Stadt in westlicher Richtung vorbeigezogen, bis er in der Nähe von Berytos das Meer erreichte. Dort ließ er auf einem auffallenden Felsvorsprung sein Bild neben denjenigen ägyptischer Pharaonen einmeißeln (TUAT 1, 4, 366): als Symbol des Erreichten und als Programm für die Zukunft.

Zunächst verzichteten jedoch die Assyrer für einige Zeit auf weitere Einfälle in Syrien. Dies gab Hasael die Möglichkeit, die durch Assur erlittenen finanziellen Verluste auf Kosten seiner westlichen Nachbarn, vor allem Israels, wieder auszugleichen. Das Alte Testament schildert Hasael als einen besonders gefürchteten und erfolgreich kämpfenden Gegner: „Zu jener Zeit begann Jahwe, Israel zu verkleinern; denn Hasael schlug sie im ganzen Grenzland Israels: vom Jordan ostwärts, das ganze Land Gilead, nämlich Gad, Ruben und Manasse, von Aroer am Arnon, also Gilead und Basan" (2. Kön. 10,32–33). Diesen Auseinandersetzungen sind diejenigen Ereignisse zuzuordnen, welche die Erzählungen um den Propheten Elia fälschlicherweise dem Omriden Ahab zuschrieben.

Zurückblickend erinnerte sich der Prophet Amos daran, daß die Aramäer das Land Gilead, das ephraimitisch-manassitische Siedlungsgebiet östlich des Jordans, verheert hatten, indem sie „Gilead mit eisernen Schlitten zerdroschen" (2. Kön. 1,3). Israel büßte dadurch ein Drittel seines Territoriums ein. Lange Zeit hindurch blieb es Brandschatzung und Plünderung ausgesetzt. Anfangs gestalteten sich die Auseinandersetzungen noch unentschieden; auch die Israeliten konnten durchaus Erfolge erzielen, wie bei Aphek östlich des Sees Genezareth (1. Kön. 20,26–30). Doch bald drangen Streifscharen der Syrer immer häufiger auch in die bislang nicht in Mitleidenschaft gezogenen Gebiete Israels ein, raubten und führten die Einwohner als Sklaven fort. Schließlich griffen die Aramäer mit einer größeren Streitmacht an und bedrohten sogar Samaria. Die Belagerung verursachte eine solche Lebensmittelknappheit, daß in der Hauptstadt Fantasiepreise selbst für Eselsköpfe verlangt wurden und offenbar auch Fälle von Kannibalismus vorgekommen sind (2. Kön. 6,24–29).

Durch ein Bündnis mit den Philistern gelang es Hasael, Israel in die Zange zu nehmen. Die Philister beteiligten sich daraufhin an den Angriffen auf Israel, plünderten das Land und betrieben gleichfalls mit gefangenen Israeliten Sklavenhandel. Die Schwäche des Nordreiches rief weitere Nutznießer auf den Plan, die sich ihren Anteil an der Beute sichern wollten: Die Ammoniter fielen in Gilead ein, wo sie grausam unter der Bevölkerung wüteten. Es handelte sich hierbei wohl um das nördlich des Jabbok gelegene Territorium, das sie von alters her beanspruchten und um das sie jetzt „ihr Gebiet erweitern wollten" (Amos 1,13).

Einen Eindruck von Israels verzweifelter Lage vermittelt eine Notiz aus den Tagen des Königs Joahas (815–799), daß von der einstigen Streitwagentruppe nur noch 50 Reiter und 10 Wagen übriggeblieben waren. Den Rest hatte der König von Syrien „zu Staub gemacht" (2. Kön. 13,7); Ahab konnte dagegen 853 noch 2000 Streitwagen bei Karkar zusammenziehen. Der israelitische König war zu einem Vasall der Aramäer herabgesunken, dem eine kleine Truppe nur noch zur Aufrechterhaltung von Ruhe und Ordnung im Landesinneren zur Verfügung stand.

Die Rettung aus all diesen Schwierigkeiten konnte Israel längst nicht mehr aus eigener Anstrengung gelingen, es war auf die ‚Hilfe' der Assyrer angewiesen. 800 zog Adadnirari III. (809–782) gegen Aram, belagerte Damaskus und zwang dessen König zur Unterwerfung und Tributzahlung. Damit war die Macht des Aramäerstaates endgültig gebrochen,

Israel befreite sich aus der „Gewalt der Syrer", und es „wohnte in seinen Zelten wie zuvor" (2. Kön. 13,5). Eine Zeit des allmählichen Wiedererstarkens begann. Dies ermöglichte es dem König Joas (799–784), wenigstens im Westjordanland wieder die vollständige Kontrolle auszuüben. Schließlich konnte er sogar an die Wiederaufnahme außenpolitischer Aktivitäten denken und zum Krieg rüsten. Der Gegner hieß Juda, gegen das der klarste Erfolg in den seit dem ausgehenden 10. Jahrhundert immer wieder aufflackernden Auseinandersetzungen errungen werden konnte (S. 126).

Die Erholung Israels hielt an, und sie fand ihren deutlichsten Ausdruck in den Erfolgen Jerobeams II. (784–753). Ihm gelang es, „das Gebiet von Israel wiederherzustellen von Lebo-Hamath bis zum Steppenmeer" (2. Kön. 14,25). Gemeint ist die Konsolidierung der israelitischen Ostgrenze von Norden nach Süden, als Jerobeam das Ostjordanland zurückeroberte und die davidisch-salomonische Grenze auf Kosten der Aramäer und wohl auch der Ammoniter wiederherstellte. Diese Erfolge errang er allerdings vor dem Hintergrund einer assyrischen Bedrohung. Vorläufig aber erlebte Israel, wie zur gleichen Zeit Juda, bis in die Mitte des 8. Jahrhunderts eine innen- wie außenpolitisch ruhige Zeit. Die günstige außenpolitische Situation leitete einen Aufschwung im Innern Israels ein; dank der Gebietserweiterungen erholte sich der Handel, von dem vor allem der Hof und die Hauptstadt Samaria profitierten. Er kam also nur einer kleinen Schicht zugute und verschärfte dadurch die sozialen Gegensätze innerhalb der Bevölkerung. In Samaria machten sich Wohlleben und Luxus breit, und einige Israeliten träumten sogar wieder davon, „der Erstling der Völker" zu sein (Amos 6,1).

Doch dieser Zustand entpuppte sich rasch als Scheinblüte, die der militärischen Schwäche der Aramäer und einem vorläufigen Desinteresse der Assyrer zu verdanken war. Die Assyrer hatten vor allem westlich ihrer Kernlande bisher die angrenzenden Gebiete unterworfen und den bezwungenen Herrschern hohe Tribute auferlegt, mit denen sie die Armee und den Import wichtiger Rohstoffe finanzierten. Irgendwann drückte die Last der Tribute jedoch so schwer, daß es zu einem Aufstand gegen Assur kam. Das Ergebnis war in der Regel, daß das entsprechende Gebiet seine Selbständigkeit verlor und als Provinz dem assyrischen Reich eingegliedert wurde. Ein Barrieredenken verfolgend, legte Assur ringförmige Sicherheitszonen um die Kernlande an und schob die Westgrenze immer weiter vor. Es stand also zu erwarten, daß die Assyrer nach der Eroberung von Damaskus nicht Halt machen würden. Auch der Aramäerstaat stellte in der Tat nur eine Station auf dem Weg der Expansion dar, die sich bald gegen Israel wenden sollte. Um es mit den Worten der Propheten Amos und Hosea zu sagen: Das Ende war gekommen.

4. Untergang

Machtvolle Assyrerkönige hatten vom Zweistromland aus in der zweiten Hälfte des 8. Jahrhunderts nach Syrien/Palästina ausgegriffen. Im Jahre 745 bestieg Tiglatpilesar III. (745–727) den Thron, und mit ihm begann ein neues Stadium in der Geschichte Assurs: die Phase der großen Eroberungen, in deren Verlauf die assyrischen Könige die Gebiete des Vorderen Orients erstmals unter ihrer Herrschaft vereinigen konnten und ein bis dahin in der altorientalischen Geschichte beispielloses Großreich aufbauten. Damit ging die lokale Geschichte des syrisch-palästinensischen Raumes erneut in der ‚Weltgeschichte' auf.

Ihre außenpolitischen Erfolge verdankten die Assyrer in erster Linie ihrer Armee. Sie war vom 9. bis zum 7. Jahrhundert die gefürchtetste aller Länder des Nahen Ostens. Die Ausbildung dieses stehenden Heeres, in dem Söldner als Berufskrieger dienten, sowie eine Reihe von Errungenschaften der Militärtechnik sicherten ihm einen Vorsprung vor allen übrigen Truppen. Die schwerbewaffnete Reiterei erwies sich bei der Verfolgung und Vernichtung der Gegner als überlegen. Ihre Belagerungsmaschinen ermöglichten es den Assyrern verhältnismäßig rasch, befestigte Städte zu erobern. Diese Armee bildete zudem den systematisch geübten Terror bis zur Perfektion aus; brutal bahnte sich die assyrische Soldateska, die grausamste Armee des orientalischen Altertums, ihren blutigen Weg. In ermüdender Eintönigkeit zählen die Annalen die nach jedem Sieg verhängten Strafen auf. Demnach gehörte es zum Standardrepertoire der psychologischen Kriegsführung, die Besiegten zu Hunderten und Tausenden zu foltern oder zu pfählen, ihnen Beine, Arme, Nasen und Ohren

Abb. 12. Assyrisches Bronzerelief: Behandlung von Kriegsgefangenen

abzuschneiden und die so Verstümmelten zur Schau zu stellen, wie es ein assyrisches Bronzerelief aus der Zeit um 840 zeigt.

Der Erfolg solcher Maßnahmen blieb nicht aus: Allein die Erwähnung der Assyrer verbreitete panischen Schrecken. In einigen Versen des Jesaja klingt dieser Nimbus an (5,26–29): „Er (Jahwe) richtet ein Signal auf für ein Volk aus der Ferne und pfeift es herbei vom Ende der Erde. Und siehe, eilend, schnell kommt es herbei. Kein Müder, kein Strauchelnder ist darunter. Es wird nicht rasten und wird nicht ruhen. Keinem lockert sich sein Hüftgürtel, noch reißt ihm der Riemen seiner Sandalen. Seine Pfeile sind geschärft und all seine Bogen gespannt. Seiner Rosse Hufe sind Kieseln gleich und seine Wagenräder dem Sturmwind. Sein Gebrüll ist einem Löwen gleich, und es brüllt wie der Junglöwe. Es knurrt, packt seine Beute und schleppt sie weg; und niemand entreißt sie ihm!"

Drei Stadien der assyrischen Eroberungspolitik lassen sich in mehreren Fällen ausmachen. Von der zunächst einfachen Tributverpflichtung führte der Weg über Intervention in die inneren Angelegenheiten eines Landes, wie etwa Königswechsel und Gebietsverkleinerung bis hin zur Umwandlung in eine assyrische Provinz. Deren Verwaltung zeichnete sich durch strenge Kontrolle und enge Bindung an die Zentralregierung aus. Die auf solche Weise durchgesetzte Herrschaft über die eroberten Gebiete sicherten die Assyrer, indem sie regelmäßig große Teile der Bevölkerung deportierten.

In den zehn Jahren nach Jerobeams II. Tod 753 folgten fünf Könige aufeinander. Sacharja, der Sohn Jerobeams, wurde schon nach einer sechsmonatigen Regierungszeit von Sallum erschlagen. Einen Monat später fiel Sallum einem Anschlag des Menachem zum Opfer, der auch dessen Nachfolge antrat. In die Konflikte über eine pro- oder anti-assyrische Politik wirkten offenbar erneut Stammesrivalitäten hinein: „Manasse wider Ephraim und Ephraim wider Manasse" (Jes. 9,21). Solche Rivalitäten brachen sich mitunter in unerklärbaren Grausamkeiten Bahn. Der wohl aus Manasse stammende Menachem verheerte die im Grenzgebiet Ephraims liegende Stadt Thappuah, wobei er die Bäuche schwangerer Frauen aufschlitzen ließ (2. Kön. 15,16). Überhaupt konnte Menachem seine Stellung innenpolitisch nur durch große Härte, außenpolitisch durch Unterwerfung gegenüber Assur halten. Als Tiglatpilesar 738 den nordsyrischen Staat von Hamath vernichtete, leisteten Damaskus und Israel notgedrungen Tribut (TUAT 1, 4, 370–371). Die erforderliche Summe brachte Menachem durch eine Sondersteuer auf, die er jedem heerbannpflichtigen Bauern auferlegte; die Zahlungen durch etwa sechzigtausend Bauern ermöglichten die Erfüllung der Tributverpflichtung (2. Kön. 15,19–20). Möglicherweise hoffte Menachem, seinen unsicheren Thron mit Hilfe Assurs stützen zu können. Bereits öfter hatten sich assyrische Könige bereit gezeigt, ihnen willfährige Herrscher an der

Macht zu halten. Doch deren Zugeständnisse kosteten im wahrsten Sinne des Wortes ihren Preis. Die schweren Belastungen für das Land, die allein der Sicherung der königlichen Position dienten, verschärften den Widerstand gegen Menachem und seine Familie, einen Widerstand, der sich kurz nach dem Tod des Königs entlud.

Auf Menachem folgte sein Sohn Pekachja, den nach wenigen Monaten der Streitwagenführer Pekach aus dem Weg räumte (2. Kön. 15,23–25); wieder einmal putschte in Israel ein General gegen das herrschende Königshaus, der Mord drückte allerdings auch die allgemeine Unruhe im Land aus.

Von der inneren Lage Israels zur damaligen Zeit, den teilweise chaotischen Zuständen, die den fortschreitenden inneren und äußeren Zerfall des Reiches begleiteten, zeichnet das Buch Hosea ein plastisches Bild. Mit dem raschen Wechsel der politischen Richtungen ging der Zusammenbruch von Recht und Ordnung parallel, der in einen Bürgerkrieg mündete, in dem allein das Recht des Stärkeren regierte. Der Versuch Omris, ein einheitliches Staatsvolk zu schaffen, war, wenn ihm je hätte Erfolg beschieden sein können, endgültig seit der Revolte des Jehu gescheitert. Aber auch innerhalb der einzelnen Bevölkerungsgruppen, der Kanaanäer und Hebräer, gab es längst keinen Zusammenhalt mehr. Jesaja brachte dies in seiner bildhaften Sprache zum Ausdruck (9,18–19): „Keiner verschonte den anderen. Man verschlang zur Rechten und blieb hungrig, man fraß zur Linken und wurde nicht satt. Ein jeder fraß das Fleisch seines Nächsten." In Israel leitete, führte niemand mehr, herrschte Anarchie.

Möglicherweise sammelten sich angesichts der Politik des Menachem im Lande Kräfte für eine Abkehr von Assur, die von außerhalb Unterstützung bekamen. Pekach versuchte jedenfalls mit Ägypten zu konspirieren und organisierte bald eine anti-assyrische Koalition; die Chancen dazu sah er 733. Im Jahr zuvor war Tiglatpilesar erneut in das Land der Philister gezogen und hatte den ‚Bach Ägyptens‘ erreicht, die äußerste Südwestgrenze Asiens (TUAT 1, 4, 375–376). Er wollte die Verbindungswege nach Ägypten in seine Hand bringen. Zu diesem Zweck mußte er durch das Gebiet Israels ziehen und verstärkte dadurch die dortigen Aversionen. 733 erhoben sich Rezin von Damaskus und Pekach von Israel gegen Assur. Beide wußten, daß nur eine große Staatenkoalition Aussicht auf Erfolg versprach, daher suchten sie nach weiteren Bundesgenossen. Doch bereits der König von Juda weigerte sich aus Furcht vor der assyrischen Übermacht, diesem Bündnis beizutreten. Um sich den Rücken freizuhalten, beschlossen die beiden Verbündeten, die erste kriegerische Aktion gegen ihren südlichen Nachbarn zu führen, um in Jerusalem einen anti-assyrischen König einzusetzen. Diese Auseinandersetzung wird traditionellerweise als der ‚syrisch-ephraimitische Krieg‘ bezeichnet, dabei steht ‚Syrien‘ als früher übliche Bezeichnung für den Aramäerstaat und ‚Ephraim' in Anlehnung an eine Formulierung des Jesaja (7,9) für Israel. In dieser scheinbar ausweglosen Situation (S. 128) folgte Ahas von Juda dem historischen Vorbild seines Vorgängers Ahab aus dem 9. Jahrhundert, der gegen den Angriff Baesas von Israel damals den König von Damaskus zu Hilfe gerufen hatte. Die historischen Umstände hatten sich zwar geändert, aber unmittelbar an Damaskus grenzte Assur, und dieser Staat wurde nun für Juda zum Rettungsanker. Ahas selbst sandte Tiglatpilesar ein Huldigungsgeschenk, trat damit in ein Vasallitätsverhältnis zu Assur und rüstete zur Verteidigung seiner Hauptstadt.

Der assyrische König, der sich ohnehin bereits auf einem Feldzug in Syrien befand, entsetzte Jerusalem von seiner Bedrohung, während er Israel auf einen geringen Reststaat reduzierte. Aus den etwas späteren assyrischen Annalen entnehmen wir die weitere Entwicklung: Nachdem Tiglatpilesar auf seinen früheren Zügen alle Städte Israels zum Besitz Assurs geschlagen und Samaria allein übriggelassen hatte (TUAT 1, 4, 372), „stürzten sie Pekach, ihren König" (ebd. 374). Tiglatpilesar wandelte also noch während der Regierungszeit Pekachs 733 den größten Teil des israelitischen Staatsgebietes in drei assyrische Provinzen um: Megiddo, das Gebiet von Galiläa mit der Jesreel-Ebene, Dor, die Küstenebene südlich des Karmel, und Gilead, das Ostjordanland; damit verlor Israel mehr als zwei Drittel seines Territoriums (s. Abb. 13, S. 118). Die ansässige israelitische Oberschicht ließ der Assyrerkönig deportieren, einzelne Orte wie die ehemalige salomonische Festungsstadt Hazor, die offenbar Widerstand geleistet hatte, zerstören. Israel existierte weiter als ein auf die Hauptstadt mit ihrer unmittelbaren Umgebung beschränkter Stadtstaat. Der eben zitierte assyrische Annalentext führt weiter aus: „Bit Omri (Israel), die Gesamtheit seiner Leute [und seine Habe] führte ich nach Assyrien ... Den Hosea setzte ich [als König] über sie ein. Zehn Talente Gold und 1000 Talente Silber empfing ich von ihnen als ihre jährliche [Abgabe]" (TUAT 1, 4, 374).

Mit Hosea trat Israel in das eben beschriebene zweite Stadium des Untertanenverhältnisses gegenüber Assur. Hosea ist nur noch bedingt ein König zu nennen, er amtierte als tributpflichtiger Statthalter über ein stark dezimiertes Israel. Der alttestamentliche Text ergänzt die assyrische Version durch die keineswegs überraschende Information, daß Hosea seinen Vorgänger Pekach beseitigte (2. Kön. 15,30). Zu erwähnen ist noch, daß während dieser Ereignisse das Reich von Damaskus 732 endgültig verschwand. Es ging, in vier Provinzen aufgeteilt, im assyrischen Reich auf. Somit geriet die gesamte syrisch-palästinensische Landbrücke unter assyrische Kontrolle, sei es durch Provinzen, wie weite Teile des ehemaligen Israel, sei es durch tributabhängige Vasallen, wie das Restisrael und Juda (s. Abb. 13).

Die Herrschaft Hoseas, der ohnehin nur von Assur geduldet wurde,

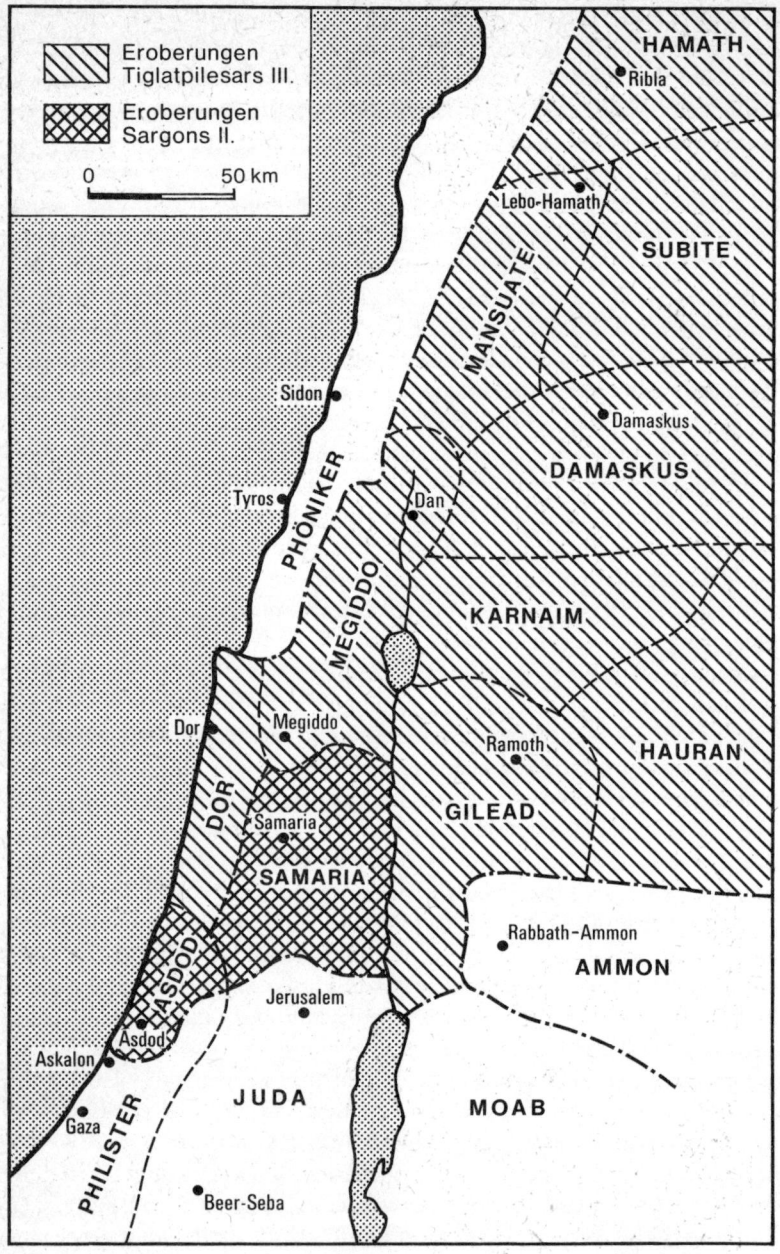

Abb. 13. Assyrische Provinzen auf dem Boden Israels

war keineswegs bereits gefestigt. 731 brach der offensichtlich nur vorläufig installierte Statthalter/König mit dem beschafften Tribut ins Feldlager des Tiglatpilesar nach Sarrabnu im südlichen Babylonien auf (TUAT 1, 4, 377). Hier erlangte er schließlich die volle Legitimation, für die er die Beschwerden und Kosten einer Reise von 1500 Kilometern Länge in Kauf genommen hatte. Solange Tiglatpilesar lebte, hielt sich Hosea an seinen Vasalleneid und blieb für Israel die Lage unverändert. Als Tiglatpilesar 727 starb, provozierte der Thronwechsel die beinahe schon übliche anti-assyrische Koalition; man stellte die Tributzahlungen ein. Hosea bildete da keine Ausnahme. Hinter diesen häufigen Aufständen gegen Assur, die stets mit der Einstellung von Tributzahlungen begannen, ist als Ursache wohl die finanzielle Belastung durch die Abgaben zu vermuten. Die früher selbständigen Königreiche hatten, was den Unterhalt des Hofes, des Beamtenapparates und des Militärs betraf, von den Erträgen ihrer Untertanen existiert. Der zusätzliche beträchtliche Tribut verringerte entweder die Einkünfte des eigenen Herrschaftsapparates oder belastete die Untertanen um so mehr. Beides erwies sich offenbar als nicht lange tragbar. Dies erklärt die Verzweiflungstat Hoseas, der dabei auf die Unterstützung aus Ägypten baute (2. Kön. 17,4). Doch die Hilfe blieb aus, und statt dessen rückte Salmanassar V. an, um den Aufstand niederzuschlagen. Hosea versuchte zu retten, was zu retten war, und zog Salmanassar entgegen; er geriet aber in Gefangenschaft. Nun büßte auch der israelitische Reststaat seine Selbständigkeit ein. Die von den Assyrern eingeschlossene Hauptstadt Samaria konnte sich zunächst noch einige Monate verteidigen; Salmanassar nahm aber noch 722, also kurz vor seinem Tod, die Kapitulation der Stadt entgegen. Die assyrische Strafaktion führte bereits sein Nachfolger Sargon II. durch (TUAT 1, 4, 382): „Die Samarier, die gegen meinen königlichen [Vorgänger] Groll hegten und, um keine Untertänigkeit zu bezeugen und keinen Tribut zu liefern, [...] Krieg führten – in der Kraft der großen Götter, meiner Herren, kämpfte ich mit ihnen. 27280 Einwohner nebst Streitwagen und den Göttern, auf die sie vertrauten, rechnete ich als Beute. 200 Streitwagen für mein königliches Heer hob ich unter ihnen aus, und ihre Reste siedelte ich in Assyrien an. Samaria wandelte ich um und machte es größer als zuvor. Leute aus Ländern, die ich mit meiner Hand erobert hatte, ließ ich darin einziehen. Einen General stellte ich als Statthalter über sie ein, und ich zählte sie zu den Einwohnern Assyriens."

Diese Deportationen betrafen vornehmlich die Oberschicht, während die Bauern, deren Arbeitskraft unentbehrlich war, am Ort blieben. Die assyrische Deportationspraxis sorgte im Land für einen politischen und ethnischen Neubeginn von weittragenden Folgen, denn neue Siedler traten an die Stelle der alten. Es waren Einwanderer aus Babylonien und dem nordsyrischen Hamath, aber auch Araber; letztere kamen 715 nach

Samaria: „Die ... fernen Araber, welche die Wüste bewohnen, keinen Vorsteher oder Verwalter kennen und keinem einzigen König Tribut geliefert hatten, streckte ich (Sargon II.) mit der Waffe Assurs, meines Herrn nieder. Ihre Reste (Überlebenden) deportierte ich und siedelte sie in Samaria an" (TUAT 1, 4, 380).

Damit endete die Geschichte der Monarchie in Israel. Es trat eine tatsächliche Zäsur ein, denn die staatliche Existenz war vollständig aufgehoben. Die Deportierten wurden, anders als später die Judäer (S. 143), in verschiedene Länder verschlagen. Das Alte Testament bestätigt, daß die Deportierten teils in das Gebiet des Chabur, eines linken Nebenflusses des Euphrat, teils nach Medien gelangten (2. Kön. 17,6). Dies sind die letzten Nachrichten über die einst in Samaria ansässigen Israeliten, die nie wieder in ihre alte Heimat zurückkehrten, sondern in der jeweiligen einheimischen Bevölkerung aufgingen. Damit entschwanden die Israeliten aus dem Blickfeld der Geschichte.

VI. Juda

Die Periodisierung, die zu Beginn der historischen Entwicklung Israels vorgenommen wurde, trifft für die beiden ersten dort genannten Zeitabschnitte, 930–750 und 750–640 (S. 97), auch auf die Geschichte Judas zu. Juda blieb zwar zunächst von der Expansion der Aramäerstaaten unberührt, aber dieser Vorgang hatte indirekt Auswirkungen auf die judäisch-israelitischen Beziehungen. In dem Maße, in dem die Aramäer erstarkten, konnte Juda gegenüber dem nördlichen Nachbarn seine Eigenständigkeit durchsetzen. Die assyrische Expansion im Zeitraum von 750 bis 640 war für die Entwicklung Judas wie für diejenige Israels der dominierende Faktor. Die Könige von Juda verhielten sich allerdings insofern geschickter als ihre Nachbarn, als sie sich rechtzeitig Assur unterwarfen und als Vasallenstaaten überlebten. Mehrere Aufstände trieben das Land dann allerdings immer tiefer in die Abhängigkeit hinein.

Dies leitet zum dritten Zeitraum über (640–587). Als das assyrische Weltreich immer schneller zerfiel, vermochte Juda sich zwar von dem assyrischen Joch zu befreien, tauschte aber nur die alte Herrschaft gegen eine neue, nämlich die der Babylonier, ein. Die Versuche, die babylonische Oberhoheit abzuschütteln, führten auch Juda in die Katastrophe, durch die hier wie in Israel die Monarchie beseitigt wurde.

Juda hatte seit der Landnahme und durchgehend während der Richterzeit immer eine eigene Geschichte gelebt, weil es unter anderem aufgrund der geographischen Lage isoliert blieb. Dieses rund zwei Jahrhunderte dauernde Eigenleben hat stets nachgewirkt. Hinzu kam, daß Juda weder Zugang zum Mittelmeer noch Verbindung zu der in der Küstenebene verlaufenden großen Handelsstraße zwischen Afrika und Asien hatte. Es lag verkehrspolitisch abseits, was dem Staat sicherlich zu einer längeren Existenz verhalf. Diese geschützte Lage Judas beschreibt treffend der um 200 v. Chr. entstandene Aristeasbrief: „Das Land wird umgeben von einer natürlichen Schutzwehr; es ist schwer zugänglich und durch große Heere nicht anzugreifen. Denn seine Zugänge sind eng, da Abhänge und tiefe Schluchten daneben liegen."

Anders als Israel konnte Juda nach dem Ende der Doppelmonarchie auf eine eigenständige monarchische Entwicklung von zwei Generationen zurückblicken. Der Staat hielt daher, solange er Bestand hatte, an der Erbfolge der Dynastie Davids fest. Juda besaß auch von Anfang an eine Hauptstadt, die zwar im Vergleich zu den glanzvollen Jahrzehnten der Doppelmonarchie als judäische Königsstadt verkümmerte, aber immerhin die Stadt des Herrschers blieb. In ihr befand sich auch der kultische Mittelpunkt des Landes. Jerusalem war und blieb trotz aller Kontroversen das unumstrittene Zentrum Judas und als solches ein wesentlicher Stabilisationsfaktor der Monarchie. Die Dynastie Davids mit dem jeweiligen Herrscher, das königliche Heiligtum, der Tempel, und Jahwe als Vater des Königs und Gott des Volkes: dieser Vorstellungskomplex bildete im Denken der Judäer eine geschlossene Einheit.

1. Im Schatten Israels

Rehabeam übernahm ohne Schwierigkeiten den Thron Salomos und dessen Verwaltungsapparat. Außenpolitisch tätig zu werden, blieb den judäischen Königen angesichts ihrer beschränkten Möglichkeiten weitgehend verwehrt, wenn man einmal von den fast permanenten Konflikten mit Israel absieht. Juda vermochte nicht das zu geben, was Salomo aus Israel herausgepreßt hatte; denn Rehabeam trat als König die Herrschaft über ein Reich an, das nur noch ein Schatten ehemaliger Größe war.

In innenpolitischer Hinsicht war vor allem die Durchführung zweier Maßnahmen wichtig. Zunächst mußte die Versorgung des Hofes in Jerusalem auf eine neue finanzielle Grundlage gestellt werden. Die Tribute aus den zwölf Steuerbezirken Israels fielen fort, ebenso die Abgaben der ehemals von David unterworfenen Gebiete. Auch für die Dienstleistungen der Israeliten galt es Ersatz zu schaffen. Wie Israel wurde nun auch Juda in zwölf Verwaltungsbezirke aufgeteilt, von denen jeder für einen Monat die Versorgung von Hof und Harem sicherzustellen hatte, wenngleich sich das Leben in der Hauptstadt bescheidener gestalten mußte. Rehabeam bildete die neuen Verwaltungsbezirke, vor allem im westlichen Hügelland, hauptsächlich aus den Territorien alter Stadtstaaten (s. Abb. 14): 1. Beer-Seba, 2. Adullam, 3. Lachis, 4. Kegila, 5. Debir, 6. Hebron (Kalibbiter), 7. Maon (Keniter), 8. Beth-Zur, 9. Bethlehem, 10. Ajalon, 11. Jerusalem (Benjamin) und 12. das Gebiet westlich des Toten Meeres.

Die zweite innenpolitische Maßnahme richtete sich auf die Sicherung der zum Teil neuen Grenzen des Staates. Sie wurde vor allem nach dem Palästinafeldzug Schoschenks eingeleitet. Abgesehen von den Zerstörungen, wie derjenigen von Beer-Seba und Arad, sowie den finanziellen Einbußen, blieb dieser Feldzug zwar eine Episode und ohne Folgen, aber er veranlaßte Rehabeam seit 925 dennoch, eine rege Bautätigkeit zu entfalten. Der König suchte seinen Staat durch eine Kette von Festungen zu schützen und igelte das judäische Kerngebiet ein. Eine Liste der Chronikbücher nennt fünfzehn Orte, die, bezogen auf die davidische Zeit, tief im Hinterland von Juda lagen (2. Chr. 11,5–10). Im Süden, gegenüber

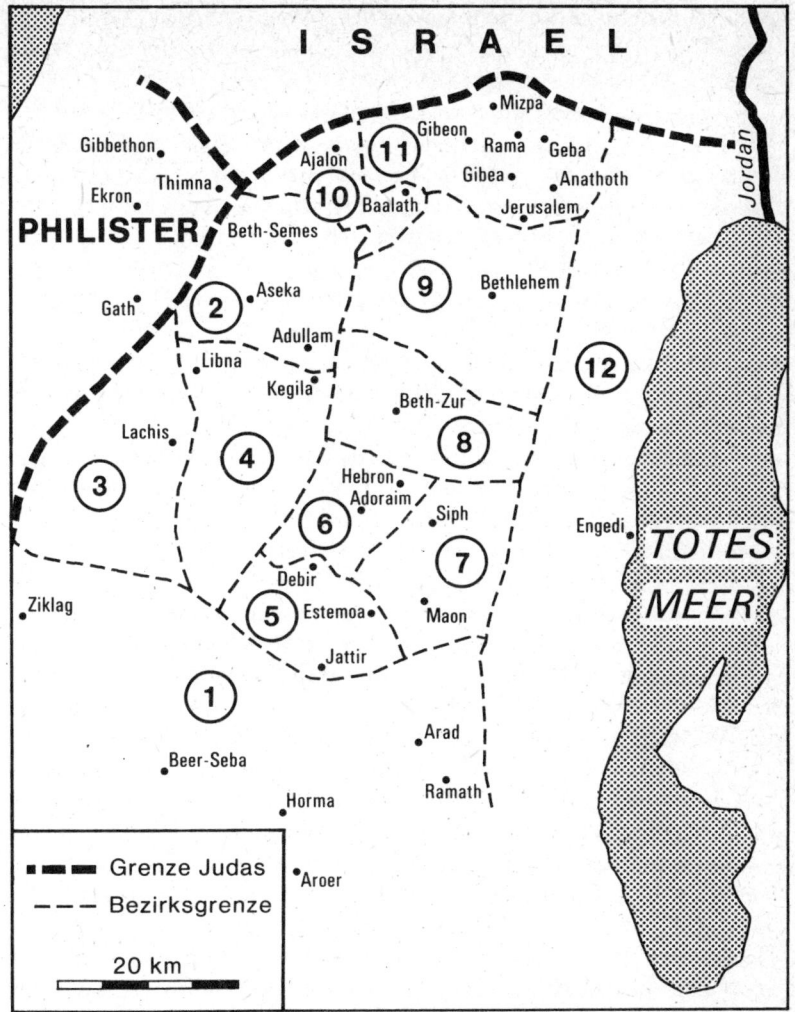

Abb. 14. Bezirkseinteilung Judas

Ägypten, war Beer-Seba ausgefallen und die Befestigungslinie auf Adoraim, Hebron und Siph zurückgenommen worden. Im Westen bildeten
Lachis und Gath die Grenze gegen die immer stärker nach Osten ausgrei-
fenden Philister; gerade ihnen gegenüber, die unter ihrem Stadtfürsten
wieder an Selbständigkeit gewonnen hatten, erlitt Juda seit David offensichtlich starke Einbußen. Befestigt wurde auch die Grenze nach Norden
gegen Israel, wo es später vor allem dem König Asa durch die Okkupa-

tion des größten Teils des Gebietes von Benjamin gelang, eine Pufferzone für das bislang grenznahe gelegene Jerusalem gegen Angriffe von Norden her anzulegen.

Die innere Geschichte der Monarchie Judas verlief lange Zeit hindurch ohne besondere Höhepunkte. Im kultischen Bereich bewegte sich die Staatsreligion weiterhin auf dem Weg zum Synkretismus. Der kanaanäische Einfluß hielt unvermindert an, schließlich wurde im Tempel selbst auf Veranlassung der Königsmutter Maacha das Symbol einer kanaanäischen Göttin aufgestellt. Sie versuchte, während der Zeit der Regentschaft für ihren Sohn Asa (914–874), Jahwe eine weibliche Gottheit beizugeben (1. Kön. 15, 13). Dabei traten allerdings in der Öffentlichkeit religiöse Spannungen auf zwischen den Anhängern der aus politischen Gründen zum Synkretismus neigenden Staatsreligion und denen des Jahwe-Glaubens (S. 194).

Auf Rehabeam folgten sein Sohn Abia und nach einer kurzen Regierungszeit (916–914) dessen Sohn Asa. Über die vierzigjährige Regierungszeit Asas (914–874) hüllt sich das Alte Testament – wie so häufig – fast in völliges Schweigen, da weitere Angaben in dem ‚Buch der Chroniken der Könige von Juda‘ und dem ‚Buch der Könige von Juda und Israel‘ verzeichnet waren. So erfahren wir lediglich, daß der König gegen Ende seines Lebens an einer Fußkrankheit litt (1. Kön. 15,23).

Von Josaphat (874–850) berichtet das erste Buch der Könige, daß er „Friede hielt mit dem König von Israel" (1. Kön. 22,45). Dieser Friede war Ausdruck einer durch die Politik der Omriden bedingten Vormachtstellung Israels gegenüber Juda. „Ich wie du, mein Volk wie dein Volk, meine Pferde wie deine Pferde", ließ Josaphat König Ahab von Israel mitteilen (22,4). Immerhin gelang Josaphat, Judas Herrschaft Edom so weit aufzuzwingen, daß er in Elath Hochseeschiffe bauen lassen konnte. Um den Weg dorthin zu sichern, wurden Beer-Seba und Arad als Garnisonen neu aufgebaut und befestigt.

Thronfolger Josaphats war 850 sein Sohn Joram, der unmittelbar nach seinem Herrschaftsantritt, ganz dem Beispiel Salomos folgend, alle seine Brüder mit ihren Angehörigen tötete, um etwaige Rivalen aus dem Wege zu räumen (2. Chr. 21,4). Juda mußte Truppen für den Kampf Israels gegen Salmanassar stellen, und für die judäischen Soldaten waren die Feldzüge ebenso unergiebig wie für die israelitischen (S. 108). Philistäische Städte bemühten sich, die Herrschaft Judas abzuschütteln, Erfolg hatte beispielsweise die wichtige Stadt Libna (2. Kön. 8,22). Dies alles rief den Unmut der Bevölkerung Judas hervor, der sich durch die folgenden Ereignisse noch steigerte.

Als Joram nach kurzer Regierungszeit 843 starb, trat an seine Stelle sein Sohn Ahasja, der im nächsten Jahr bei Jesreel in Israel dem von Jehu angerichteten Blutbad zum Opfer fiel (S. 109). Daraufhin übernahm in

Jerusalem seine Gemahlin Athalja die Regierung. Als erste Maßnahme versuchte sie, alle Davididen hinrichten zu lassen (2. Kön. 11). Lediglich Joas, ein Säugling, soll durch die Frau des Oberpriesters, eine Schwester des in Israel ermordeten judäischen Königs, gerettet und versteckt worden sein, ein Vorgang, wie er zu allen Zeiten die Phantasie der Erzähler angeregt hat. Ob wirklich ein Sohn des Ahasja den Mördern entkommen ist, oder Joas später aus propagandistischen Gründen nachträglich zum Sohn Ahasjas erklärt wurde, bleibt ungewiß. Die gesamte Erzählung um Joas trägt stark märchenhaft-stereotype Züge. In Jerusalem zog wieder einmal der Kult einer Königin ein, aber der von ihr verehrte Baal fand offensichtlich nicht viele Anhänger, da man mit dem Regiment der Athalja unzufrieden war. Die Position der israelitischen Prinzessin als Regentin wurde durch ihre fehlende Legitimation prekär; der Widerstand wuchs im Laufe der Jahre und drängte zum Umsturz.

Als daher 837 der Oberpriester Jojada den inzwischen siebenjährigen Joas mit den Offizieren der königlichen Garde zum König krönte, erhob sich kein Widerspruch; längst war die dynastische Erbfolge etabliert. Dennoch ging Jojada vorsichtig zu Werke. Er versicherte sich zunächst der Tempelwache und vereidigte sie auf den neuen König. Anschließend ließ er den Tempelbezirk absichern und nutzte einen Wachwechsel, um Joas zu salben. Ein solcher Wachwechsel bot sich als unverfänglicher Anlaß an, um möglichst viele Soldaten, ohne Verdacht zu erregen, an einem Ort zusammenzuziehen. Als Athalja in den Tempel kam, glaubte sie, durch ihr bloßes Erscheinen das Blatt noch wenden zu können. Sie wurde jedoch festgenommen, durch die Wache abgeführt und hingerichtet. Ihre Herrschaft blieb Episode. Von weiterem Blutvergießen hören wir nichts, man war allgemein froh, von einer ungeliebten Regentin befreit zu sein.

Durch zwei Verträge sicherten sich die Priester des Tempels und die Repräsentanten des Volkes ihre Rechte, was dadurch erleichtert wurde, daß ihnen ein minderjähriger König als Vertragspartner gegenüberstand. Das eine zwischen König und Volk geschlossene Abkommen regelte innenpolitische Fragen, ein weiteres zwischen Jahwe und dem Volk, jeweils stellvertretend repräsentiert durch Priester und den König, enthielt Bestimmungen über die Staatsreligion (S. 194).

Als der Druck der Aramäer auf Israel unter dem damaligen König Joahas (815–799) beinahe zum Untergang der israelitischen Monarchie führte, fühlte sich Hasael von Damaskus stark genug, auch Juda anzugreifen. Gleichzeitig schloß er ein Bündnis mit den Philistern und versuchte so, Israel in die Zange zu nehmen. Er eroberte Gath, eine judäische Festung aus den Tagen Rehabeams, und bedrohte schließlich die Hauptstadt Jerusalem selbst (2. Kön. 12,17–18). Lediglich das probate Mittel, sich mit Hilfe der stets neu angehäuften Tempelschätze freizukaufen (S. 94, 136), bewahrte Joas von Juda (837–797) davor, wie der israelitische König zum aramäischen Statthalter herabgesetzt zu werden. 797 fand Joas einen gewaltsamen Tod. Die Hintergründe dieses in Jerusalem selten vorkommenden Geschehens bleiben im Dunkeln. Damit war jedenfalls kein genereller Angriff auf die Dynastie der Davididen verbunden, denn ein Sohn Joas', Amazja, fand ohne Schwierigkeiten als Nachfolger Anerkennung. Er konnte sich dank der günstigen außenpolitischen Lage um die Wiederherstellung der alten Staatsgrenzen bemühen. Es gelang ihm sogar, Edom teilweise wieder zu unterwerfen.

Nach diesen temporären Erfolgen begann Amazja einen im Grunde sinnlosen Krieg gegen das Nordreich, als er glaubte, eine Schwächeperiode Israels zur Befreiung Judas aus dessen Bevormundung nutzen zu können. Anlaß dazu bestand in einer Nebensächlichkeit. Amazja hatte für den Krieg gegen Edom Söldner aus Israel angeworben, die er aber nicht bezahlte, weil sie nicht zum Einsatz kamen. Die enttäuschte Soldateska machte ihrem Ärger Luft, indem sie sich in judäischen Städten durch Plünderungen holte, was ihr der König versagt hatte (2. Chr. 25,6–13). Amazja erklärte daraufhin den Krieg. Doch inzwischen hatte sich Israels König Joas vom Druck der Aramäer auf sein Land befreien und Rüstungen in Angriff nehmen können. Er schlug das judäische Heer bei Beth Semes vernichtend und nahm Amazja gefangen (2. Kön. 14,11–14). Woran vorher der Pharao Schoschenk und Hasael von Damaskus und später der Assyrerkönig Sanherib nicht interessiert waren, dazu führte nun die alte Feindschaft zwischen beiden hebräischen Monarchien: zur Einnahme der judäischen Hauptstadt Jerusalem durch israelitische Truppen. Die Eroberer schleiften einen Teil der Mauern und plünderten die Stadt und den Tempel, ohne Pietät gegenüber diesem Heiligtum walten zu lassen. Erst als Amazja sich bereit erklärte, Geiseln zu stellen, kam er frei. Dieser Tiefpunkt in der bisherigen Geschichte Judas bedeutete für Israel den klarsten Erfolg, den es über seinen südlichen Nachbarn je errungen hat.

Nach der Demütigung Judas durch Israel brach 769 gegen Amazja in Jerusalem ein Aufstand los, der den König zwang, aus der Stadt zu fliehen und sich nach Lachis zurückzuziehen. Aber er wurde unter ähnlich mysteriösen Umständen wie zuvor sein Vater ermordet (2. Kön. 14,19). Wenngleich wir im Ärger über die Unfähigkeit des Königs die Motive für den Anschlag vermuten können, nennt das Alte Testament die Gründe nicht. Derartige Ereignisse paßten nicht in das Konzept der gottgewollten davidischen Dynastie, also verschwiegen die biblischen Erzähler die unliebsamen Einzelheiten.

Auch dieses Mal richtete sich freilich der Anschlag nicht gegen die Dynastie an sich, denn Ussia folgte seinem Vater auf den Thron. Unter seinem Thronnamen Asarja regierte er bis 741. Da die Könige Israels ihre

Anstrengungen auf die Sicherung des eigenen Landes konzentrieren mußten und die Kraft des Aramäerreiches durch die einsetzende assyrische
Expansion für immer gebrochen worden war, nahm Juda nun einen
sichtbaren Aufschwung. „Es füllte sich das Land mit Silber und Gold,
kein Ende nahmen die Schätze. Es füllte sich das Land mit Pferden, kein
Ende nahmen die Streitwagen" (Jes. 2,7). Asarja sicherte erneut den
Zugang seines Landes zum Roten Meer und baute Elath aus, das nach
dem Tode Josaphats verlorengegangen war. Jabne, die Philisterstadt,
konnte von Asarja zwar um 750 erobert, aber nicht gehalten werden.
Der Versuch, zum Mittelmeer vorzustoßen, scheiterte vorläufig (S. 138).

Jerusalem erhielt neue Befestigungsanlagen, die nach der teilweisen
Zerstörung durch die Israeliten notwendig geworden waren. Die Armee
wurde umorganisiert und neu ausgerüstet. Der Handel mit Tyros und
Sidon blühte wieder auf. In den südlichen Städten legte man Zisternen
und Wachttürme an, um große Viehherden halten und beschützen zu
können; der Negeb war dichter denn je in der Geschichte Judas besiedelt.
Das Handwerk erlebte einen Aufschwung, so etwa die Web- und Färber-
betriebe in Debir; ferner entstanden königliche Töpfereien in zahlreichen
Städten. Dieser Aufschwung begann unter Asarja und setzte sich unter
seinem Sohn Jotham fort. Er war seit 756 zum Mitregenten aufgerückt,
als seinen Vater eine schwere Krankheit, nämlich der Aussatz, befiel; ab
741 übernahm er seine Nachfolge. Diese jahrzehntelange Friedensperio-
de, die Juda zu neuem Wohlstand verholfen hatte, sollte aber unter seiner
Regierung ein Ende finden. Das Land mußte bittere Rückschläge hin-
nehmen.

2. Vorherrschaft Assurs

Entscheidende Auswirkungen auf die weitere Entwicklung Judas hatte
der Plan Pekachs von Israel und Rezins von Damaskus, sich zu einem
gemeinsamen Vorgehen gegen Assur zu verständigen. Zu diesem Zweck
hielten sie Ausschau nach Verbündeten (S. 116). Nachdem sich die Philister und Edomiter angeschlossen hatten, hofften sie auch auf die Unterstützung Judas, das sich allerdings verweigerte. Damit hätten die Verbündeten eine neutrale oder ihnen gar feindlich gesonnene Macht im
Rücken gehabt und versuchten daher, Juda mit Gewalt auf ihre Seite zu
ziehen. Israeliten und Aramäer drangen von Norden in Juda ein und
belagerten Jerusalem. Diese Krise nutzten die Edomiter und brachten
Elath an Edom zurück, das sich nun endgültig von Juda löste. Damit
fand die Herrschaft Judas über den nördlichen Teil des Golfs von Elath
ihr Ende. Nur wenigen Königen war es gelungen, das 240 Kilometer von
Jerusalem entfernte, durch 170 Kilometer Steppe und Wüste getrennte

Gebiet zu kontrollieren. Im Westen fielen die Philister, die auf ihre alten Gebiete weiterhin Anspruch erhoben, in den Negeb ein und eroberten Beth Semes sowie einige Grenzstädte.

Diese verzweifelte Lage Judas ließ König Ahas (734–715), der mittlerweile regierte, einen verständlichen Schritt tun: Er wandte sich an die Assyrer. Ahas sah sich nicht nur der gemeinsamen Front Pekachs und Rezins gegenüber, und diese waren auch nicht die „zwei rauchenden Stummeln Brennholz", als die Jesaja sie beschrieb (7,4). „Ich bin dein Diener und dein Sohn" (2. Kön. 16,7), schrieb Ahas an Tiglatpilesar. Der assyrische König, ohnehin auf dem Weg nach Süden, griff 733 Israel und ein Jahr später Damaskus an. Damit war die Gefahr für Juda beseitigt. Ahas aber mußte den Assyrern für diese Hilfe Tribute entrichten und trat in ein Vasallenverhältnis ein. 732 erschien er persönlich in Damaskus vor Tiglatpilesar. Nach dem Vorbild eines dort stehenden Altars ließ er im Tempel von Jerusalem durch den Oberpriester einen ähnlichen errichten: „Nun zog der König Ahas zur Begegnung mit Tiglatpilesar, dem König von Assur, nach Damaskus. Und als er den Altar in Damaskus sah, sandte er dem Priester Urija die Maße und das Modell des Altars, genau nach seiner Bauart. Und der Priester Urija baute den Altar, genau nach der Weisung, die der König Ahas von Damaskus aus gesandt hatte" (2. Kön. 16,10–11). Ahas genügte dadurch seiner Untertanenpflicht. Er hatte die assyrische Oberhoheit in einem Vertrag anerkannt und damit auch den Reichsgott Assur als den assyrischen Garanten des Vertrags. Gleichzeitig ließ Ahas seinen privaten Eingang zum Tempel schließen, um symbolisch anzudeuten, daß er nicht mehr der Herr des Tempels war. Darüber hinaus folgte er dem Beispiel vieler seiner Vorgänger und Nachfolger und strebte einen weitgehenden Synkretismus an. Wie in der Antike allgemein üblich, versicherte er sich der Hilfe zahlreicher Götter; um ein Gelübde einzulösen, soll er sogar seinen eigenen Sohn geopfert haben (16,3).

Als die Hauptstadt Samaria 721 erobert wurde und Israel zu existieren aufhörte, strömten zahlreiche Einwohner nach Süden. Als Folge des Zustroms der israelitischen Asylanten wuchs Jerusalem explosionsartig auf das Drei- bis Vierfache seiner bisherigen Fläche an. Für diese „Fremdlinge, die aus Israel gekommen waren" (2. Chr. 30,25), errichtete man außerhalb der David- und Salomostadt auf dem Westhügel Jerusalems ein großes Wohngebiet mit starken Befestigungen. Nun wandelte sich die Stadt zum einzigen geistigen Zentrum der Hebräer. Auf dieser Grundlage gewann Jerusalem nach dem Untergang auch der judäischen Monarchie eine nahezu mystische Bedeutung, und die späteren Propheten wurden nicht müde, Jerusalem immer mehr zu verklären.

In Juda fanden nun israelitische Traditionen, welche die Flüchtlinge aus dem Norden mitbrachten, Verbreitung. Aus dem Alten Testament gehört hierzu vor allem das deuteronomistische Geschichtswerk (S. 189). So überlebte Israel im Staat Juda und seltsamerweise auch deswegen, weil Juda unter Ahas Israel mit Hilfe Assurs widerstanden hatte.

Mit dem Fall von Damaskus (732) und Samaria (721) verschwanden diejenigen Kleinstaaten, die bisher einen Puffer zwischen Assyrien und Juda gebildet hatten. Nur noch wenige Kilometer nördlich von Jerusalem schalteten bereits assyrische Statthalter und Beamte (s. Abb. 13, S. 118). Folgerichtig führte der König Hiskia (715–697) zunächst die Politik seines Vorgängers Ahas weiter und entrichtete Assyrien Tribut. Er war es wohl, in dem Jesaja den ‚Friedensfürsten‘ auf dem Thron Davids sah (Jes. 9,2–7). Juda befand sich infolge seiner Gebirgslage abseits der wichtigen Kriegsschauplätze. Unter der Berücksichtigung der Worte des Jesaja „im Stillhalten und Vertrauen liegt eure Kraft" (30,15) hätte es als Staat überleben können; aber Juda hielt nicht still.

Einflußreiche Strömungen im Land richteten sich gegen die politische, wirtschaftliche und kulturelle Bevormundung durch die Assyrer. Doch mochten auch manche Propheten noch so sehr gegen den angeblichen Abfall vom Jahwe-Glauben wettern, entscheidend war und blieb die politische Situation. Zweifellos häuften sich in diesen Jahrzehnten die messianischen Weissagungen, wuchs in prophetischen Kreisen das Verlangen nach einem mächtigen und starken König, nach einem David würdigen Nachfolger, sogar nach einer Neuauflage des davidischen Großreiches. Am Ausgang des 8. Jahrhunderts blieben solche Fälle pure Träumereien, denn die Machtmittel, sie zu realisieren, standen nicht zur Verfügung. Das Interesse der alttestamentlichen Geschichtsschreibung an Prophetie und Jahwe-Kult überdeckt doch häufig die wirklich betriebene Politik des Königs und des Hofes, die wohl auch weitgehend von der Bevölkerung getragen wurde. Die Entwicklung Judas mußte sich unweigerlich an dem mächtigen Assyrerreich ausrichten. So erhielt der zweifellos vorhandene Wunsch nach Freiheit in Juda erst durch die scheinbare Schwäche Assurs neuen Auftrieb. Sargon II. (722–705) war in den letzten eineinhalb Jahrzehnten seiner Regierungszeit damit beschäftigt, seine Herrschaft nach innen und außen zu stabilisieren. Dies ließ bei den Vasallen die Hoffnung keimen, Assur werde einem Abfall nichts entgegensetzen können.

So kam es auch in Juda unter Hiskia zu ersten antiassyrischen Aktionen. Seit 713 war die Philisterstadt Asdod Herd des Widerstandes, wo Thronwirren in diesem Jahr zur Einstellung der Tributzahlungen an den Großkönig führten (TUAT 1, 4, 380.384). Sargon berichtet, daß der Aufstand weitere Kreise zog und bald auf Juda, Edom und Moab übergriff. Wie so häufig in diesen Jahrzehnten richtete sich die Hoffnung bei derartigen Aufständen gegen Assur auf eine Allianz mit Ägypten. Hier hatte 712 mit dem Pharao Schabaka die 25., eine neue

starke äthiopische Dynastie das Heft in die Hand genommen und betrieb dabei eine energische Politik.

Schabaka ließ zunächst in den syrisch-palästinensischen Staaten son-
dieren, seine äthiopischen Gesandten sprachen auch in Jerusalem vor.
Jesaja beschreibt die fremdartigen Gestalten aus dem „hochgewachsenen
und blanken Volke" (18,2). In Juda warnte indessen eine skeptische
Mehrheit vor jeder Beteiligung am Aufstand und vor vorschnellem Vertrauen auf ägyptische Hilfe; ihre Sichtweise tritt uns in den Prophezeiungen des Jesaja entgegen. Jesaja verstärkte seine Mahnungen durch spek-
takuläre Handlungen, indem er zum Beispiel in der damaligen ‚Sträf-
lingstracht' der Kriegsgefangenen, wie sie ein Relief des Bronzetores Salmanassars III. zeigt, nämlich nackt durch die Straßen Jerusalems ging
(Abb. 15). Die Front der Skeptiker setzte sich noch einmal durch, und so
stand Juda bei dem Aufstand der philistäischen Stadtkönige 713 abseits.
Ganz ohne Sympathien für das Unternehmen war Hiskia allerdings
schon damals nicht, denn er belieferte Asdod offenbar mit Vorräten.

Abb. 15. Assyrisches Bronzerelief: Nackte Kriegsgefangene

Der Ausgang der Revolte gab den Skeptikern recht, die Hilfe der Ägypter erwies sich als völlig unzureichend. Als Sargon 711 den Aufstand in
Asdod niederschlagen ließ und dessen König an den Nil floh, lieferte ihn
der Pharao sogar an den Assyrer aus. Der Ägypter entpuppte sich als
„geknickter Rohrstab, der dem, der sich darauf stützt, in die Hand
dringt" (2. Kön. 18,21). Asdods Könige blieben in der Folgezeit loyale
Vasallen Assurs. Die Stadt wurde Hauptort einer nach ihr benannten
assyrischen Provinz. Juda zahlte weiterhin pünktlich den Tribut, und
somit zeitigte der Kriegszug Sargons, der die assyrische Macht nun auch
im Westen bedrohlich nahe an judäisches Gebiet ausgedehnt hatte, für
das Land keine Folgen. Doch allzu lange hielt die Wirkung dieses historischen Lehrstücks nicht an.

Sargon starb 705, und es ergab sich das sattsam bekannte Bild: Abfall-bewegungen kennzeichneten die Situation in nahezu allen Reichsteilen; die Vasallen in Syrien/Palästina hielten wieder einmal die Stunde der Befreiung für gekommen und stellten die Tributzahlungen ein. Nun machte auch Hiskia ernst. In Juda hatten sich die Mehrheitsverhältnisse geändert. Zwar gab es immer noch Kreise, die vor dem Unternehmen warnten, und Jesaja blieb seiner Überzeugung treu, aber dies sicherte ihm lediglich späteren Nachruhm, weil er mit seinen düsteren Prognosen recht behalten sollte. Durch die Beseitigung des Kultes des assyrischen Reichsgottes Assur und die Einbehaltung der Tribute kündigte Hiskia das Vasallitätsverhältnis auf (2. Kön. 18,7). Der deuteronomistische Redaktor pries diese Tat als Kultreform, doch standen die kultischen Maßnahmen nicht im Vordergrund, denn es ging vor allem um die Verringerung der drückenden finanziellen Belastungen.

Partner fand Hiskia in einigen Philisterstädten. In Askalon verbündete sich der Stadtkönig mit Jerusalem, während Padi, der König von Ekron, in weiser Zurückhaltung seine Teilnahme verweigerte. Aber sowohl die Aristokratie als auch die breite Bevölkerung stellte sich gegen ihren König, schloß sich dem antiassyrischen, von Ägypten propagandistisch unterstützten Aufstand an und lieferte Padi als Gefangenen an Hiskia aus (TUAT 1, 4, 389).

Gaza, das gleichfalls Assur die Treue halten wollte, wurde von Hiskia verwüstet (2. Kön. 18,8). Bei dem Aufstand von 705 kam dem judäischen König eine entscheidende Rolle zu. Dies äußerte sich auch darin, daß Gesandte aus Babylonien mit Briefen und Geschenken nach Jerusalem kamen und dort die Schatzkammer und die Waffenarsenale besichtigten (Jes. 39,1–2); man sprach zusammen die militärischen Aktionen ab. Erneut sagten auch die Ägypter Hilfe zu.

Hiskia verbesserte in vielen Städten die Verteidigungsanlagen und ließ in zahlreichen Garnisonen Lebensmittel lagern. Auch in Jerusalem verstärkte er die alte Stadtmauer und versah sie mit neuen Türmen. Ferner legte man Wasserreservoire an. In diesem Zusammenhang wurde der berühmte Siloah-Tunnel gegraben, der das Wasser der Gihon-Quelle im Kidrontal in das Innere der Stadt leitete. Die Arbeiten führten zwei Bautrupps aus, die sich einander im Gestein entgegenarbeiteten. An der Stelle, an sie aufeinandertrafen, brachte man voller Stolz folgende Inschrift an (TGI 66): „[Vollendet wurde] der Durchbruch. Und so verhielt es sich mit dem Durchbruch: Als noch [die Steinhauer schwangen] die Beilhacken, jeder auf seinen Genossen zu, und als noch drei Ellen zu durchschlagen [waren, wurde gehö]rt die Stimme eines jeden, der seinen Genossen rief, denn es war ein Spalt im Felsen von rechts nach [links]. Und am Tage des Durchbruchs schlugen die Steinhauer jeder auf seinen Genossen zu, Beilhacke gegen Beilhacke. Da floß das Wasser vom Ausgangsort zum Teich an 1200 Ellen (553 m); und 100 Ellen betrug die Höhe des Felsens über den Köpfen der Steinhauer."

Von den Verteidigungsanstrengungen Hiskias geben ferner die ausgegrabenen Überreste von Lachis, der zweitwichtigsten Stadt des Reiches, ein beredtes Zeugnis. Im 9. Jahrhundert war Lachis zur Garnisonsstadt ausgebaut worden, die verhältnismäßig lange Zeit diesen Zweck erfüllte. Nach einem einheitlichen architektonischen Konzept war sie in monumentaler Größe erbaut. Ihren höchsten Punkt krönte eine mächtige Palastfestung, die Ställe und Magazine flankierten. Die Stadt war umgeben von einer Mauer, zu der ein massiver Torkomplex gehörte, der größte, der bisher auf dem Gebiet der ehemaligen hebräischen Monarchien gefunden wurde.

In dem großangelegten und sorgfältig vorbereiteten Aufstandsplan Hiskias gegen Assur kam folglich Lachis eine zentrale Rolle zu. Ein Schacht sollte innerhalb der Stadt Zugang zu großen Wasserzisternen ermöglichen, ein ähnliches Projekt wie in Jerusalem; in Lachis blieb es unvollendet. In der Festung in Lachis lagerte man große Mengen an Nahrungsmitteln, um der zu erwartenden Belagerung standhalten zu können. Gegen vierhundert Krughenkel mit Stempeln der königlichen Verwaltung (s. Abb. 24, S. 162) wurden in Lachis gefunden, bei keiner anderen Ausgrabungsstätte sind bislang auch nur halb so viele zutage getreten. Lachis schien somit gegen den Ansturm der Assyrer gerüstet zu sein.

Der Nachfolger Sargons, Sanherib (705–681), mußte erst Aufstände im Zweistromland und im Osten seines Reiches niederwerfen, bevor er sich 701 zu seinem bekannten Feldzug nach Palästina aufmachen konnte. Zunächst fiel Tyros; dieser Sieg machte einen so großen Eindruck, daß die Herrscher von Byblos, Asdod, Moab, Edom und Ammon in Scharen zu Sanherib eilten und Tribute ablieferten (TUAT 1, 4, 388).

Anschließend zog Sanherib nach Süden, schlug bei Eltheke das ägyptische Expeditionsheer, das den südpalästinensischen Aufständischen zu Hilfe kommen sollte, und eroberte Askalon und Ekron, an dessen Verteidigung, wie dort gefundene, aus judäischer Produktion stammende Vorratsgefäße zeigen, sich Hiskia beteiligte. Die Rache des Assyrers war furchtbar (TUAT 1, 4, 389): „Ich näherte mich Ekron. Die Statthalter und Fürsten, die Vergehen begangen hatten, tötete ich, an die Türme der ganzen Stadt hängte ich ihre Leichen. Die Einwohner der Stadt, die Sünde und Frevel begangen hatten, zählte ich als Beute. Die übrigen von ihnen, die nicht durch Sünde und Frevel belastet waren, die sich als schuldlos erwiesen, befahl ich freizulassen. Padi, ihren König, holte ich aus Jerusalem heraus und setzte ihn (wieder) auf den Thron der Herrschaft über sie. Abgabe an meine Herrschaft legte ich ihm auf."

Schließlich wandte sich Sanherib gegen Hiskia (ebd.): „46 mächtige ummauerte Städte sowie die zahllosen kleinen Städte ihrer Umgebung belagerte und eroberte ich durch das Anlegen von Belagerungsdämmen, Einsatz von Sturmwiddern, Infanteriekampf, Untergrabungen, Breschen und Sturmleitern. 200150 Leute, groß und klein, männlich und weiblich, Pferde, Maultiere, Esel, Kamele, Rinder und Kleinvieh ohne Zahl (das heißt dies alles zusammen machte die Zahl 200150 aus) holte ich aus ihnen heraus und zählte sie als Beute. Ihn (Hiskia) selbst schloß ich gleich einem Käfigvogel in Jerusalem, seiner Residenz, ein. Schanzen warf ich gegen ihn auf, und das Hinausgehen aus seinem Stadttor verleidete ich ihm."

Die Belagerung von Lachis leitete Sanherib persönlich. Die berühmten Reliefs aus Ninive zeigen die Stadt und das Geschehen in einer Art Bildreportage. Die Reliefs lassen das assyrische Heer erkennen, das mit Bogenschützen und Steinschleuderern gegen die Stadtmauer vorrückt.

Abb. 16. Assyrisches Relief: Eroberung von Lachis – Schleuderer und Bogenschützen

Im Brennpunkt des Geschehens standen das Stadttor und die große assyrische Belagerungsrampe. Sie war, nach den heutigen Resten zu urteilen, an ihrem Fußpunkt etwa 55 bis 60 Meter und an der Mauer noch mindestens 10 Meter breit. Auf ihr wurden die mobilen Rammböcke herangeschoben, die Scharen von Infanteristen begleiteten.

Auf die Rammböcke prasselte von den Mauern ein Hagel von Wurfgeschossen nieder; das ganze Umfeld der Rampe erwies sich bei den Ausgrabungen mit Pfeilspitzen und Schleudersteinen übersät. Doch aller Widerstand blieb vergeblich.

Zusätzlich zu den Kampfschilderungen zeigen die Reliefs, wie die Ge-

fangenen der Garnison vor Sanherib geführt wurden, der vor seinem
Zeltlager thronte.

Abb. 17. Assyrisches Relief: Belagerungsrampe der Assyrer

Abb. 18. Assyrisches Relief: Hebräische Gefangene vor dem assyrischen König

Die Legende sagt: „Sanherib, König der Welt, König von Assyrien,
setzte sich auf einen Thronsessel, und die Beute von Lachis zog vor ihm
vorbei" (TUAT 1, 4, 391). Nach diesem Vorbeimarsch wurden zahlreiche Aufständische hingerichtet. Von den Opfern dieser Hinrichtung und
des vorhergehenden Kampfes zeugt ein Massengrab aus dieser Zeit, das
die Gebeine von mindestens 1500 Leuten enthält, die von Tierknochen
und anderen Abfällen bedeckt sind. Weitere Personen wurden in die
Verbannung geschickt. Männer, Frauen und Kinder, ihre Bündel ge-

schultert, weitere Habseligkeiten auf zweirädrige Ochsenkarren geladen, verließen, von assyrischen Soldaten bewacht, das Land.

Nun war die Hauptstadt Jerusalem isoliert „wie ein Schattendach im Weinberg, wie eine Hütte im Gurkenfeld" (Jes. 1,8). Hiskia bot daraufhin noch rechtzeitig die Unterwerfung an. Sanherib gewährte sie unter Auferlegung eines gewaltigen, gegenüber früher erhöhten Tributes, und Hiskia durfte seine Krone behalten. „Zum früheren Tribut, ihrer jähr-

Abb. 19. Assyrisches Relief: Wegführen der Beute

lichen Gabe, fügte ich eine Abgabe als Geschenk für meine Herrschaft hinzu und legte ihnen diese auf. Jenen Hiskia warf die Furcht vor dem Schreckensglanz nieder ... Seine Elitetruppen, die er zur Verstärkung seiner Residenz Jerusalem hineingebracht und als Hilfstruppen angeworben hatte, ließ er zusammen mit 30 Talenten Gold, 800 Talenten Silber, erlesenem Antimon, großen Blöcken ... Stein, Betten aus Elfenbein, elfenbeinernen Lehnsesseln, Elefantenhaut, Elfenbein, Ebenholz, Buchsbaumholz, allerhand wertvollen Schätzen (Silber und das übrige machten 800 Talente aus) sowie seinen Töchtern, seinen Palastfrauen, Sängern und Sängerinnen nach Ninive, der Stadt meiner Herrschaft, hinter mir herbringen. Um Abgabe abzuliefern und Untertänigkeit zu bezeugen, schickte er seinen Gesandten" (TUAT 1, 4, 390).

Die Beschränkung von Hiskias Herrschaftsbereich auf den Stadtstaat von Jerusalem stellte eine weitere drastische Strafe dar. Sanherib belohnte Padi von Ekron und Gaza für die ihm gegenüber gezeigte Loyalität, indem er ihre Territorien auf Kosten des judäischen Staatsgebietes vergrößerte. Für ein dreiviertel Jahrhundert verwalteten fortan die Könige in Jerusalem die assyrische Provinz Juda. Nach 701 kehrte in Jerusalem und in seiner Umgebung der Alltag eines assyrischen Randstaates ein, dessen Geschichte wie so häufig im dunkeln bleibt.

Die Tatsache, daß Jerusalem nicht erobert und schon gar nicht zerstört worden war, also nicht das Schicksal so vieler Städte jener Zeit geteilt hatte, wurde als Wunder angesehen. Den Abzug der Assyrer, wie so oft mit Tributen erkauft, führte man auf das Eingreifen Gottes zurück (2. Kön. 19,20–37), dessen Hilfe für die Hebräer die Alten in ihren Erzählungen unermüdlich priesen: In Jerusalem befand sich Jahwes Heiligtum, die Stadt stand unter seinem Schutz. Was um 700 noch niemand ahnen konnte, trat ein: Jerusalem vermochte sich noch ein weiteres Jahrhundert zu behaupten. Gerade diese Zeit trug zum endgültigen Erfolg des Jahwe-Kultes unter den Hebräern entscheidend bei.

Nachdem der Assyrerkönig 701 von Jerusalem weggezogen war und vorher den Vasalleneid von Hiskia empfangen hatte, stand die assyrische Herrschaft festgefügt. Für lange Zeit schien jeder Aufstandsversuch zwecklos. Jahr um Jahr führte Juda seinen Tribut nach Ninive ab, und der Altar für den Gott der Übermacht, den Gott Assurs, stand im Tempel von Jerusalem. Während der langen Regierungszeit von Hiskias Nachfolger Manasse (697–642) lag die Oberhoheit in Juda und der Hauptstadt bei den Assyrern. Manasse mußte neben den Tributzahlungen für die Feldzüge der Assyrer Truppen stellen. Asarhaddon (681–669) nennt ihn unter den zweiundzwanzig Königen, von denen er Baumaterial anforderte (TUAT 1, 4, 397), und unter Assurbanipal (669–626) beteiligte sich der judäische König an einem Feldzug gegen Ägypten (ANET 294). Für Manasse blieb es ein Gebot der Selbsterhaltung, daß er jede nationale und damit antiassyrische Regung am Jerusalemer Hof und somit jeden Widerstand gegen seine Politik sofort unerbittlich unterdrückte. Daher warfen ihm die Königsbücher vor, Jerusalem sei wie eine „übervolle Schale bis an den Rand mit Blut gefüllt" gewesen (2. Kön. 21,16). Der Lohn für Manasses Treue zu Assur blieb nicht aus, er erhielt die im Jahre 701 abgetrennten Landschaften Judas zurück und konnte die Stadtmauer Jerusalems weiter ausbauen. In seine Regierungszeit fiel auch der größte Triumph des assyrischen Weltreiches: die Einnahme des ägyptischen ‚hunderttorigen' Theben durch Assurbanipal 664, ein Ereignis, das die damalige Welt aufhorchen ließ.

Manasse machte die unter seinem Vater getroffenen kultischen Maßnahmen rückgängig und ließ deren Urheber hinrichten. Nach der Legende soll auch Jesaja den Mut seiner Prophezeiungen mit dem Leben bezahlt haben. Rasch breiteten sich in Juda die alten Götterkulte wieder aus. Der Prophet Micha sprach davon, diese Zeit sei von der Art Omris und Ahabs gewesen (6,16; 2. Kön. 21,3), das heißt, das Kanaanäertum sicherte sich in Juda wieder seinen gleichberechtigten Platz.

Solche Maßnahmen hatten einen religiösen Synkretismus zur Folge, der kaum noch übertroffen werden konnte (S. 194). Hinzu kam, daß dies während der Herrschaft eines Königs geschah, der nach fünfundfünfzig Jahren die längste Regierungszeit aller judäischen Herrscher erlebte. Dies alles schildert der deuteronomistische Redaktor mit deutlichem Abscheu: Manasse sei der schlechteste König gewesen, der je auf Davids Thron gesessen habe (2. Kön. 21,2.9). In der Regierungszeit dieses Herrschers wurden sicherlich auch einige neue assyrische Elemente in die breite Palette kultischer Möglichkeiten eingeführt, vieles aber war seit langem vorhanden, offen oder stillschweigend geduldet. Daß es gegen die gesamte Politik Manasses stets Widerstand gab, zeigte sich rasch nach seinem Tod. Sein Nachfolger Amon fiel bereits nach kurzer Zeit einem Attentat zum Opfer (21,23–24): „Da zettelten die Diener Amons eine Verschwörung gegen ihn an und töteten den König in seinem Palast. Doch die Bevölkerung erschlug alle, die sich gegen den König Amon verschworen hatten, und machte seinen Sohn Josia zum König an seiner Statt."

3. Restaurationsprogramm des Josia

Die größte Machtausdehnung erreichte Assur während der Regierungszeit Sanheribs, der sogar einen Teil Ägyptens hatte erobern können; bereits ein halbes Jahrhundert später erfolgte jedoch der rasche Zusammenbruch der assyrischen Herrschaft. Assurbanipal (669–626) gelang es zwar mehrfach, Aufstände, die vor allem in Babylonien ausbrachen, niederzuhalten, aber 626 löste sich Babylon aus dem Reich und machte sich schließlich unter einer einheimischen Dynastie selbständig. Der Chaldäer Nabopolassar begründete dieses neue babylonische Königtum. Meder und skytische Bevölkerungsgruppen vervollständigten den Kreis der Gegner, denen Assur letztlich erlag. 612 fiel die assyrische Königsstadt Ninive den Angreifern in die Hände. Als 610 der Restbestand des einstigen Großreiches, die Stadt Harran im westlichen Mesopotamien, unterging, hörte das assyrische Reich zu existieren auf.

In dieser Phase hatten die ägyptischen Herrscher versucht, ein Restassur am Leben zu erhalten, das ihnen als Prellbock gegen die aus dem Osten andrängenden Mächte der Meder und Babylonier dienen sollte. Der Pharao Necho II. (610–595) eilte daher dem letzten assyrischen König zu Hilfe, kam jedoch zu spät. Allerdings griff damit Ägypten für kurze Zeit wieder in das Schicksal des syrisch-palästinensischen Raumes ein (S. 142).

Der Untergang Assurs rief in den Randzonen des einstigen Machtbereiches die unvermeidlichen Abfallerscheinungen hervor. Dies traf auch in Juda zu. Der König, der diese Loslösung in den Jahren der Agonie des assyrischen Reiches konsequent verfolgte, war Josia. Als Achtjähriger bestieg er 640 den Thron, nachdem sein Vater Amon nach kurzer Regierungszeit einer Palastrevolte zum Opfer gefallen war. Wann Josia die Abkoppelung von Assur vollzog, ist nicht überliefert; sicherlich werden wir als Zeitpunkt das Erreichen seiner Volljährigkeit zugrunde legen können. Damit bietet sich als Datum der Regierungswechsel in Ninive nach dem Tode Assurbanipals 626 an. Als Ninive 612 sogar erobert wurde, bestand in Juda für die breite Bevölkerung kein Zweifel mehr daran, daß die Verwirklichung eines messianischen Reiches unmittelbar bevorstand. Vor diesem Hintergrund wird die Politik des jungen Josia begreiflich.

Die Aufkündigung des Vasallitätsverhältnisses begann wie stets in solchen Fällen mit der Vertreibung von assyrischen Beamten, mit der Einstellung der Tributzahlungen und mit der Entfernung des assyrischen Staatskultes aus dem Jerusalemer Heiligtum. Schritt für Schritt erkämpfte Josia die politische Selbständigkeit für sein Land zurück. Juda war zu unbedeutend und Assur zu geschwächt, daher blieben diese Unternehmungen zunächst folgenlos.

Josia sah diese Maßnahmen nur als einen Anfang; seine Ambitionen gingen nämlich weit über das Ziel der angestrebten bloßen Autonomie Judas hinaus. Seine politischen und militärischen (S. 163) Aktionen deuten darauf hin, daß er seinen Staat im Innern neu organisieren wollte und sich den Umfang des davidischen Staatsgebietes zum Ziel gesetzt hat. Die außenpolitische Lage begünstigte – zumindest für knapp fünfzehn Jahre – seine Projekte; und da Josia seine beschränkten Machtmittel vorsichtig einsetzte, errang er Beachtliches. Sein erstes Ziel richtete sich auf die Eroberung der assyrischen Provinz Samaria. Erster sichtbarer Erfolg wurde die Zerstörung des Heiligtums in Bethel, das in Jerusalem noch als Symbol des israelitischen Königtums galt. Systematisch dehnte Josia nun sein Reich aus. Außer dem südlichen Teil der assyrischen Provinz Samaria eroberte er im Westen das Gebiet der einstigen Philisterstadt Ekron. Was Asarja mit der Einnahme von Jabne 750 versucht hatte und woran er damals gescheitert war, gelang Josia. Er erreichte im Zuge seiner militärischen Erfolge das Mittelmeer, wenngleich ihm die größeren Städte wie Askalon verschlossen blieben. Im Osten gliederte er Teile der assyrischen Provinz Gilead seinem Territorium ein. Damit geriet zunächst sein Vormarsch ins Stocken. Das soeben beschriebene Territorium fand mit seiner Bezirksaufteilung in einem anachronistischen Rückgriff Eingang in das Buch Josua (13–22).

Später dehnte Josia seinen Aktionsradius weiter aus. In allen Städten von Samaria, das heißt in der gesamten ehemaligen assyrischen Provinz, soll er die Höhenheiligtümer beseitigt haben. Schließlich stand er an der Grenze der Provinz von Megiddo, auf die er zuletzt übergriff. Der judäische König versuchte, seine Eroberungen durch das Anlegen von Festungen an den weit vorgeschobenen Grenzen Judas zu sichern. In einigen dieser Festungen gefundene Keramik aus griechischer Produktion legt den Schluß nahe, daß Josia wie andere Herrscher seiner Zeit dort nicht nur einheimische Soldaten, sondern auch griechische Söldner aus Kleinasien stationiert hatte.

Hinter dieser Eroberungspolitik des Königs, hinter dem neuen Großreichsprojekt, stand ein Gesamtkonzept, das Pläne für Herrschaft und Kult umfaßte. Machtpolitische Überlegungen, keineswegs kultpolitische standen dabei im Vordergrund. Josias Reform hatte nicht primär die Bekämpfung des Synkretismus und die Durchsetzung der ausschließlichen Verehrung Jahwes im Sinne der nachexilischen Bundestheologie (S. 205) zum Ziel. Allerdings zerfiel der politische Besitzstand, den Josia sich gesichert hatte, rasch buchstäblich in nichts, während die kultischen Aspekte alle Zeitläufe überdauerten.

Dieses Konzept Josias ging von der Idee eines einheitlichen Reiches unter einer einheitlichen Führung aus, von einem Reich, das dem Schutz eines Gottes unterstellt war, den es in einem einheitlichen, in einem einzigen Kult feierte. Dieses Programm brachte Flavius Josephus in seiner Streitschrift ‚Gegen Apion‘ (2,193) um 100 n. Chr. auf die klassische Formel: „Ein Tempel, der allen gemeinsam ist, für den einen Gott, der allen gemeinsam ist." Daher ist im Alten Testament den innenpolitischen Maßnahmen, den religiösen Ordnungen Josias weit mehr Aufmerksamkeit gewidmet als seinen militärischen Erfolgen.

In seinem 18. Regierungsjahr kam bei Restaurierungsarbeiten im Tempel angeblich ein Gesetzbuch zutage (2. Kön. 22,3–20). Diese Fundgeschichte war sicherlich kein frommer Betrug. Man suchte in dieser Zeit nach alten Vorbildern (S. 141), und so fand man, was man suchte, indem man Altes neu entdeckte. Dieses Gesetzbuch war allerdings kein für diesen Zweck angefertigtes Werk, sondern umfaßte alte Traditionen, die unter vereinheitlichenden Gesichtspunkten neu zusammengestellt worden waren. Aktuell dürfte allerdings die am Anfang des Buches auftauchende Forderung nach nur einer Kultstätte gewesen sein. Das Programm, das ideale Züge aufwies, stammte aus Israel; dort hatte man es entworfen, als man nach 721 aller staatlichen Zwänge ledig war. Es machte somit israelitische Traditionen für Juda verbindlich und verhalf, indem es unter anderem das frühe gemeinsame Handeln aller Hebräer betonte, der Autorität des Mose als Gesetzgeber zum Durchbruch, eine Vorstellung, die nach dem Ende auch der judäischen Monarchie ihre volle Entfaltung erlebte. Dieses Werk vereinte eine Sammlung von

Rechtssätzen, die mit predigtartigen Ausführungen versehen waren und als mosaisch ausgegeben wurden. Die spätere deuteronomistische Darstellung verstand im nachhinein die Maßnahmen des Josia als eine Bestätigung ihrer Vorstellungen.

Es ging vor allem darum, die hebräische Gottesverehrung gegen das kanaanäische Kultwesen abzugrenzen, eine Aufgabe, der sich immer schon jahwistische Kreise in Israel gewidmet hatten. Mit diesem Gesetzbuch begann die endgültige Durchsetzung des Jahwe-Glaubens, indem die alten hebräischen Traditionen Israels in Jerusalem und durch Jerusalem sanktioniert wurden und somit ihre Wirkung auch in der Zukunft behielten.

Die Grundforderungen lassen sich in drei Kernpunkten zusammenfassen: 1. Jahwe soll nur an einer einzigen Stätte kultisch verehrt werden. 2. Jahwe soll die ungeteilte Verehrung zukommen. 3. Die Hebräer handelten als Gesamtheit von Anbeginn an. Ob das Gesetzbuch mit dieser Intention geschrieben wurde, ist nebensächlich; entscheidend wurde, daß Josia und seine Beamten es so auffaßten und sie sich mit dieser Interpretation in der Folgezeit durchsetzten. Josia leitete aus den in diesem Sinne verstandenen Forderungen die Legitimation für seine zentralen innen- und außenpolitischen Maßnahmen ab.

Wenn alle Hebräer von Anfang an gemeinsam gehandelt hatten, dann war es für den König legitimerweise geboten, die Gemeinschaft aller Hebräer auch politisch wiederherzustellen. Dafür war es notwendig, die auf dem Gebiet des ehemaligen Israel errichteten assyrischen Provinzen zu erobern.

Wenn Jahwe ungeteilt verehrt werden sollte, war es politisch geboten, alle Fremdkulte in diesem neuen Reich auszurotten. Der erste Schlag richtete sich natürlich gegen den assyrischen Kult im Jerusalemer Tempel, aber dabei konnte und wollte Josia nicht stehenbleiben. Zahlreiche Diener anderer fremder Kulte, einschließlich der Priestereunuchen und Prostituierten beiderlei Geschlechts, fanden den Tod.

Wenn schließlich Jahwe nur an einer einzigen Stätte verehrt werden sollte, dann mußten sämtliche bisherigen Jahwe-Heiligtümer, sämtliche hebräischen Opferstätten, die überall im Lande verstreut lagen, beseitigt werden. Dieses Schicksal ereilte das Heiligtum in Bethel ebenso wie zahlreiche lokale Kultstätten; deshalb sind die Jahwe-Priester in Samaria geopfert und verbrannt worden (2. Kön. 23,20). Gerade dies war nun nicht mehr kultische Reform allein, sondern es wurde die Stabilisierung des Reiches angestrebt, die durch eine totale Ausrichtung auf Jerusalem erreicht werden sollte. Die Maßnahmen sind als Ausdruck des neuen nationalen Selbstbewußtseins zu verstehen, das sich nicht nur und primär gegen Assur, sondern gegen die Bewohner des ehemaligen Israel richtete.

Die Beseitigung der zahlreichen Heiligtümer bedeutete einen tiefen Eingriff in das religiöse Leben der Bevölkerung. Deren gesamtes kultisches Handeln konzentrierte sich auf den Tempel in Jerusalem, so daß von nun an die Monarchie in der Tat nur noch über ein kultisches Zentrum verfügte. Das Verschwinden der lokalen Heiligtümer verringerte allerdings die Möglichkeit der Teilhabe an kultischen Feiern und verdrängte somit das religiöse Element zunehmend aus dem alltäglichen Leben. Weite Teile des Volkes waren zu diesem Opfer nicht bereit. Zu Reaktionen auf diese Religionspolitik kam es bald unter Jojakim (609–598), als die Euphorie der josianischen Zeit einen deutlichen Dämpfer erhielt. Jeremia sah die langfristigen Auswirkungen richtig voraus: Die Rückkehr zu den „Pfaden der Vorzeit" bewirke lediglich eine intensive kultische Aktivität. Voller Stolz auf den Besitz der Gesetze Jahwes höre das Volk nicht mehr auf die Worte der Propheten (6,16–21). Nun gewann das Gesetz immer mehr an Einfluß, bis es in exilischer und nachexilischer Zeit zu dem Grundprinzip der Religion, aber auch zu einem Grundproblem wurde: Die rein äußerliche Observanz religiöser Vorschriften versprach automatisch den Schutz Gottes.

Die kultischen Maßnahmen überdauerten die kurzlebigen politischen Erfolge. Die Regierungszeit des Josia hat genügt, um das Heiligtum in Jerusalem als das einzig legitime herauszustellen und die Bedeutung der Hauptstadt über alle Maßen zu erhöhen. Der Tempel in Jerusalem stieg zum Zentrum der religiösen Verehrung auf, und er blieb es für die Juden über alle politischen Miseren hinweg bis heute.

Das Alte Testament stellt die Maßnahmen Josias als einmaligen Akt dar, der nach dem Auffinden des Gesetzbuches und unter dessen Auswertung in die Wege geleitet wurde; doch dürfte dies die Komposition der späteren Erzähler sein. Wenn die inneren Reformen sich parallel zur allmählichen außenpolitischen Festigung des Reiches vollzogen haben, so bedarf es nicht des szenischen Höhepunktes, zu dem die Bibel die Entwicklung verdichtet. Schließlich haben die Könige nach Josia auch dessen Reformprogramm weitgehend außer acht gelassen.

Dieses Programm des Josia mit seinem stark restaurativen Charakter entsprach dem Zeitgeist, der in vielen Ländern des Alten Orients zu beobachten ist. Möglicherweise hatte es darin seine Wurzeln. In Ägypten erfuhr die Formensprache des Alten Reiches, die Kultur der Pyramidenzeit, vor allem im Bereich der bildenden Kunst eine Renaissance. Assurbanipal trug in Assyrien in seiner berühmten Bibliothek Abschriften von alten Dokumenten zusammen, während sein Bruder Inschriften in der längst toten Sprache der Sumerer abfassen ließ. Mit dieser Rückbesinnung ging allerorten eine starke Religiosität einher. Nebukadnezar wurde der große Restaurator von Tempeln, in denen er kultische Regeln peinlich genau beachten ließ. Auch in Juda verband sich so die Hoffnung auf Besserung mit der Erinnerung an Mose, an alte Frömmigkeit, an alte

Rigorosität. In die allgemeine geistige Strömung dieser Zeit ist somit der Versuch des Josia einzuordnen, die alte Volks- und Rechtsordnung der Hebräer neu darzustellen.

Die kurze Phase des Aufschwungs in Juda wurde abrupt beendet, und zum wiederholten Male wurde die judäische Monarchie 609 in einen größeren politischen Gesamtzusammenhang eingebunden. Denn als der Pharao Necho II. in diesem Jahr durch das philistäische Küstengebiet nach Norden zog, weil er das Restreich von Assur stützen wollte, und in die Jesreel-Ebene einschwenkte, um den kürzesten Weg über den Jordangraben nach Osten zu nehmen, entschloß sich Josia, ihm bei Megiddo den Weg zu verlegen. „Da trat ihm (dem Pharao) der König Josia entgegen; jener aber tötete ihn zu Megiddo, sobald er ihn sah" (2. Kön. 23,29). Josias Tod beendete unwiderruflich diese kurze Friedenszeit. Der Traum von einem erneuerten davidischen Großreich war verflogen, der Untergang Judas wurde eingeläutet.

4. Untergang

Josias Reich brach mit seinem Tod zusammen, während unter Necho II. Ägypten Assyrien für kurze Zeit in der Kontrolle Syriens und Palästinas ablöste. In den drei Monaten, in denen Necho noch in die Kämpfe um Harran verwickelt war, regierte in Jerusalem Joahas, der jüngere Sohn des Josia. Möglicherweise war Eljakim, der ältere, wegen seiner proägyptischen Einstellung in der Thronfolge übergangen worden. Dann kehrte Necho zurück und hielt in Palästina, in seinem Hauptquartier in Ribla, Hof. Joahas mußte dort erscheinen, wurde abgesetzt und nach Ägypten deportiert, wo er später starb. Necho inthronisierte über Juda, das wieder auf sein altes Territorium reduziert worden war, einen eigenen König: Eljakim, den der Pharao in Jojakim umbenannte, um die Abhängigkeit des judäischen Königs zu demonstrieren. Jojakim mußte eine hohe Geldbuße entrichten und dazu „das Land besteuern, um das vom Pharao verlangte Geld zahlen zu können" (2. Kön. 23,35).

Für die weitere Entwicklung Judas erwies sich die Diskussion als wichtig, die nun über die von Josia eingeleiteten Maßnahmen begann. Für die einen hatte sich ihre Wertlosigkeit durch die Niederlage des Königs bei Megiddo herausgestellt: Der Tod des Königs sei gleichbedeutend mit einem Scheitern seiner Politik. Die Gegenseite argumentierte unverdrossen, Jerusalem und der Tempel seien unversehrt und Jahwe habe sich nicht von Juda abgewandt.

Die Zeit der ägyptischen Kontrolle währte nur wenige Jahre. Während in Juda die Diskussion über die richtige Innen- und Religionspolitik fortgesetzt wurde, zerbrach Nechos Traum einer Herrschaft über Syrien/ Palästina. Bereits 605 schlug der Babylonier Nebukadnezar (604–562), damals noch Kronprinz, den Pharao bei Karkemisch, drängte die ägyptische Herrschaft wieder aus Asien hinaus und leitete damit die Phase babylonischer Kontrolle über Palästina ein: „Der König von Ägypten zog nicht mehr aus seinem Lande aus; denn der König von Babel hatte vom Bachtal Ägyptens bis zum Euphrat alles in Besitz genommen, was dem König von Ägypten gehört hatte", resümiert das Alte Testament (2. Kön. 24,7). Diese Ablösung vollzog sich so rasch und so vollkommen, daß die üblichen Aufruhrversuche ausblieben. Für Jojakim wechselte lediglich der Empfänger seiner Tributzahlungen. Diese hohen Abgaben verzögerten den prunkvollen Ausbau des Jerusalemer Königspalastes, an dem Jojakim viel lag; Jeremia geißelte dieses Vorhaben: „Wehe dem ... der spricht: ‚Ich will mir einen stattlichen Palast und luftige Hallen bauen!‘, der hohe Fenster einsetzen läßt, es mit Zedern täfelt und rot bemalt" (22,14). Jojakim, der rücksichtslos auf die Behauptung seiner Herrschaft und die Sicherung seiner luxuriösen Lebensführung bedacht war, stellte 600 die Tributzahlungen ein. Ein Jahr zuvor hatte Necho den Assyrerkönig in Ägypten geschlagen und bis nach Palästina verfolgt. Die Eroberung Gazas durch den Pharao 600 ließ Jojakim annehmen, die assyrische Kontrolle über Palästina sei damit beendet.

Jojakim starb, ehe er die Konsequenzen seiner Politik erlebte. Er hatte sein Reich auf den zu erwartenden Angriff der Babylonier vorzubereiten versucht und wieder einmal die judäischen Festungen wie Arad (S. 12) instand gesetzt. Das dramatische Geschehen, das sich gerade um diese Festung während ihrer letzten Monate 598/597 abspielte, spiegelt sich in dort gefundenen Briefen wider. Gegner der Judäer hier im Süden waren die Edomiter, die Elath längst wieder in ihre Gewalt gebracht hatten und nun Ramath im Negeb angriffen. In einem Brief wird der Kommandant von Arad aufgefordert, in den umliegenden Orten Leute auszuheben oder von den dortigen Garnisonen Leute abzuziehen, um die Besatzung von Ramath zu verstärken, „daß Edom ja nicht dorthin gelangt" (TUAT 1, 3, 251).

Ramath konnte jedoch gegen die Edomiter ebensowenig gehalten werden wie Jerusalem gegen die Babylonier. Der achtzehnjährige Sohn des Jojakim, Jojachin, gab nach dreimonatiger Belagerung der Hauptstadt den nutzlosen Widerstand gegen babylonische Truppen auf und verhinderte so das Schlimmste. Jerusalem wurde zwar am 16. März 597 erobert, entging aber noch einmal der Zerstörung. Den König, seine Familie, den Hofstaat und die obersten Beamten deportierten die Babylonier, eine damals durchaus übliche Maßnahme. Das gleiche Schicksal traf die waffenfähige Oberschicht und die Handwerker, insgesamt die sprichwörtlich gewordenen ‚oberen Zehntausend‘ (2. Kön. 24,14). Tempel-

und Palastschätze transportierten die Sieger als Beute ab. Jojachin lebte fortan als abgesetzter König noch lange in Babylon, wo er mit den Angehörigen seiner Familie in ehrenvoller Haft gehalten wurde. Er erhielt eine Rente vom babylonischen Staat, wie die dortigen Chroniken verzeichnen (TGI 78–79). Vielen Hebräern galt er weiterhin als der legitime König von Juda; denn die Deportierten datierten „nach der Verbannung des Königs Jojachin" (Ez. 1,2), nahmen den inzwischen in Jerusalem von Nebukadnezar als König eingesetzten Zedekia bereits nicht mehr ernst. 562 erhielt Jojachin im Zuge eines Amnestieerlasses die Erlaubnis, fortan an der königlichen Tafel sitzen zu dürfen, was allerdings das Los seiner Gefangenschaft nur in etwas milderem Licht erscheinen ließ.

Juda blieb nach der Abtrennung des Negeb als verkleinerter Staat unter einem eigenen König bestehen. Mathanja, ein Onkel Jojachins, wurde als König Zedekia (597–587) von Nebukadnezar inthronisiert. Trotz der Erfahrungen mit der eigenen schicksalhaften Vergangenheit der letzten eineinhalb Jahrhunderte, trotz des Wissens um das Scheitern zahlreicher anderer Staaten, trotz der Eroberung Jerusalems und der Deportationen von 597 meldeten sich wenige Jahre später in Juda erneut Gruppierungen zu Wort, welche die baldige Restitution der alten Zustände ankündigten: „Der Prophet Hananja von Gibeon, der Sohn Azzurs, sprach im Hause Jahwes in Gegenwart der Priester und des ganzen Volkes zu Jeremia: So spricht Jahwe der Heerscharen, der Gott Israels: Ich zerbreche das Joch des Königs von Babel! Noch zwei Jahre, und ich bringe an diesen Ort alle Geräte des Hauses Jahwes zurück, die Nebukadnezar, der König von Babel, von diesem Ort weggenommen und nach Babel gebracht hat. Auch Jojachin, den Sohn Jojakims, den König von Juda und alle aus Juda Verschleppten, die nach Babel gekommen sind, werde ich an diesen Ort zurückbringen, spricht Jahwe; denn ich werde das Joch des Königs von Babel zerbrechen" (Jer. 28,1–4).

Demgegenüber mahnten Männer wie Jeremia: „Beugt eure Nacken unter das Joch des Königs von Babel und werdet ihm und seinem Volke untertan, so bleibt ihr am Leben!" (27,12). In diesen Kämpfen zwischen Jahwe-Prophet und Jahwe-Prophet ging es um Leben und Tod. Beide Seiten beriefen sich auf eine unmittelbare Eingebung durch Gott, die sie dem Gegner jeweils absprachen. Nicht alle Propheten verfügten über politischen Weitblick, manchen ging es offenbar gar nicht so sehr um politische Entscheidungen als vielmehr um publikumswirksame Agitation. Und es gab genügend Judäer, die solchen Predigten zum Aufruhr Gehör schenkten, die schließlich den Aufforderungen folgten. Möglicherweise beeinflußten einige außenpolitische Ereignisse die Entscheidung in Jerusalem. Der Westen des babylonischen Herrschaftsgebietes blieb lange Zeit unruhig; zwischen 605 und 594, also in dreizehn Jahren, mußten elf Expeditionen dorthin geschickt werden. 595 gab es in Babylon Meutereien, die nur durch ein Massaker beendet werden konnten, im selben Jahr kam in Ägypten Psammetich II. auf den Thron. Zwar scheint Zedekia Zweifel am Erfolg eines Aufstandes gehegt zu haben, so daß er sich – angeblich heimlich – mit Jeremia traf, der sich für eine Fortsetzung des Gehorsams gegenüber Babylon aussprach. Doch schließlich ließ sich der König von der aufrührerischen Stimmung der städtischen Bevölkerung, seiner Beamten und einiger Heilspropheten tragen und befahl den Aufstand.

589 rückten die Truppen Nebukadnezars an und eroberten im Laufe des nächsten Jahres nahezu das gesamte offene Land Judas. Die verzweifelte Lage einzelner Festungen schildern die Ostraka von Lachis, an dessen Kommandanten verschiedene Berichte wie der über Aseka gerichtet waren. Die Festung Aseka gehörte schon während des Sanherib-Einfalls 701 (S. 132) zu den wichtigsten Judas und war damals nur nach langer Belagerung zerstört worden. Josia hatte sie erneut befestigt, und wiederum hielt sie dem Angriff der Babylonier mit Lachis und Jerusalem am längsten stand. Man versteht die Verzweiflung des Kommandanten von Lachis, der bis zuletzt versuchte, aus Ägypten Hilfe herbeizuschaffen, als die Verteidiger eines Lachis benachbarten Forts bereits davon sprachen, daß sie „auf die Signale von Lachis achten, gemäß allen Anweisungen, die mein Herr gibt, jedoch sehen wir (die Zeichen von) Aseka nicht (mehr)" (TGI 77). Der Wille solcher Orte, Widerstand zu leisten, war bis zuletzt ungebrochen. Empörung wurde daher über Leute in Jerusalem laut, die durch ihre Reden „die Hände des Landes und der Stadt schlaff machen" (TGI 78).

In der Tat versuchte Jeremia, wo immer möglich, die Widerstandskraft der Armee zu schwächen (21,8): „So spricht Jahwe: Siehe, ich stelle euch den Weg des Lebens und den Weg des Todes zur Wahl. Wer in dieser Stadt bleibt, der stirbt durch Schwert, Hunger oder Pest. Wer aber zu den Chaldäern (Babyloniern) überläuft, die euch belagern, der wird überleben und trägt sein Leben als Beute davon." Nicht dank der Achtung vor einem Mann Gottes dürfte Jeremia diese Äußerungen überlebt haben, sondern dank ihrer offensichtlichen Wirkungslosigkeit. Doch die Verteidigungsanstrengungen gegen die Babylonier, die Zedekia durch die Freilassung von Sklaven und ihren Einsatz als Soldaten verstärken wollte, brachen zusammen; auch eine ägyptische Hilfstruppe brachte keine Entlastung, sie wurde zerschlagen. Nach Aseka fielen bald auch Lachis und schließlich Jerusalem. Die Hauptstadt hielt den Angriffen achtzehn Monate stand, dann gelang es den Belagerern 587, eine Bresche in die Stadtmauer zu schlagen und in die Stadt einzudringen.

Zedekia floh, wurde aber gefaßt und vor Nebukadnezar gebracht, der erneut in Ribla residierte. „Die Söhne Zedekias ließ er vor seinen Augen abschlachten; den Zedekia aber ließ er blenden, in Ketten legen und nach

Babel abführen" (2. Kön. 25,7). Zedekia wurde nicht so zuvorkommend behandelt wie Jojachin zehn Jahre zuvor, ihm gestand man keine Staatspension zu. Erneut deportierten die Babylonier Teile der Bevölkerung, die Oberschicht der Landgebiete und die Bewohner der Hauptstadt. Nur einen Rest, die Kleinbauernschicht, ließen die Sieger zurück, damit das Land nicht verödete. Das eroberte Jerusalem plünderten die babylonischen Soldaten einen Monat lang – so trugen sie die letzten Reste wertvoller Materialien wie bronzene Säulenfiguren und Wasserbecken zusammen –, rissen die Stadtmauer ein und steckten die Häuser in Brand. Damals ging auch der Tempel in Flammen auf, und Jeremia klagte: „Ach, wie sind wir verwüstet! Wie sind wir in Schande geraten! Wir müssen die Heimat verlassen, unsere Wohnungen sind zerstört! ... Der Tod ist uns durchs Fenster gestiegen, ist eingedrungen in unsere Paläste. Er rafft das spielende Kind von der Straße weg, den jungen Mann vom Markt. Und es liegen die Leichen der Menschen wie Mist auf dem Feld, wie Garben hinter dem Schnitter, die niemand sammelt" (9,18–21).

582 war das Zerstörungswerk abgeschlossen, nochmals verschleppten die Babylonier 745 Männer aus Juda. Nebukadnezar gliederte nun auch Restjuda in sein Provinzialsystem ein und beseitigte die davidische Dynastie. Damit hatte auch die Monarchie Judas zu existieren aufgehört.

VII. Struktur der hebräischen Monarchien

1. König – Hof – Beamtenapparat

König

Die Hebräer besaßen mehrere Jahrhunderte lang eine monarchische Herrschaftsform, deren Organisation aus den Büchern des Alten Testaments verhältnismäßig gut bekannt ist. Dies verdanken wir nicht zuletzt der Tatsache, daß die Institution des Königtums auf viele religiöse Anschauungen, die das Alte Testament erwähnt, einen unleugbaren Einfluß ausübte.

In beiden Reichen strebten die Herrscher das dynastische Prinzip an. Fortwährend gelang dies in Juda, wenn man einmal von der Regentschaft der Athalja absieht. In Israel hatte bereits Jerobeam I. versucht, eine dynastische Nachfolgeregelung durchzusetzen, doch sein Sohn Nadab hielt sich nur wenige Monate auf dem Thron, bevor er ermordet wurde. Baesas Sohn Ela erging es ebenso. Erst die Omriden (886–842) und die Dynastie Jehus (842–752) hatten mit ihren Bemühungen Erfolg. Die Stammesrivalitäten verhinderten in Israel die Herrschaft einer Familie über einen längeren Zeitraum.

Das dynastische Prinzip schloß den Vorrang der Erstgeburt weitgehend, wenngleich nicht notwendig ein. Bereits David wich davon ab, als er sich für seinen jüngsten Sohn, für Salomo, entschied. Kompliziert gestaltete sich die Bestellung des Nachfolgers, weil die Könige mehrere Frauen hatten. Rehabeam von Juda bevorzugte seine Frau Maacha, die nicht seine erste, sondern die jüngste Frau war, und gab ihrem Erstgeborenen Abia den Vorrang vor seinen älteren Brüdern.

Veranlaßt durch den vehementen Widerstand gegen seine Herrschaft in weiten Kreisen der Bevölkerung beider Königreiche besann David sich auf Vorstellungen von der göttlichen Erwählung des Herrschers, wie sie im übrigen Alten Orient längst vertraut waren. Die Religion durchdrang in allen antiken Gesellschaften das gesamte Dasein des Menschen, prägte und formte es; sie wirkte auch auf die Existenz des Staates und auf jedwede staatliche Ordnung ein. Solche Ideen machte David sich für seine Person und sein Königtum zu eigen, erklärte sich zum Herrscher von Gottes Gnaden und schuf ferner die Theorie eines ewigen Bundes dieses Gottes mit der davidischen Dynastie. Der König erhielt als Gesalbter Gottes seine Weihe und nahm damit an der Heiligkeit Jahwes teil.

Sicherlich war zur Zeit Davids der Jahwe-Kult bereits weit unter den Hebräern verbreitet, ebenso war auch die Rettungstat in Ägypten, mit dem Vollzug der Landnahme verknüpft, zur Geschichte geworden. Diesen Jahwe-Kult wählte David zum Kult der neuen Monarchie. So wie Gott die Hebräer aus Ägypten heraus- und in das versprochene Land hineingeführt hatte, so erwählte er nun einmal und für alle Zeiten David, dessen Familie und dessen Stadt, Jerusalem.

Durch den Ritus der Salbung, den bereits die kanaanäischen Könige kannten, versuchten die hebräischen Monarchen unantastbar zu werden. Dieser Akt versetzte sie in die Nähe der göttlichen Sphäre, erhöhte sie und hob sie aus der Menge der Menschen heraus. Weder die Priester noch die Beamten erfuhren eine vergleichbare Behandlung: der König allein war der Gesalbte. ‚Gesalbter' und ‚Messias' sind Synonyme, Übersetzung beziehungsweise Umschreibung desselben hebräischen Begriffs. Der König verkörperte den Messias, den Retter. Als die Monarchien untergingen, erwarteten und verhießen die Propheten einen neuen Retter, einen Messias-König. Nach dem entscheidenden Einsetzungsakt der Salbung nahm der Herrscher die Akklamationen des Volkes entgegen und ließ sich auf dem Thron nieder; damit trat er seine Herrschaft an. Anschließend huldigten ihm seine höchsten Würdenträger.

Die Vorstellung von der Loslösung des Königs aus der Masse der ‚gewöhnlichen' Sterblichen teilten die hebräischen Monarchien mit dem gesamten Alten Orient. Eine Steigerung stellte die Idee der Gottessohnschaft des Königs dar; zum Extrem entwickelte sich diese Überzeugung in Ägypten, wo jeder Pharao als Sohn des Ra, des Sonnengottes, betrachtet wurde. Unbestreitbar ist, daß auch die hebräischen Könige nahe an die göttliche Sphäre heranrückten, wenn ihnen etwa Allwissenheit wie die von Gott bescheinigt wurde. Die Psalmen nennen den König gelegentlich Elohim; es ist zweifellos richtig, daß dieser Begriff nicht immer nur Gott, sondern mitunter auch Engel bezeichnete, aber mancher moderne Deutungsversuch wirft doch die Frage auf, ob der antike Mensch stets terminologisch so haarfein differenzierte. Mag man die bekannte Formulierung des zweiten Psalms (2,7) – „Mein Sohn bist du. Heute habe ich dich gezeugt" – als eine Adoptionsformel ansehen, mit welcher der Gott den König als seinen Sohn annahm, so bleibt doch offen, ob alle Herrscher und vor allem die Untertanen es in dieser Weise empfanden. Denn selbst ein nur angenommener Sohn Gottes blieb Gottes Sohn, sein Erstgeborener. Mit dieser Annäherung des Königs an die göttliche Sphäre ging allgemein die Vorstellung einher, daß der Herrscher als Inbegriff des Bemühens um das Wohl seiner Untertanen stehe. Der König verschaffte seinem Volk Heil, von ihm hing die Fruchtbarkeit des Landes ab (Ps. 72,4–7):

„Er (der König) wird Recht schaffen den Elenden im Volk,
den Armen Hilfe bringen und den Unterdrücker zermalmen.
Er möge leben, solange die Sonne scheint und der Mond, von Ge-
schlecht zu Geschlecht.
Er gleicht dem Regen, der herabströmt auf die Felder, den Schauern,
die die Erde netzen.
In seinen Tagen blüht Gerechtigkeit und großer Friede, bis der
Mond nicht mehr scheint".

Hof

Eine knappe Beschreibung vom Aufbau des Hofes findet sich im zweiten
Buch der Könige (24,12). Zum Hof gehörten demnach „(der König) und
seine Mutter und seine Diener und seine obersten Beamten und seine
Vorsteher". David bezog nach der Eroberung von Jerusalem dort ein
größeres Wohnhaus, in dem er, vor allem aber Salomo in dem neu errichteten Palast, ein verhältnismäßig glänzendes Hofleben führte. Diener und
Dienerinnen versorgten die große königliche Familie, Küchen- und Zim-
merpersonal machte das Leben ebenso angenehm wie die Musikanten,
die zur Tafel aufspielten. Von dem Luxus, den einzelne Herrscher entfalteten, zeugte nicht zuletzt der große Harem, den jeder König wie die
führenden Männer seiner Zeit besaß, um seinen Reichtum zu dokumentieren.

In der hebräischen Gesellschaft war die Polygynie durchaus üblich
(S. 54), wenn sie auch im Laufe der Zeit, durch wirtschaftliche Zwänge
bedingt, einer immer kleiner werdenden Zahl von Hebräern vorbehalten
blieb. Auf diese Weise entwickelte sich der Harem zum Zeichen von
Reichtum und Macht, je umfangreicher er war, desto bedeutender erschien der Besitzer dieses kostspieligen Luxusobjektes. Die Könige konnten sich den Harem leisten, er unterstrich offenbar wesentlich ihre soziale
Stellung. Als König von Juda besaß David bereits sechs Frauen; als er die
Herrschaft über Israel antrat, vergrößerte er deren Zahl. Von dieser Zeit
an lassen sich für viele Herrscher beider Monarchien mehrere Frauen
nachweisen. Als Jojachin 598 von Nebukadnezar nach Babylon ver-
schleppt wurde, teilten seine Frauen dieses Schicksal (2. Kön. 24,15).

Es galt also als durchaus standesgemäß, wenn das ‚Hohelied‘ (6,8) dem
dort genannten König 60 Königinnen und 80 Konkubinen zuschreibt,
was wenig ist im Vergleich zu jenem sagenhaften Harem Salomos, der
aus 700 Frauen und 300 Konkubinen bestand (1. Kön. 11,3). Salomo
schloß mit auswärtigen Mächten zahlreiche Bündnisse, deren Einhaltung
eine Heirat mit einer der Fürstentöchter sicherstellen sollte. Dadurch
füllte er seinen Harem mit Moabiterinnen, Ammoniterinnen, Edomite-
rinnen, Sidoniterinnen, Hettiterinnen; er nahm sogar die Tochter eines

Pharao zu seiner Frau. Doch steigerte die Erinnerung nahezu alles, was sich an Ereignissen um diesen letzten König der Doppelmonarchie rankte, ins Unermeßliche.

Sicherlich gab es unter den Haremsdamen eine jeweilige Favoritin des Herrschers, der häufig gerade im hohen Alter eine der jüngeren Frauen bevorzugte. Der Einfluß solcher Lieblingsfrauen auf den Monarchen konnte gelegentlich beträchtlich sein, wenngleich Isebel (S. 106) doch wohl die Ausnahme bildete. Doch eine solche Sympathiezuweisung blieb nicht immer stabil, sie konnte mitunter rasch schwinden. Vor dem Hintergrund solcher wechselnder Konstellationen im Harem erklärt sich die dominierende Rolle der Königinmutter beziehungsweise Großmutter am judäischen Königshof, die bestimmte Würden genoß, welche ihr zusätzlich zu ihrer Funktion als Regentenmutter einen festen Platz innerhalb des Staatsgefüges sicherten. Ihre Autorität war groß, sie ermöglichte es Athalja, für sieben Jahre Juda zu regieren. ‚Königinmutter' war ein Titel, den der Herrscher aberkennen konnte, wie es Asa bei seiner Mutter Maacha tat (1. Kön. 15,13), als sie ihren Einfluß mißbraucht hatte. Auf ihre offizielle Stellung im Königreich ist es also zurückzuführen, daß die Königsbücher in der Regel bei jedem Regierungsantritt in Juda den Namen der Königinmutter aufführen. Voraussetzung für ihren entscheidenden Einfluß auf die Staatsgeschäfte war eine dynastische Stabilität, die es in Israel jedoch nicht gab; dort fehlte daher eine analoge Funktion.

Zur Aufsicht über den Harem und über die Kinder des Königs wählte man wie meist in der Antike auch in den hebräischen Monarchien Eunuchen; sie wurden ferner der Königin als Diener zugeteilt. Eunuchen waren es, welche die Königin Isebel aus dem Fenster ihres Palastes warfen (S. 109). Diese Bediensteten, denen der König aufgrund des engen und meist seit Kindertagen bestehenden Kontaktes vertraute, setzte er immer wieder für besondere Aufgaben ein. So kümmerten sie sich um königliche Domänen, dienten als Boten zwischen dem Herrscher und seinen Beamten und brachten Personen an den Hof, stellten also eine Art Exekutivorgan des Königs dar. Allerdings wurde die Bezeichnung, die zunächst nur die Amtsfunktion der Eunuchen ausdrückte, allmählich auch auf die Würdenträger des Reiches übertragen, ohne daß jeweils im einzelnen in den Texten auszumachen ist, ob es sich wirklich um Eunuchen gehandelt hat.

Beamtenapparat

Um das neugeschaffene Großreich zu verwalten, um es zu verteidigen, um den auswärtigen Verpflichtungen nachzukommen und um die Finanzierung der kostspieligen Hofhaltung zu garantieren, umgab sich David mit einem Stab von Beamten, den Salomo weiter ausbaute. Das Bedürfnis nach Arbeitsteilung ließ bald Ressorts der militärischen, zivilen und kulturpolitischen Verwaltung entstehen. Vorbilder für diese Organisation kamen aus den kanaanäischen Städten und den Nachbarstaaten, vor allem Ägypten, dessen Einfluß aus der Zeit seiner Vorherrschaft in Palästina noch lange nachwirkte. Die Beamten Davids und Salomos erhielten nicht nur ägyptische Amtsbezeichnungen, sondern einige Amtsträger waren selbst Ägypter. Weitaus umfangreicher dürfte allerdings der Anteil kanaanäischer Funktionäre in der Verwaltung gewesen sein. Hinzu kam, daß die Residenz Jerusalem, die David zwar eingenommen, aber weder zerstört noch entvölkert hatte, eine durchweg kanaanäisch geprägte Stadt gewesen war und sich daran auch nach dem Zuzug des Hofes aus Hebron nichts änderte. Manche Beamtentitel der späteren hebräischen Monarchien tauchten in Jerusalem bereits Jahrhunderte vor der davidischen Eroberung auf, so daß wir mit einem starken kanaanäischen Einfluß auf das Beamtentum Davids und Salomos und damit auch späterer Könige rechnen müssen.

Die königliche Familie wandelte sich schnell durch einen immer größer werdenden Kreis von Beamten und Höflingen zu einem königlichen Hof. Sie hießen alle ‚Diener‘ des Königs, gleichgültig, worin im einzelnen ihre Aufgabe bestand, von den Ministern bis hinab zu den Aufsehern der Palastgarde. Gelegentlich lernen wir einzelne Minister durch Stempelsiegel kennen. Das abgebildete Exemplar aus Megiddo gehörte „dem Schema, dem Diener (Minister) des Jerobeam (II.)".

Abb. 20. Stempel-Siegel aus Megiddo

Die konkreten Aufgaben der Minister und Beamten lassen sich wie auch bei anderen orientalischen Höfen zuweilen nur schwer fassen. Das Alte Testament entwirft ein unvollständiges Bild dieser Zentralverwaltung. Unsere Kenntnis beschränkt sich somit häufig genug auf Einzelnotizen.

Davids Aufgaben als König waren zunächst vorwiegend militärischer Art gewesen. Er schuf rasch die Ämter des Obersten des Volksaufgebotes und des Chefs der Leibwache, die auch nach ihm Bestand hatten (S. 160). Der Herold fungierte als das Sprachrohr des Königs, der Staatsschreiber oder Sekretär leitete den diplomatischen Notenwechsel mit den Nachbarstaaten. Nach dem Aufstand des Absalom und infolge der immer größeren finanziellen Belastungen richtete David den Posten des obersten Steuereinnehmers ein; diesem oblag es ferner, die Dienstleistungen zu organisieren, welche die Bevölkerung erbringen mußte. Außerdem umgab sich David mit einem Kreis von Freunden und Ratgebern. Diesen hohen Reichsämtern fügte Salomo ein weiteres wichtiges, bald das wichtigste Ressort hinzu, dasjenige des Ministers für Angelegenheiten im königlichen Haus, das heißt des Palastvorstehers. Schließlich gehörten zu den königlichen Amtsträgern auch die Vorsteher des Kultes (S. 193). Die Ämter waren mit einem unterschiedlichen sozialen Prestige verbunden; so rangierte beispielsweise das Amt des Palastvorstehers über demjenigen des Sekretärs. Eine Hierarchie in Bezug auf Kompetenzen und Weisungsbefugnisse existierte dagegen nicht. Die Amtsträger unterstanden jeweils direkt dem König, waren mithin untereinander gleichberechtigt.

Hervorgegangen ist das Amt des Palastvorstehers – genauer: der Vorsteher des Hauses des Königs als einer familiären Gemeinschaft – aus der Stellung des Verwalters des Palastes und der königlichen Ländereien. Während in mehreren altorientalischen Reichen die Autorität des Palastvorstehers sich auf die Verwaltung des Hofes selbst beschränkte, reichten seine Befugnisse in Juda und Israel weiter. Ein Vergleich seiner Stellung mit derjenigen des ägyptischen Wesirs bietet sich an. Jeden Morgen begab sich der Wesir zum Pharao und empfing seine Instruktionen. Er ließ die Türen des Palastes öffnen, also die verschiedenen Büros, die Tagesgeschäfte wurden aufgenommen. Bei der Bestellung des Palastvorstehers Eljakim in Juda läßt der Prophet Jesaja den König sagen (Jes. 22,22): „Ich lege ihm den Schlüssel des Hauses Davids auf seine Schultern; und wenn er öffnet, wird niemand schließen, und wenn er schließt, wird niemand öffnen." Eine neutestamentliche Parallele zu dieser Formulierung findet sich in den bekannten Worten zur Übergabe der Schlüsselgewalt an Petrus. Der Palastvorsteher war der höchste Amtsträger des Staates, der in zunehmendem Maße Kompetenzen an sich zog (S. 154). Durch seine Hände liefen die wichtigsten Angelegenheiten der Monarchie, alle wesentlichen Dokumente mußten ihm vorgelegt werden, denn er bewahrte das königliche Siegel. Ihm unterstanden die Beamten, und er vertrat den König in dessen Abwesenheit. Jotham führte den Titel Palastvorsteher, als er für seinen kranken Vater, den König Asarja, das Südreich regierte (2. Kön. 15,5). Den letzten Palastvorsteher Judas, Gedalja, aus einer Familie mit langer Beamtentradition stammend, setzte

Nebukadnezar zum Statthalter über die babylonische Provinz Juda ein (25,22).

Seit David war der königliche Schreiber oder Sekretär ein unentbehrliches Organ innerhalb der Regierung, denn dieser Minister fungierte als Privatsekretär des Königs und des Staates zugleich. Er erledigte die in- und ausländische Korrespondenz und verzeichnete unter anderem den Ertrag der eingenommenen Tempelgelder (2. Kön. 22,3–4). Dieses hebräische Amt des Sekretärs war ein verkleinertes Abbild des entsprechenden Amtes am ägyptischen Hof. Dem Rang nach stand der Sekretär unter dem Palastvorsteher, denn Schebna wurde vom Vorsteher (Jes. 22,15) zum Sekretär (2. Kön. 18,18) degradiert. Neben dem königlichen Sekretär taten eine Vielzahl von Schreibern am Hofe Dienst, zu deren Aufgaben es gehörte, eine Chronik der Regierungszeit des jeweiligen Herrschers anzulegen. Diese Anfänge der Geschichtsschreibung fallen in die Zeit Davids (S. 189). In Analogie zu den Verhältnissen in Kanaan ist damit zu rechnen, daß sowohl das Kanzleiwesen als auch die Aufzeichnung der Tradition und das Abfassen von Schriften historiographischen Inhalts zum Arbeitsbereich des Sekretärs gehörte.

Das Amt des königlichen Herolds ist für die gesamte Zeit der Monarchien bezeugt. Der Herold war, folgt man der Bedeutung des hebräischen Wortes, derjenige, der ruft, nennt, erinnert, berichtet; er regelte die Zeremonien im Palast und geleitete zur Audienz. Dadurch trat er in ständigen Kontakt zum König und zu den wichtigsten Gesandten und Beamten, die an den Hof kamen. Er erhielt auf diese Weise Einblick in innen- und außenpolitische Probleme, war in der Lage, dem König Bericht zu erstatten und gegebenenfalls mit seinen Informationen die Meinung des Herrschers zu lenken. Die Nähe zum König machte die Bedeutung dieses Amtes aus. Die Gesandtschaft, die 701 den Botschafter Sanheribs in Jerusalem empfing, bestand aus dem Palastvorsteher, dem Sekretär und dem Herold (2. Kön. 18,18).

Zum Kreis dieser Minister traten zusätzlich noch Ratgeber des Königs. Ratgeber war natürlich zunächst jeder, der am Hof mit dem Herrscher in Berührung kam und mit ihm sprechen konnte. Neben solchen temporären Beratern gab es im Palast Personen, deren ständige Funktion darin bestand, den König bei seinen Entscheidungen zu unterstützen; die sogenannten ‚Freunde des Königs'. Freund des Königs zu sein, war nicht nur ein Ehrentitel, sondern charakterisierte ein Amt, dessen Inhaber, es gab jeweils nur einen, den König beriet und sich aktiv um die Sicherung seiner Herrschaft bemühte. Bei der Eroberung Jerusalems 586 nahmen die Babylonier sieben Männer gefangen, „die das Gesicht des Königs sehen" (Jer. 52,25), also Personen, die freien Zugang zum Herrscher hatten.

Aus der Regierungszeit Salomos ist eine Liste von zwölf Statthaltern

Israels auf uns gekommen mit Angabe des Bezirkes, den sie verwalteten
(1. Kön. 4,7–19):

1. Das Gebirgsland Ephraim, das wahrscheinlich ein Teil des Gebietes
   von Manasse mit einschloß.
2. Das alte Land der Daniten, das durch eroberte Gebiete der Kanaanäer und Philister vergrößert worden war.
3. Die Ebene von Saron, die vom Philisterland im Süden bis zum anschließenden Bezirk im Norden reichte.
4. Der Verwaltungsbezirk von Dor, der sich an die Ebene von Saron
   anschloß und im Osten vom Höhenzug des Karmel begrenzt wurde.
5. Die ehemaligen kanaanäischen Gebiete in der Ebene von Jesreel und
   dem Gebiet um Beth-Sean.
6. Das mit dem Hauptort Ramoth alte östliche Manasse auf der linken
   Seite des Jordan sowie alles Land, das noch von den aramäischen
   Eroberungen Davids übrig war.
7. Der Verwaltungsbezirk von Mahanaim, ebenfalls in Transjordanien,
   im Süden des vorhergenannten Bezirks.
8. Der Bezirk Naphthali im Norden des Sees Genezareth.
9. Der Bezirk Asser zwischen dem vorhergenannten und den Küstenstädten der Phöniker.
10. Der Bezirk Issachar südlich von Asser und Naphthali.
11. Der Bezirk Benjamin.
12. Der Bezirk Gad auf der östlichen Seite des Jordan.

Diese zwölf Bezirke lieferten abwechselnd je einen Monat lang diejenigen zusätzlichen Lebensmittel an den Palast, die von den königlichen
Domänen allein nicht aufgebracht werden konnten. Es werden verschiedene Arten von Mehl und einige Kategorien von Schlachtvieh aufgeführt
(1. Kön. 5,2–3). Hinzu kamen das Futter und die Streu für Pferde und
Zugtiere. Für das Persische Reich unter Kyros schildert Herodot (1,192),
daß die Lebensmittelversorgung des Hofes und des Heeres nach ähnli-
chem Modus monatsweise auf die Provinzen verteilt wurde. Diese territoriale Gliederung der Bezirke Israels hatte sicherlich auch repressiven
Charakter. Salomo wollte den politischen Widerstand des Nordreiches
gegen die davidische Monarchie brechen, doch gerade die Bezirkseinteilung und Ausbeutung des Landes gab der Opposition letztlich nur neue
Nahrung.

Eine ähnliche Aufteilung des Südreiches wurde notwendig, als die
Doppelmonarchie auseinanderbrach und nun Juda anstelle Israels die
allerdings wohl reduzierte Versorgung des Hofes in Jerusalem übernehmen mußte (S. 122). Israel behielt anschließend die Einteilung in die
Verwaltungsbezirke aus salomonischer Zeit bei. Die Gesamtaufsicht
über diese Verwaltung lag zunächst in den Händen eines obersten Statthalters, des Ministers für die Dienstleistungen, und ging dann auf den

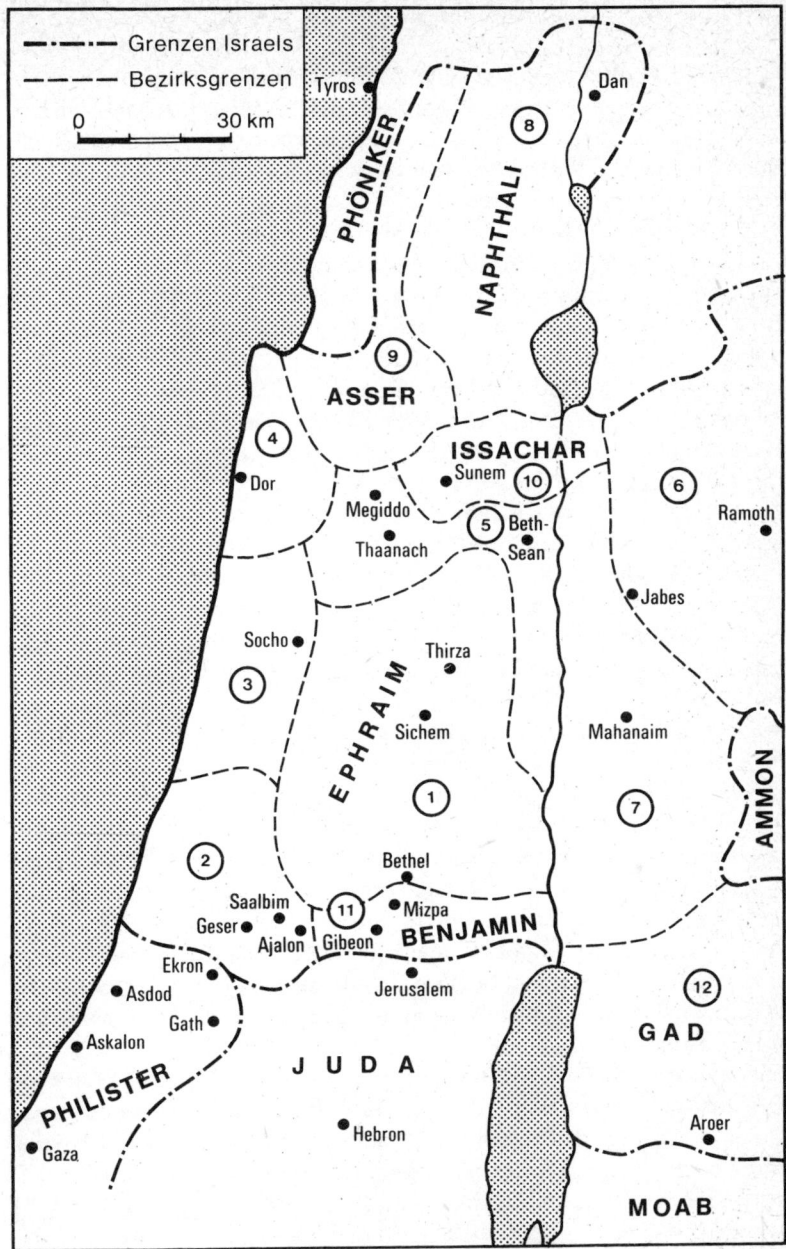

Abb. 21. Bezirkseinteilung Israels

Palastvorsteher über. Sich vorzustellen, wie das System in der Praxis funktionierte, bleibt schwierig. Zunächst waren die Wege der Verbrauchsgüter zum Hof unterschiedlich lang, zusätzlich auch die Distrikte uneinheitlich groß. Zur Versorgung des Hofes traten allerdings weitere Aufgaben. Die jeweiligen Bezirksstatthalter hatten nämlich über die Durchführung der Dienstleistungen zu wachen (S. 171) und für die Eintreibung von Steuern zu sorgen.

Über die innere örtliche Verwaltung der hebräischen Monarchien sind wir kaum informiert. Wir erfahren gelegentlich, daß die Hauptstädte Jerusalem und Samaria je ein eigenes ,Stadtoberhaupt' besaßen, die als wichtige, vom König ernannte Persönlichkeiten für Ruhe und Ordnung in den Residenzen sorgen sollten. So beauftragte der israelitische König Ahab das damalige Stadtoberhaupt Samarias, einen Propheten gefangenzusetzen (1. Kön. 22,26–27). In den übrigen Städten und Dörfern Judas und Israels lag die Verwaltung der örtlichen Angelegenheiten nach wie vor bei dem Gremium der Ältesten.

Unabhängig von den hebräischen Stämmen hatte David auf seinem eigenen Territorium in Jerusalem eine Regierung etabliert, die als Zentrale der Macht rasch ihre eigenen Regeln entwickelte. Der inneren Struktur der Stämme entsprachen die neuen Staatsämter in der Umgebung des Königs nicht mehr. In der vorstaatlichen Zeit waren die Aufgaben im Dienste der Gemeinschaft stets nur von kurzer Dauer gewesen. Hatte ein Funktionsträger eine solche Aufgabe – beispielsweise die Leitung eines kriegerischen Unternehmens – beendet, büßte er sein Amt ein. In staatlicher Zeit erforderte die neue Vielfalt der administrativen, militärischen und kultischen Anforderungen eine weitaus größere Zahl von Funktionsträgern. Nun fielen diese Aufgaben nicht mehr nur sporadisch, sondern ständig an, was eine lange Amtszeit für die königlichen Beamten nahelegte. Mit der Dauerhaftigkeit des Amtes und der Amtsführung wuchs die Autorität des staatlichen Beamten über alles vergleichbare Maß früherer Zeiten hinaus. Zudem stellte der neue Regierungsapparat in Form von Abgaben und Steuern Ansprüche an die Bevölkerung, welche die vorstaatliche Zeit nicht kannte. Dies alles begründete ein neues Amtsverständnis.

Bereits unter Salomo wurden zwei grundsätzliche Züge der Beziehungen zwischen dem König und seinen Beamten deutlich. Der König versuchte, deren Loyalität dadurch zu stärken, daß er sie persönlich an das Königshaus band, indem er sie mit seinen Töchtern verheiratete, deren Zahl im Harem stets beträchtlich war. Zwei der Bezirksstatthalter Israels waren Schwiegersöhne Salomos (1. Kön. 4,11.15). Ferner gab es offensichtlich schon früh Ansätze zur Bindung hoher Ämter an bestimmte Familien. Die Söhne von treuen Ministern hatten gute Chancen, vergleichbare Posten am Hof einzunehmen. So wurden ebenfalls unter Salo-

mo die Ämter des Priesters und des Sekretärs mit den Söhnen der aus-
scheidenden Amtsinhaber besetzt.

Zu Beginn der Monarchie rekrutierten sich die meisten Inhaber der
hohen Reichsämter noch unter den Kanaanäern; im Laufe der Zeit wurden diese Machtpositionen auch für die führenden Vertreter der hebräischen Stämme attraktiv. Wie schnell und in welchem Ausmaß dies geschah, bleibt unbekannt, denn solche Entwicklungen ließen sich allein
durch prosopographische Untersuchungen aufzeigen, doch bietet das Alte Testament dafür nicht das nötige Material. So kann das einzige aus der
Spätzeit des Staates Juda überlieferte Beispiel lediglich zur Illustration
herangezogen werden. Es handelt sich dabei um die Familie des Saphan,
der an der sogenannten Auffindung des Gesetzbuches unter dem König
Josia maßgeblichen Anteil hatte (2. Kön. 22,3); Saphan war als Schreiber
einer der wichtigsten Beamten des Herrschers. Saphans Sohn Ahikam
bekleidete gleichfalls am Hof eine führende Stellung (22,12), ohne daß
wir genau über seine Tätigkeit informiert sind. Als später der Prophet
Jeremia in einem Tempelprozeß freigesprochen wurde, hatte er dies mehreren Ältesten Judas zu verdanken. Unter ihnen wird namentlich Ahikam, der Sohn Saphans, erwähnt (Jer. 26,24). Zu den Ältesten zählte ein
weiterer Sohn Saphans, Jaasanja. Ein dritter, Eleasar, wirkte als Gesandter des judäischen Königs Zedekia in Babylon. Gemarja, ein vierter Sohn
des Schreibers des Josia, war ein nicht näher bezeichneter Beamter des
Königs Jojakim (Jer. 36,12). Von den vier uns bekannten Söhnen des
königlichen Beamten Saphan gehörten somit zwei als Älteste der Füh-
rungsgruppe der traditionellen Sippenordnung an, zwei waren als Beamte im Hofdienst tätig. Auch in der nächsten Generation behielt die Familie Saphans ihre führende Stellung am Hofe.

Micha, ein Sohn Gemarjas, hatte – so wird überliefert – freien Zugang
zum Kanzler des Königs (ebd.). Gedalja schließlich, als Sohn des Ahikam
ebenfalls Enkel des Saphan, bekleidete zunächst das Amt des Palastvorstehers in Jerusalem und wurde nach dem Ende der Monarchie 587
erster babylonischer Statthalter Judas.

Die Entstehung des Beamtentums und die Einbeziehung führender
Männer der alten Sippenordnung in die Reichsverwaltung brachte für
beide Monarchien erhebliche soziale Auswirkungen mit sich. Das Beamtentum stellte nämlich einen wichtigen Faktor für diejenige Entwicklung
dar, welche die Propheten seit dem 8. Jahrhundert anprangerten (S. 177).

2. Heerwesen

Wesentliche Informationen über das Heerwesen bei den Hebräern haben
wir aus der Epoche der Doppelmonarchie. Für die davorliegende Zeit

fließen die Nachrichten über den Aufbau des Heeres und seine Aktivitäten ebenso spärlich wie über militärische Erfolge dieser Truppen. Eine kurze Phase der Expansion, in der Siege über die Nachbarstaaten zu verzeichnen waren, schloß mit David bereits ab. Nach der Friedenszeit unter Salomo und nach dem Auseinanderfallen der Doppelmonarchie wurde die Armee in beiden Königreichen überwiegend zur Verteidigung des Besitzstandes eingesetzt, war also damit beschäftigt, ein Übergreifen der Nachbarn abzuwehren, ohne jedoch den Zusammenbruch der Monarchien verhindern zu können. In der jeweils letzten Phase ihrer Existenz, in der Israel und Juda nur noch als Vasallenstaaten mächtiger Reiche existierten, versank das Heerwesen in der Bedeutungslosigkeit.

Bei Nomadenvölkern gibt es keinen Unterschied zwischen der Größe des Heeres und dem Umfang der männlichen Bevölkerung. Die Teilnahme an Raubzügen auf fremden Gebieten ist für den waffentauglichen Mann ebenso obligatorisch wie die Verteidigung der eigenen Habe. Dabei werden spezielle Kriegsbräuche und Kampfregeln beachtet. Zum Aufbau einer permanenten militärischen Organisation kommt es aber nicht. Dieses Fehlen eines organisierten Heeres zwang die Hebräer zur Landnahme abseits von besiedelten Gegenden, in denen das Kriegswesen weiter fortgeschritten war (S. 33).

In der Richterzeit änderte sich daran nicht viel. Gegen Gefahren verteidigten die Bewohner eines Dorfes oder eines größeren Gebietes ihr Leben und ihren Besitz unter einem zu diesem Zweck eigens bestimmten Anführer, der gelegentlich auch den ganzen Stamm mobilisieren konnte. Die Männer versammelten sich bei solchen Anlässen in Feldzugskleidung, das heißt ‚entkleidet‘, beziehungsweise kurz gekleidet, um beweglich zu sein. Die Gliederung des Heeres glich der des Volkes. Ordnungseinheit war die Sippe, die theoretisch ein Kontingent von 1000 Mann stellte. Diese Tausendschaft gliederte sich in kleinere Einheiten von 50 Kämpfern. Die Soldaten stellten ihre einfache Bewaffnung selbst. Es ist verständlich, daß diese schlecht ausgerüstet und wenig geübten Truppen von den befestigten Städten der Kanaanäer, von den mit Eisen gepanzerten Wagen und den schwerbewaffneten Kämpfern der Philister in Angst und Schrecken versetzt wurden. Regelrechte Schlachten endeten deshalb für die Hebräer meist verhängnisvoll. Nur mitunter gelang es kleinen Gruppen unter klugen Anführern durch mutigen Einsatz, die ungenügende Bewaffnung und fehlende militärische Ordnung wettzumachen. Daher hören wir häufig von Kriegslisten, deren sich die unterlegenen Hebräer bedienen mußten; daraus resultierende Siege wurden dem Wirken göttlicher Hilfe zugeschrieben.

Die Gegner der Hebräer, die Kanaanäer und Philister, verfügten über ständige Fuß- und Wagentruppen, die sich aus einheimischen oder fremden Berufssoldaten rekrutierten. Erst als einzelne Hebräer diese Einrichtung nachahmten, wuchs jenen ein gleichberechtigter Gegner heran. Jephthah hatte in Gilead bewiesen, wie erfolgreich auch auf Stammes-ebene ein solches Berufsheer sein konnte, Saul hatte ähnliches wenigstens versucht. Es stellte sich weniger das Problem, geeignete Krieger in angemessener Zahl auszuheben; Jephthah verwies auf einen möglichen Weg, als er Außenseiter der Gesellschaft um sich scharte. Ungleich schwieriger war es, die Truppen auf Dauer zu bezahlen. 400 bis 600 Mann zählte die Gruppe, die David als Freischärler nur dadurch unterhalten konnte, indem er plünderte oder sich und seine Soldaten anwerben ließ. Daß David kampferprobte Soldaten aufgestellt hatte, war einer der Gründe für die führenden Männer Judas, ihm die Krone anzubieten beziehungsweise zuzugestehen. Die bald reichlich fließenden Einkünfte der judäischen, dann der Doppelmonarchie ermöglichten es David, dieses Heer der Söldner zu vergrößern. Die militärische Sicherung des Reiches lag damit nicht mehr beim Heerbann, sondern bei den königlichen Soldaten; diese drückten fortan dem Aufbau des Heerwesens ihren Stempel auf. Ihre Bedeutung als Truppengattung wuchs immer mehr, der Heerbann trat völlig in ihren Schatten.

Vor diesem Hintergrund ist eine Inspektionsreise zu verstehen, die Davids Offiziere unternahmen; deren Reiseroute wird ausführlich beschrieben. Sie begann am Arnon im südlichen Ostjordanland, verlief nordwärts durch Gad und Gilead und erreichte nördlich davon das sogenannte Hettiterland, wie es in einem Teil der Septuaginta-Handschriften überliefert ist. Anschließend durchzogen die Offiziere das Westjordanland von Norden her nach Juda bis Beer-Seba. Dieser Weg habe „durch alle Städte der Hiwwiter und Kanaanäer" geführt (2. Sam. 24,5–7). Die Gesandten Davids durchquerten demnach die Randgebiete Palästinas, um sich ein Bild über die Gesamtzahl der Truppenkontingente gerade in denjenigen Landesteilen zu machen, die seinem Reich neu angegliedert waren.

Insgesamt betrachtet, war die Herkunft und Struktur dieses Berufsheeres heterogen. Als Soldaten dienten Leute der hebräischen Stämme – Judäer, Ephraimiter, Gaditer –, aber auch Aramäer, Ammoniter und Hettiter, wie jener berühmte Urias, der Mann der Bethsabee, den die Schönheit seiner Frau das Leben kostete (2. Sam. 11,2–17). Nach dem Sieg Davids über die Philister stellten sie mit ihren Vasallen und landfremden Elementen die Leibgarde der Kereti und Peleti (15,18). Bunt gemischt wie diese international zusammengesetzten Truppen war auch ihre Organisation. Da gab es die ‚Dreißig', auch ‚Helden Davids' genannt, seine engsten Gefährten aus den Anfangstagen, unter denen das hebräische Element überwog (23,24–39). Neben den Kereti und Peleti als Leibwache – später kamen Karer hinzu – stand die Gruppe der Läufer, welche königliche Exekutionsbefehle ausführten und Dienst als Palastwache in Jerusalem taten. Diese Wachttruppen hatten maßgebenden

Anteil an der Absetzung Athaljas und der Inthronisation des Königs Joas (S. 125). Traten diese Soldaten bei zeremoniellen Anlässen in Erscheinung, so trugen sie vergoldete Schilde, von denen Salomo 600 im Libanonwaldhaus (S. 88) hatte aufhängen lassen; hier ist wohl das Wächterhaus des Palastes zu lokalisieren. Nach den hohen Tributzahlungen, die der judäische König Rehabeam an den Pharao Schoschenk geleistet hatte, wurden sie durch bronzene Schilde für die Repräsentation ersetzt. Nicht nur in dieser Hinsicht war für Jerusalem das ‚goldene' Zeitalter beendet (S. 94).

Das gesamte Berufsheer unterstand einem besonderen Befehlshaber und unterschied sich von dem Heeresaufgebot, das in beiden Monarchien nur noch in Notfällen zusammengerufen wurde. In der Beamtenliste Davids erscheinen zwei militärische Würdenträger: Joab hatte den Befehl über das Volksaufgebot, Benaja über die Berufssoldaten (2. Sam. 8,16.18). Dem König, der aufgrund seiner militärischen Verpflichtungen oft persönlich Krieg führte, stand als wichtige Verbindungsperson ein Stallmeister zur Verfügung. Dieser fungierte als Ordonnanzoffizier und persönlicher Helfer des Königs im Lager, „auf dessen Arm sich der König stützte" (2. Kön. 7,2). Bekannt geworden ist vor allem der Stallmeister des Königs Pekachja, Pekach, der 741 seinen Herrn umbrachte und sich an seiner Stelle zum König von Israel erhob (2. Kön. 15,25).

Um die Wende vom 2. zum 1. Jahrtausend machte die Kriegskunst im Vorderen Orient eine erhebliche Wandlung durch. Das Eisen trat an die Stelle der Bronze und erhöhte die Beweglichkeit der Wagen, erleichterte den Umgang mit Lanzen, Spießen, Speeren und Dolchen. Vor allem entwickelten sich die Wagen zur herausragenden Waffe. Im Wagen, der so viel Platz bot, daß Bogen, Pfeile und Wurfspieße mitgeführt werden konnten, standen zwei bis drei Soldaten (Abb. 22). Der Besitz dieses wichtigsten Kampfinstrumentes der Heere des Vorderen Orients, der Kriegswagen, hatte auch Kanaanäern und Philistern lange Zeit ihre Überlegenheit über die Hebräer gesichert. Impulse zur Pferdezucht und zum Bau der zweirädrigen Wagen waren aus dem Norden nach Nordmesopotamien in das Reich von Mitanni vermittelt worden; von dort verbreitete sich die neue Waffe und Kampftechnik rasch bei den Hettitern, in Mesopotamien, Ägypten und auch in Syrien/Palästina.

Den Hebräern verschaffte erst die Monarchie die zum Aufbau einer Streitwagentruppe notwendigen finanziellen Möglichkeiten. Vor allem Salomo trieb diese Entwicklung tatkräftig voran. Hatte David noch zahlreichen erbeuteten Gespannpferden die Gelenksehnen durchschneiden lassen (2. Sam. 8,4) und findet eine kleine Wagenstreitmacht bei den Berichten über seine Feldzüge keine Erwähnung, so stellten die Wagenkontingente Salomos hingegen das Söldnerfußvolk in den Schatten. Die Zahl von 1400 Wagen (1. Kön. 10,26), die es während seiner

Abb. 22. Streitwagen der Ägypter und Assyrer

Regierungszeit gegeben haben soll, scheint realistisch. Die Wagenbesatzungen wurden aus den inzwischen einverleibten kanaanäischen Gebieten rekrutiert. Deren Bewohner waren an den Umgang mit dem Wagenkampf gewöhnt, die hebräischen Mitglieder des Heerbanns erschienen für solche Aufgaben zunächst ungeeignet. Truppen lagen in der Hauptstadt, wo es ein ‚Pferdetor' gab (Jer. 31,40), und in den Wagenstädten. Diese Festungen waren Hazor in Galiläa, am Westrand des nördlichen Jordangrabens, dem aramäischen Gebiet gegenüber; Megiddo in der Jesreel-Ebene schützte den Hauptpaß durch das Karmelgebirge. Geser, auf halbem Wege zwischen Jerusalem und dem Mittelmeer, Beth-Horon, 25 Kilometer nordwestlich von Jerusalem, und Baalath, in der Nähe der beiden zuletzt genannten Orte, sicherten die westlichen Zugänge zur Hauptstadt. Thamar, westlich der Südspitze des Toten Meeres, bewachte den Weg nach Elath gegenüber Edom. Bis auf Baalath und Thamar handelte es sich um alte kanaanäische Königsstädte, in denen Salomo also Traditionen fortsetzte. Sie lagen in weiten, verkehrspolitisch wichtigen Ebenen, die einen schnellen Zugang zu mehreren angrenzenden Gebieten eröffneten. Ein anderes Verteidigungssystem im Negeb, wohl von Salomo zum Schutz der dieses Gebiet durchziehenden Handelswege angelegt, wurde nach den Ergebnissen archäologischer Grabungen im 10. Jahrhundert, also offenbar während des Palästina-Feldzuges des Pharao Schoschenk, bereits wieder zerstört.

Die Errichtung solcher Wagengarnisonen und Festungsketten machte umfangreiche Baumaßnahmen notwendig, zu denen die Bewohner Israels in den Sommermonaten herangezogen wurden, wenn die Feldarbeit weitgehend ruhte. Ausgrabungen in Megiddo zeigen, wie solche Wagenstädte aussahen.

Einen Teil des Festungsbereichs nahmen große Ställe für 450 Pferde mit Einzelfutterkrippen ein; ihre Tore öffneten sich auf Höfe, in denen die Schwemme lag und die als Exerzierplatz dienten. Die Versorgung dieser Truppen mit Gerste und Stroh oblag den jeweiligen Bezirksstatthaltern (S. 154). Hinweise auf die Versorgung von Militärstützpunkten

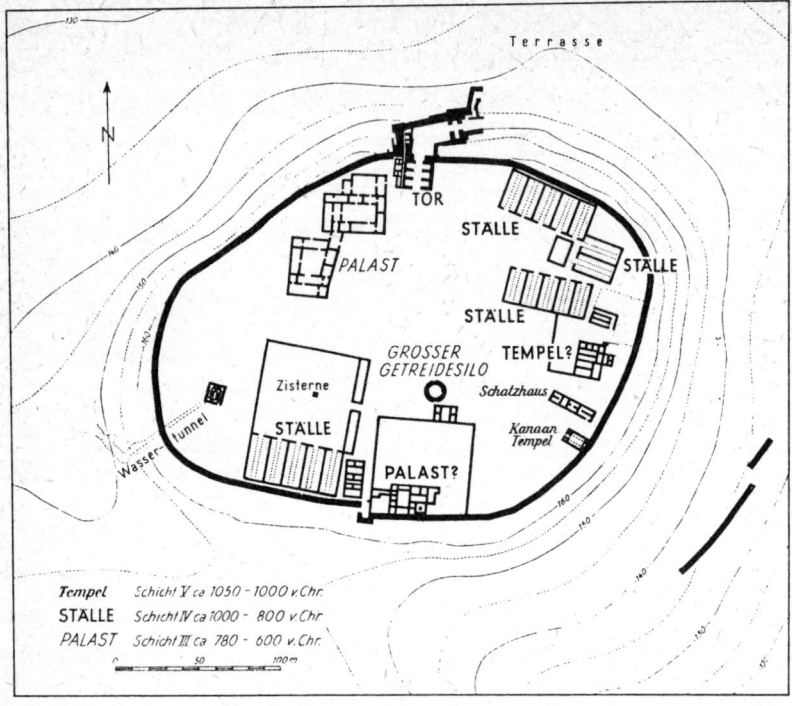

Abb. 23. Plan der Burg von Megiddo

erhalten wir über Details aus den sogenannten Königsstempeln. Im Auftrag der Könige wurden in einer zentralen Töpferei große Vorratskrüge
hergestellt und dort auch mit einem Stempel versehen (Abb. 24). Das
abgebildete Exemplar nennt den ‚König' als Besitzer und unter dem Symbol, einem vierflügeligen Skarabäus, den Ortsnamen ‚Hebron'. Die Krüge gelangten auf die Krongüter, welche die Belieferungen der Festungen
übernommen hatten. In Zeiten militärischer Bedrohung wurden in solchen Krügen Lebensmittel zur Versorgung der Besatzung in die Garnisonen gebracht.

Abb. 24. Hebräischer Krugstempel

Festungen schützten die großen Zugangsstraßen des Reiches und stabilisierten die Herrschaft nach innen in den erst von David zu den hebräischen Monarchien geschlagenen Gebieten. Die wichtigsten Garnisonsstädte der Doppelmonarchie fielen nach der Teilung an Israel. Hier behielten folglich die Wagentruppen ihre Bedeutung. Unter dem König Ela (887–886) waren sie in zwei Abteilungen gegliedert, von denen eine jener Simri befehligte, der aus dieser Stellung heraus den Griff nach der Krone wagte. Ahab von Israel konnte 853 bei der Schlacht von Karkar 2000 Wagen bereitstellen (TUAT 1, 4, 361). Danach war die Zahl der Kriegswagen infolge der verlustreichen aramäischen Kriege Israels so zurückgegangen, daß Sargon von Assur bei der Plünderung Samarias 721 nur noch 50 Wagen erbeutete (ebd. 383).

In Juda verlief die Entwicklung umgekehrt. Hier wurde erst im 8. Jahrhundert der Versuch unternommen, die Wagentruppen mit ägyptischer Hilfe auszubauen, bis „das Land voll war von Pferden und Wagen ohne Zahl" (Jes. 2,7). Allerdings blieben diese Einheiten ausschließlich in den Festungen stationiert, die Sanherib 701 jede einzeln bekämpfte. Von einer geschlossenen Aktion aller judäischen Streitkräfte ist nie die Rede. Gegen die Truppen Assurs half alle Aufrüstung nicht, die Niederlage gegen Sanherib bedeutete für das Land eine Zäsur. Der Assyrerkönig betrieb eine völlige Entmilitarisierung Judas; denn er ließ Söldner, Pferde und Wagen, die ein erhebliches Kapital darstellten, fortschaffen. Danach war die militärische Eigenständigkeit des Königreichs ohnehin stark eingeschränkt, da für neue Söldner, um sie als Infanteristen oder als Wagenlenker einzusetzen, das Geld fehlte. Vorhandene Mittel wurden zunächst allein auf den Wiederaufbau der Festungen verwandt.

Mit diesem Ende des Berufssoldatentums in Juda schlug erneut die Stunde des im Gegensatz dazu preiswerten, mittlerweile fast in Vergessenheit geratenen Heerbanns. In Kriegszeiten fand eine Mobilmachung statt, die gewöhnlich die Männer ab zwanzig Jahren traf. Der Vollzug der Aushebung unterstand dem Schreiber am Hof in Jerusalem (S. 153); diesem ging bei allen für die Rekrutierung betreffenden Angelegenheiten ein besonderer Sekretär zur Hand. Die Organisation vor Ort oblag jeweils Amtmännern, die zugleich richterliche Funktionen besaßen, sofern Streitfälle den militärischen Bereich betrafen. Die Eingliederung ins Heer geschah wie in vorstaatlicher Zeit nach Familienverbänden, also nach territorialen Einheiten. Im Gegensatz zu früheren Zeiten brachten die Rekruten allerdings nicht mehr selbst ihre Waffen mit, sondern der König sorgte für eine relativ einheitliche Ausrüstung. Die Einheiten bestanden aus Gruppen von 1000, 100, 50 und 10 Mann und entsprachen damit teilweise den Verhältnissen der Richterzeit. Der König wirkte nach wie vor als oberster Befehlshaber und ernannte die Offiziere. Unter ihnen nahmen die Anführer der 1000 eine herausragende Stellung ein. Aus der

Oberschicht Judas stammend, konnten sie es sich leisten, Weihegeschenke und Spenden für den Tempelbau zu geben. Die einfachen Soldaten hielt der Militärdienst von ihrer gewohnten Arbeit ab; daher strebten sie nach Kriegseinsätzen rasch wieder nach Hause. Um den Ackerbau nicht völlig ruhen zu lassen, wurde der Heerbann für den Dienst in den Festungen in sich monatlich abwechselnde Gruppen aufgeteilt. Dieses komplizierte Verfahren erforderte einen ganzen Stab der oben erwähnten Amtmänner. Gegen die stehenden Heere der Ägypter, Assyrer und Babylonier standen allerdings solche Volksaufgebote auf verlorenem Posten.

3. Wirtschaft – Handel – Finanzen

Die Agrarwirtschaft bildete in den hebräischen Monarchien wie in allen antiken Kulturen die Existenzgrundlage. Der Bauer lebte von dem Ertrag seiner Felder, besaß Haustiere und etwas Kleinvieh und erwirtschaftete in aller Regel dasjenige, was er und seine Familie zum Leben benötigten, selbst. Hauptnahrungsmittel war Getreide; Olivenbäume lieferten Öl für Speise, Beleuchtung und Körperpflege, und der Weinanbau versorgte den Menschen mit dem beliebtesten Getränk, Wein, den man allerdings mit Wasser vermischt zu sich nahm. Für seinen Weinanbau war namentlich Juda bekannt. Das judäische Hochland um Hebron herum bedeckten nicht nur Wälder, sondern auf weite Strecken auch Kulturen von Reben und Fruchtbäumen. In den Stammessprüchen wird Juda durch seinen Überfluß an Wein charakterisiert (Gen. 49,11): „(Juda) bindet seinen Esel an den Weinstock und an die Rebe das Füllen seiner Eselin." Es gab viele Rebstöcke, sonst hätte man den gefräßigen Esel nicht achtlos am Weinstock angebunden. Die phantastische Größe der Trauben, die angeblich zwei Mann an einer Stange tragen mußten (Num. 13,24), bringt die naive Bewunderung für die erstaunliche Fruchtbarkeit der Gegend um Hebron zum Ausdruck.

Aber diese Fruchtbarkeit des Landes mußte vor allem in Juda in dauernder Mühe dem Boden abgerungen werden; besonders störend war der unablässige Kampf mit den allgegenwärtigen Steinen, die das Erdreich durchsetzten. Nicht nur feindliche Zerstörungen, sondern auch die menschliche Faulheit zeitigten verheerende Folgen (Spr. 24,30–34):

„Ich ging über den Acker des Faulen
und über den Weinberg des unvernünftigen Menschen;
siehe, da war er ganz überwuchert von Disteln,
sein Boden war mit Nesseln bedeckt und die Steinumzäunung
eingerissen.

Ich ward es gewahr und nahm mir's zu Herzen,
ich betrachtete es und zog eine Lehre daraus:
‚Noch ein bißchen Schlaf, ein bißchen Schlummer,
ein bißchen die Hände in den Schoß legen um zu ruhen' –
und schon kommt über dich wie ein Räuber die Armut,
der Mangel wie ein bewaffneter Mann."

Wenn das Land nicht hinreichend kultiviert wird, so schildert es Jesaja, verwandelt es sich in Wüste (34,10–15). Der Prophet sieht in solchem Verfall die Strafe für die Sünde des Menschen und beweist damit, wie weit sich die meisten Hebräer von der romantischen Sicht der Wüste entfernt hatten, wie sie etwa in den Patriarchenerzählungen durchscheint.

Der landwirtschaftliche Überschuß, der in Palästina, vor allem in Israel – gute Witterung und sorgfältige Arbeit der Bauern vorausgesetzt –, erwirtschaftet werden konnte, ließ als einer von zwei Faktoren den Außenhandel der hebräischen Monarchien florieren (S. 86). Informationen zu diesem Außenhandel liegen vor allem aus der Zeit Salomos vor. Die biblischen Erzähler streichen diese Aktivitäten heraus, um den Hörer und Leser mit Salomos internationalen Kontakten und dem Ruhm und Glanz der Zeit zu beeindrucken.

Die Pflege der auswärtigen Beziehungen Salomos diente nicht allein der Sicherung seiner Herrschaft, sondern auch dem Ausbau des königlichen Monopolhandels. Der große Diplomat auf dem Thron betätigte sich zugleich als großer Kaufmann. Anregend wirkten vor allem die Beziehungen mit den Phönikern, die gegen Ende des 10. Jahrhunderts über Verbindungen zum gesamten Mittelmeergebiet verfügten. Hiram von Tyros (969–936) erscheint in phönikischen Berichten als Eroberer und Koloniegründer. Die Hebräer zeigten sich von den Erzählungen über seinen Reichtum, zumal er märchenhaft ausgemalt war, tief beeindruckt. Einige israelitische Gruppen hatten schon in der Richterzeit Dienste auf phönikischen Schiffen getan.

Die speziellen geopolitischen Bedingungen der Doppelmonarchie und später Israels erlaubten es, einige Handelsrouten zu kontrollieren. Zwei wichtige Karawanenstraßen zwischen dem Kulturland des fruchtbaren Halbmondes und Südarabien verliefen zeitweise über das Gebiet der hebräischen Königreiche. Dadurch konnte der Karawanenverkehr zwischen Arabien und dem Norden bis Damaskus und zum Euphrat beeinflußt werden. Dies betraf den Transithandel, dessen Überwachung den Königen und ihrer engeren Umgebung, nicht aber der ganzen Bevölkerung Vorteile brachte. Die Konstituierung eines neuen aramäischen Staates in Damaskus schränkte diese Kontrolle jedoch rasch ein. Gewinnträchtige Handelswege waren stets umkämpft. Dieser wirtschaftspolitische Aspekt spielte in einen großen Teil der Auseinandersetzungen hinein, die Ägypter, Assyrer sowie Aramäer mit den Israeliten um die Herrschaft über den syrisch-palästinensischen Raum führten.

Zunächst blühte jedoch dieser Transithandel. Seine Möglichkeiten lassen sich an dem Handel mit Pferden und Kriegswagen, der wichtigsten Kriegswaffe der damaligen Zeit (S. 160), aufzeigen. Wenn im südöstlichen Kilikien unbestritten die besten Pferde gezüchtet wurden, so galten die Ägypter des Neuen Reiches als Spezialisten in der Herstellung von Kriegswagen, wozu sie besonders harte Hölzer aus Syrien einführten. Da Salomo die Handelsstraße zwischen Ägypten und Syrien/Kleinasien beherrschte, war er an der Einfuhr der Hölzer und Pferde nach Ägypten und der Ausfuhr der Kriegswagen von dort nach Syrien und Kleinasien beteiligt, so daß er möglicherweise weitgehend den Preis der Waren bestimmen konnte (1. Kön. 10,28–29).

Bei solchen Lieferungen von Pferden und Kriegswagen handelte es sich zweifellos nicht um Massenprodukte, doch waren die Verdienstspannen aus gelungenen Unternehmungen – verglichen mit den Erträgen aus der Landwirtschaft – erheblich und angesichts der prekären Haushaltslage antiker Staaten wichtig. Salomo verschaffte sich auf diese Weise nicht nur Gewinn aus dem Handel, sondern konnte auch die Produkte Palästinas veräußern, soweit sie ihm zur Verfügung standen. Dazu zählten in erster Linie Getreide, Öl, Wolle und Wein. Vor allem zur Erfüllung des Handelsvertrages mit Hiram von Tyros benötigte Salomo Landesprodukte. Tyros lieferte Zedern- und Zypressenholz für die Bauten Salomos; das Holz wurde vom Libanon zum Mittelmeer geschafft, dort zu Flößen zusammengestellt, in einen philistäischen Hafen gefahren und über Land nach Jerusalem oder in andere Orte transportiert. Tyros, das über wenig Landbesitz verfügte, erhielt dafür Lebensmittel. Später übernahmen die israelitischen Könige diese Lieferung von Agrarprodukten an die Phöniker. Vor allem den Omriden gelang es in der Mitte des 9. Jahrhunderts nochmals, am internationalen Handel zu partizipieren, als Ahab entsprechende Abmachungen mit Tyros, die er durch die Heirat mit Isebel sicherte, und Benhadad von Damaskus aushandelte (S. 104).

Salomo zog ferner daraus Nutzen, daß er mit der Hafenstadt Elath am Roten Meer über ein Tor zur arabischen und ostafrikanischen Küste verfügte. Die Fahrten dorthin unternahm er in Verbindung mit Tyros, das damals in der Lage war, geräumige und seegängige Schiffe zu bauen und zu bemannen, wie sie auf einem Relief aus dem Palast Sanheribs von Assur abgebildet sind.

Wenn die Schiffe durchkamen und die Heimat wieder erreichten, brachten sie aus Afrika wertvolle Fracht mit: Gold, Silber, Elfenbein, Edelhölzer und Tiere, wie beispielsweise verschiedene Affenarten. Daß solche Fahrten alle drei Jahre stattfanden, wie das Alte Testament er-

Abb. 25. Assyrisches Kalksteinrelief: Phönikisches Kriegsschiff

wähnt (1. Kön. 10,22), bedeutet nach hebräischer Zählung, daß sie ein ganzes Jahr und Teile von zwei weiteren Jahren in Anspruch nahmen. So konnte die Flotte etwa im November oder Dezember des ersten Jahres von Elath abfahren und im Mai oder Juni des dritten Jahres zurückkehren, so daß die gesamte Reise praktisch nicht mehr als eineinhalb Jahre in Anspruch nahm. Solche Fahrten dienten allerdings weniger Handelszwecken als der Beschaffung von Rohmaterialien, vor allem Gold. Dieses Gold, zu Schilden des Libanonwaldhauses verarbeitet, blieb wirtschaftlich wertlos; zudem mußte es bald wieder an den Pharao Schoschenk abgegeben werden. Grundsätzlich dürften diese – eher als Raubzüge zu bezeichnenden – Unternehmungen weniger wegen eines großen wirtschaftlichen Ertrags als wegen der mitunter abenteuerlichen Beutestücke aufgezeichnet worden sein.

Ungleich schlechter als über den Außenhandel sind wir über den Binnenhandel unterrichtet, der in den hebräischen Monarchien in der Hand der Kanaanäer lag. Ihr Name wurde zum Synonym für ‚Händler‘ (Spr. 31,24). Wie für manche anderen Probleme der Sozialgeschichte sind es die Propheten, die einen Blick auf diesen Teil des Wirtschaftslebens eröffnen. Händler, vor allen Dingen Getreidehändler, arbeiteten mit den Großgrundbesitzern zusammen, waren häufig genug mit ihnen identisch. Sie nutzten die Geschäfte auf den Märkten in den Städten und Dörfern ebenso wie andere Möglichkeiten (S. 178), um sich zu bereichern. Sie wendeten dabei betrügerische Methoden an, um ihren Gewinn zu vergrößern, und versuchten, den Kunden, wenn er sich erst einmal bei ihnen verschuldet hatte, in ihre Abhängigkeit zu bringen. Sie verkauften

Abfall, das heißt zertretenes und mit Schmutz vermischtes Korn. Sie verkleinerten die Hohlmaße, in denen die verkauften Mengen gemessen wurden, oder fügten einen zweiten Boden ein, so daß die Käufer zu wenig Ware erhielten. Umgekehrt vergrößerten sie den Gewichtsstein, mit dem Silber als ungemünztes Zahlungsmittel abgewogen wurde, so daß die Käufer zuviel bezahlten (Amos 8,4–6). Diese knappe Charakterisierung, aus prophetischen Scheltreden gewonnen, betrifft möglicherweise nur einen kleinen Kreis und tut wohl den vielen kleinen Händlern unrecht, die häufig genug in ähnlich mühsamer Weise ihren Lebensunterhalt verdienen mußten wie die kleinen Bauern.

Der Handel hatte zwar einen recht begrenzten Umfang, aber er veränderte auf Dauer die bis zu Beginn der Monarchie weitgehend aus Bauern und Hirten bestehende Gesellschaftsstruktur der Hebräer. Es entwickelte sich allmählich eine Gruppe reicher Städter, die ihre Gewinne wie überall in der Antike in Grundbesitz anlegten.

Diese wenigen zuletzt gemachten Bemerkungen zeigen bereits, daß unsere Quellen bei solchen Themen an der Normalität weitaus weniger interessiert sind als an Fehlentwicklungen, zumal allein prophetische Texte zur Verfügung stehen. Die Archäologie kann in diesem Bereich allenfalls dort weiterhelfen, wo es sich um königliche Güter, um Domänen handelt.

Alle Könige des Alten Orients waren Großgrundbesitzer. Die Ländereien, die sie besaßen, wurden entweder von ihnen unmittelbar verwaltet oder verpachtet oder gegen bestimmte persönliche Dienstleistungen als zeitlicher oder dauernder Besitz vergeben. In den hebräischen Monarchien verhielt es sich nicht anders. Dieses Eigentum des Königs empfand man als so selbstverständlich, daß der Prophet Ezechiel in einer Zukunftsordnung, die er entwarf, den Anteil des Herrschers am Grund und Boden vorsah und regelte (46,17).

Über die Verwaltung der königlichen Domänen, die nicht an Beamte vergeben wurden, sind wir nur schlaglichtartig unterrichtet. Der Chronist gibt eine Liste der Vorsteher der davidischen Güter, die einen Eindruck davon vermittelt, in welch hohem Maß die Arbeitsteilung auf den königlichen Domänen bereits verwirklicht war (1. Chr. 27,25–31). Er nennt einen Verwalter der Vorräte auf dem Lande, in den Städten, Dörfern und Festungen der Provinzen, einen Chef der Feldarbeiter, die den Boden zu bebauen hatten, ferner einen Vorsteher für die Weinberge, einen Verwalter der Weinvorräte. Ein Forstmeister kümmerte sich um die Öl- und Maulbeerfeigenbäume und ein weiterer Verwalter um die Ölvorräte. Je ein Beamter trug die Verantwortung für die Rinder der Saron-Ebene – ein Rinderzuchtgebiet an der Mittelmeerküste –, das Vieh der übrigen Täler und die Kamele, Eselinnen und Kleintiere.

Zur Steigerung der Produktion auf den königlichen Gütern wurde der

Weg zu Monokulturen beschritten. Zumindest für Israel läßt sich dies aufgrund der Ostraka von Samaria (Abb. 26) vermuten, die am ehesten in die Zeit Ahabs von Israel gehören. Es handelt sich um Begleitschreiben zu ausschließlichen Lieferungen von Öl und Wein von den königlichen Gütern an den Hof der israelitischen Hauptstadt.

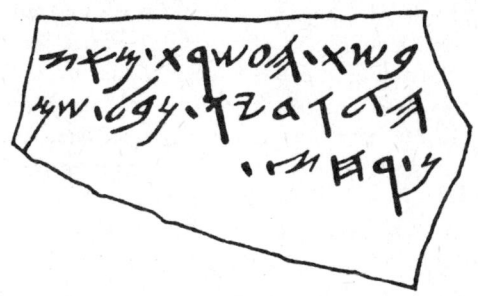

Abb. 26. Ostrakon aus Samaria

Der Text der abgebildeten Tonscherbe lautet in der Übersetzung: „Im Jahr 10 aus Asa (Ort) an Gaddijaw (Empfänger) ein Krug gereinigtes Öl.“

Die in den Ostraka genannten Güter lagen alle in unmittelbarer Nähe von Samaria. Ursprünglich setzte sich das Krongut aus Streubesitz zusammen, stellt man in Rechnung, wie es entstand. Die Könige verfügten aber offensichtlich über Mittel, Eigentum um die Hauptstadt herum zu gruppieren. Weniger günstig gelegene Besitzungen konnten sie an ihre Beamten vergeben, während sie unter den ihnen zufallenden Grundstücken diejenigen, die sich in der Nähe der Hauptstadt befanden, für sich behielten. Und nicht alle Grundbesitzer werden sich wie Naboth geweigert haben, ein für den König günstiges Grundstück zu tauschen, wenn dieser sie darum ersuchte. Auf diese Weise kam königlicher Großgrundbesitz zustande, der die großflächige Anlage von Wein- oder Olivenkulturen rentabel machte.

Mit David gelangte eine Gruppe von Leuten an die Macht, die über keine ‚Produktionsmittel‘, also Grundbesitz, verfügten. So mußte diese Art der Staatenbildung notwendigerweise die Erstellung eines systematischen, auf Zwang beruhenden Steuer- und Abgabensystems erzeugen. In ihren Auswirkungen wurde diese Entwicklung unter David noch durch die außenpolitischen Erfolge gemildert. Die Kosten für den Unterhalt des Hofes sowie für die staatlichen und militärischen Ausgaben deckten zunächst die Kriegsbeute und die regelmäßigen Tribute der Vasallenstaaten. Daneben wurden auch schon die Bewohner der Doppelmonarchie zu

Zahlungen herangezogen, eine Entwicklung, die sich bald nicht mehr rückgängig machen ließ. Für die Abgaben, welche die Bevölkerung an den König zu entrichten hatte – hierfür hat sich weitgehend der Begriff Steuern eingebürgert –, liegen nur wenige konkrete Angaben aus den hebräischen Monarchien vor. Allerdings kann man auf Vorbilder in Ugarit, Ägypten und Mesopotamien verweisen. In Assyrien etwa gab es ein differenziertes Steuer- und Abgabenwesen. Der Grundgedanke dieses Systems war, daß die Krone Eigentümer des Landes sei. Wir dürfen annehmen, daß es etwas Analoges, einen Rechtstitel des Königs auf das Land, in Juda und Israel auch gegeben hat. Da wir von entsprechenden Verhandlungen der Könige mit den Ältesten nichts wissen, kommen wir hier nicht über Vermutungen hinaus. Allerdings vermittelt die Josephs-Erzählung (Gen. 37–50) einen Eindruck von den Argumenten, welche die Könige zugunsten einer allgemeinen Abgabe vorbrachten, einen Eindruck aber auch von dem Widerstand gegen solche Abgaben. Aus dieser Josephs-Erzählung wird ersichtlich, daß der Pharao Eigentümer des Landes war, dessen Bewohner daher als steuerpflichtige Knechte galten. Die gesamte Erzählung verfolgt die Absicht, die Vorteile dieser und anderer Regelungen für die Bevölkerung herauszustreichen, die im Frieden unter königlichem Schutz leben konnte.

Zwischen den Einkünften des Königs und des Reiches, zwischen dem persönlichen Eigentum und demjenigen der Krone wurde nicht unterschieden. Stammte der Nachfolger nicht aus der Familie des verstorbenen Königs, was in Israel häufig zutraf, ging alles Eigentum auf den Nachfolger über, zumal in einem solchen Fall die Familie des Vorgängers ausgerottet wurde. Der König verfügte zudem unkontrolliert über alle Einkünfte, mit denen er alle Lasten, den Unterhalt der Beamten und des Heeres und die öffentlichen Bauarbeiten finanzierte. Auch die Unterscheidung zwischen Staatsschatz und Tempelschatz war nur theoretisch. Die Herrscher legten zwar Beuteanteile und persönliche Geschenke am Heiligtum nieder, dafür ließen sie auch den Tempelschatz, der durch die Opfergaben vermehrt wurde, von ihren Beamten kontrollieren. Und wenn sie Geld benötigten, griffen die Könige auf Staatskasse und Tempelvermögen gleichermaßen zurück.

Der Monarch hatte die Verfügungsgewalt über die Produkte aus seinen Ländereien, über Einkünfte aus seinen Wirtschafts- und Handelsunternehmen, über Einfuhr- und Durchgangszölle von Karawanen sowie über Tributleistungen der Vasallenstaaten und die Abgaben der Bevölkerung. Doch dürfen das königliche Vermögen und der Reichtum nicht zu hoch veranschlagt werden. Salomos kostspielige Hofhaltung verschlang viel, und er war bereits nicht mehr in der Lage, Hiram von Tyros mit Geld zu bezahlen. Nach dem Ende der Doppelmonarchie versiegten die bedeutenden Einnahmen aus Tributen bald völlig. Die Könige von Juda und Israel mußten stattdessen selbst Tribute an die Ägypter und später an verschiedene andere Fremdherrscher entrichten. Das prachtvolle Bild der Regierungszeit Davids und der ersten Jahre Salomos darf nicht über die prekäre finanzielle Lage der späteren Monarchien – vor allem Judas – hinwegtäuschen. Die Einnahmen beider Monarchien dienten lange Zeit dazu, die Hofhaltung und die Abgaben an die Großmächte zu bestreiten. Der finanzielle Druck, der auf den Königreichen lastete, bildete eine wesentliche Ursache der immer wieder ausbrechenden verzweifelten Aufstände gegen Assur, Ägypten und Babylon. Hatten sich die hebräischen Herrscher der Tributzahlungen entledigt, so mußten Mittel für Söldner aufgewandt werden, um die neugewonnene Unabhängigkeit zu verteidigen. Dann waren neue, meist höhere Tribute die Folge. In solchen Krisensituationen sahen sich die hebräischen Herrscher gelegentlich gezwungen, Sondersteuern zu erheben. Sowohl Menachem von Israel (2. Kön. 15,20) als auch Jojakim von Juda (23,35) legten Tribute, die sie an Tiglatpilesar III. beziehungsweise den Pharao Necho zu leisten hatten, auf ihre jeweiligen Reichsbewohner um.

Indirekt mit den Finanzen der Monarchien hängen die Dienstleistungen zusammen, welche die Luther-Bibel Fron nannte. Solche Dienstleistungen waren als Institution im ganzen Alten Orient verbreitet. Die Hebräer erinnerten sich beispielsweise noch jahrhundertelang mit Schrecken an die Verpflichtungen, die einigen ihrer Vorfahren in Ägypten auferlegt gewesen waren, als sie dort das Los aller Untertanen des Pharao teilten.

Dieses Kernerlebnis hebräischer historischer Erinnerung allein macht verständlich, auf welchen Widerstand die mit der Monarchie beginnenden Dienstleistungen in Juda und Israel trafen. Von David zögernd eingeführt, indem er Bewohner der besiegten Nachbarstaaten zur Zwangsarbeit heranzog (2. Sam. 12,31), wurde die Einrichtung unter Salomo mit Hilfe eines durchgebildeten Administrationsapparates voll ausgebaut. Die zahlreichen Baumaßnahmen, die von ihm in Angriff genommen wurden – Palast- und Tempelbau in Jerusalem nebst Arbeiten an der Stadtmauer, Einrichtung von Festungsstädten –, waren alle mit Hilfe öffentlicher Sklaven allein nicht mehr zu bewältigen, und für bezahlte Arbeiter standen keine Mittel zur Verfügung. So wurde die Verwaltungseinteilung Israels auch dazu verwandt, regelmäßig eine bestimmte Zahl von Israeliten, Hebräer und Kanaanäer, zu Dienstleistungen von ihrer eigentlichen Beschäftigung abzuziehen. Sicherlich hat man auf die Leute vorwiegend in den Sommermonaten zurückgegriffen, wenn die Feldarbeit weitgehend ruhte. Dennoch bedeutete dies nicht nur einen für die Hebräer völlig neuen Angriff auf die persönliche Freiheit der Untertanen, sondern brachte für alle Bewohner auch wirtschaftliche Nachteile mit sich. Der Widerstand gegen diese in der Bevölkerung verhaßten Dienstleistungen, an dem letztlich die Fortführung der Doppelmonarchie unter Rehabeam scheiterte, ist vor diesem Hintergrund verständlich.

Die Arbeiter wurden für die unterschiedlichsten Tätigkeiten eingesetzt. Ein Teil hatte die Aufgabe, das Holz zu transportieren, das Holzfäller Hirams von Tyros im Libanon schlugen und das nach Jerusalem geschafft werden mußte. Ferner wurden diese Israeliten als Lastträger und Steinhauer für Arbeiten im judäischen Gebirge zur Beschaffung von Quadersteinen eingesetzt, oder sie gingen den Maurern und Zimmerleuten zur Hand (1. Kön. 5,27–32). Daß die Könige nach dem Ende der Doppelmonarchie auf die Dienstleistungen nicht verzichteten, beweisen einige wenige Zeugnisse des Alten Testaments sowie ein Siegel mit der Amtsbezeichnung eines Aufsehers über diesen Bereich aus dem 7. Jahrhundert. Man kann sich auch schwerlich vorstellen, daß die Herrscher beider Reiche bei größeren Baumaßnahmen völlig ohne die kostenlose Arbeit ihrer Untertanen ausgekommen sein sollen. Asa von Juda zog die Bevölkerung zur Befestigung der Städte Geba und Mizpa heran, ohne dabei Ausnahmen zu machen, wie der Berichterstatter indigniert bemerkt (15,22). Daß solche Zwangsarbeit Unrecht sei, den Vorwurf mußte sich Jojakim gefallen lassen (Jer. 22,13), als er die Arbeiter beim Bau seines Palastes nicht entlohnte.

4. Gesellschaft – Sozialgefüge

Der Ausbau der königlichen Adminstration hatte in Juda und Israel für bestimmte Bevölkerungsgruppen ökonomische Folgen gehabt. Einige wußten sich zur Wehr zu setzen. Dazu zählten die ökonomisch führenden Grundbesitzer, aus denen sich die Ältesten rekrutierten, und die Masse der Bauern, die das Heerbannaufgebot stellten. Insofern hielt sich der Widerstand auf breiter Basis. Dabei wirkte sich entscheidend aus, daß David und Salomo mit den reichsten Bewohnern der Monarchien zusammengestoßen waren, von deren Selbstbewußtsein die Texte Zeugnis geben. Allerdings konnte das Königtum diese weiterhin einflußreichen Kreise auf Dauer ökonomisch nicht gefährden; ein Nabal war zwar in Zukunft kein ‚König‘ mehr (1. Sam. 25, 36), aber er verarmte auch nicht. Wenn auch die auf verwandtschaftlich-egalitärer Organisation beruhende Grundstruktur der Gesellschaft noch eine Zeitlang erhalten blieb und das soziologische Mikrosystem sich erst allmählich veränderte, so blieben die kleinen Bauern und die Ärmeren in ihrer Existenz durch Steuern, Dienstleistungen und Kriegsdienst doch gefährdet. Für sie beschleunigte sich der seit Generationen andauernde Abstiegsprozeß. Die Staatswerdung brachte ein gänzlich neues Element in die sozio-ökonomische Entwicklung – wenn man von der Integration der Kanaanäer einmal absieht (S. 175): die Einrichtung einer Zentralinstanz, die das Eigentum garantieren konnte. Letzteres kam der Oberschicht zugute. Zwischen König und reicher Bauernschaft entstand mit der Zeit eine Interessengleichheit, welche die Aussöhnung mit dem König und die Annäherung der ökonomisch führenden Schicht an ihn bewirkte. Großgrundbesitzer und Beamte wurden schließlich durch den König geschützt.

Die junge Monarchie schuf sich einen Hofstaat und ein Beamtentum, das partiell an der Herrschaftsausübung beteiligt war und bestimmte administrative Aufgaben zugewiesen erhielt. Außerdem wurde zur Sicherung der staatlichen Macht nach innen und außen ein stehendes Heer aufgestellt (S. 159). Um diesen Apparat in Gang zu halten, der schlagartig ins Leben gerufen worden war, bedurfte es eines staatlichen Fundus an Ländereien und finanziellen Mitteln: Es kam zur Bildung des Krongutes und eines Systems der Abgabenerhebung (S. 170).

Den entscheidenden Eingriff in die Agrarordnung stellte die Bildung großen königlichen Landbesitzes dar, der zur Versorgung der Staatsdiener nötig wurde. Woher stammten diese Ländereien und das Krongut, das der König nahezu aus dem Nichts schaffen mußte? Die Antwort bietet die oben zitierte Kampfschrift, in der behauptet wird, daß der König den Bauern die besten Äcker, Weinberge und Ölbaumpflanzungen wegnehme, um sie seinen Beamten zu geben (S. 79). Diese aus der Anfangszeit der Monarchie stammende Feststellung wird bestätigt durch ein Drohwort des Propheten Amos, mit dem er im 8. Jahrhundert den bevorstehenden Untergang des Königreiches in Israel ankündigte. Dabei führte er gleichzeitig dem Oberpriester von Bethel, das eines der Reichsheiligtümer des Nordreiches war, sein persönliches Schicksal vor Augen (7,17): „Dein Acker – mit der Meßschnur wird er verteilt werden." Der Priester hatte als Beamter des Königs von Israel wie seine Kollegen in Juda (S. 84) Grund und Boden zur Nutzung erhalten. Wenn das Reich zusammenbricht, so argumentierte Amos, geht auch dieser Besitz verloren. Aber er ging über diese triviale Feststellung hinaus: Das Land solle dann mit dem Meßstrick verteilt werden. Eine Verteilung mit dem Meßstrick stellte man sich bei den Hebräern zu Beginn der Landnahme vor, als das verheißene Land Kanaan gleichmäßig an alle Familien verteilt worden sein sollte. Amos prophezeite die Rückführung des Ackerlandes eines königlichen Beamten, also des Krongutes, in die alte Ordnung der hebräischen Volksgemeinschaft. Das Krongut werde wieder zu dem, was es einmal war: Erbteil hebräischer Bauern.

Es gab mehrere Wege, auf denen Land in das Eigentum der Könige von Juda und Israel überging. Der König konnte zunächst Land kaufen; frei veräußerliches Grundeigentum gab es auf jeden Fall in den kanaanäischen Gebieten. So erwarb David in Jerusalem den Platz (S. 75), auf dem

Salomo Tempel und Palast errichtete. Der israelitische König Omri kaufte den Hügel von Samaria (S. 105), um sich hier eine neue Hauptstadt zu bauen. Wenngleich ein umfangreiches Aufkaufen in den hebräischen Dörfern durch die Relikte der Sippenordnung behindert wurde, war auch hier Landkauf möglich. Immerhin machte der israelitische König Ahab erst den Versuch, den Weinberg des Naboth zu kaufen (1. Kön. 21,2), ehe er einen anderen Weg einschlug, ein begehrtes Gut zu erhalten (S. 60). Generell hing ein solcher Landkauf natürlich von den finanziellen Möglichkeiten der judäischen und israelitischen Könige ab. Dabei ist es sehr fraglich, ob die Monarchien aufgrund von Tributzahlungen, die sie zu leisten hatten, und von Plünderungen, die sie über sich ergehen lassen mußten, überhaupt größere Mittel dafür freizustellen vermochten.

In Israel konnten die Herrscher immer dann einen Zuwachs ihres Krongutes verbuchen, wenn bei einem Dynastiewechsel nicht nur das bisherige Krongut, sondern auch das Privateigentum des Vorgängers und seiner Familie, die fast immer ausgerottet wurde, an den neuen Herrscher fielen. Bei der Stabilität der davidischen Dynastie entfiel diese Möglichkeit in Juda völlig.

Die wichtigste Basis für die Herausbildung von Krongut lag darin, daß die Könige die Erbgüter aufgriffen, die ihre bisherigen Eigentümer aus den verschiedensten Gründen verloren hatten. So fielen ihnen die Ländereien derjenigen Personen zu, die wegen öffentlich-politischer Vergehen verurteilt worden waren. Die Geschichte von Naboths Weinberg (1. Kön. 21,1–16) zeigt, daß dabei von seiten des Königs Willküakte vorkommen konnten, daß also die Könige die Möglichkeit hatten, der Verurteilung nachzuhelfen. Weiterhin scheint der Grundbesitz Landesflüchtiger dem Krongut zugefallen zu sein (2. Kön. 8,1–6). Die Regelung solcher Vorgänge dürfte zu den Abmachungen gehört haben, die der König mit den Ältesten aushandelte. Bereits diese Genese des Krongutes wirkte sich auf die dörflichen Eigentumsverhältnisse aus. Die gesellschaftliche Entwicklung der Richterzeit (S. 60) erstarrte nun, da die Ortsgemeinden kein Land mehr zum Ausgleich sozialer Härten hatten.

Dieses Krongut blieb teilweise Eigentum der Könige; die Einkünfte dienten der Versorgung des Hofes, reichten aber dafür nicht aus (S. 154). Einen wesentlichen Teil ihres Krongutes vergaben die Könige an die Beamten und Berufssoldaten, um deren wirtschaftliche Existenz auf Dauer sicherzustellen. Denn das an einen Beamten vergebene Krongut blieb dessen Eigentum. Der Priester Ebjathar, der bereits unter David den Dienst am Heiligtum in Jerusalem versehen hatte, schlug sich im Thronstreit zwischen Salomo und dessen Bruder Adonija auf die falsche Seite. Sein Priesteramt bewahrte ihn davor, das Schicksal anderer zu teilen, die sich wie er entschieden hatten und hingerichtet wurden. Ebjathar wurde lediglich seines Amtes enthoben und auf seinen Acker nach Anathoth verbannt (1. Kön. 2,26). Es handelte sich dabei um einen Teil des Krongutes, das Priester als Beamte der Könige, wie andere Beamte auch, erhielten. Ebjathar verlor sein Priesteramt, behielt aber sein Landgut als Existenzgrundlage. Dies dürfte um so eher bei loyalen Beamten vorauszusetzen sein, zumal sich manche Ämter auch innerhalb von Familien vererbten.

Neben mehr oder weniger verwandten hebräischen Gruppierungen waren auch andere Bevölkerungsgruppen in der Gesellschaft der Doppelmonarchie Davids und Salomos aufgegangen. Unter ihnen sind vor allem die Kanaanäer herauszuheben, die als gleichberechtigte Bewohner galten und einen wesentlichen Anteil an der Reichsbevölkerung stellten. Dadurch entstanden auf die Dauer Probleme, wurden Veränderungen eingeleitet. Die Aufnahme der Kanaanäer führte in wirtschaftlicher, politischer und religiöser Hinsicht sowie im Bereich geltenden Rechts zwar zu Konfrontation, Abgrenzung und Selbstbehauptung der Hebräer, aber auch zu Anpassung, Vermischung und Übernahme. Eine Hauptursache der Veränderungen und der damit einherschreitenden Konflikte lag in der Tatsache, daß die wichtigen Städte, die meist völlig kanaanäisch ausgerichtet waren, mehr und mehr Zentren des politischen und wirtschaftlichen Lebens wurden.

Dies beschleunigte die nach der Seßhaftwerdung begonnene Entwicklung, der zufolge das Zusammenleben innerhalb einer Ortschaft wichtiger wurde als das Verwandtsein. Die Städte lockten vereinzelt Bauern an, die dadurch aus ihren Familienverbänden ausschieden. Eine weitere Folge war der zunehmende Gegensatz zwischen Stadt und Land, der schon früh in der hebräischen Gesellschaft angelegt gewesen war (S. 33) und sich immer mehr vertiefte. Reaktionen darauf finden wir sowohl in dem Verhalten der Rechabiter, die zu einer nomadischen Lebensweise zurückkehrten (S. 110), wie in der Polemik der Propheten gegen die Stadtkultur.

Mit der Integration der Kanaanäer und dem Einströmen einer nicht unbeträchtlichen Anzahl von ihnen in den Beamtenapparat und das Berufsheer erfolgte zunächst ein erheblicher Zivilisationsschub. Ferner nahm man bei den Kanaanäern die Besoldung schon länger in Form einer Belehnung mit Grundstücken aus dem Königsgut zur persönlichen Nutznießung und in Form von Zahlungen in Geld und Naturalien vor. Die Lebensweise und andersartigen Anschauungen der Kanaanäer zur Gesellschafts- und Wirtschaftsordnung, Anschauungen, die auf einem hierarchischen und autoritären System basierten, drangen in die hebräischen Monarchien ein. Die Kanaanäer stellten den Erwerb größerer Vermögen, der nichts Ungewöhnliches darstellte, unter Rechtsschutz. Es setzte sich auch die kanaanäische Sozialstruktur durch, in der Differenzierungen selbstverständlich waren. In den kanaanäischen Stadtstaaten hatte sich der Prozeß der Verarmung der Bauern bereits im ausgehenden 2. Jahrtausend vollzogen. Man darf aber keineswegs so weit gehen, die Kanaanäer allein oder auch nur als auslösenden Faktor für die gesellschaftliche Veränderung in den hebräischen Monarchien verantwortlich zu machen. Ihre Aufnahme in den Beamtenstab und das Heerwesen der jungen Monarchien hat lediglich Tendenzen fortgeführt und beschleunigt, die ohnehin in der Gesellschaftsstruktur der Hebräer angelegt waren.

Im Gegensatz zur Entwicklung der Richterzeit waren in der Monarchie in der Tat Bestrebungen im Gang, die alte Gesellschafts- und Wirtschaftsordnung völlig zu beseitigen. An deren Ende stand, so deutet es der Prophet Jesaja an (5,8), eine neue Ordnung: „Wehe denen, die Haus an Haus reihen und Acker an Acker rücken, bis kein Platz mehr da ist und ihr allein Besitzer im Lande seid." Jesaja übertreibt bewußt, wenn er dies polemisch formuliert, doch die Tendenz dieser Entwicklung dürfte bereits erkennbar gewesen sein. Es gab bald keine kleinbäuerliche Schicht mehr, sondern eine Zweiteilung in Großgrundbesitzer und in die breite Masse der Grundbesitzlosen. Einige wenige, ein verhältnismäßig kleiner Kreis, hielten alle übrigen in persönlicher Abhängigkeit.

Der Druck, den die Großmächte auf die beiden Monarchien ausübten, beschleunigte diese Entwicklung noch zusätzlich. Die persönlichen Umstände des Propheten Micha können die angespannte Lage Judas zur Zeit Hiskias, das heißt vor der entscheidenden Auseinandersetzung mit den Assyrern (S. 131), verdeutlichen. Micha stammte aus einer Siedlung in der Nähe der Festungsstadt Lachis und erlebte sämtliche Vorbereitungen militärischer und versorgungstechnischer Art aus nächster Nähe mit. Die gewaltigen Verteidigungsanstrengungen des Landes belasteten die Bauern über Gebühr, selbst wenn sie gleichmäßig auf alle Judäer verteilt worden wären. Aber wie stets war es leichter und ertragreicher, Mittel von den Kleinen als von den Großen einzutreiben. Mit nationalen Appellen dürften erhöhte Abgaben motiviert worden sein. In dieser Situation trat Micha für seine Landsleute ein. Aus einem Gemisch von persönlicher Habsucht und nationalem Ehrgeiz, so wirft er den Führenden in Jerusalem vor, bringen sie über die Menschen das Verderben des Krieges (2,8–9).

Im Gefolge der zunehmend schwieriger werdenden Lage der Bauern beschleunigte sich in solchen Krisenzeiten die gesellschaftliche Differenzierung. Und nach der Niederlage von 701 galt es, Tribute zu entrichten, die häufig für die Bevölkerung weitere Opfer bedeuteten, weil durch den Einbruch der Assyrer die Weinberge teilweise zu einem mit Gestrüpp bestandenen Brachland verkamen. Tributzahlungen für eines der Großreiche oder Plünderungen durch deren Truppen waren in Juda bis in die Mitte des 8. Jahrhunderts die Ausnahme gewesen, wenngleich die finanziellen Einbußen des Staates unter Rehabeam (925), Asa (900), Joas (830) und Amazja (790) unangenehm genug waren. Seit 730 aber zahlten die judäischen Könige regelmäßig jährliche Abgaben an Assur, Ägypten und Babylon, und in Israel gestaltete sich die Lage gegen Ende der Phase der Selbständigkeit ähnlich, nachdem bereits die über ein Jahrhundert andauernden Aramäerkriege den Staat immer wieder gezwungen hatten, Söldner anzuwerben und zu entlohnen. Dieser außenpolitisch bedingte Druck auf die Finanzen der hebräischen Monarchien beschleunigte im Innern die Polarisierung der Bevölkerung in Reiche und Arme.

Wenn die Propheten im 8. und 7. Jahrhundert die Verursacher dieser Mißstände anklagen, gebrauchen sie meist keine Amts- oder Berufsbezeichnungen, sondern charakterisieren sie durch Bloßstellen ihres Redens und Tuns. Gelegentlich werden sie aber konkreter. Dann ist von ‚Ältesten und Beamten‘ und ‚Beamten, Richtern und Räten‘ die Rede. Sie benennen somit eine Oberschicht, die ihre gehobene Stellung entweder ausschließlich oder doch hauptsächlich ihrer besonders engen Bindung an das Königtum verdankte. Allerdings tragen nicht nur Beamte und Höflinge die Schuld an der Entwicklung. Auch darf das Königtum allein nicht dafür verantwortlich gemacht werden, wenngleich die Monarchie die Rahmenbedingungen geschaffen hat, die eine Umgestaltung der Sozialstruktur erleichterten. Die Könige vollzogen zwar die ersten Schritte auf diesem Weg, indem sie die Zentralinstanz einrichteten, die den Reichtum garantieren konnte (S. 63). Aber nachdem dieser erste Schritt einmal getan war, blieb vieles ohne ihr direktes Zutun, wenngleich auch von ihrer Seite keine Korrekturen an der Entwicklung zum Großgrundbesitz erfolgten.

Die Propheten griffen in ihren Scheltreden die vom Königtum abhängige Oberschicht an; diese umfaßte eine größere Gruppe als nur die Beamten. Jesaja nennt ausdrücklich Älteste und Beamte in einem Atemzug, und auch in den von Amos inkriminierten Richtern werden wir die Ältesten der Sippenordnung erblicken können (S. 62). Überhaupt dürfte eine saubere Trennung von Ältesten und Beamten hinsichtlich ihrer familiären Herkunft nicht möglich sein, da Mitglieder angesehener und wohlhabender Familien sich in verschiedenen Bereichen politisch engagierten, damit Macht kumulierten und letztlich ihr Eigentum vergrößerten. Solche ‚Großen‘ (2. Kön. 10,6) konnten als Beamte ebenso tätig werden wie im Rahmen der alten Sippenorganisation als Älteste bei der Rechtsprechung im Tor (S. 184). Diese Männer vererbten ihre Ländereien ebenso wie mitunter die Ansprüche auf Führungspositionen in Staat und Gesellschaft.

Es waren somit keineswegs die neugeschaffenen Gruppen der Monarchie allein, welche die Veränderung der Gesellschaftsordnung vorantrieben, weil auch die bisher in der Gesellschaft ökonomisch führende Gruppe die Vorteile und den Schutz der neuen Zentralinstanz nutzte, um die bislang durch gesellschaftlichen Druck erzeugte relative Gleichheit zu überwinden. In dem Maße, wie Verpflichtung zur Gastfreundschaft, Unterstützung Notleidender und Teilzwang schwanden (S. 63), wurden die ökonomischen Reserven der Familie zum Erwerb neuer Güter freigesetzt. Auch die Methoden, mit denen dies geschah, waren in der bisherigen Gesellschaftsstruktur angelegt und bekannt, wurden aber aufgrund andersartiger Wertvorstellungen keineswegs so radikal gehandhabt wie zur Zeit der Monarchie, als sich der schon länger zu beobachtende Prozeß beschleunigte. Diese Monarchie installierte auch den Zwangsapparat, der die Ausnutzung der Schuldsklaverei, des Pfandrechts und die korrupte Rechtsprechung ermöglichte.

Durch rigorose Anwendung und Übersteigerung des Schuldrechts wurden die kleinen Bauern mit ihren Familien aus dem angestammten Familienbesitz verdrängt. Die dabei auftretenden Gesetzmäßigkeiten sind, wenngleich mit mancherlei Varianten im Detail, jahrtausendelang zu beobachten. Wer in irgendeine Notlage geriet, mußte sich Geld oder Nahrungsmittel leihen. Dafür fielen erhebliche Zinsen an. Diese Leihgeschäfte waren zudem bei den Hebräern wie in weiten Teilen der Antike mit der Institution der Schuldsklaverei gekoppelt. Konnte der Schuldner seine Schuld nicht erstatten, hatte der Gläubiger das Zugriffsrecht auf Personen aus dem Haushalt des Schuldners. Dabei nahm er zumeist die Kinder als Pfand. Amos griff die Schuldsklaverei an (2,6): „Sie verkaufen den Unschuldigen wegen Geld(schulden) und den Armen wegen eines Paares Sandalen." Amos setzt ein rigoroses Vorgehen des Gläubigers voraus. Menschen werden wie Ware behandelt. Illustriert wird dies durch das Schicksal einer Witwe, das wir in den Königsbüchern kennenlernen (2. Kön. 4,1): „Mein Mann ist gestorben", berichtet sie, „und nun kommt der Gläubiger, um sich meine beiden Söhne als Sklaven zu nehmen." Der Vater schuldete noch Geld; da die Witwe es nach seinem Tod nicht beibringen konnte, verschaffte sich der Gläubiger Ersatz durch die Arbeitsleistung der beiden Kinder, die in Schuldsklaverei gerieten. Diese beiden Kinder wären nach Ansicht des Amos schuldlos gewesen.

Auch die Institution des Pfandwesens verstand der Prophet Micha als Gewaltverhältnis (2,1–2). Zwar konnte das Pfand erst nach einer bestimmten Frist vom Gläubiger genommen werden, aber der Wert der zur Pfändung freigegebenen Sachen überstieg bei weitem die Summe, die geliehen worden war. Es wird diese Diskrepanz gewesen sein, welche die angesprochenen üblen Folgen der Institution mit bewirkt haben. Wenn Micha das Pfandwesen als ein Mittel der Gewalt und des Unrechts anprangerte, dann hatte dies seinen Grund darin, daß es einen direkten Zugriff des Gläubigers auf das Eigentum und die Familie des Schuldners gestattete und Darlehen sowie Objekt der Pfändung in keinem vertretbaren Verhältnis standen.

Schuldsklaverei und Pfandrecht konnten in der angedeuteten Weise von Großgrundbesitzern ausgenutzt werden, weil ihnen gegenüber kein Rechtsschutz bestand. Denn die Rechtsprechung lag in den Händen der führenden Männer der Verwaltung des Landes und der Ältesten der Sippen, also eben jener sozialen Gruppe, die das Auseinanderfallen der Gesellschaft in gleichsam zwei Klassen vorantrieb. Älteste und Beamte trafen Entscheidungen, wenn es um Fragen des Eigentums, der Steuern und Abgaben, der Dienstleistungen und etwa auszusprechender Strafen ging. Micha vergleicht die Rechtsuchenden mit Nutzvieh (3,1–4). Wie Schafe werden sie geschoren und geschlachtet. Man reißt ihnen das Fell herunter, zerschlägt die Knochen, um die Stücke handlich herzurichten und um das Mark herauszuholen. Man brät oder backt das Fleisch in einem Kessel, und selbst das Fell ist noch brauchbar. Diesen Leuten wird sprichwörtlich das „Fell über die Ohren gezogen".

Amos deckte Mißstände des Prozeßverfahrens vor den Ältesten am öffentlichen Versammlungsplatz, im Tor, auf: „Sie hassen im Tor den, der für das Recht eintritt, und verabscheuen den, der vollständig aussagt" (5,10). Verschleiern und Verschweigen dienten den Richtern als Mittel. Wer auf klare Rechtsgründe hinwies und vollständige Aussagen machte, sah sich dem Haß der Parteien ausgesetzt. Amos sprach mehrfach von Richtern, die Arme mit ihrer Klage abwiesen. Über den Erfolg vor Gericht entschied letztlich die Finanzkraft der Prozeßbeteiligten; den Besitzlosen war somit oft genug der Rechtsweg versperrt. Die von Amos gescholtenen Ältesten als Richter traf somit das gleiche Verdikt wie die von Jesaja und Micha (3,11; 7,3) angegriffenen Beamten; auch er legte ihnen zur Last, daß sie im Rechtswesen Bestechungsgelder annähmen. Die Beamten gingen inzwischen offenbar auch daran, neue Gesetze zu produzieren, um Enteignungsverfahren zu vereinfachen (Jes. 10,1–2).

Der Kreis war damit geschlossen. Die führenden Kräfte der alten Sippenordnung, die Ältesten, und die wichtigsten Träger der neuen Ordnung, die Beamten, hatten ein gemeinsames Interesse: die Bildung von Großgrundbesitz. Beide, Älteste und Beamte, waren in unterschiedlichen Bereichen mit richterlichen Vollmachten ausgestattet, so daß es gegen ihre Praktiken der Anhäufung von Land durch radikale Ausnutzung des Schuldrechts und der Institution des Pfandwesens für die kleinen Bauern keine Berufungsinstanz gab. Somit hatte im 8. Jahrhundert ein erheblicher Teil der Bauernschaft die Kontrolle über die zur Produktion notwendigen Faktoren, wie Land, Saatgut, Vieh und Geräte, verloren.

Das System der Schuldsklaverei und des Pfandrechts bestand bereits seit Jahrhunderten, doch fand seit dem Beginn der Monarchie neben der Verfeinerung der Techniken ein allmählicher Wertewandel statt. Dessen Ergebnis, das rücksichtslose Profitdenken und Luxusstreben, prangerten die Propheten an. Der Mangel an Loyalität und Solidarität im zwischenmenschlichen Umgang war unübersehbar geworden. Die Propheten verurteilten in wirtschaftlicher Hinsicht meist das, was wir heute als Konsumgesellschaft bezeichnen würden, und deren schreiende soziale Gegensätze und Ungerechtigkeiten. Diejenigen, die den Blick allein auf ihren Luxus richteten, hatten kein Auge mehr für die Menschen, von deren mühsamer Arbeit sie lebten. Die Bußgelder, die der Verschuldete nur mit Mühe aufbringen konnte, verwendeten die Geldgeber dafür, teuren Wein zu trinken (Amos 2,8).

Die Veränderung der sozialen Maßstäbe zeigte sich vor allem in dem nun verstärkt zu beobachtenden Luxusstreben. Der Reichtum, den die Oberschicht erwarb, diente nicht primär der Kapitalvermehrung durch Reinvestition, sondern der Gewinnung und der Dokumentation von Prestige und des damit verbundenen Luxuskonsums. Die prophetische Kritik geißelte immer wieder das Prestigebedürfnis der Oberschicht. Die Großgrundbesitzer verfügten über Sommer- und Winterhäuser, konnten sich große und kleine Häuser bauen. Die archäologischen Ausgrabungen in Thirza lassen besonders für das 8. Jahrhundert erkennen, wie groß der Gegensatz zwischen Armen und Reichen hinsichtlich des Häuserbaus war. Es gab attraktive Privathäuser, in einem Stadtteil konzentriert, der durch eine Mauer von den Armenvierteln abgetrennt war. Noch zwei Jahrhunderte zuvor hatte der Ort aus etwa gleichgroßen Häusern mit identischer Bauweise bestanden. Der besondere Luxus im 8. Jahrhundert zeigte sich auch darin, daß man Quadersteinhäuser errichtete. Diese aus Phönikien stammende kostspielige Bauweise mit behauenen Steinquadern stellte einen beachtlichen Fortschritt der Architektur gegenüber den schnell baufällig werdenden Lehmziegelhäusern dar. Elfenbein verzierte die Betten, erlesener Schmuck und kostbare Kleidung, mehrfarbig gewobene Vorhänge gehörten ebenso zu diesem Lebensstil wie der exzessive Genuß. Die Zurschaustellung des Reichtums hielt über den Tod hinaus an; königliche Beamte ließen sich kostspielige Felsengräber aushauen.

Mit meisterhafter Anschaulichkeit schildern die Propheten den Zustand der satten Überheblichkeit, die Jagd nach Genuß und Betäubung im Rausch der Gelage, das eitle Protzen mit Luxus und Eleganz, die Gefall- und Vergnügungssucht der Frauen. Sie sind hoffärtig, tragen im Gehen den Kopf hoch und blinzeln mit den Augen nach der Seite, sie gehen trippelnd einher und klirren mit ihren Fußspangen (Jes. 3,16–17). Dieser Vorwurf des Jesaja galt hier gerade den Frauen, sollte aber alle Angehörigen der Oberschicht treffen. Sie trugen den Reichtum offen zur Schau und gebärdeten sich, als wären sie den Mitmenschen weit überlegen.

Wenn die Gegenseite von den Propheten vorgestellt wird, dann spielt der Mantel als Symbol eine große Rolle. Der Mantel des Armen hat für diesen einen enormen Wert. Er besitzt meist nur einen einzigen, der daher zu seinem unentbehrlichen Lebensbedarf gehört. Der Arme trägt ihn tagsüber, und nachts ist er seine Decke. Die Propheten verwenden oft das Beispiel des weggenommenen Mantels, um die Härte des Schuldrechts und die Ausweglosigkeit der Lage der Unterdrückten herauszustellen. Wie sehr der ‚kleine Mann‘ an seinem wichtigsten Bekleidungsstück hing, zeigt die Bittschrift eines judäischen Erntearbeiters aus der Zeit um 620. Sie fand sich auf einem Ostrakon aus einer Festung, die wohl unter dem judäischen König Josia entstanden war, etwa eineinhalb Kilometer südlich von Jabne. Der ‚primitive‘ Stil der Bittschrift mit seinen zahlreichen Wiederholungen erklärt sich daher, daß hier eine wörtliche Mitschrift der erregten Rede eines offenbar Schreibunkundigen durch einen Schreiber vorliegt (TUAT 1, 3, 250): „Mein Herr Kommandant möge anhören die Angelegenheit seines Knechtes. Dein Knecht ist Erntearbeiter: dein Knecht war in Hasarasam (Name eines Dorfes). Und dein Knecht erntete und maß ab und lagerte ein dieser Tage, bevor er aufhörte. Als dein [K]necht die Ernte abgemessen und eingelagert hatte dieser Tage, kam Hoschajahu, der Sohn des Schobai, und nahm das Gewand deines Knechtes. Als ich abgemessen hatte meine Ernte, nahm er vor einigen Tagen das Gewand deines Knechtes. Und alle meine Brüder (das heißt die Arbeitskollegen) werden zu meinen Gunsten aussagen; die mit mir in der Hitze [der Sonne] geerntet haben, meine Brüder, werden zu meinen Gunsten aussagen. Es ist wahr, ich bin frei von Sch[uld. Gib doch zurück] mein Gewand, so daß ich gerechtfertigt werde. Es liegt in der Macht des Kommandanten, zurückzugeb[en das Gewand deines] Knech-[tes, so daß erwie]sen werde ihm Erbar[men. Und gib] zurück das [Gewand] deines Knechtes und schweige nicht.“

Die Aufregung des Mannes gibt der Text eindringlich wieder. Das Fortnehmen des Mantels war wohl bei angeblich ungenügender Ernteleistung üblich, und diesen Vorwurf weist der Arbeiter mit demütigem Respekt zurück, wenngleich er einer Strafe gegenüber, die ihm unberechtigt erscheint, nur sein ungebrochenes Gerechtigkeitsempfinden vorbringen kann.

Zu Beginn der Königszeit hatten führende Gruppen der hebräischen Gesellschaft dem entstehenden Staat zunächst Widerstand entgegengesetzt, ehe es zu einem Arrangement zwischen den Monarchen und ihrem Apparat auf der einen und der alten Führungsschicht auf der anderen Seite kam. So war schließlich von dem Gleichheitsbewußtsein der Gesellschaft der Richterzeit (S. 63) nur noch die Erinnerung geblieben, die wegen der Mißstände der eigenen Zeit jene Epoche und deren Gesellschaftsordnung in immer hellerem Licht erscheinen ließ. Der Zustand der Richterzeit wurde durch mündliche und schriftliche Überlieferungen im Bewußtsein wachgehalten, wenngleich dabei die auch damals schon vorhandenen sozialen Schichtungen in der verklärenden Rückschau nivelliert wurden. So beruhten die Anklagen der Propheten auf einer Gegenüberstellung von Einst und Jetzt, wobei die Vergangenheit idealtypisch gesehen wurde. Jesaja pries eine Gesellschaft, in der die bäuerliche Bevölkerung frei und unabhängig von besitzgierigen Großgrundbesitzern lebte und in der Gerechtigkeit und Treue noch etwas galten. Daher sollte es nach seiner Meinung in der Rechtsprechung „Richter geben wie am Anfang" (1,26). Die Kritik an sozialen Mißständen in der frühen Monarchie übten vor allem die mächtigen Kreise dieser Gesellschaft. Die Propheten besaßen keinen derartigen Rückhalt, deshalb traten sie die Flucht in die Utopie an. Am Ende der Entwicklung mehrte die Erinnerung an Vergangenes den Traum von einer besseren Welt, den die Propheten und die von ihnen Verteidigten träumten, den sie aber nur träumen konnten, weil man sich noch an Werte erinnerte, die einmal in der Geschichte der Hebräer Realität gewesen waren. So hatte sich das Gleichheitsbewußtsein, das eine relativ egalitäre Gesellschaft in der Richterzeit garantiert hatte, zu einem bloßen Traum verflüchtigt.

5. Recht – Justiz

Eine der wichtigsten Aufgaben jeder Gemeinschaft ist es, Ordnungen des Zusammenlebens zu entwickeln. Dazu bedarf es bestimmter Grundsätze und Garanten dafür, daß diese Grundsätze eingehalten werden. In der nomadischen Zeit der Hebräer und zu Beginn der Seßhaftwerdung bildete die Großfamilie die alleinige Rechtsinstanz. Die aus dieser Zeit stammenden Rechtsformulierungen zielten vor allem auf die Sicherung der gemeinsamen Existenz in kleinen Gruppen ab. Es waren knappe, meist äußerst strenge Verbotssätze, die ein bestimmtes Verhalten apodiktisch ausschlossen. Solche Verbote glichen allerdings weitaus mehr Lebensregeln als Rechtssätzen; sie erscheinen weitgehend eingebettet in Mahnungen, geschichtliche Rückverweise und Begründungen, die in einem beschwörenden, persönlichen Du-Stil vorgetragen sind: „Du sollst nicht! Du darfst nicht!" (Ex. 20,13–17). Mit der Gewöhnung an das Leben im Kulturland und mit dem Wachsen der Gemeinschaften in Dorf und Stadt wurde auch eine Weiterentwicklung beziehungsweise Ausprägung des Rechts notwendig. Die alten Regeln blieben dabei im sozialen Bereich weiter wirksam, wurden aber, da man den neuen Formen des Zusammenlebens gerecht werden wollte, umgedeutet und schließlich allgemeingültig formuliert. So liegen sie uns im Dekalog vor.

Neben diese Verbotssätze traten nach der Seßhaftwerdung andersgeartete Rechtsformulierungen, wie: „Wenn Männer miteinander raufen und sie dabei eine schwangere Frau so verletzen, daß eine Fehlgeburt eintritt, aber kein (weiterer) Schaden entsteht, so soll es mit Geld gebüßt werden"

(Ex. 21,22). Für diese Art des Rechts, das Fälle (casus) und Unterfälle setzt und deshalb ‚kasuistisches Recht' genannt wird, finden sich zahlreiche Parallelen in altorientalischen Rechtskodizes. Der bekannteste ist die Rechtssammlung des Königs Hammurabi von Babylon aus dem 18. Jahrhundert, der ‚Codex Hammurabi'. Im § 209 heißt es dort: „Wenn ein Bürger eine Tochter eines Bürgers schlägt und bei ihr eine Fehlgeburt verursacht, so soll er (eine festgesetzte Summe) für ihre Leibesfrucht zahlen" (TUAT 1, 1, 69). Die vergleichbaren hebräischen Rechtsanschauungen sind aber nicht direkt vom babylonischen Recht beeinflußt, die Hebräer haben vielmehr an einer weitgehend gemeinsamen altorientalischen Rechtskultur partizipiert. Sie war geprägt vom Gewohnheitsrecht, das den Hebräern von den Kanaanäern vermittelt wurde. Die Übernahme dieser durchgebildeten juristischen Technik füllte das Vakuum, das sich den Nomaden bei ihrem Übertritt aus den Lebensverhältnissen der Wüste in die des Kulturlandes spürbar aufgetan hatte. Die Aneignung des in Palästina Vorgefundenen beschränkte sich nicht nur auf die materiellen Güter des Wirtschafts- und Siedlungswesens, sondern umgriff auch die Ideenwelt einschließlich der kanaanäischen Rechtsordnungen.

Bei diesem kasuistischen Recht handelt es sich um eine wirkliche Rechtsfestlegung. Ein Fall wird gesetzt, davon wird ein Unterfall abgetrennt, darauf folgt die Straffestsetzung. Die Eigenart der Rechtsformeln ist bestimmt durch den objektiven Wenn-Stil (Ex. 21,18–19): „Wenn Männer miteinander streiten und der eine schlägt den anderen mit einem Stein oder mit der Faust, so daß er zwar nicht stirbt, aber bettlägerig wird – wenn er dann wieder aufstehen und sich, auf seinen Stock gestützt, auf der Gasse bewegen kann, so soll der, der ihn schlug, straflos sein; nur sein Sitzen soll er bezahlen und für die Heilung aufkommen."

Dieses Beispiel ist der Wenn-Stil in ausgeprägtester Form, in der nicht weniger als sechs Nebensätze – vier für den Haupt- und zwei für den Nebenfall – und dann drei Hauptsätze, alles in dritter Person, den Tatbestand klären. Das Anliegen, das zu diesem langatmigen Satzgefüge geführt hat, ist klar. Erst wird in den Nebensätzen der gemeinte Rechtsfall genau beschrieben und gegen ähnliche Fälle abgegrenzt, dann kann in den Hauptsätzen die Rechtsfolge negativ und positiv entwickelt werden. Das heißt in dem beschriebenen Fall: Es durfte sich nicht um einen von langer Hand vorbereiteten, sondern nur um einen aus der augenblicklichen Erregung des Streits heraus entstandenen Angriff handeln, nicht um einen Angriff mit einer eigens zu diesem Zweck mitgeführten Waffe, sondern um einen mit einem Gegenstand, der gerade in Sicht- und Reichweite lag, nicht um eine Tätlichkeit mit Todesfolge, sondern nur um eine, die den Betroffenen bettlägrig machte. Solche Rechtssätze stammen aus dem Tätigkeitsbereich der normalen Gerichtsbarkeit. Den Richtern gaben die Beschreibungen und Abgrenzungen der Rechtsfälle in den Nebensätzen die Richtlinien für die Untersuchung und die Bestimmungen der Rechtsfolgen in den Hauptsätzen die Maßstäbe für die Urteilsfindung an die Hand. Im Gegensatz zu den einfachen Verboten, die ein Fehlverhalten ausschließen wollten, wurden nun Sanktionen für erfolgte Verfehlungen formuliert. Eine Bindung an die sakrale Sphäre verrät das kasuistische Recht nicht, es ist in dieser Beziehung neutral.

In den Dörfern mit Mauern und Toren war die ehemals nomadische und halbnomadische Großfamilie immer weniger Herr ihres Geschicks. Nicht mehr das Oberhaupt regierte nach dem althergebrachten Gewohnheitsrecht. Die freien erwachsenen Männer der einzelnen selbständigen Ortschaften bildeten mit den Ältesten, also den Vertretern der führenden Familien, an der Spitze einen förmlichen Gerichtshof, der seine Sitzungen im ‚Stadttor‘ abhielt. Da die Städte sehr eng gebaut waren und kaum Straßen im eigentlichen Sinn, geschweige denn Plätze hatten, versammelten sich die Männer auf dem freien Platz vor dem einzigen Durchgang der Stadtmauer, den die Bewohner ohnehin morgens und abends passierten. Diese Laiengerichtsbarkeit kam je nach Bedarf zum Einsatz, da ständige Gerichte mit einem beamteten Richtertum fehlten. Das Gericht entschied bei Auseinandersetzungen zwischen Angehörigen einer Familie oder verschiedener Familien; und selbst eine Frau konnte sich an dieses Gericht wenden. Richten hieß schlichten oder jemandem zu seinem Recht verhelfen; zur Not konnten die Männer auf irrationale Beweisverfahren zurückgreifen, die Eidesleistung der Betroffenen oder eine Gottesprobe. Die Rechtsgebiete, die in die Kompetenz solcher Laienrichter fielen, waren das Blutrecht – hier blieb allerdings der Widerstand der Familie gegen Eingriffe der Gemeinde am stärksten –, Eherecht, Sklavenrecht, Ahndung von Körperverletzungen, von Vieh- und Feldschäden, von Veruntreuung deponierten Gutes.

Die Bibel beschreibt zwar kein komplettes Gerichtsverfahren, doch kann man den Ablauf aus zahlreichen Anspielungen rekonstruieren. Das Gerichtsverfahren fand in der Öffentlichkeit statt, auch der König sprach in einer Gerichtshalle Recht, die jedem offenstand (S. 88). Kläger und Beklagter riefen Zeugen auf, die bei dem Verfahren zugleich Richter sein konnten. Um ungerechte Urteile aufgrund falscher Zeugenaussagen zu verhindern, versuchte man die Zeugen durch Drohungen zur Wahrheit zu bewegen. Auf falsche Aussagen stand die gleiche Strafe, die auch den Angeklagten getroffen hätte. Dies schützte aber letztlich nicht vor bestechlichen Zeugen und Richtern (S. 179). Die große Verantwortung der Zeugen für das Zustandekommen eines Urteils äußerte sich ferner darin, daß sie die ersten Steine zu werfen hatten, wenn der Angeklagte zu dieser Todesstrafe verurteilt worden war. Die Steinigung durch die gesamte

Bevölkerung brachte auch in der Vollstreckung des Urteils den kollektiven Charakter kommunaler Gerichtsbarkeit zum Ausdruck.

Der schwindende Einfluß der Großfamilie auf die Rechtsentwicklung läßt sich an der Lockerung der Leviratsverpflichtung (S. 55) beobachten. Das Interesse der Großfamilie, Eigentum nicht an Außenstehende weiterzugeben, bestand nach wie vor. Ihr verblieben aber in einer stärker verrechtlichten Umwelt kaum noch Zwangsmittel, um ihre Interessen durchzusetzen. Die Familie konnte lediglich eines ihrer Mitglieder der Lächerlichkeit preisgeben, wenn es sich der alten Pflicht entziehen wollte. „Seine Schwägerin soll vor den Ältesten an ihn herantreten, ihm den Schuh vom Fuß ziehen und ihn anspucken" (Dtn. 25,9). Entscheidend ist aber, daß ein Onan außer der erniedrigenden Zeremonie keine weiteren Sanktionen zu befürchten gehabt hätte.

Eine größere Verrechtlichung der Verhältnisse, die von einer Auflösung der alten Familienbindungen und ihres Moralkodex begleitet wurden, zeigt sich auch im Schwinden der alten nomadischen Kollektivhaftung. Um Verhaltensregeln, die dem friedlichen Miteinander dienten, durchzusetzen, drohte die nomadische Gemeinschaft ihren Mitgliedern Kollektivstrafen und Ahndung eines Vergehens auch an deren Kindern und Enkeln an. Die sich nun durchsetzende neue Rechtsqualität in der neuen Umwelt und vor allem innerhalb einer staatlichen Organisation, die dafür einen entsprechenden Zwangsapparat schuf, half die alte Sippenhaftung Zug um Zug abzubauen. Von hier führte allerdings noch ein weiter Weg bis zu der später im Deuteronomium ausgesprochenen individualistischen Verantwortung, die in allen modernen Gesetzesbüchern wirksam geworden ist (Dtn. 24,16): „Die Väter sollen nicht um ihrer Kinder willen, und die Kinder nicht um ihrer Väter willen getötet werden; ein jeder soll für seine Schuld getötet werden."

Die beiden hebräischen Monarchien haben sich lange Zeit hindurch so wenig mit der bislang dargestellten Rechtspflege befaßt, daß man ihnen kaum einen wesentlichen Anteil an der weiteren Gestaltung des Rechts wird zuschreiben dürfen. Dieses behielt in der bestehenden Normalform der Gerichtsbarkeit innerhalb der örtlichen Rechtsgemeinden seine Geltung.

Betrachtet man den Beamtenapparat, den David und Salomo auf- und ausgebaut haben, so fällt auf, daß Richter fehlen. Die Rechtsprechung war nicht in das System der staatlichen Verwaltung integriert. Die in der vorstaatlichen Zeit geübte Rechtsfindung ließen die Könige unangetastet. Sie griffen nicht in die Kompetenzen der Lokalgerichtsbarkeit ein und bildeten auch keine Oberinstanz, bei der Berufung gegen die Entscheidung der Torgerichte eingelegt werden konnte. Und doch richteten die Könige selbst, und die Fälle nahmen bald derart zu, daß die Thronhalle, die Salomo bauen ließ, geradezu als Gerichtshalle bezeichnet worden ist.

Die Verpflichtung des Königs, neben den Torgerichten Recht zu sprechen, resultierte aus einer ganzen Reihe von neuen Rechtsproblemen, mit
denen sich die Monarchie und ihre Institutionen in den beiden Reichen
konfrontiert sahen. Rechtsfälle kamen auf im Zusammenhang mit
Abgaben, Dienstleistungen und Rekrutierungen, sämtlich Probleme, die
sich aus der neuen Reichsverwaltung ergaben, außerdem Rechtsstreitig-
keiten zwischen Hebräern und Kanaanäern. Hinzu traten weitere Fälle,
die es vorher ohne das Königtum nicht gegeben hatte, wie etwa Hochver-
ratsprozesse. Der König fungierte als neues Justizorgan neben der lokalen Rechtsgemeinde, nahm aber nur Rechtsprechung in bezug auf neue
Personengruppen, wie Kanaanäer und Hochverräter, und auf neue Probleme, wie diejenigen der Verwaltung, wahr.

Alle diese Rechtsfragen waren in der Sippenordnung unbekannt gewesen, denn sie hatten sich nie gestellt. Als jetzt der König solche Fälle an
sich zog und entschied, konnte dies nicht als Eingriff in alte Rechte
angesehen werden, sondern wurde als legitime Aufgabe des Monarchen
betrachtet. Seine diesbezügliche Funktion war bereits in den kanaanäischen Königtümern, nur um die nächstliegenden zu nennen, vorgezeichnet. Von hier dürften auch Rechtssatzungen in die hebräischen Monarchien eingegangen sein, die für bislang unbekannte Probleme naturge-
mäß keine Lösungen anbieten konnten. Dieser Vorgang beschleunigte
auch auf anderen Gebieten die Assimilierung an kanaanäische Rechts-
vorstellungen.

Die Rechtsprechung der Gemeinde im Tor rückte während der hebräischen Monarchien in den Blickpunkt der Öffentlichkeit, als die Propheten diese dörflichen Richter selbst zur Verantwortung zogen, allerdings
nur vor dem Hintergrund einer überirdischen Gerechtigkeit. Die Rechts-
sprechung war im Laufe der Jahrhunderte in den Sog der sozialen und
wirtschaftlichen Entwicklung geraten, welche die Gesellschaft in Arm
und Reich zu teilen drohte (S. 179). In zunehmendem Maße setzten die
Reichen geradezu die Rechtsprechung für ihre Belange ein. Kennzeichen
der von den Propheten angeprangerten neuen Ordnung war auch die
schlechte Rechtspflege, bei der man durch Bestechung alles erreichen
konnte. Somit geriet die Rechtsfindung der dörflichen Gemeinden zum
Abbild der gesamtgemeinschaftlichen Entwicklung. Die Rechtsprechung
vermochte diese nicht aufzuhalten, sondern beschleunigte sie sogar.

6. Wissenschaft – Geschichtsschreibung

Die diplomatischen und wirtschaftlichen Kontakte zu den damaligen
ausländischen Staaten regten auch am Hof Salomos ein geistiges und
kulturelles Leben an. Die Zeitgenossen ebenso wie die auf Salomo fol-

genden Generationen staunten über die Pracht der Bauten wie über die ‚Weisheit' des Königs, die überall im Lande gerühmt wurde. Diese sogenannte ‚Weisheit' ist vor dem Hintergrund der damaligen Weisheitslehre zu sehen, eine Vorform der Wissenschaft im heutigen Sinne, die seit der Monarchie an den Höfen der hebräischen Herrscher, vor allem aber in Jerusalem, gepflegt wurde.

Die alttestamentliche Überlieferung gibt über zwei Arten der Weisheitslehre beziehungsweise der Belehrung Aufschluß, indem sie die Prinzipien der Listenweisheit umreißt (1. Kön. 5,10–13): „Die Weisheit Salomos war größer als die Weisheit aller Söhne des Ostens und alle Weisheit Ägyptens. Er war weiser als alle Menschen … und er war berühmt bei allen Völkern ringsum. Und er dichtete 3000 Sprüche, und es gab von ihm 1005 Lieder. Er redete über die Bäume, von der Zeder auf dem Libanon bis zum Ysop, der aus der Mauer wächst. Und er redete über die Landtiere, die Vögel, die Kriechtiere und die Fische."

Bei den hohen Zahlen, die in dieser Zusammenfassung genannt werden, ist von vornherein eine gewisse Übertreibung anzunehmen. Allerdings sind die Zahlen auch mit Liedern und Sprüchen verbunden, während sie sich in Wahrheit wohl auf Listen beziehen. Diese Weisheit wird zunächst auf die Kenntnis von Erscheinungen der Tier- und Pflanzenwelt angewandt. Dabei stellt der Text diese Naturkenntnis zu Recht in einen größeren altorientalischen Bezugsrahmen. Für die Hebräer dürfte der ägyptische Einfluß maßgeblich gewesen sein.

Den Versuch, eine Enzyklopädie allen Wissens zu bieten, wenn auch nur in Form einer sachlich geordneten Aufzählung aller Kategorien von Wesen und Dingen, stellt das um 1100 entstandene ‚Onomastikon des Amenope' dar. Das ehrgeizige Ziel des Werkes ist in der Überschrift ausgedrückt: ‚Belehrung … über alles, was da ist, was Ptah geschaffen und Thot aufgezeichnet hat, über den Himmel mit seinem Zubehör, über die Erde und was in ihr ist, was die Berge ausspeien und was die Flut bewässert, an allen Dingen, die Ra (die Sonne) bescheint, und allem, was auf der Erde grünt.' Nach dieser Überschrift folgt eine Aufzählung von Erscheinungsformen des Himmels, des Wassers und der Erde, der göttlichen und königlichen Personen, Höflinge und Beamten, Berufe und Gruppen, Stände und Menschentypen in Ägypten und im Ausland. Ferner werden Angaben über Städte in Ägypten sowie Gebäude und ihre Grundrisse, Ländereien, Getreidearten und die aus ihnen gewonnenen Produkte, Speisen und Getränke, Körperteile des Rindes und Fleischsorten aneinandergereiht. Die Ägypter nannten solche Listen ‚Lehre' und meinten damit eine belehrende Lebensweisheit; die Welt sollte dadurch besser erfaßt werden, daß sie eine Ordnung in der Vielfalt ihrer Erscheinungen herzustellen versuchten. Der erhaltene Teil dieses ‚Onomastikon' stellt eine Sammlung mit 610 Stichwörtern dar. Eine solche Listenwissenschaft hat auch Salomo an seinem Hof angeregt. Die alttestamentlichen Texte lassen auf das Vorhandensein derartiger Enzyklopädien mit 1005 und 3000 Stichwörtern schließen, die damals in Jerusalem zusammengetragen worden sind. Salomo öffnete damit sein Reich der Wissenschaft und Kultur, deren Einfluß sich allerdings in der kleinräumigen, nationalen Enge der beiden hebräischen Monarchien rasch wieder verlor.

Eine zweite Komponente der Weisheitslehre ist die Lebensweisheit, die Regeln für das Verhalten und Zusammenleben der Menschen aufstellt. Solche Regeln sind als Sprüche, Sentenzen oder Lieder tradiert worden. Als Standesmoral der königlichen Beamten hat auch diese Weisheitslehre aus Ägypten Eingang an die Höfe der hebräischen Könige gefunden. Hier wurde sie von Lehrern gepflegt und in Schulen unterrichtet. Es galt, vor allem die Beamten für ihre vielfältigen Aufgaben der Regierung und Verwaltung und für den diplomatischen Verkehr auszubilden. Viele der Weisheitssprüche im Proverbienbuch stammen aus dem höfischen Bereich. So werden Regeln und Ratschläge für das Verhalten vor dem König (Spr. 25,6–7) oder anderen Höhergestellten gegeben (23,1–3). Dabei spielt das richtige Reden und Schweigen eine wichtige Rolle (25,15).

Aus den verschiedenen Andeutungen der alttestamentlichen Erzähler lassen sich sogar einzelne Fächer dieser Schule der Beamten rekonstruieren. Als Grundfach lehrte man sicherlich das Schreiben auf Papyrusblättern oder Holztafeln. Wenn sogar von ‚gewandten' Schreibern die Rede ist, weist dies auf die Schulung in der Aufnahme von Diktaten als eine weitere Stufe der Fertigkeit hin. Einige Beamte mußten Kenntnisse des Ägyptischen, der dem Hebräischen verwandten Sprachen der Nachbarstaaten sowie später des Assyrischen und Babylonischen erwerben. Auch juristische Kenntnisse, die in der Verwaltung erforderlich waren, wurden wohl vermittelt. Diese Weisheitslehre blieb mit ihrer weit gespannten Thematik lange Zeit auf den Königshof und das Beamtentum beschränkt (Spr. 25,1): „Dies sind Sprüche Salomos, welche die Beamten Hiskias, des Königs von Juda (715–697), gesammelt haben." Erst in nachexilischer Zeit weitete sich diese Standesethik zu einer den Menschen generell betreffenden Lehre aus.

Die Geschichtsschreibung der Hebräer basierte auf jahrhundertealten mündlichen Traditionen, die bis weit in die Königszeit hinein bewahrt, weitergegeben und erst relativ spät schriftlich festgehalten worden sind. Lieder, Sprüche, Sprichwörter, Rätsel, Märchen und Fabeln dienten zahlreichen Generationen zur Erbauung, aber auch zur Belehrung und fanden Aufnahme in die schriftliche Überlieferung. Auch Sagen, aitiologische Erzählungen und Novellen hielten die Erinnerung an längst Vergangenes wach. Vor allem die Sagen nahmen in der erzählenden Überlieferung über die Frühzeit der Hebräer breiten Raum ein. In volkstümlicher, ansprechender Weise werden dort Einzelepisoden berichtet, ohne daß Wert auf die Darstellung größerer Zusammenhänge gelegt wurde. In ihrer Absicht lag es nicht, einen Bericht über das zu geben, was geschehen war; nicht das Einmalige des Ereignisses, sondern das Allgemein-Menschliche wollten sie den Hörern nahebringen. Ferner bezeugten sie das Handeln Gottes, indem sie ins Auge fallende Wundertaten schilderten. Dies erleichterte es den späteren Chronisten, die von unterschiedlichen Sippen zusammengetragenen Erzählungen zu einer fiktiven Geschichte aller Hebräer umzuschreiben.

Wie an anderen Höfen des Alten Orients führten auch in Jerusalem seit davidisch-salomonischer Zeit eigens hierzu bestimmte Schreiber Königsannalen. Der Autor des Geschichtswerkes, zu dem die Samuel- und Königsbücher gehören, hat später solche Jahrbücher herangezogen; er zitiert die von ihm benutzten ‚Tagebücher Salomos‘ (1. Kön. 11,41) sowie die Annalen der Könige von Israel (14,11) und von Juda (14,29). Als Beispiel für eine solche summarische Zusammenstellung kann die Liste der militärischen Erfolge Davids dienen (2. Sam. 8). Die Archive der Herrscher lieferten darüber hinaus Listen königlicher Beamter und Söldnerführer sowie Kataster der Stammesterritorien.

In die Zeit der Doppelmonarchie reichen ferner Ansätze einer Geschichtsschreibung zurück, die über eine bloße Annalistik hinausgehen. Die Verfasser von Chroniken konnten auf die Archive des Königreiches zurückgreifen, schöpften aber auch aus den mündlichen Traditionen und malten bisweilen die bescheidensten Einzelheiten breit aus. Eines dieser Geschichtswerke behandelt ‚Davids Aufstieg‘ (1. Sam. 16,14–2. Sam. 7), ein anderes befaßt sich mit der ‚Thronnachfolge Davids‘ (2. Sam. 9–20; 1. Kön. 1–2). Den Verfassern genügt nicht die gleichsam statistische Aneinanderreihung von Einzelergebnissen, sondern sie wollen Spannung erzeugen, verleihen den Ereignissen Farbe und versuchen, erkannte Zusammenhänge darzustellen. Die Charaktere der behandelten Personen erhalten Konturen, indem sowohl ihre Vorzüge als auch ihre Fehler herausgestrichen werden.

Anders als der spätere deuteronomistische Redaktor verweisen die Verfasser dieser frühen Geschichtswerke nur indirekt auf Gott. Dennoch zeigt sich in allen Fällen, daß jegliche Bearbeitung historischer Texte nicht nur unter literarischem, sondern zugleich unter theologischem Blickwinkel geschah. Die Verfasser und Redaktoren der Geschichtswerke verfolgten eine deutlich erkennbare theologische Absicht. Dies kennzeichnet vor allem die umfangreichste Komposition hebräischer historischer Darstellung: das deuteronomistische Geschichtswerk.

Der Name rührt daher, daß der in der Exilszeit wirkende Verfasser beziehungsweise eine ‚Schule‘ Kreisen angehörte, für die das Deuteronomium richtungsweisend war. In ihm sind die zahlreichen bisher aufgeführten Formen historischer Literatur wiederum als Quellen zu einer Gesamtdarstellung verarbeitet. Das Werk umfaßt die Bücher Josua, Richter, Samuel und Könige; gleichsam als Einleitung und Programm ist das deuteronomische Gesetz, das fünfte Buch Mose, vorangestellt. Der Autor dieses weitgespannten Überblicks schildert die Geschichte der Hebräer von dem Auszug aus Ägypten bis in die Zeit des Exils. Er will durch seinen Rückblick in die Vergangenheit zu einem Verständnis der Gegenwart im Exil beitragen und eine Orientierungshilfe für die Zukunft anbieten. Dabei liegen der Darstellung klare theologische Leitgedanken zugrunde.

Die Geschichte der Hebräer wird durch zwei Elemente nachdrücklich geprägt: von der Treue Jahwes zu seinem erwählten Volk und der Untreue dieses Volkes gegenüber seinem Gott. Der Autor verfügt über sichere Maßstäbe, an denen er die historische Entwicklung mißt: die Ausschließlichkeit der Jahwe-Verehrung und die kultische Verehrung an nur einem Ort, das heißt in Jerusalem. Unter diesen Prämissen beschreibt er die Geschichte als Zeugnis wiederholter Abfälle der Hebräer von Jahwe, dauernder Untreue und ständigen Ungehorsams. Diesen Leitgedanken folgen die Königsbücher in ihrer planvollen Gestaltung. In einem Rahmenschema bildet die religiöse Beurteilung der einzelnen Herrscher das wichtigste Element. Deren Verhalten wird daran gemessen, ob es den Anforderungen an Reinheit und Einheit des Kultes entsprach. Die gesamte Handlung läuft auf die Kultreform Josias hinaus (2. Kön. 23); durch die sogenannte Auffindung des Gesetzbuches wird das Deuteronomium ausdrücklich zur Grundlage dieser Kultreform erklärt.

Gerade diese Theologie, die im Deuteronomium ihren deutlichsten Ausdruck gefunden hat, prägt die uns vorliegenden historischen Texte und darüber hinaus das gesamte Alte Testament. Spuren solcher deuteronomistischer Bearbeitung lassen sich auch im Pentateuch und in den Prophetenbüchern nachweisen. Dennoch schimmert durch alle Werke ein Bild historischer Wirklichkeit, das selbst die gründliche spätere Übermalung nicht völlig verdecken konnte. Wir müssen heute versuchen, unter Vernachlässigung aller theologischen Konstruktionen aus fragmentarisch erhaltenen Resten die Geschichte der hebräischen Monarchien zu rekonstruieren.

7. Religion – Kultus

Die in Israel wie in Juda über Jahrhunderte gewachsene Religion bot eine buntgemischte Palette religiöser Lebensformen, die sich seit der Richterzeit zunehmend erweitert hatte. Das Alte Testament schildert die meisten dieser Kulte mit Ablehnung, verwirft sie als sogenannten Götzendienst, gleichgültig, ob sie uralt und von den Erzvätern bereits überliefert worden waren oder während der Monarchie durch Kontakte mit den Nachbarstaaten ins Land kamen. Dieses durchgängige Urteil besagt natürlich nichts über die Ernsthaftigkeit, mit der die Bewohner der Königreiche den verschiedensten Kulten und Göttern anhingen. Es gab sicherlich auch stets Stimmen, die einen ‚reinen‘ Jahwe-Glauben predigten, wobei sie selbst bestimmten, was als rein galt. Einige Kreise übten also stets Kritik an der Vielfalt der kultischen Ausdrucksweisen, doch diese Kritik hat sich erst unter Josia zunächst kurzfristig und dann im Exil auf Dauer durchgesetzt. Die Religiosität der monarchischen Zeit blieb auf jeden Fall äußerst vielfältig, wie es der Lage der beiden Königreiche in einem Sammelbecken verschiedenster kultureller Einflußzonen entsprach. Denn die Religion der Bewohner der Monarchien entwickelte sich nicht isoliert, sie ist vielmehr aus der äußerst vielschichtigen altorientalischen Religionsgeschichte hervorgegangen.

Die offizielle Kultpolitik der Könige Judas und Israels schwankte, wobei die persönliche Auffassung der Herrscher und ihrer Berater ebenso eine Rolle spielte wie außenpolitische Einflüsse oder Stimmungen der Bevölkerung, besonders die der jeweiligen Hauptstädte.

Das nicht immer einfache Nebeneinander von Kanaanäern und Hebräern prägte die religiöse Entwicklung der Monarchien. Dieser Umstand, der daher rührte, daß beide Staaten auf eine Koexistenz beider Bevölkerungsteile angewiesen waren, um bestehen zu können, belastete latent die gesamte Geschichte der Königreiche. Die Herrscher selbst neigten in aller Regel aufgrund politischer Zwänge einem religiösen Synkretismus zu. Sie bemühten sich, den kultischen Anforderungen beider Gruppen durch eine gemeinsame Staatsreligion Rechnung zu tragen, oder versuchten gar, Freiheit auf religiösem Gebiet zu ermöglichen. Sie trafen dabei auf den Widerstand der Anhänger eines reinen Kultes, was immer darunter zu verstehen war. Solche Eiferer finden wir ausschließlich auf seiten der Hebräer. Möglicherweise traten sie konservativer, sprich intoleranter als die Kanaanäer auf. Jedenfalls haben sie allein Spuren in der Überlieferung hinterlassen. Nur gelegentlich, wie zur Zeit Omris, gibt es Indizien dafür, daß weite Kreise der Bevölkerung, in diesem Fall Israels, sich ein Miteinander von Baal und Jahwe durchaus vorstellen konnten (S. 106).

Als symbolisch für die Religionspolitik Davids kann dessen Überführung der Lade in die neue Hauptstadt Jerusalem angesehen werden. Diese Lade, ursprünglich wohl eine Kiste, die zur Aufbewahrung von Kultgegenständen diente, hatte nach langem Irrweg in Silo Aufstellung gefunden. Ihre kultische Funktion, die sie in Silo bereits eingebüßt hatte, ist unklar, aber offenbar galt sie einflußreichen hebräischen Gruppierungen als Inbegriff alter Religiosität, ohne daß wir dieser Tatsache eine zu große Wichtigkeit zuschreiben dürfen. Denn es ist auffallend, daß die Israeliten nach dem Zerfall der Doppelmonarchie offenbar niemals ausdrücklich Anspruch auf die Lade erhoben haben, sondern sie ohne Widerspruch in Jerusalem beließen, wo sie bald auch keine Rolle mehr spielte. Bei der Überführung der Lade führte David als oberster Kultdiener zur Musik Tänze auf, bei denen er sich entblößte, was spätere Erzähler der Geschichte als anstößig empfanden (2. Sam. 6,14–20). Erotisch gefärbtes Tanzen und Spielen diente bei den Nachbarn der Hebräer zur Besänftigung und Erheiterung der Gottheit. Gerade David hatte keine Probleme, in seiner kanaanäisch geprägten Hauptstadt den Ansprüchen unterschiedlicher Bevölkerungsgruppen entgegenzukommen (S. 73).

In der Zeit der Monarchie vollzog sich eine immer stärkere Zentralisierung verschiedener religiöser Traditionen auf Jahwe hin, die Religion bekam allmählich einen nationalen Charakter. Die Ausformung des Jahwe-Kultes folgte zeitlich der politischen Vereinigung unter der Monarchie. Solche Bestrebungen sollten zunächst die Dynastie Davids festigen, die daher an dieser Zentralisierung großes Interesse hatte. Neben die Tradition von der Errettung der Hebräer aus der Hand der Ägypter und der damit verbundenen Erwählung des Volkes durch Jahwe trat nun die Erwählung des ‚Hauses David‘. Beide waren fortan in Juda untrennbar miteinander verbunden, stützten und förderten sich gegenseitig.

Salomo baute das Reich Davids im Innern aus, vor allem erweiterte er die Hauptstadt. Er wollte eine Stadt schaffen, in der sich auch die Fremden zu Hause fühlen konnten, die sein weltoffener Hof ins Land zog. So baute er ihnen Heiligtümer, die für den Kult ihrer Gottheiten offenstanden. Vor allen Dingen errichtete Salomo in Jerusalem einen repräsentativen Bau für den Staatskult: den Tempel.

Dieser Tempel wurde nicht nur in seiner baulichen Grundsubstanz, sondern auch in seiner Zweckbestimmung als städtisches Heiligtum ebenso wie allgemein die Stadtkultur von den Kanaanäern übernommen. In Ägypten nahm der Tempel den größten Platz ein, und der ihm angeschlossene Palast bildete nicht den gewöhnlichen Wohnsitz des Pharao, sondern wurde nur benutzt, wenn der Herrscher kam, um die Kultzeremonien zu vollziehen. In Jerusalem war wie in Syrien und Mesopotamien im Gegensatz dazu das Heiligtum nur ein Anbau des Palastes. Der Palast übertraf den Tempel bei weitem an Größe und Pracht, seine Bauzeit dauerte fast doppelt so lange.

Der Umbau des Tempels, eines alten jebusitischen Heiligtums, war ein königliches Unternehmen, Salomo war als Bauherr zugleich der dauernde Besitzer und trug für seine Unterhaltung die Verantwortung. Die alttestamentliche Erzählung unterdrückt die kanaanäische Vorgeschichte des Heiligtums und stellt daher die Umbaumaßnahmen als Neubau hin. Der Tempel wurde das Heiligtum der königlichen Dynastie in Jerusalem, eine

Art Hofkapelle, in welcher der König und seine hohen Beamten den Kult vollzogen. Diesem Kult stand der König ebenso vor, wie er über die Belange aller staatlichen Bereiche entschied. Als Herr des Tempels ernannte und entließ er das Kultpersonal, die Priester, und übernahm bei wichtigen Anlässen selbst Opferhandlungen. In den alltäglichen Ablauf des Kultes griff er nicht ein. Auch der oberste Priester des Tempels wurde vom Herrscher ernannt und war gleichzeitig Mitglied seines Kabinetts. Salomo selbst vertrieb den Priester Ebjathar vom Hof und damit aus dem Tempel (1. Kön. 2,26–27). Menschen wie er konnten sich an Geschichten trösten wie derjenigen von Saul und Samuel, in welcher der Priester Samuel dem Herrscher Saul den Beistand Gottes entzog und ihn damit politisch entmachtete (1. Sam. 15,10–31); doch dies waren Märchen, die man aus guten Gründen in längst vergangene Zeiten verlegte.

Der Tempel diente einem doppelten Zweck. Er war in erster Linie das Kultzentrum Jerusalems, doch sollte er auch ein nationales Heiligtum der Hebräer werden. So fand die Lade in ihm einen Platz. Den Tempelumbau führten phönikische Bauleute durch, und zahlreiche Details der Innenausstattung stammen nachweislich aus phönikisch-kanaanäischer Tradition. Ungleich bedeutungsvoller aber gestaltete sich die von diesen Kreisen übernommene Bewertung des Tempels: Er war ein ,Haus' wie das Haus des Königs, der Palast. Der Tempel war erbaut worden, um Heimstatt der Gottheit zu sein, die „im Dunkeln wohnen wollte" (1. Kön. 8,12). Das verweist auf den hinteren und wichtigsten Teil des Gebäudes, das Allerheiligste, einen fensterlosen und quaderförmigen Raum. Dort drang selten Licht ein, nur dann, wenn die Olivenholztüren geöffnet wurden. Inmitten dieses geheimnisvollen dunklen Raumes hielt sich der Gott auf. Der Glaube an die Gegenwart Gottes in seinem Tempel blieb tief verwurzelt, begründete den Kult, den man hier feierte, und sorgte für die Pilgerscharen. Als sich die Zahl der verehrten Götter vergrößerte, zogen daher selbstverständlich auch die neuen in dieses Haus ein (S. 128).

Nach dem Zerfall der Doppelmonarchie gingen Israel und Juda politisch zwar getrennte Wege, aber die religiöse Entwicklung verlief mehr oder weniger parallel. Von Jerobeam über die Omriden in Israel und von David und Salomo über Manasse in Juda reichen die Versuche, einen gemeinsamen Reichskult für Kanaanäer und Hebräer zu schaffen. Ein Unterschied bestand lediglich darin, daß Israel zunächst zwei kultische Zentren besaß, Bethel und Dan, später ein drittes, Samaria, hinzukam, das die beiden älteren nie völlig verdrängen konnte. Für Juda blieb Jerusalem trotz aller Veränderungen, die im Tempel und im Land vor sich gingen, einzigartig.

Die außenpolitischen Kontakte, die beide Monarchien aufbauten, vermittelten jeweils auch neue Kulterfahrungen. Ein Beispiel für diese zunehmende religiöse Differenzierung bietet der Gott von Ekron, Baal Se-

bul – ‚Baal der Fürst'. Dieser Gott war in der Zeit Ahasjas von Israel
(853–852), eines Enkels Omris, ein so berühmter Heilgott, daß sich der
König bei ihm nach dem Verlauf einer gefährlichen Krankheit erkundigte
(2. Kön. 1,2). Kreise, die gegen die Hinwendung zu fremden Gottheiten
polemisierten, verballhornten den Namen des Baal Sebul zu Belzebub –
‚Herr des Ungeziefers'.

Die synkretistischen Unternehmungen vieler Könige in beiden Reichen
provozierten eine stetige Opposition religiöser Kreise, die sich gelegentlich Bahn brach, indem sie auf den Hof übergriff und sogar die Sympathien einzelner Herrscher fand. Dazu kam es vornehmlich dann, wenn in
Israel ein Dynastiewechsel oder in Juda eine totale politische Kehrtwen-
dung erfolgte, Entwicklungen, welche die Vertreter religiöser oppositio-
neller Kreise auszunutzen versuchten. In Israel ereignete sich bei der
Usurpation Jehus ein solcher Fall (S. 110), in Juda nach der etwa gleich-
zeitigen Absetzung der Athalja (S. 125). Gerade die besondere Situation
in Juda mit dem minderjährigen König Joas erleichterte den Jahwe-
Priestern in Jerusalem den Vorstoß, die Staatsreligion in ihrem Sinne neu
zu regeln. Wie in Israel begann in Juda die Beseitigung der Baal-Kulte mit
der Zerstörung der Tempel und der Ermordung seiner Priester. Dem
Jahwe-Glauben nutzte dieser Sieg nicht viel, denn die von den Königen
anerkannte, ja teilweise begünstigte kanaanäische Religion war breiten
Schichten auch der hebräischen Bevölkerung längst vertraut. Wurde nun
auch versucht, den Jahwe-Kult als Staatsreligion zu zementieren, so sik-
kerten die kanaanäischen Elemente doch weiterhin in diesen Staatskult
ein, verlagerten sich die bestehenden Spannungen folglich in den Jahwe-
Kult, der unter Josia einer völligen Veränderung unterworfen wurde.

Die nächste Öffnung der Staatsreligion in Juda erfolgte aus außenpolitischen Gründen. Als Ahas 733 Vasall der Assyrer wurde, fand folgerichtig deren Religion Eingang ins Südreich und errang damit einen Platz im
Tempel. Ob sich durch die Hereinnahme assyrischer Götter in Juda nun
die Schleusen in kultischer Hinsicht öffneten, oder ob das Alte Testament
in stärkerem Maße wieder auf kultische Entwicklungen aufmerksam
macht, zweifellos erlebte Juda erneut eine Vielfalt religiöser Erscheinungsformen. Ein Umschlagen der Religionspolitik fand statt, als Hiskia
die politische Selbständigkeit anstrebte (S. 131), aber ebenso schnell war
unter Manasse die alte Vielfalt zu beobachten. Diese längste Regierungszeit eines hebräischen Königs soll uns Anlaß sein, die angesprochene
Fülle der kultischen Praktiken vorzustellen.

Seit den Tagen der Richterzeit besaß jede größere Siedlung ein Heilig-
tum, eine Kulthöhe, mit einem Altar, einer Massebe und einer Aschera
(S. 65). Hosea beschreibt in einer Anklage, was zu seiner Zeit an diesen
Ortsheiligtümern vor sich ging (4,11–14): Festlich feierte man das
Schlachtopfer, das der Kommunikation mit der Gottheit dienen sollte.

Dazu gehörte der Weingenuß bis zur Trunkenheit, denn es war im Kult-
betrieb üblich, durch Rausch zu Visionen zu gelangen. Solche Vorgänge
reduzierte Jesaja brutal auf ihre profanen Dimensionen, wenn er das
‚Ergebnis‘ solchen kultischen Handelns beschrieb (28,7–8):

> „Priester und Prophet schwanken vom Rauschtrank,
>   sind verwirrt vom Wein;
> sie taumeln vom Rauschtrank, schwanken beim Weissagen,
>   wanken beim Urteilsspruch.
> Wahrlich, alle Tische sind voll stinkender Kotze.“

Die Gemeinde beging das Jahresfest. Bei dieser Gelegenheit haben die
Priester seit alters her die Zukunft erkundet. Man befragte das Orakel,
die Ja- und Nein-Stäbchen, die aus der Orakeltasche fielen, kündeten auf
Anfrage das Schicksal des kommenden Jahres. Zu den Kultfeiern gehörten ferner Priesterinnen der Liebe, dorthin wurden aber auch Töchter
und Schwiegertöchter geführt. Auf dem Höhepunkt des Festes, das bis in
die Nacht andauerte, fielen die Schranken des Alltäglichen, wurde Kopu-
lation promiskue gefeiert. Bei einem solchen Anlaß wurde auch die Öffnung des Mutterschoßes an heiratsfähigen Mädchen vorgenommen. Die
Hebräer kannten den altorientalischen Ritus, bei dem ein Priester die
Entjungferung als Beauftragter der Gottheit am heiligen Ort vollzog.
Diese geschlechtliche Vereinigung sollte zugleich als Symbolhandlung
Zeugung, Fortpflanzungsfähigkeit und Vermehrung bei Menschen, Tieren und Pflanzen stärken.

Wir sind zwar durch die christliche Schulung an einen tiefen Graben
zwischen Religion und Sexualität gewöhnt, doch war für den antiken
Menschen die Zeugung eines der zentralen Geheimnisse des Lebens, und
Leben war die höchste Gabe der Götter. Der Same des Mannes, der in
den Schoß der Frau fällt, gleicht den Samen der Pflanzen, die auf den
Acker fallen. Deshalb glaubte der Mensch durch kultisches Tun, eben
durch Sexualriten, die Fruchtbarkeit zu fördern. Die Menschen ahmten
Gott nach, der die Erde befruchtet, und unterstützten ihn. Bei den Hebräern war dies keineswegs bloß Imitation fremder Riten, sondern Volksfrömmigkeit im Rahmen des Jahwe-Kultes.

Bereits in der nomadischen Gesellschaft wurden die sexuellen Kräfte
als gottgeschenkt verstanden. Nachkommenschaft galt als Ausdruck
göttlichen Segens, die Zeugung wurde als göttliches Geheiß empfunden.
Hier waren die Hebräer also offen für Einflüsse aus dem kanaanäischen
Bereich, in dem Tempelprostitution verbreitet war. Den Geschlechtsakt
zu Ehren einer Gottheit zu vollziehen, war ein Brauch der Kanaanäer und
der benachbarten Völker, den die Hebräer immer wieder zu übernehmen
bereit waren, so daß auch für sie der Verkehr mit einer Dirne zu einer Art
heiligen Handlung wurde. So gaben sie ihren örtlichen Heiligtümern

Prostituierte bei, Männer wie Frauen (Dtn. 23,17), um den Besuchern und Pilgern zu dienen.

Es ist schwierig, den Zeitpunkt anzugeben, von dem ab die Tempelprostitution negativ eingeschätzt wurde. Innerhalb der Darstellung der Geschichte Judas und Israels ist beides erwähnt: Der bestehende Brauch wird geübt, aber von den Erzählern als götzendienerischer Greuel verdammt. Die Könige Asa, Josaphat und Josia von Juda versuchten – alle vergebens – ihn auszurotten. Zu den vehementesten Gegnern solcher religiöser Praktiken gehörte Hosea. Und er hat starke Wirkung auf die Nachwelt gehabt. Seine Auffassung von der religiösen Relativität sexueller Erfahrungen und Praktiken wirkt vor allem in der christlichen Individual- und Sexualethik nach, obgleich man den Propheten dafür nicht verantwortlich machen kann.

Aus der Zeit des Königs Manasse sind in Juda wieder Kinderopfer bezeugt wie etwa im Hinnom-Tal bei Jerusalem (2. Kön. 21,6). Für die Verbrennungen von Menschen gab es sicherlich eine naheliegende Begründung. Feuer war das Element der Himmelskörper (S. 198), vielleicht wurde durch derartige Feueropfer eine besondere Verbindung zu den Himmlischen aufgenommen. Es ist auch nicht auszuschließen, daß die Menschenopfer Jahwe gegolten haben. Der judäische König Manasse hatte offenbar Sympathien für derartige Praktiken, denn er selbst brachte seinen eigenen Sohn auf dem Altar dar, wie es einst Ahas getan hatte (S. 128).

Eine andere Art von Menschenopfern ist aus Israel bezeugt. Im Zusammenhang mit den Auseinandersetzungen Israels und Moabs unter den Omriden steht der Ausbau Jerichos unter Ahab. Die Bauarbeiten, so berichtet das Alte Testament, kosteten den Hiël, den Beamten, der das Unternehmen leitete, seinen Erstgeborenen und seinen Jüngsten (1. Kön. 16,34). Die Formulierung des Textes läßt eher an ein Bauopfer als an Unglücksfälle denken. Ein eigens getöteter oder lebendig eingemauerter Mensch sollte das Gebäude beleben und ihm Kraft geben. Die Reichsannalen der Omriden dürften diese Bauopfer als Ausdruck des Pflichteifers eines hohen Beamten festgehalten haben.

Der Jahwe-Glaube rottete keineswegs die alten, sicherlich auch in der eigenen hebräischen Vergangenheit existenten Praktiken aus. Auch der hebräische Mensch war vom Fatalismus beherrscht. Wenn die augenblicklichen Demütigungen selbst durch die großartigsten Taten der Vergangenheit nicht mehr übertüncht werden konnten, suchte er, wie dies seine Umgebung tat, bei Zauberern, Magiern, Wahrsagern und Hexen Zuflucht. Zauberei, Schlangenbeschwörung und Totenbefragung waren in Juda bislang im Verborgenen geübt worden und traten nun unter Manasse offen zutage (2. Kön. 21,6). Aber auch Saul soll, als er selbst von Unglück verfolgt und militärisch am Ende war, die Hexe von Endor aufgesucht haben, wenngleich er dies angeblich heimlich und verkleidet tat (1. Sam. 28,7–25). Die Hexe mußte einen Verstorbenen befragen, nämlich Samuel, der, aufgestört aus seiner ewigen Ruhe, Saul bestätigte, daß alles verloren sei. Nekromantie war also noch in der Königszeit bekannt und unumstritten, wenngleich ihre Ausübung in den Bereich des Unerlaubten zurückgedrängt wurde. Im Zuge der Durchsetzung des Ausschließlichkeitsanspruchs Jahwes brachen die Hebräer mit dem jahrtausendealten Brauch, bei Toten Hilfe zu suchen, bis dieser bekämpft und schließlich zur Sünde erklärt worden ist. Doch noch der Prophet Jesaja bezeugt die Auseinandersetzungen um diese Praktiken (8,19).

Das unter Manasse erneuerte Vasallenverhältnis Judas zu Assur öffnete assyrischen Gottheiten in Jerusalem auch die Tore des Tempels. Ischtar, die assyrische Himmelskönigin, erhielt dort ihre Statue und lockte die Gläubigen mit heiliger Prostitution (S. 195). Die Kinder, ‚Früchte' des geheiligten Geschlechtsaktes, wuchsen zu Dienern des Kultes heran. Für die Prozessionen des Sonnengottes Schamasch wurde ein Thronwagen hergestellt und die Verehrung des dahinsterbenden und wiederauflebenden Gottes Tammuz eingeführt. Das ‚Heer des Himmels' fand Aufnahme in den Jerusalemer Tempel und die anderen Heiligtümer in Juda und erhielt eigene Kulte (2. Kön. 21,5; 23,11–12). Für diese Gottheiten vollzog man Rauchopfer auf den Dächern der Häuser (Jer. 19,13).

Der Tempel in Jerusalem war ein Mischheiligtum für kanaanäische, assyrische und hebräische Gottesverehrung geworden. Jahwe war ein Gott unter vielen und wurde mit anderen Göttern gleichgesetzt. Und dennoch war der Einzug astraler Kulte nicht allein Folge des politischen Drucks der Assyrer. Auch die Hebräer hatten begonnen, von einem Königtum Jahwes in der Welt der Götter zu reden und seine Lade als den Thron aufzufassen, von dem aus er die Götterwelt beherrschte. Jahwe-Sabaot, Jahwe als ‚Herr der Heerscharen' ist eine Formulierung, welche die Abhängigkeit der göttlichen Mächte von dem dynamischen göttlichen Zentrum betont.

Es ist in jener Zeit ein Umbruch in der Geschichte fast aller Religionen des Altertums zu beobachten. Damals begann eine Astralisierung des Gottesverständnisses, nach der die großen Götter sich vornehmlich in den ihnen zugeordneten Gestirnen offenbarten. Im Zweistromland war im akkadischen Reich auf religiösem Gebiet die astrale ostsemitische Religion mit der chthonischen der Sumerer verschmolzen, ein Vorgang, der sich für die religiöse Entwicklung des gesamten Vorderen Orients als bedeutsam erwies. Hier hatten jahrhundertelange Himmelsbeobachtungen es erlaubt, mathematische Regelmäßigkeiten der Sternbahnen festzustellen. Der Bezug solcher Konstellationen zu den Göttern der Mythologie war dem Zweistromland seit jeher selbstverständlich. So ergab sich, daß das Zusammenspiel der Götter ewigen Gesetzen folgte, welche die

Weisen und Sternkundigen erkennen konnten. Auch der Einfluß der Gestirne auf das Menschenleben war unverkennbar. Ohne die Sonne gibt es
weder Leben auf der Erde noch den Wechsel von Tag und Nacht. Dennoch wirkt sie im Jahreslauf verschieden, offenbar je nach ihrer Stellung
im Tierkreis. Also beeinflussen die Tierkreisbilder mit der Sonne zusammen das irdische Schicksal. Der Lauf der Gestirne läßt sich berechnen,
also auch die entsprechenden Lebensläufe auf der Erde, eine Erkenntnis,
die noch heute Millionen von Horoskopbegeisterten teilen. So entstand
das Gebäude einer kosmischen Religion, das, auf wissenschaftlicher Erkenntnis basierend, das menschliche Leben und Handeln mit dem Wirken der Götter zu einem harmonischen, organischen Ganzen zusammen-
fügte. Dieser imponierende Weltentwurf gelangte nach Juda und hat
auch dort die Menschen fasziniert.

Die assyrischen Könige haben sich bei allen Feldzügen mit einer Be-
harrlichkeit ohnegleichen an die Voraussagen der Sternkundigen gehalten – und sie haben gesiegt! Daher konnte auch Juda von derartigen
Strömungen nicht unbeeinflußt bleiben. In einer sogenannten Vision
schildert der Prophet Ezechiel den Tempel in Jerusalem. In einem
abgeschlossenen Raum befanden sich Einritzungen von Tierbildern an
den Wänden, wahrscheinlich Sternzeichen, vor denen die Ältesten
Rauchopfer darbrachten (8,10–11). Währenddessen beteten draußen auf
dem Vorhof Männer die Sonne an (8,16). Solchen kultischen Neigungen
ging man offenbar in den Seitentrakten des Tempels nach.

Nach dieser Phase möglicherweise extremer kultischer Vielfalt unter
Manasse schlug das Pendel in das andere Extrem weit zurück. Die Reformen des Josia bedeuteten einen beispiellosen Einschnitt in die religiöse
Entwicklung der Hebräer (S. 140). Nach dem Zusammenbruch Israels
hatten Flüchtlinge nach Juda ihre religiösen Ideen mitgebracht. Die hebräische Theologie des Nordreiches war durchgängig von dem Existenz-
kampf gegen die kanaanäische Religion geprägt. Unter Josia fielen diese
israelitischen Gedanken in Jerusalem auf fruchtbaren Boden und führten
im Südreich mit der Zentralisierung und der Forderung nach einer unge-
teilten Verehrung Jahwes zu einer totalen Distanzierung von kanaanäischen Kulten.

Masseben und Ascheren, die jede hebräische Siedlung besaß, wurden
mit dieser Trennung von allem, was kanaanäisch sein konnte, beseitigt.
Dabei war es gleichgültig, daß auch den Erzvätern die Verehrung solcher
Kultgegenstände zugeschrieben wurde. Zu den Geschichten über die
Wanderungszeit nach der Flucht aus Ägypten gehörten mehrfache Un-
mutsbezeugungen der Hebräer, die jeweils von Gott bestraft wurden,
unter anderem einmal durch eine Schlangenplage, von der Mose sie auf
Geheiß Gottes befreite, indem er als Heilmittel eine Kupferschlange an-
fertigte (Num. 21,4–9). Die Erzählung sollte ein kanaanäisches Kultbild

in Jerusalem legitimieren. Als Folge der Reform des Josia wurde dann dieses Kultbild, der schönen Aitiologie zum Trotz, zerschlagen (2. Kön. 18,4), weil die Hebräer ihm bis zu dieser Zeit Rauchopfer dargebracht hatten.

Zur Beseitigung der Höhenheiligtümer trugen primär die Bestrebungen bei, den Kult in Jerusalem zu zentralisieren. Die Anordnung des Josia verursachte bei der großen Verbreitung solcher Heiligtümer einen Bildersturm ohnegleichen. Die Gottesverehrung löste sich nun aus der lokalen Gebundenheit. Der urtümliche Grundsatz, daß Göttliches sich überall rege und auch verehrt werden könne, wurde aufgegeben.

Dies alles galt nur für die kurze Regierungszeit des Josia, denn unter seinen Nachfolgern kehrte das alles wieder zurück, was Josia nur verdekken, aber nicht hatte ausrotten können. So waren zwar die Reformen nach seinem Tod rasch vergessen, doch sie erlebten in exilischer und nachexilischer Zeit mit der Entstehung des Judentums eine Renaissance. Diese Wirkung verdankt das Konzept des Josia wesentlich den Propheten, die ähnliche Vorstellungen vertraten.

Als die Monarchie die alten Funktionen der Priester und Seher abschaffte (S. 67), indem sie den Kult teilweise zentralisierte und das Priestertum in den Beamtenstand erhob, begann in der Mitte des 8. Jahrhunderts die Blütezeit des Prophetentums. Diese Entwicklung in den hebräischen Monarchien verlief allerdings nicht isoliert. Vom 9. bis zum 7. Jahrhundert tauchten in mehreren altorientalischen Religionen solche Propheten auf, es ist eine über die Grenzen Palästinas hinaus weit verbreitete Bewegung. Im Gegensatz zu den professionellen Priestern waren die Propheten Amateure. Der Prophet fühlte sich von Gott angesprochen, fühlte sich als dessen Beauftragter. Ein Mann stellte sich vor seine Mitbewohner, um eine Botschaft Gottes zu verkünden, die er erhalten hatte, damit er zum Werkzeug des göttlichen Willens werde. Seine Legitimation bestimmte der Prophet selbst. Seinen Auftrag dokumentierte er durch sein wichtigstes Ausdrucksmittel, das Wort; Ekstase, Opfer, Magie rückten in den Hintergrund. Um Botschaften solcher Art zu formulieren, die noch heute bewegen können, bedurfte es einer gewissen Informiertheit und Sprachgewandtheit; die Propheten setzten sich für die Ärmsten ein, stammten aber selbst kaum aus diesen Kreisen. An die Seite des Wortes traten Taten, die häufig genug symbolischen Charakter besaßen, Taten, die aber ebenso häufig allem Herkommen Hohn sprachen. Dadurch erreichte der Prophet, daß seine Umgebung auf ihn aufmerksam wurde, nachdachte, an ihn dachte und vielleicht sogar auf ihn hörte. So heiratete Hosea eine Prostituierte (Hos. 1,2–3), um die Treulosigkeit der Hebräer ihrem Gott gegenüber darzustellen. Jesaja ging eine Zeitlang unbekleidet umher, um auf eine drohende Gefahr aufmerksam zu machen (S. 130). Jeremia legte sich ein Joch um den Hals (Jer. 27,2). Ezechiel, der auch in seinen Reden eine drastische Sprache bevorzugte, buk sein Brot auf einem Kuhfladen und auf Menschenkot (Ez. 4,12.15).

Die Bevölkerung schwankte angesichts solcher Handlungen zwischen scheuer Hochachtung und spöttischer Verachtung. Diese Skepsis der Hörer gegenüber den mitunter skurril auftretenden Boten Gottes wurde durch die Tatsache verstärkt, daß Regierung und Priesterschaft der staatlichen Heiligtümer zusammenarbeiteten und mißliebige Propheten verhafteten oder auswiesen. Und noch ein weiteres Phänomen mußte die Hebräer irritieren, daß häufig Prophet gegen Prophet antrat. Diejenigen nämlich aus der Zeit der hebräischen Monarchien, deren Worte das Alte Testament aufbewahrt, überlebten, weil sie den Untergang prophezeit hatten und damit den Überlebenden Chancen eröffneten, auch in der Katastrophe noch einen Sinn zu sehen. Doch waren längst nicht alle Propheten so einsichtig oder so radikal. Es gab genügend andere, deren Namen wir meist nicht kennen, weil sie ‚falsche‘ Propheten waren, weil sie auf das ‚falsche Pferd‘, auf die Mächtigen gesetzt hatten. Man darf nämlich nicht übersehen, daß die uns bekannten Propheten häufig genug noch heute wirken, weil sie zu ihrer Zeit wirkungslos blieben; sie waren die sprichwörtlichen Propheten, die im eigenen Land nichts galten. Diejenigen, auf die damals gehört wurde, sind dagegen heute vergessen.

Die Propheten tadelten die volkstümliche Religiosität der Hebräer, denn sie wollten die Gottesvorstellung von denjenigen Elementen reinigen, die ihrer Meinung nach besonders durch die Kanaanäer oder anderswoher von außen in Religion und Kultus eingedrungen waren (S. 65). Als kanaanäisch erschien dabei alles, was ihnen im Kultus der Kanaanäer auffiel, ohne daß sie differenzieren konnten und wollten, was bei Hebräern und Kanaanäern auf gemeinsame ältere Wurzeln zurückging.

Dies führte dazu, daß vieles, was bis dahin in der Welt der Hebräer als göttlich gegolten hatte, nur noch als Holz und Stein angesehen wurde. Eine Quelle war fortan eine Quelle, ein Baum ein Baum und nicht länger eine zu fürchtende Gottheit. Tabus und Totemvorschriften, Verbote aus unvordenklichen Zeiten, verloren in diesem Konzept ebenso ihren Platz wie astrale Gottheiten, wobei letztere auf Umwegen während der Exilzeit ‚zurückkehrten‘. Die Propheten lehnten damit auch zahlreiche Aspekte des bisherigen Jahwe-Kultes ab, dessen neue, endgültige Form sie weitgehend schufen. Der von ihnen propagierte ‚neue‘ Gott wurde dann in der Tat singulär im Vergleich mit den übrigen in der Antike verehrten Gottheiten. Körperlos, unberührbar, unsichtbar, aber dennoch schrecklich und eifersüchtig, ein Gott also, den der Verstand nicht erfassen konnte. Es war ein Gott, der weder geboren wurde noch starb, sondern der einsam im Glanz seines Ruhms regierte, und dies um so prächtiger, je erbärmlicher die irdische Existenz seiner Verehrer wurde.

Hosea, Amos, Jesaja und andere Propheten stellten das Leben der

Hebräer ihrer Zeit an den Pranger. Die zentralen Vorwürfe gingen stets mit der Feststellung einher, die Reinheit früherer Zeiten verloren zu haben. Bei einem Volk, das seine Existenz auf einen einmaligen historischen Gründungsakt zurückführte, kann eine solche historische Argumentation nicht überraschen. Die Vergangenheit, vor allem die Zeit vor der Monarchie, wurde in zunehmendem Maße zur heilen Welt stilisiert, was sich dann auch in der Redaktion der entsprechenden biblischen Erzählungen bemerkbar machte.

In dieser guten alten Zeit gab es nach den Propheten keinen Götzendienst, wurden die Armen nicht ausgebeutet. Die Propheten gingen bei ihren Predigten von Erfahrungen aus, die viele ihrer Landsleute nachvollziehen konnten: Die Zahl derer, die im Elend lebten, deren wirtschaftliche Verhältnisse sich verschlechterten, nahm zu. Und dies, weil einige Menschen in übertriebenem Wohlstand, in prunkvollen Häusern, lebten, zu viel und zu gut aßen, zu viel tranken, sich zu reich kleideten, sich zu stark parfümierten, sich Vergnügungen hingaben (S. 180) und Unzucht trieben – Unzucht auch im übertragenen Sinn, durch die Anbetung von ‚Götzen‘.

Die konkreten Mißstände des alltäglichen Lebens waren für die Propheten nur der Anlaß, um die allein wesentlichen Hintergründe und Folgen darstellen zu können. Die Ursache für die menschenverachtende Wertlosigkeit der Armen sahen die Propheten in dem falschen Glauben, im falschen Kultus. Was den bestehenden Kult nach Jesaja jeder Wirkung beraubte, war die Vorstellung, ohne weiteres am Heiligtum Jahwes opfern zu können, gleichgültig, ob man gedemütigt, betrogen oder gar gemordet hatte. Wie er brandmarkte auch Amos schonungslos den Versuch, die fehlende Gerechtigkeit durch kultisches Treiben, durch Bußfeiern und Erntedankfeste zu überspielen.

Die kultische Polarisierung in Israel und Juda, der häufige Wechsel der königlichen Direktiven auf religiösem Gebiet führten zu einer Auseinandersetzung der rivalisierenden Gruppierungen in Wort und Tat, die auf beiden Seiten an Schärfe kaum zu überbieten war. Häufig genug wurden dabei die Konflikte mit Gewalt ausgetragen. Zur Zeit der Omriden in Israel waren dort zumindest die Jahwe-Priester ihres Lebens nicht mehr sicher. Als die Religionspolitik der Omriden mit der Usurpation des Jehu scheiterte, beteiligten sich die Jahwe-Propheten im Gegenzug persönlich an der Beseitigung der Baal-Priester (S. 110).

Mit der physischen Ausrottung des religiös Andersdenkenden hielt die verbale Diffamierung mühelos Schritt. Drastisch beschreibt Jeremia die seines Erachtens bestehende religiöse Verirrung jener Zeitgenossen, die nicht so dachten und handelten wie er; dabei trieb ihn die eigene Ohnmacht in die verbale Aggression. Seine Landsleute charakterisierte er als brünstige Kamelstuten und geile Hengste: „Jeder wiehert nach der Frau seines Nächsten" (5,8). Für heutiges Empfinden geradezu obszön heißt es in Anspielung auf die Höhenheiligtümer (3,2): „Schau hinauf zu den Höhen! Wo bist du nicht ge... worden" – die übliche Übersetzung ‚geschändet' ist viel zu harmlos. Auch diese Ausdrucksweise verweist auf die religiöse Polarisierung in der ausgehenden judäischen Monarchie, aus der uns allerdings Äußerungen der Gegenseite fehlen. Die Auseinandersetzungen waren zu Zeiten des Jeremia gerade deshalb so radikal, weil nur von einer Minderheit eine jahrhundertelang geübte, ja sogar durch die Patriarchen geheiligte Praxis angegriffen wurde.

Der Einfluß der prophetischen Predigt auf die Zeitgenossen ist schwer zu greifen; sie waren wohl weitgehend chancenlos, wenn die Herrscher ihre Anliegen nicht mittrugen. Die uns durch die Schriften bekannten Propheten blieben einsam. Als die im Land beobachteten und angeprangerten Wirren ihrer prophetischen Verkündigung keine Aufmerksamkeit mehr brachten, gingen sie einen Schritt weiter und drohten der auf Ungerechtigkeit basierenden Zivilisation ein baldiges Ende an, sagten den Untergang des Volkes und des Staates voraus. Sie rechneten mit weitreichenden Veränderungen und gaben Ausblicke, die man durchaus als Eschatologie bezeichnen kann.

Bei ihrer Kritik an den Zeitgenossen riefen die Propheten eine Vergangenheit wach, in der sie ein Ideal sahen. Diese Zustände der Vergangenheit wiederzuerlangen, wurde ihr großer Traum für die Zukunft. Und je mehr für sie die Gegenwart zum Alptraum wurde, desto kühner waren die Träume einer besseren, zukünftigen Welt. So tauchte schließlich am Ende der Königszeit Judas, als alle irdischen Hoffnungen Wahn wurden, die an menschlichen Erfahrungen gemessen widersinnigste aller Erwartungen auf, daß der Tod, der so reichlich Ernte in Juda hielt, überwunden und die Toten auferstehen würden. Als es keine Hoffnung mehr gab, die Ungerechtigkeit und das Leid der Zeit zu begrenzen, stellten die Propheten diese Leidenszeit des Menschen als zeitlich begrenzt dar, als Weg zu seiner endgültigen Befreiung am Jüngsten Tag des Sieges ihres Gottes.

VIII. Ausblick

Mit dem Exil begann für die politische Geschichte der Hebräer eine neue Zeit. Sie haben fortan keinen selbständigen Staat mehr gebildet, sieht man von der kurzen Ausnahme der Hasmonäerherrschaft (142–63) ab. Dennoch überlebte Israel durch Juda und dann auch Juda selbst seinen staatlichen Untergang. Mit dem Ende Judas setzte die Geschichte ‚Israels‘ ein, doch dies war ein anderes ‚Israel‘ als dasjenige, von dem bisher die Rede gewesen ist.

Dieses Überleben hatte es vor allem zwei Ursachen zu verdanken, zunächst einer äußeren. Anders als die Assyrer die Israeliten, siedelten die Babylonier die Deportierten Judas in geschlossenen Wohngebieten an, die ein relatives Maß an Eigenleben ermöglichten. Das babylonische Exil war keine beziehungsweise nur eine sehr milde Form der Gefangenschaft. Ebenfalls im Unterschied zu den Assyrern führten die Babylonier keine fremden Siedler in ihre judäische Provinz, so daß die eine oder andere dörfliche Gemeinschaft dort intakt bleiben konnte. Das neubabylonische Reich zerfiel nach dem Tod Nebukadnezars 562 rasch. Der Perser Kyros (559–530) aus dem Hause der Achämeniden hatte zunächst Medien und 546 Lydien unterworfen. Schließlich hielt er nach der Vernichtung des babylonischen Heeres Einzug in Babylon. Die Zeit der persischen Herrschaft unterscheidet sich auf wirtschaftlichem Gebiet durch die Ausbreitung des Münzgeldes von allen vorausgehenden Epochen. In religiöser Hinsicht ist sie dadurch charakterisiert, daß die Perser ihren Untertanen weitgehend ein kulturelles und religiöses Eigenleben gestatteten, was die politische Herrschaft über die eroberten Gebiete erleichterte. Die Gewaltmaßnahmen der Assyrer hatten eine bewußte Besinnung ihrer Untertanen auf alte Eigenarten hervorgerufen; ihr kamen die Perser so weit entgegen, wie es ihnen für die Erhaltung des Reichsbestandes verträglich schien. Daher durften die Juden, sofern sie es wollten, den zerstörten Tempel in Jerusalem wiederaufbauen. So kam es seit 538 trotz zahlreicher Rückschläge ganz allmählich zur Etablierung einer Gemeinde in Jerusalem.

Den zweiten Grund für das Überleben und das Leben der Gemeinde legte die prophetische Verkündigung. Inmitten einer Welt vergehender Kleinstaaten waren auch Israel und Juda diesem Schicksal nicht entgangen, als sich das Machtvakuum im syrisch-palästinensischen Raum füllte und die kurze Blütezeit der Monarchien Episode wurde. Weil manche Propheten eine Besserung in ihrer Zeit nicht mehr für realisierbar gehalten und die Katharsis des Untergangs, des totalen staatlichen Untergangs gefordert hatten, blieb auf einer nichtstaatlichen Ebene die Chance zum Überleben, dem auch zahllose Rückschläge letztlich nichts anhaben konnten.

Wichtig wurde, daß einige Propheten eine Erklärung für die Demütigung durch die Fremdherrschaft fanden und letztlich sogar den Untergang verständlich machten. Für Micha war die Fehlentwicklung in der Sozialordnung (S. 176) nach menschlichem Ermessen nicht mehr aufzuhalten; der Prophet vertraute daher allein noch auf ein Eingreifen Gottes. Erst nach der Vernichtung von Stadt und Stadtstaat Jerusalem mitsamt den Beamten und ihren angemaßten Rechten wäre die Einrichtung einer neuen Gesellschaftsordnung möglich, die Micha durch eine neue Vermessung und Verteilung von Grund und Boden ausmalte. Dann könnte die ursprüngliche kleinbäuerliche Ordnung wieder in Kraft treten, an deren einstige Funktionsfähigkeit man sich noch erinnerte. Bei Jesaja war es ähnlich. Da er die Wurzel sozialen Übels in der faktisch unbeschränkten Macht der Großgrundbesitzer über die Masse des Volkes sah, konnten für ihn nur noch die Assyrer eine Lösung bringen, indem sie die in Juda Herrschenden enteigneten und verschleppten. Die Babylonier realisierten dies schließlich. Jeremias Hoffnung richtete sich nicht auf die Wiederherstellung des Königreiches Juda, das wegen seiner Sünden vernichtet worden war. Seine Gedanken gingen in eine andere Richtung. Nicht die Verheißungen, so predigte er immer und immer wieder, seien falsch gewesen, sondern das Volk habe nicht geglaubt und nicht im Glauben gelebt und gehandelt. Solche Propheten, und nur ihre Schriften und Äußerungen sind auf uns gekommen, zerstörten schonungslos alle Hoffnungen, die sie als falsch anprangerten und verstanden das Unglück als Zeichen Gottes. Jeremia und Ezechiel versicherten ihren Zeitgenossen, daß Jahwe auch ohne Tempel und ohne Kult bei ihnen sein könnte, wenn sie dies nur wollten. Ihre Botschaft war ein Aufruf an jeden einzelnen, was die Bildung einer neuen Gemeinde im Exil und in nachexilischer Zeit erleichterte. Sie gründete auf persönlicher Entscheidung und konnte so den Zusammenbruch der alten staatlichen Ordnung überleben.

Die Alttestamentler haben sich seit gut 100 Jahren daran gewöhnt, mit der Exilszeit den Übergang zum Judentum festzulegen, jener neuen Religion, mit der sich Vorstellungen von Selbstabkapselung und Verabsolutierung des göttlichen Gesetzes verbinden, wie sie die vorexilische Zeit nicht kannte. Diese Verabsolutierung erklärt sich soziologisch, weil im Exil die Notwendigkeit bestand, Verhaltensregeln aufzustellen, wenn die Hebräer als Volk ihre Identität bewahren wollten. Die Diskrepanz zwischen religiös-politischem Anspruch und realpolitischer Ohnmacht war gewaltig. Doch gerade in dieser Zeit und in diesen Kreisen erfuhr das Erlösungsbewußtsein jene Ausgestaltung, die schließlich nicht allein das babylonische Exil, sondern zahlreiche Jahrhunderte unerfüllter politischer Hoffnungen ertragen ließ. Nun erst, und nun erst recht, bekannten sich die Deportierten zu ihrem Gott als dem einzigen Gott und als Schöpfer und Herrn der Welt. Nun setzten sie der Herausforderung durch die überlegene politische Macht die Antwort ihres Bekenntnisses entgegen. Die theologische Elite der deportierten Hebräer brachte in der exilisch-nachexilischen Zeit die Lehre von der strikten Ausschließlichkeit ihres Gottes und der mit ihr korrespondierenden Erwählung der Juden hervor, die zur Abgrenzung gegenüber allem Fremdartigen führte. Das Eigenständige reduzierte sich auf die Religion, und diese selbst erlebte wesentliche Veränderungen. Viele Eigenheiten des Kultus wurden nun durch eine Abgrenzung stärker betont und erhielten dadurch ihre prägende Kraft: Sabbath, Beschneidung, Speise- und Reinheitsvorschriften. Den Zusammenhalt förderten auch die Zusammenkünfte in den sich entwikkelnden Synagogen, Zusammenkünfte, zu deren Anlaß Erzählungen die Vergangenheit lebendig hielten. Mündliche und schriftliche Überlieferungen wurden vermehrt gesammelt und niedergeschrieben. Wichtige Geschichtswerke, aber auch Gesetzeskodifikationen entstanden in der Folgezeit.

Jahrhundertelang hatten die Jerusalemer Könige für sich beansprucht, die einzigen legitimen Monarchen zu sein. Im Exil trat Jahwe in ihre Position, als die davidische Dynastie abgewirtschaftet hatte. Die bis dahin eher politisch als kultisch verstandene Erwählung des Volkes reduzierte sich auf das Kultische. Das Ende aller politischen Hoffnungen bot die Möglichkeit einer neuen Anschauung vom Exodus, eines neuen Bundesbegriffes, der letztlich im Neuen Testament einen so hervorragenden Platz einnehmen sollte.

Das ruhmlose Ende der Monarchien, das einige zwar prophezeit, das die Mehrheit aber doch nicht erwartet hatte, lenkte den Blick immer stärker auf die wenigen glanzvollen Anfangsjahre ihrer Existenz. Immer mehr rückten die zentralen Stationen der glorreichen Vergangenheit in den Blickpunkt: Auszug aus Ägypten, Eroberung Kanaans und staatliche Macht und Größe unter der Doppelmonarchie. Diese Vergangenheit speiste eine Endzeiterwartung und förderte den Glauben an sie. Amos hatte eine solche Erwartung bereits formuliert, als er davon sprach, Gott werde einst die jetzt noch „zerfallene Hütte Davids" (9,11), das Königreich, in seiner alten Größe wieder aufrichten. Die politische Macht war zwar dahin, aber es blieb die Hoffnung auf die Einlösung des einmal gegebenen Versprechens Gottes. Diese aus der Geschichte gespeiste Hoffnung fand ihren Ausdruck in einer politischen Terminologie. In dieser immer ferner werdenden Zukunft werde Jahwe sein Volk rehabilitieren und die ‚gottlosen' Völker züchtigen, die bislang noch triumphierten. In dem Maße, in dem die Juden das tatsächliche Schicksal traf, verfiel jeglicher Realitätssinn, wuchs dagegen jene Hoffnung. Die Rache an den Bedrückern der Juden, das Weltende, stellte man sich so blutig vor wie das Ende, das die Hebräer am eigenen Leibe erlebt hatten. Einmal, ein letztes Mal, werde Jahwe sich an den Feinden der Hebräer rächen und sie vernichten mit all den Grausamkeiten, die das bittere Ende der irdischen Monarchien begleitet hatten: Hunger, Pest, Erdbeben, Schwert, Feuer, Deportationen und Kriegsschrecken wurden zu apokalyptischen Symbolen, die mit der Ausbreitung des Christentums weite Teile der Menschheit beschäftigen sollten.

IX. Zeittafel

2040–1785	Mittleres Reich in Ägypten
ab 2000	Entstehung der kanaanäischen Kultur
1650–1540	Hyksosherrschaft
1540–1070	Neues Reich in Ägypten
1540–1295	18. Dynastie in Ägypten
1515–1494	Pharao Amenophis I. dringt nach Kanaan vor
1500–1200	Wechselnde ägyptische Einflußnahme in Syrien/Palästina
1479–1425	Pharao Thutmosis III. besetzt Kanaan und behauptet es gegen das Reich von Mitanni
1457	Sieg Thutmosis III. bei Megiddo bringt die Kontrolle über Palästina
1450–1200	Groß-Hettitisches Reich
1427–1401	Amenophis II. Pharao
1391–1353	Unter Pharao Amenophis III. verringert sich zeitweise die ägyptische Präsenz in Syrien/Palästina
1360–1048	Mittel-Assyrisches Reich
1353–1336	Unter Pharao Amenophis IV. (Echnaton) nimmt der Einfluß der Hettiter in Kanaan zu
1350–1290	Vorherrschaft der Hettiter über Syrien/Palästina
1300–1150	Seevölkereinfälle im östlichen Mittelmeergebiet
1300–1100	Landnahme der Hebräer
1295–1188	19. Dynastie in Ägypten
1293–1279	Pharao Sethos I. bereitet dem Vordringen der Hettiter nach Südsyrien ein Ende
1279–1213	Ramses II. Pharao
1274	Schlacht bei Kadesch am Orontes zwischen Ägyptern und Hettitern
1259	Friedensvertrag zwischen Ägyptern und Hettitern beläßt Palästina unter ägyptischer Kontrolle
1213–1203	Unter Pharao Mernephta wiederholte ägyptische Feldzüge nach Palästina
um 1200	Höhepunkt des Seevölkeransturms auf Ägypten, Syrien, Palästina
ab 1200	Landnahme der Philister
	Hauptphase der Landnahme der Hebräer
1186–1070	20. Dynastie in Ägypten
1184–1153	Pharao Ramses III. siegt über Libyer und Seevölker, muß allerdings die Ansiedlung der Philister zulassen
ab 1100	Hegemonie der Philister in Palästina – Fünfstädtebund
	Aramäer gründen Staaten in Syrien
1075	Reisebericht des Wen-Amun
Ende 11. Jh.	Erfolg des Barak über die Philister, Gegenschlag der Philister, Niederlage Sauls

um 1000–965	David von Juda
um 990–965	David von Israel
	Eroberung Jerusalems, Siege über die Philister, Eroberung von Moab, Edom, Ammon sowie einiger Aramäerstaaten
969–936	Hiram von Tyros
um 965–932	Salomo von Juda und Israel
	Ausgestaltung des Beamtenapparates, Bezirkseinteilung Israels, Aufstellung von Streitwagentruppen, Ausbau der Hauptstadt
	Resan begründet ein neues aramäisches Königtum in Damaskus
	Edom löst sich allmählich aus der Kontrolle der Doppelmonarchie
935–915	Mit Pharao Schoschenk I. beginnt in Ägypten die 22. (libysche) Dynastie
932–916	Rehabeam von Juda
	Verhandlungen zur Übernahme der Herrschaft über Israel scheitern
	Bezirkseinteilung Judas
932–911	Jerobeam I. von Israel
	Residenz in Pnuel und Thirza
	Schaffung neuer kultischer Zentren in Bethel und Dan
926	Beutezug Pharao Schoschenks I. durch Juda und Israel
916–914	Abia von Juda
914–874	Asa von Juda
911–910	Nadab von Israel
910–887	Baesa von Israel stürzt Nadab
	Angriffe gegen Juda
um 900	Benhadad I. von Damaskus
	Als Baesa die Stadt Rama belagert, ruft Asa von Juda Benhadad zu Hilfe
887–886	Ela von Israel
886	Simri von Israel stürzt Ela und wird seinerseits nach wenigen Tagen von Omri beseitigt
886–882	Thibni von Israel und
886–875	Omri von Israel herrschen jeweils über Teilreiche
	Nach dem Tod Thibnis wird Omri Alleinherrscher
	Omri gründet die Hauptstadt Samaria
	Wichtige Handelsbeziehungen zu Tyros
	Moab wird Israel tributpflichtig
884–859	Assurnassirpal II. von Assur geht gegen die Aramäer am mittleren Euphrat vor
875–853	Ahab von Israel
	Religiöse Polarisierung in Israel nimmt zu
	Baal-Anhänger von dem Propheten Elia hingeschlachtet
874–850	Josaphat von Juda unterwirft Edom erneut seiner Herrschaft
um 870	Hadadeser von Damaskus
	Israel und Damaskus räumen sich gegenseitig Handelsniederlassungen ein

859–824	Salmanassar III. von Assur dringt immer stärker nach Westen vor
853	Unentschiedene Schlacht einer aramäischen Koalition unter Beteiligung Israels gegen Salmanassar III. bei Karkar
853–852	Ahasja von Israel stirbt nach wenigen Monaten Regierungszeit infolge eines Unfalls
852–842	Joram von Israel
850–843	Joram von Juda
	Er heiratet Athalja, die Tochter Ahabs von Israel
	Joram muß Truppen für israelitische Feldzüge stellen
843–842	Ahasja von Juda
842	Grenzkrieg Israels gegen die Aramäer
842–815	Jehu von Israel stürzt Joram
	Baal-Priester und -Gläubige in Samaria ermordet
842	Ahasja von Juda in Israel getötet
842–837	Athalja Regentin in Juda
um 841–800	Hasael von Damaskus
841	Syrienfeldzug Salmanassars
	Jehu leistet dem Assyrerkönig Tribut
seit 838	Die Aramäer erringen eine Vormachtstellung gegenüber Israel, das starke Gebietseinbußen hinnehmen muß
	Belagerung von Samaria
	Angriffe der Philister und Ammoniter gegen Israel
837	Athalja gestürzt
837–797	Joas von Juda
815–799	Joahas von Israel
	Weitere Verluste Israels gegenüber Damaskus
um 810	Hasael von Damaskus greift auch Juda an. Durch hohe Tributzahlungen kann König Joas die Hauptstadt retten
809–782	Adadnirari III. von Assur
800	Adadnirari unterwirft Damaskus
799–784	Joas von Israel stellt die Kontrolle Israels im Westjordanland wieder her
797	Joas von Juda ermordet
797–769	Amazja von Juda
	Krieg gegen Israel, Einnahme von Jerusalem durch die Israeliten, Plünderung von Palast und Tempel
784–753	Jerobeam II. von Israel
	Weitere Konsolidierung Israels auch im Ostjordangebiet
	Auftreten des Propheten Amos
772–754	Assurdan III. von Assur
769	Amazja von Juda ermordet
769–741	Asarja von Juda
	Er bringt Elath erneut unter die Kontrolle Judas, das einen wirtschaftlichen Aufschwung erlebt
	Jerusalem wird neu befestigt
756	Jotham wird Mitregent von Juda, als sein Vater erkrankt
753–752	Sacharja von Israel

752	Sallum von Israel stürzt Sacharja
752–742	Menachem von Israel stürzt Sallum
	Auftreten des Propheten Hosea
745–727	Tiglatpilesar III. von Assur
	Phase der großen Westeroberungen Assurs
742–741	Pekachja von Israel
741–730	Pekach von Israel stürzt Pekachja
	Auftreten der Propheten Jesaja und Micha
	Der innere Zerfall Israels schreitet rasch fort
741–734	Jotham von Juda
738	Tiglatpilesar III. vernichtet den Staat von Hamath
734–715	Ahas von Juda
734	Zug Tiglatpilesars nach Palästina; er erreicht den ‚Bach Ägyptens‘
733	Aufstand in Israel und Damaskus gegen Assur
	Ahas von Juda weigert sich, dieser Koalition beizutreten, ruft Tiglatpilesar zu Hilfe und wird assyrischer Vasall
	Der Assyrerkönig reduziert Israel auf einen Rumpfstaat
	Die übrigen Gebiete werden zu den assyrischen Provinzen Megiddo, Dor und Gilead umgewandelt
732	Das Reich von Damaskus verschwindet
730–722	Hosea von Israel stürzt Pekach
	Hosea empfängt in Sarrabnu die Krone von Tiglatpilesar
727–722	Salmanassar V. von Assur
722–721	Aufstand Hoseas von Israel
	Salmanassar V. belagert Samaria
722–705	Sargon II. von Assur
721	Samaria erobert
	Ende des Staates Israel
715	Ansiedlung von neuen Bevölkerungsgruppen auf dem Gebiet des ehemaligen Israel
715–697	Hiskia von Juda
713	Die Stadt Asdod stellt die Tributzahlungen an Assur ein
	Hiskia beteiligt sich nur durch Lebensmittellieferungen, leistet Assur aber weiterhin Tribut
712–698	Mit dem Pharao Schabaka beginnt die
712–664	25. (äthiopische) Dynastie in Ägypten
711	Sargon II. schlägt in Asdod den Aufstand nieder
705–681	Sanherib von Assur
	Hiskia und der König von Askalon vereinen sich in einer antiassyrischen Koalition
	Kriegsvorbereitungen in Juda
701	Zug Sanheribs nach Palästina
	Weite Teile Judas verwüstet (Lachis)
	Hiskia verhindert durch neue Tributzahlungen die Zerstörung Jerusalems

697–642	Manasse von Juda
	Juda bleibt assyrischer Vasallenstaat
681–669	Assarhaddon von Assur
	Das inzwischen unruhige assyrische Reich kann nochmals stabilisiert werden
	Manasse liefert Assur Baumaterial
669–626	Assurbanipal von Assur
	Manasse stellt Truppen für einen Ägyptenfeldzug der Assyrer
664	Theben von den Assyrern zerstört
642–640	Amon von Juda
	Der König fällt einer Verschwörung zum Opfer
640–609	Josia von Juda
	Er löst eine Unabhängigkeits- und Restaurationsbewegung aus
	Auftreten der Propheten Jeremia und Zephanja
626–539	Neu-babylonisches Reich
626–604	Nabopolassar von Babylonien
	Er macht sich von Assur unabhängig
612	Fall Ninives
611–606	Aschur-uballit II. von Babylonien
	Mit ihm hört das assyrische Reich zu bestehen auf
610–595	Pharao Necho II.
609	Joahas von Juda
	Er wird von Pharao Necho abgesetzt und durch
609–598	Jojakim von Juda abgelöst
604–562	Nebukadnezar II. von Babylonien
	Er dehnt den Einfluß Babyloniens über ganz Syrien/Palästina aus
	Damit wird auch Juda babylonischer Vasallenstaat
601	Erfolge Ägyptens über babylonische Truppen in Palästina
600	Pharao Necho erobert Gaza
	Jojakim stellt die Tributzahlungen an Babylon ein
598–597	Jojachin von Juda
	Aufstand gegen Babylonien
597	Jerusalem fällt. Erste Deportationen
597–587	Zedekia von Juda
595–589	Pharao Psammetich II.
	Er fällt von Babylonien ab
589	Nebukadnezar rückt gegen Juda vor
	Belagerung Jerusalems
587	Jerusalem erobert und zerstört. Weitere Deportationen
	Zedekia abgesetzt
	Ende der davidischen Dynastie und des Staates Juda

X. Abbildungsverzeichnis

Abb. 1. Karte: Der Vordere Orient im 2. Jahrtausend *Seite 18*
Abb. 2. Karte: Die geographische Beschaffenheit Palästinas *Seite 38*
Abb. 3. Karte: Die Siedlungsgebiete der hebräischen Stämme *Seite 44*
Abb. 4. Anthropoider Sarkophag aus Beth-Sean *Seite 48*
Abb. 5. Hochzeitsskarabäus Amenophis' III. *Seite 61*
Abb. 6. Tonmodell mit der Darstellung eines Kultreigens *Seite 66*
Abb. 7. Karte: Die Eroberungen Davids *Seite 77*
Abb. 8. Darstellung israelitischer Städte aus der Liste Pharao Schoschenks *Seite 94*
Abb. 9. Assyrische Göttergestalten auf Flügelstieren *Seite 100*
Abb. 10. Elfenbeinschnitzereien aus Samaria *Seite 107*
Abb. 11. Darstellung Jehus vor Salmanassar III. *Seite 111*
Abb. 12. Assyrisches Bronzerelief: Behandlung von Kriegsgefangenen *Seite 114*
Abb. 13. Karte: Assyrische Provinzen auf dem Boden Israels *Seite 118*
Abb. 14. Karte: Bezirkseinteilung Judas *Seite 123*
Abb. 15. Assyrisches Bronzerelief: Nackte Kriegsgefangene *Seite 130*
Abb. 16. Assyrisches Relief: Eroberung von Lachis – Schleuderer und Bogenschützen *Seite 133*
Abb. 17. Assyrisches Relief: Belagerungsrampe der Assyrer *Seite 134*
Abb. 18. Assyrisches Relief: Hebräische Gefangene vor dem assyrischen König *Seite 134*
Abb. 19. Assyrisches Relief: Wegführen der Beute *Seite 135*
Abb. 20. Stempel-Siegel aus Megiddo *Seite 151*
Abb. 21. Karte: Bezirkseinteilung Israels *Seite 155*
Abb. 22. Streitwagen der Ägypter und Assyrer *Seite 161*
Abb. 23. Plan der Burg von Megiddo *Seite 162*
Abb. 24. Hebräischer Krugstempel *Seite 162*
Abb. 25. Assyrisches Kalksteinrelief: Phönikisches Kriegsschiff *Seite 167*
Abb. 26. Ostrakon aus Samaria *Seite 169*

Die Karten zeichneten Hubert Hillmann und Karl-Heinz Schatz aus Eichstätt.

Mit freundlicher Genehmigung der Verlage entnehme ich die Abbildungen den nachstehenden Werken:

Abb. 4, 10, 11, 20, 23, 25 und 26 aus dem ‚Biblisch-Historischen Handwörterbuch' (Vandenhoeck & Ruprecht, Göttingen und Zürich 1962–1979, S. 1672, 394, 809, 1787, 1183, 1693 und 1360); – Abb. 6 und 24 aus dem ‚Biblischen Reallexikon' (J. C. B. Mohr, Tübingen ²1977, S. 13 und 305); – Abb. 5, 12, 15, 16, 17, 18 und 19 aus ‚Orte und Landschaften der Bibel', Hrsg. von O. Keel-M. Küchler, Bd. 2 (Vandenhoeck & Ruprecht, Göttingen und Zürich 1982, S. 807, 677, 42, 896, 897, 898 und 899); – Abb. 8, 9 und 22 aus dem ‚Lexikon zur Bibel' (R. Brockhaus Verlag, Wuppertal ⁴1962, S. 1311, 748 und 575).

XI. Bibliographie

Meine Darstellung knüpft notwendigerweise an die alttestamentliche Forschung an, die ihren Niederschlag in zahllosen Gesamt- und Einzeluntersuchungen gefunden hat. Da dies nicht im einzelnen belegt ist, soll es an dieser Stelle wenigstens zum Ausdruck gebracht werden. Die folgende Auswahlbibliographie beschränkt sich auf einige mir wichtig erscheinende Titel. Weitere ausführliche Literaturangaben bieten die unten angeführten Gesamtdarstellungen. Hingewiesen sei ferner auf die ausgezeichnete ‚Zeitschriften- und Bücherschau‘, die in der ‚Zeitschrift für die alttestamentliche Wissenschaft‘ (ZATW) dreimal jährlich erscheint. Die Einteilung der Einzeluntersuchungen entspricht den Abschnitten der Darstellung. Innerhalb eines Abschnitts wird die Literatur in der Reihenfolge genannt, in der die betreffenden Themen im Text angesprochen werden.

Die Abkürzungen der Zeitschriftentitel sind nach ‚L'Année Philologique‘ aufzulösen.

Gesamtdarstellungen

J. Bright, Geschichte Israels. Von den Anfängen bis zur Schwelle des Neuen Bundes, Düsseldorf 1966

M. A. Beek, Geschichte Israels. Von Abraham bis Bar Kochba, Stuttgart [4]1976

J. H. Hayes–J. Maxwell Miller, Israelite and Judaean History, Philadelphia 1977

H. Jagersma, Israels Geschichte zur alttestamentlichen Zeit, Konstanz 1979

E. L. Ehrlich, Geschichte Israels, Berlin [2]1980

S. Herrmann, Geschichte Israels in alttestamentlicher Zeit, München [2]1980

M. Noth, Geschichte Israels, Göttingen [9]1981

H. Cazelles, Histoire politique d'Israël des origines à Alexandre le Grand, Paris 1982

A. H. J. Gunneweg, Geschichte Israels bis Bar Kochba, Stuttgart [4]1982

G. Fohrer, Geschichte Israels, Heidelberg [3]1982

M. Metzger, Grundriß der Geschichte Israels, Neukirchen [6]1983

R. Rendtorff, Das Alte Testament. Eine Einführung, Neukirchen 1983

J. A. Soggin, Storia d'Israele, delle origini alla rivolta di Bar-Kochba, 135 d.C., Brescia 1985 (= A History of Israel. From the Beginnings to the Bar Kochba Revolt, AD 135, London 1984)

H. Donner, Geschichte des Volkes Israel und seiner Nachbarn in Grundzügen. 1. Von den Anfängen bis zur Staatenbildungszeit, Göttingen 1984

Einzeluntersuchungen

I. Einleitung

H. Donner, Einführung in die biblische Landes- und Altertumskunde, Darmstadt 1976

Y. Aharoni, Das Land der Bibel. Eine historische Geographie, Neukirchen 1984

O. Keel–M. Küchler, Orte und Landschaften der Bibel (bisher 2 Bde. erschienen), Zürich 1982/1984

Y. Shiloh, Elements in the Development of Town Planning in the Israelite City: IEJ 28, 1978, 36–51

F. Crüsemann, Alttestamentliche Exegese und Archäologie. Erwägungen angesichts des gegenwärtigen Methodenstreits in der Archäologie Palästinas: ZATW 91, 1979, 177–193

C. H. J. de Geus, Die Gesellschaftskritik der Propheten und die Archäologie: ZPalV 98, 1982, 50–57

A. Momigliano, Biblical Studies and Classical Studies: Scuola Normale Superiore (Pisa). Annali Ser. 3, 11, 1981, 25–32

K. T. Andersen, Die Chronologie der Könige von Israel und Juda: Studia Theologica 23, 1969, 69–114

K. Koch, Die Hebräer vom Auszug aus Ägypten bis zum Großreich Davids: VT 19, 1969, 37–81

II. 1. Der Alte Orient

W. Thiel, Israel und die Kulturen des Alten Vorderen Orients: Zeichen der Zeit 35, 1981, 161–171

S. Aḥituv, Economic Factors in the Egyptian Conquest of Canaan: IEJ 28, 1978, 93–105

J. Weinstein, The Egyptian Empire in Palestine: a Reassessment: BASO 241, 1981, 1–28

G. W. Ahlström–D. Edelman, Merneptah's Israel: JNES 44, 1985, 59–61

G. A. Lehmann, Die „Seevölker"-Herrschaften an der Levanteküste: Jahresbericht des Instituts für Vorgeschichte der Universität Frankfurt 1976, 78–111

G. A. Lehmann, Die mykenisch-frühgriechische Welt und der östliche Mittelmeerraum in der Zeit der ‚Seevölker'-Invasionen um 1200 v. Chr.: Rheinisch-Westfälische Akademie der Wissenschaften G 276, Köln 1985

B. D. Rahtjen, The Philistine Amphictyony, New Jersey 1964

T. Dothan, The Philistines and their Material Culture, New Haven 1982

II. 2a. Nomadenleben

G. Fohrer, Die Vorgeschichte Israels im Lichte neuer Quellen, in: ders., Studien zur alttestamentlichen Theologie und Geschichte (1949–1966), Berlin 1969, 297–308

R. Leonhard, Die Transhumanz im Mittelmeergebiet. Eine wirtschaftsgeographische Studie über den Seminomadismus, in: Festschrift L. Brentano, München 1916, 327–349

S. Nyström, Beduinentum und Jahwismus. Eine soziologisch-religionsgeschichtliche Untersuchung zum Alten Testament, Lund 1946

K. H. Bernhardt, Nomadentum und Ackerbaukultur in der frühstaatlichen Zeit Altisraels, in: Das Verhältnis von Bodenbauern und Viehzüchtern in historischer Sicht, Berlin 1968, 31–40

M. Weippert, Semitische Nomaden des zweiten Jahrtausends. Über die Szśw der ägyptischen Quellen: Biblica 55, 1974, 265–280; 427–433

U. Worschech, Abraham. Eine sozialgeschichtliche Studie, Frankfurt 1983

G. Wallis, Die Stadt in den Überlieferungen der Genesis: ZATW 78, 1966, 133–148

E. Merz, Die Blutrache bei den Israeliten, Leipzig 1916

A. Alt, Der Gott der Väter (1929), in: Kleine Schriften 1, München [4]1968, 1–78

L. Rost, Weidewechsel und altisraelitischer Festkalender: ZPalV 66, 1943, 205–216 = Das kleine Credo und andere Studien zum Alten Testament, Heidelberg 1965, 101–112

M. Görg, Anfänge israelitischen Gottesglaubens: Kairos 18, 1976, 256–264

R. Albertz, Persönliche Frömmigkeit und offizielle Religion. Religionsinterner Pluralismus in Israel und Babylon, Stuttgart 1978

II. 2 b. Hebräer in Ägypten – ‚Auszug‘

K. Koch, Die Hebräer vom Auszug aus Ägypten bis zum Großreich Davids: VT 19, 1969, 37–81

S. Herrmann, Israels Aufenthalt in Ägypten, Stuttgart 1970

H. Engel, Die Vorfahren Israels in Ägypten. Forschungsgeschichtlicher Überblick über die Darstellungen seit Richard Lepsius 1849, Frankfurt 1979

II. 3. Landnahme

A. Alt, Die Landnahme der Israeliten in Palästina (1925), in: Kleine Schriften 1, München [4]1968, 89–125

A. Alt, Erwägungen über die Landnahme der Israeliten in Palästina (1939), in: Kleine Schriften 1, München [4]1968, 126–175

M. Weippert, Die Landnahme der israelitischen Stämme in der neueren wissenschaftlichen Diskussion. Ein kritischer Bericht, Göttingen 1967

M. Clauss, Die Entstehung der Monarchie in Juda und Israel: Chiron 10, 1980, 1–33

A. Malamat, Die Frühgeschichte Israels – eine methodologische Studie: Theologische Zeitschrift 39, 1983, 1–16

J. D. Currid, The Deforestation of the Foothills of Palestine: PalEQ 116, 1984, 1–11

J. Maxwell Miller, Archaeology and the Israelite Conquest of Canaan: Some methodological Observations: PalEQ 109, 1977, 87–93

F. W. Golka, The Aetiologies in the Old Testament: VT 26, 1976, 410–428; 27, 1977, 36–47

A. Mazar, Giloh: An Early Israelite Settlement Site near Jerusalem: IEJ 31, 1981, 1–36

R. Riesner, Die Mauern von Jericho. Bibelwissenschaft zwischen Fundamentalismus und Kritizismus: Theologische Beiträge 14, 1983, 79–86
A. Mazar, An Early Israelite Site near Jerusalem, Qadmoniot 13, 1980, 34–39

II. 4. Helden, Herrscher, Richter
W. Richter, Traditionsgeschichtliche Untersuchungen zum Richterbuch, Bonn 1963
S. Herrmann, Das Werden Israels: ThLZ 87, 1962, 561–574
W. Richter, Zu den „Richtern Israels": ZATW 77, 1965, 40–72
A. D. H. Mayes, Israel in the Period of the Judges, London 1974
H. Rösel, Studien zur Topographie der Kriege in den Büchern Josua und Richter: ZPalV 91, 1975, 159–190; 92, 1976, 10–46
S. M. Warner, The Dating of the Period of the Judges: VT 28, 1978, 455–463
H. Rösel, Jephtah und das Problem der Richter: Biblica 61, 1980, 251–255
H. Rösel, Die ‚Richter' Israels. Rückblick und neuer Ansatz: BiZ 25, 1981, 180–203
J. A. Soggin, Bemerkungen zum Deboralied, Richter Kap. 5. Versuch einer neuen Übersetzung und eines Vorstoßes in die älteste Geschichte Israels: ThLZ 106, 1981, 625–639
C. Schäfer-Lichtenberger, Stadt und Eidgenossenschaft im Alten Testament. Eine Auseinandersetzung mit Max Webers Studie „Das Antike Judentum", Berlin 1983

II. 5a. Familie, Sippe, Stamm
R. Patai, Sitte und Sippe in Bibel und Orient, Frankfurt 1962
R. de Vaux, Das Alte Testament und seine Lebensordnungen, Freiburg ²1964/1966
A. Chouraqui, Die Hebräer. Geschichte und Kultur zur Zeit der Könige und Propheten, Stuttgart 1975
H.-F. Richter, Geschlechtlichkeit, Ehe und Familie im Alten Testament und seiner Umwelt, Frankfurt 1978
E. S. Gerstenberger–W. Schrage, Frau und Mann, Stuttgart 1980
B. Luther, Die israelitischen Stämme: ZATW 21, 1901, 1–76
H. Weippert, Das geographische System der Stämme Israels: VT 23, 1973, 76–89

II. 5b. Gesellschafts- und Wirtschaftsordnung
F. Buhl, Die sozialen Verhältnisse der Israeliten, Berlin 1899
J. L. McKenzie, The Elders in the Old Testament: Studia Biblica et Orientalia 1, 1959, 388–406
F. Horst, Zwei Begriffe für Eigentum (Besitz): נַחֲלָה und אֲחֻזָּה, in: Verbannung und Heimkehr, Festschrift W. Rudolph, Tübingen 1961, 135–156
A. Malamat, Tribal Societies: Biblical Genealogies and African Lineage Systems: Archives Européennes de Sociologie 14, 1973, 126–136
W. Schrottroff, Soziologie und Altes Testament: Verkündung und Forschung 2, 1974, 46–66
W. Thiel, Die soziale Entwicklung Israels in vorstaatlicher Zeit, Neukirchen 1980
S. Niditch, The ‚Sodomite' Theme in Judges 19–20: Family, Community and Social Desintegration: CBQ 44, 1982, 365–378

II.5c. Religiosität
L. Rost, Die Gottesverehrung der Patriarchen im Lichte der Pentateuchquellen: VT(S) 7, 1960, 346–359
F. M. Cross, Yahweh and the God of the Patriarchs: HThR 55, 1962, 225–259
M. C. Astour, Yahweh in Egyptian topographic Lists, in: Ägypten und Altes Testament. Studien zu Geschichte, Kultur und Religion Ägyptens und des Alten Testaments Band 1: Festschrift E. Edel, Bamberg 1979, 17–34
R. Rendtorff, Die Entstehung der israelitischen Religion als religionsgeschichtliches und theologisches Problem: ThLZ 88, 1963, 735–746

III. 1. David
A. Alt, Die Staatenbildung der Israeliten in Palästina (1930), in: Kleine Schriften 2, München ⁴1978, 1–65
A. Alt, Das Königtum in den Reichen Israel und Juda (1951), in: ebd. 116–134
F. Crüsemann, Der Widerstand gegen das Königtum. Die antiköniglichen Texte des Alten Testaments und der Kampf um den frühen israelitischen Staat, Neukirchen 1978
T. Ishida (Hrsg.), Studies in the Period of David and Solomon and Other Essays, Winona Lake 1982
A. Malamat, Das davidische und salomonische Königreich und seine Beziehungen zu Ägypten und Syrien. Zur Entstehung eines Großreichs, Österr. Akad. der Wiss., phil.-hist. Klasse 407, Wien 1983
W. Caspari, Aufkommen und Krise des israelitischen Königtums unter David. Ursachen, Teilnehmer und Verlauf des absalomschen Aufstandes, Berlin 1909
A. Alt, Das Großreich Davids (1950), in: Kleine Schriften 2, München ⁴1978, 66–75
J. Conrad, Zum geschichtlichen Hintergrund der Darstellung von Davids Aufstieg: ThLZ 97, 1972, 321–332
H.-J. Zobel, Beiträge zur Geschichte Groß-Judas in früh- und vordavidischer Zeit: VT(S) 28, 1975, 253–277
E. Ball, The Co-Regency of David and Solomon (1 Kings I): VT 27, 1977, 268–279
R. North, David's Rise: Sacral, military, or psychiatric?: Biblica 63, 1982, 524–544
K.-D. Schunck, Davids „Schlupfwinkel" in Juda: VT 33, 1983, 110–113
J. Weingreen, The Rebellion of Absalom: VT 19, 1969, 263–266
H. Bardtke, Erwägungen zur Rolle Judas im Aufstand des Absalom, in: Wort und Geschichte, Festschrift K. Elliger, Neukirchen 1973, 1–8

III. 2. Salomo
M. Gichon, The Defences of the Salomonic Kingdom: PalEQ 95, 1963, 113–126
H. Donner, Israel und Tyrus im Zeitalter Davids und Salomos: Journal of Northwest Semitic Languages 10, 1982, 43–52
C. Meyers, The Israelite Empire: In Defence of King Solomon: Michigan Quarterly Review 22, 1983, 412–428

IV. Zerfall der Doppelmonarchie

T. C. G. Thornton, Charismatic Kingship in Israel and Judah: JThS 14, 1963, 1–11

S. Herrmann, Autonome Entwicklungen in den Königreichen Israel und Juda: VT (S) 17, 1968, 139–158

S. Herrmann, Operationen Pharao Schoschenks I. im östlichen Ephraim: ZPalV 80, 1964, 55–79

H. Seebass, Zur Königserhebung Jerobeams I.: VT 17, 1967, 325–333

V. 1. Konstituierung Israels

T. Ishida, The Royal Dynasties in Ancient Israel, Berlin 1977

R. W. Klein, Jeroboam's Rise to Power: JBL 89, 1970, 217–218

D. W. Gooding, Jeroboam's Rise to Power. A Rejoinder: JBL 91, 1972, 529–533

J. Debus, Die Sünde Jerobeams. Studien zur Darstellung Jerobeams und der Geschichte des Nordreichs in der deuteronomistischen Geschichtsschreibung, Göttingen 1967

R. de Vaux, Tirzah, in: D. W. Thomas (Hrsg.), Archaeology and Old Testament Study, Oxford 1967, 371–383 (ND 1978)

M. Weippert, Gott und Stier. Bemerkungen zu einer Terrakotte aus jāfa: ZPalV 77, 1961, 93–117

H. Motzki, Ein Beitrag zum Problem des Stierkultes in der Religionsgeschichte Israels: VT 25, 1975, 470–485

V. 2. Dynastie Omri

A. Alt, Der Stadtstaat Samaria (1954), in: Kleine Schriften 3, München ²1968, 258–302

J. A. Soggin, Tibni, re d'Israele nella prima metà del IX sec a.C., in: RSO 47, 1972, 171–176 (= Tibnî, King of Israel in the First Half of the 9th Century B. C., in: ders., Old Testament and Oriental Studies, Rom 1975, 50–55)

S. Timm, Die Dynastie Omri. Quellen und Untersuchungen zur Geschichte Israels im 9. Jahrhundert vor Christus, Göttingen 1982

K. Baltzer, Naboths Weinberg (1. Kön. 21). Der Konflikt zwischen israelitischem und kanaanäischem Bodenrecht: W & D 8, 1965, 73–88

F. I. Andersen, The Socio-Juridical Background of the Naboth Incident: JBL 85, 1966, 46–57

H. Seebass, Der Fall Naboth in 1 Reg. XXI: VT 24, 1974, 474–488

R. Bohlen, Der Fall Nabot. Form, Hintergrund und Werdegang einer alttestamentlichen Erzählung (1. Kön. 21), Trier 1978

A. Brenner, Jezebel: Shnaton 5–6, 1982, 27–39

J. Liver, The Wars of Mesha, King of Moab: PalEQ 99, 1967, 14–31

M. Elat, The Campaigns of Shalmaneser III against Aram and Israel: IEJ 25, 1975, 25–35

J. M. Miller, The Fall of the House of Ahab: VT 17, 1967, 307–324

V. 3. Dynastie Jehu

M. F. Unger, Israel and the Aramaeans of Damascus, London 1957

A. R. Green, Sua and Jehu: The Boundaries of Shalmaneser's Conquest: PalEQ 111, 1979, 35–39

M. Weippert, Jau(a) mār Ḫumrî – Joram oder Jehu von Israel?: VT 28, 1978, 113–118

M. Haran, The Rise and Decline of the Empire of Jeroboam ben Joash: VT 17, 1967, 266–297

V. 4. Untergang

M. Weippert, Menahem von Israel und seine Zeitgenossen in einer Steleninschrift des assyrischen Königs Tiglathpileser III. aus dem Iran: ZPalV 89, 1973, 26–53

R. Borger–H. Tadmor, Zwei Beiträge zur alttestamentlichen Wissenschaft aufgrund der Inschriften Tiglatpilesers III: ZATW 94, 1982, 244–251

H. J. Cook, Pekah: VT 14, 1964, 121–135

VI. 1. Juda – Im Schatten Israels

B. Mazar, The Campaign of Pharao Shishak to Palestine: VT(S) 4, 1957, 57–66

C. Levin, Der Sturz der Königin Atalja. Ein Kapitel zur Geschichte Judas im 9. Jahrhundert v. Chr., Stuttgart 1982

M. Liverani, L'histoire de Joas: VT 24, 1974, 438–453

J. Strange, Joram, King of Israel and Judah: VT 25, 1975, 191–201

VI. 2. Vorherrschaft Assurs

H. Spieckermann, Juda unter Assur in der Sargonidenzeit, Göttingen 1982

J. Begrich, Der syrisch-ephraimitische Krieg und seine weltpolitischen Zusammenhänge, in: ders., Gesammelte Studien zum Alten Testament, München 1964, 99–120

B. Oded, The Historical Background of the Syro-Ephraimite War Reconsidered: CBQ 34, 1972, 153–165

J.-M. Asurmendi, La guerra siro-efraimita, Valencia 1982

H. H. Rowley, Hezekiah's Reform and Rebellion, in: ders., Men of God, London 1963, 98–132

M. Broshi, The Expansion of Jerusalem in the Reigns of Hezekiah and Manasseh: IEJ 24, 1974, 21–26

A. K. Jenkins, Hesekiah's fourteenth Year. A new Interpretation of 2 Kings xviii 13 – xix 37: VT 26, 1976, 284–298

D. Ussishkin, The Destruction of Lachish by Sennecherib and the Dating of the Royal Judean Storage Jars: Tel Aviv 4, 1977, 28–60

N. Na'aman, Sennacherib's Campaign to Judah and the Date of the lmlk Stamps: VT 29, 1979, 61–86

D. Ussishkin, The ‚Lachish Reliefs‘ and the City of Lachish: IEJ 30, 1980, 174–195

M. Hutter, Hiskija, König von Juda, Graz 1982

E. Nielsen, Political Conditions and Cultural Development in Israel and Judah During the Reign of Manasseh, in: Fourth World Congress of Jewish Studies, Jerusalem 1, 1967, 103–106

VI. 3. Restaurationsprogramm des Josia

W. Meier, „... Fremdlinge, die aus Israel gekommen waren ..." Eine Notiz in 2 Chronik 30, 25 f. aus der Sicht der Ausgrabungen im Jüdischen Viertel der Altstadt von Jerusalem: Biblische Notizen 14, 1981, 40–41

M. Rose, Bemerkungen zum historischen Fundament des Josia-Bildes in II Reg 22 f.: ZATW 89, 1977, 50–63

M. Sekine, Beobachtungen zu der josianischen Reform: VT 22, 1972, 361–368

E. Würthwein, Die Josianische Reform und das Deuteronomium: ZThK 73, 1976, 395–423

W. Dietrich, Josia und das Gesetzbuch (2 Reg. XXII): VT 27, 1977, 13–35

H. Hollenstein, Literarkritische Erwägungen zum Bericht über die Reformmaßnahmen Josias 2 Kön. XXIII 4 ff.: VT 27, 1977, 321–336

H. D. Hoffmann, Reform und Reformen. Untersuchungen zu einem Grundthema der deuteronomistischen Geschichtsschreibung, Zürich 1980

D. Timpe, Moses als Gesetzgeber: Saeculum 31, 1980, 66–77

C. Levin, Joschija im deuteronomistischen Geschichtswerk: ZATW 96, 1984, 351–371

A. Alt, Judas Gaue unter Josia (1925), in: Kleine Schriften 2, München [4]1978, 276–288

B. Alfrink, Die Schlacht bei Megiddo und der Tod des Josias (609): Biblica 15, 1934, 173–184

S. B. Frost, The Death of Josiah: A Conspiracy of Silence: JBL 87, 1968, 369 bis 382

G. Pfeifer, Die Begegnung zwischen Pharao Necho und König Josia bei Megiddo: Mitteilungen des Instituts für Orientforschung 15, 1969, 297–307

VI. 4. Untergang

A. Malamat, The Last Wars of the Kingdom of Judah: JNES 9, 1950, 218–227

J. Lindsay, The Babylonian Kings and Edom, 605–550 B.C.: PalEQ 108, 1976, 23–39

H. J. Katzenstein, „Before Pharaoh conquered Gaza" (Jeremiah XLVII 1): VT 33, 1983, 249–251

A. Malamat, The Last Kings of Judah, and the Fall of Jerusalem. An Historical-Chronological Study: IEJ 18, 1968, 137–156

M. Noth, Die Einnahme von Jerusalem im Jahre 597 v. Chr. (1958), in: ders., Aufsätze zur biblischen Landes- und Altertumskunde 1, Neukirchen 1971, 111–132

E. Kutsch, Das Jahr der Katastrophe: 587 v. Chr. Kritische Erwägungen zu neueren chronologischen Versuchen: Biblica 55, 1974, 520–545

N. P. Lemche, The Manumission of Slaves – the Fallow Year – the Sabbatical Year – the Jobel Year: VT 26, 1976, 38–59

J. R. Bartlett, Edom and the Fall of Jerusalem, 587 B.C.: PalEQ 114, 1982, 13–24

H. Cazelles, 587 ou 586?, in: The Word of the Lord Shall Go Forth. Essays in Honor of D. N. Freedman, Philadelphia 1983, 427–435

VII. 1. König – Hof – Beamtenapparat

J. Gray, Canaanite Kingship in Theory and Practice: VT 2, 1952, 193–220

J. A. Soggin, Der judäische 'am-ha'areṣ und das Königtum in Juda. Ein Beitrag zum Studium der deuteronomistischen Geschichtsschreibung: VT 13, 1963, 187–195

Ihromi, Die Königinmutter und der 'AMM HA' AREZ im Reich Juda: VT 24, 1974, 421–429

N.-E. A. Andreasen, The Role of the Queen Mother in Israelite Society: CBQ 45, 1983, 179–194

K. Donner, Art und Herkunft des Amtes der Königmutter im Alten Testament, in: Festschrift J. Friedrich, Wiesbaden 1985, 105–145

H. Donner, Studien zur Verfassungs- und Verwaltungsgeschichte der Reiche Israel und Juda, masch. Diss., Leipzig 1956

T. N. D. Mettinger, Salomonic State Officials. A Study of the Civil Government Officials of the Israelite Monarchy, Lund 1971

J. Bright, The Organization and Administration of the Israelite Empire, in: Magnalia Dei: The Mighty Acts of God, Festschrift G. E. Wright, New York 1976, 193–208

U. Rüterswörden, Die Beamten der israelitischen Königszeit. Eine Studie zu śr und vergleichbaren Begriffen, Bochum 1981

J. Begrich, Sōfēr und Mazkīr. Ein Beitrag zur inneren Geschichte des davidisch-salomonischen Großreiches und des Königreiches Juda: ZATW 58, 1940/1941, 1–29

H. Reventlow, Das Amt des Mazkir. Zur Rechtsstruktur des öffentlichen Lebens in Israel: ThZ 15, 1959, 161–175

H. J. Boecker, Erwägungen zum Amt des Mazkir: ThZ 17, 1961, 212–216

A. Cody, Le titre égyptien et le nom propre du scribe de David: RBi 72, 1965, 381–393

H. Donner, Der ,Freund des Königs': ZATW 73, 1961, 269–277

P. A. H. de Boer, The Counsellor: VT(S) 3, 1955, 42–71

N. Avigad, The Governor of the City: IEJ 26, 1976, 178–182

A. Alt, Israels Gaue unter Salomo, in: Kleine Schriften 2, München [4]1978, 76–89

G. E. Wright, The Provinces of Solomon (I Kings 4:7–19): Eretz-Israel 8, 1967, 58–68

VII. 2. Heerwesen

B. Mazar, The Military Elite of King David: VT 13, 1963, 310–320

M. Delcor, Les Kéréthim et les Crétois: VT 28, 1978, 410–422

E. Junge, Der Wiederaufbau des Heerwesens des Reiches Juda unter Josia, Stuttgart 1937

P. Welten, Die Königs-Stempel. Ein Beitrag zur Militärpolitik Judas unter Hiskia und Josia, Wiesbaden 1969

VII. 3. Wirtschaft – Handel – Finanzen

M. Elat, Trade and Commerce, in: The World History of the Jewish People IV, 2, Jerusalem 1979, 173–186; 312–318

F. C. Fensham, The Treaty between the Israelites and Tyrians: VT (S) 17, 1969, 71–87

M. Noth, Das Krongut der israelitischen Könige und seine Verwaltung (1927), in: ders., Aufsätze zur biblischen Landes- und Altertumskunde 1, Neukirchen 1971, 159–182

W. H. Shea, The Date and Significance of the Samaria Ostraca: IEJ 27, 1977, 16–27

H. Mommsen–I. Perlman–Y. Yellin, The Provenience of the lmlk Jars: IEJ 34, 1984, 89–113

I. Mendelsohn, On Corvée Labor in Ancient Canaan and Israel: BASO 167, 1962, 31–35

A. F. Rainey, Compulsory Labour Gangs in Ancient Israel: IEJ 20, 1970, 191–202

N. Avigad, The Chief of the Corvée: IEJ 30, 1980, 170–173

J. A. Soggin, Compulsory Labor under David and Solomon, in: Studies in the Period of David and Solomon (Hrsg. T. Ishida), Tokyo 1982, 259–267

VII. 4. Gesellschaft – Sozialgefüge

A. Alt, Der Anteil des Königtums an der sozialen Entwicklung in den Reichen Israel und Juda (1955), in: Kleine Schriften 3, München ²1968, 348–372

S. Morenz, Prestige-Wirtschaft im alten Ägypten, SB Bayer. Akad. der Wiss., phil.-hist. Klasse 1969, 4

N. Lohfink, Die Gattung der ‚Historischen Kurzgeschichte‘ in den letzten Jahren von Juda und in der Zeit des Babylonischen Exils: ZATW 90, 1978, 319–347

A. Kuschke, Arm und reich im Alten Testament mit besonderer Berücksichtigung der nachexilischen Zeit: ZATW 57, 1939, 31–57

A. Alt, Micha 2, 1–5 ΓΗΣ ΑΝΑΔΑΣΜΟΣ in Juda (1955), in: Kleine Schriften 3, München ²1968, 373–381

H. J. Kraus, Die prophetische Botschaft gegen das soziale Unrecht Israels: Evangelische Theologie 15, 1955, 295–307

H. Donner, Die soziale Botschaft der Propheten im Lichte der Gesellschaftsordnung in Israel: OA 2, 1963, 229–245

K. Koch, Die Entstehung der sozialen Kritik bei den Profeten, in: Probleme biblischer Theologie, Festschrift G. v. Rad, München 1971, 236–257

M. Fendler, Zur Sozialkritik des Amos. Versuch einer wirtschafts- und sozialgeschichtlichen Interpretation alttestamentlicher Texte: Evangelische Theologie 33, 1973, 32–53

S. M. Paul, Amos III 15 – Winter and Summer Mansions: VT 28, 1978, 358–360

B. Lang, Sklaven und Unfreie im Buch Amos (II 6, VIII 6): VT 31, 1981, 482–488

M. Clauss, Gesellschaft und Staat in Juda und Israel, München 1985

VII. 5. Recht – Justiz

L. Köhler, Die hebräische Rechtsgemeinde = Der hebräische Mensch, Tübingen 1953

A. Alt, Die Ursprünge des israelitischen Rechts (1934), in: Kleine Schriften 1, München ⁴1968, 278–332

G. C. Macholz, Die Stellung des Königs in der israelitischen Gerichtsverfassung: ZATW 84, 1972, 157–182

G. C. Macholz, Zur Geschichte der Justizorganisation in Juda: ZATW 84, 1972, 314–340

H. J. Boecker, Recht und Gesetz im Alten Testament und im Alten Orient, Neukirchen ²1984

VII. 6. Wissenschaft – Geschichtsschreibung

A. Alt, Die Weisheit Salomos (1951), in: Kleine Schriften 2, München ⁴1978, 90–99

H. Gunkel, Die israelitische Literatur, in: Die orientalischen Literaturen, Berlin 1906, 51–102 (ND 1963)

A. Lemaire, Sagesse et écoles: VT 34, 1984, 270–281

S. Herrmann, Die konstruktive Restauration. Das Deuteronomium als Mitte biblischer Theologie, in: Probleme biblischer Theologie. Festschrift G. v. Rad, München 1971, 155–170

M. Weippert, Fragen des israelitischen Geschichtsbewußtseins: VT 23, 1973, 415–442

R. C. Culley, Studies in the Structure of Hebrew Narrative, Philadelphia 1976

J. Jeremias, Gott und Geschichte im Alten Testament. Überlegungen zum Geschichtsverständnis im Nord- und Südreich Israels: Evangelische Theologie 40, 1980, 381–396

VII. 7. Religion – Kultus

G. Fohrer, Geschichte der israelitischen Religion, Berlin 1969

W. H. Schmidt, Alttestamentlicher Glaube in seiner Geschichte, Neukirchen ⁴1982

H. Balz-Cochois, Gomer. Der Höhenkult Israels im Selbstverständnis der Volksfrömmigkeit. Untersuchungen zu Hosea 4_1-5_7, Frankfurt 1982

A. Soggin, Der offiziell geförderte Synkretismus in Israel während des 10. Jahrhunderts: ZATW 78, 1966, 179–204

F. Stolz, Rausch, Religion und Realität in Israel und seiner Umwelt: VT 26, 1976, 170–186

K. Rupprecht, Der Tempel von Jerusalem. Gründung Salomos oder jebusitisches Erbe, Berlin 1977

J. W. McKay, Further Light on the Horses and Chariot of the Sun in the Jerusalem Temple (2 Kings 23:11): PalEQ 105, 1973, 167–169

E. Otto, El und JHWH in Jerusalem. Historische und theologische Aspekte einer Religionsintegration: VT 30, 1980, 316–329

U. Winter, Frau und Göttin. Exegetische und ikonographische Studien zum weiblichen Gottesbild im Alten Israel und in dessen Umwelt, Göttingen 1983

H. Donner, Die soziale Botschaft der Propheten im Lichte der Gesellschaftsordnung in Israel: OA 2, 1963, 229–245

W. Dietrich, Jesaja und die Politik, München 1976

R. R. Wilson, Prophecy and Society in Ancient Israel, Philadelphia 1980

H. W. Wolff, Die Stunde des Amos. Prophetie und Protest, München ⁵1981

K. Koch, Die Profeten (I und II), Stuttgart 1978/1980

XII. Register

Die kursiv gesetzten Zahlen bei den geographischen Begriffen verweisen auf die Karten.

Abdon, Kleiner Richter 48 f.
Abel, biblische Sagengestalt 53
Abgaben s. Tribut
Abia, 916–914 König von Juda 124, 147, 208
Abieseriten, Sippe des Gideon 59
Abigail, Frau Davids 72
Abimelech, Kanaanäer 19 f.
Abisag, Frau Davids 83
Abner, Hauptmann Sauls 26, 46, 73 f.
Abraham, biblische Sagengestalt 26 f., 53, 57, 64 f.
Absalom, Sohn Davids 51, 78–80, 82, 87, 90, 152
Achämeniden, persisches Königshaus 203
Achis, philistäischer Stadtfürst 72
Ackerbau 24, 33, 60 f., 65, 67, 72, 80, 90, 164, 166, 173
vgl. Bauer
Adadnirari III., 809–782 König von Assur 112, 209
Administration s. Verwaltung
Adonija, Sohn Davids 82 f., 174
Adoraim, Ort in Juda 123
Adullam, Ort in Juda 122, 123
Ägäis 17, 21, 47
Ägypten, Ägypter 13, 16 f., 18, 20–22, 27 f., 30 f., 37, 43, 64, 75, 82, 84–87, 94, 99 f., 106, 108, 111, 116, 119, 123, 129–132, 136 f., 141 f., 145, 148, 151, 153, 160 f., 163 f., 164, 166, 170 f., 177, 187 f., 192, 207 f., 211
vgl. Amun, Auszug, Beamte, Heerwesen, Pharao, Vasallen, Verwaltung
Ältester 42, 59, 62 f., 69 f., 80, 82,

91 f., 98, 156 f., 170, 172, 174, 177, 179, 184, 198
Äthiopien, Äthiopier 129 f.
Affe 87, 166
Ahab, 875–853 König von Israel 103–109, 112, 117, 124, 137, 156, 163, 166, 169, 174, 196, 208 f.
Ahas, 734–715 König von Juda 117, 128 f., 194, 196, 210
Ahasja, 853–852 König von Israel 106, 108, 194, 209
Ahasja, 843–842 König von Juda 109, 124 f., 209
Ahikam, Beamter 157
Ai, Ort in der Sage 35
Aitiologie 34 f., 188, 199
Ajalon, Ort in Juda 37, 38, 44, 122, 123, 155
Aleppo, Ort in Nordsyrien 16, 18
Alraune 55
Alter Orient 12, 16–22, 54, 75, 86, 88 f., 97, 107 f., 114, 148, 152, 168, 171, 183, 187, 189, 191, 195, 199
Altes Reich in Ägypten 141
Altes Testament 9–15, 23, 25–27, 33 f., 36, 39, 45, 49–51, 54, 57, 69, 72, 74, 78 f., 81, 83, 88, 93, 95, 101 f., 104, 106 f., 109, 111, 117, 120, 124, 126, 128, 139, 141, 143, 147, 151, 157, 165 f., 172, 184, 187 f., 190, 192, 194, 196, 200
Amalekiter, Volk im Süden Judas 44, 46, 69–72
Amarna-Texte 37
Amazja, 797–769 König von Juda 13, 126, 176, 209
Amenophis I., 1515–1494 Pharao 17, 207

Amenophis II., 1427–1401 Pharao 19, 207
Amenophis III., 1391–1353 Pharao 61, 207
Amenophis IV./Echnaton, 1353–1336 Pharao 17, 207
Ammon, Ammoniter, Volk im Osten Judas 21, 31, *38*, 42, *44*, 45, 49, 69, 75 f., *77*, 84 f., *93–95*, 112 f., *118*, 132, 149, *155*, *159*, 208 f.
Amnon, Sohn Davids 51, 78
Amon, 642–640 König von Juda 137 f., 211
Amos, um 750 Prophet 21, 112 f., *173*, 177–179, 200 f., *205*, 209
Amt s. Amtmann, Beamter, Bezirkseinteilung, Eunuch, Freund des Königs, Herold, Minister, Palastvorsteher, Sekretär, Stallmeister, Statthalter, Verwaltung
Amtmann 163 f.
Amulett 27
Amun, Gottheit 93
Anakiter, Volk in der Sage 34
Anarchie 116
Anathoth, Ort in Juda *123*, 174
Anekdote 83
Annalen 117, 189
Aphek, Ort in der Jesreel-Ebene *38*, *44*, 45–47, 72 f.
Aphek, Ort am See Genezareth 112
Araber, Arabien 87, 119, 165 f.
arabische Halbinsel 9 f.
arabische Wüste *18*, 21
Arad, Ort in Juda 12–14, 87, 122, *123*, 124, 143
Aram, Aramäer 20–22, 31, 42, 76, 77, 85 f., 95, 97, 103–105, 108–113, 117, 121, 125–127, 154, 159, 161, 163, 165 f., 177, 207–209
vgl. Statthalter, Vasallen
Archäologie 12, 14, 34–36, *52*, 61 f., 66, 90, 105, 108, 132 f., 161, 180
Architekt 88, 180
Aristokratie s. Oberschicht
Arnon, Fluß ins Tote Meer *38*, 103 f., 112, *159*

Aroer, Ort in Gad 112, *155*
Aroer, Ort im Negeb 42, *52*, 69
Aruma, Ort bei Sichem 20
Asa, 914–874 König von Juda 14, *95*, 123 f., *150*, 172, 176, 196, 208
Asarhaddon, 681–669 König von Assur 136, 211
Asarja, 769–741 König von Juda 126 f., 138, 152, 209
Aschera 65, 110, 194, 198
Asdod, Ort der Philister *18*, 21 f., *38*, 75, 77, *118*, 129 f., *132*, *155*, 210
Aseka, Ort in Juda *123*, 145
Askalon, Ort der Philister 19, 22, *38*, 75, 77, *118*, 131 f., 138, *155*, 210
Asser, Stamm *44*, 154, *155*
Assur, Assyrer, Assyrien 13, *18*, 20–22, 28, 94 f., 97, 100, 104 f., 108, 110–117, 119–121, 126–138, 140–142, 161, 163 f., 166, 170 f., 176 f., 188, 194, 197 f., 203 f., 208–211
vgl. Adadnirari, Asarhaddon, Assurbanipal, Assurdan, Assurnassirpal, Beamte, Heerwesen, Kult, Provinzen, Salmanassar, Sanherib, Sargon, Statthalter, Tiglatpilesar, Vasallen, Verwaltung
Assur, Reichsgott 128, 131
Assurbanipal, 669–626 König von Assur 136–138, 141, 211
Assurdan III., 772–754 König von Assur 209
Assurnassirpal II., 884–859 König von Assur 104, 208
Astarte, Gottheit 47, *65*, 93, 106
Athalja, 842–837 Regentin in Juda 103, 110, 125, 147, 150, 160, 194, 209
Audienz 153
Aufstand
– der hebräischen Monarchien gegen Großmächte 113, 119, 121, 130 f., 137 f., 143, 145, 171, 210 f.
– gegen Herrscher der Doppelmonarchie 79, 82, 84, 86, 90, 92, 157
– gegen Herrscher in Israel 102
– gegen Herrscher in Juda 126, 138

Außenhandel s. Handel
Außenpolitik 73, 84f., 103, 105, 107f., 113, 115, 122, 126, 138, 140f., 153, 169, 177, 193
Auszug aus Ägypten 28–32, 43, 64, 100, 190, 198, 205

Baal, Gottheit 67, 106f., 109, 125, 191
Baal-Kult 65, 106f., 110, 194, 201, 208f.
Baal-Prophet 67, 106f.
Baal-Sebub, Gottheit 193f.
Baalath, Ort in Juda 123, 161
Babylon, Babylonien, Babylonier 9, 13, 18, 21f., 24, 28, 67, 97, 119, 121, 131, 137, 143–145, 149, 153, 157, 164, 171, 177, 183, 188, 203f., 211
vgl. Hammurabi, Nebukadnezar, Provinzen, Vasallen
Bach Ägyptens, Fluß in Palästina 38, 77, 116, 143
Baesa, 910–887 König von Israel 14, 95, 101f., 117, 147, 208
Barak, Rettergestalt 43, 45, 47, 207
Basan, Ebene nördlich des Jarmuk 38, 112
Bauer 24, 46f., 60, 80, 88–90, 92, 99, 115, 119, 146, 164f., 168, 172f., 175f., 178f., 182, 204
vgl. Ackerbau
Baumaßnahmen 29, 80, 86f., 89f., 105, 107, 122, 136, 161, 170–172, 180, 187, 192, 196
Beamte
– ägyptische 29, 187
– assyrische 20, 129, 138
– hebräische 40, 47, 50, 71, 74, 79f., 86, 92, 119, 140, 143, 145, 148–157, 160, 168–170, 173–177, 179, 185, 188f., 193, 196, 199
– kanaanäische 16
vgl. Amt
Beer-Seba, Ort in Juda 10, 34, 38, 66, 77, 87, 96, 118, 122, 123, 124, 159
Bekaim, Tal bei Jerusalem 75

Belagerung 94, 112, 132f., 143, 145
Belagerungswaffen 35, 114, 133f.
Benaja, Söldnerführer 160
Benhadad, um 900 König von Damaskus 95, 166, 208
Benjamin, Stamm 33, 43, 44, 45, 58, 84, 93, 95, 122, 124, 154, 155
Berufssoldaten s. Söldner
Berytos, Ort in Syrien 18, 111
Beschneidung 27, 205
Besitz 56, 60, 173
vgl. Eigentum
Besitzverzeichnis, negatives 37
Bethsabe, Frau Davids 159
Beth-Sean, Ort in Israel 22, 36f., 38, 41, 44, 48, 77, 94, 154, 155
Beth-Semes, Ort in Juda 123, 126, 128
Beth-Zur, Ort in Juda 122, 123
Bethel, Ort in Israel 35, 66, 100, 138, 140, 155, 173, 193, 208
Bethel, Ort im Negeb 69
Bethlehem, Ort in Juda 70, 75, 122, 123
Beute 20, 46, 72, 94, 108, 132f., 135, 144, 169f.
Beutelisten 19
Beutezüge 25, 41, 58, 87, 89, 158, 167
Bezirkseinteilung Israels 86, 91, 98f., 122, 154, 155, 171
Bezirkseinteilung Judas 122, 123, 154
Bigamie 55
vgl. Polygynie
Binnenhandel s. Handel
Blutrache 26, 41, 49, 74
Bogenschütze 133
Brandopfer s. Opfer
Brautpreis 54f., 58
Bronzezeit 35, 160
Bund 39, 147, 205
Byblos, Ort in Syrien 18, 69, 77, 132

Christentum 34, 54, 57, 70f., 195f., 206
Chronist 153, 168, 189
vgl. Geschichtsschreibung

Dämonen 80, 106, 150, 152, 154, 168f., 173–175

Damaskus, Ort in Syrien *18, 38,* 76, 77, 84, 95, 97, 104, 111–113, 115, 117, *118,* 125 f., 128 f., 165, 208–210
vgl. Benhadad, Hadadeser, Hasael, Resan, Rezin

Dan, Ort in Israel 10, 77, 100, *155,* 193, 208

Dan, Stamm *44,* 47, 154

David, um 1000–965 König von Juda, um 990–965 König von Israel, davidisch 10 f., 13, 22, 26, 28, 37, 42, 47 f., 51 f., 54, 69–84, 86, 89–94, 98 f., 101, 103, 105 f., 113, 121 bis 123, 126, 129, 137 f., 146, 148 bis 154, 156, 158, 160, 163, 168 f., 171–175, 185, 189, 191–193, 205, 208
vgl. Großreich

David-Stadt 75, 88, 128
vgl. Jerusalem

Debir, Ort in Juda 122, *123,* 127

Debora-Lied 43, *50*

Dekalog 182

Deportation 115, 117, 119 f., 134, 142–144, 146, 203–206, 211

Deuteronomium s. Geschichtswerk

Dienstleistungen 19, 22, 29, 61 f., 80 f., 86, 89, 91 f., 99, 122, 152, 154, 156, 168, 171 f., 179, 186

Dina, biblische Sagengestalt 58

Diplomatie 50, 86–89, 91, 108, 130, 152, 165, 186, 188

Dirne 36, 42

Domäne s. Krongut

Doppelmonarchie 74–94, 99, 150, 154, 157, 159, 163, 169 f., 172, 175, 189, 192 f., 205

Dor, Ort in Israel 37, *38, 44,* 77, 117, *118,* 154, *155,* 210

Dorf 12, 19, 24, 60, 62, 66, 70, 156, 158, 167 f., 174, 182, 184, 203

Dreißig Helden 71, 159

Dromedar 10, 40

Dynastie 97 f., 102, 107 f., 121 f., 126, 146, 150, 174, 192, 194, 205

dynastisches Prinzip 73, 93, 147

Ebjathar, Priester 84, 174 f., 193

Echnaton s. Amenophis IV.

Edelmetall 20
vgl. Gold, Silber

Edom, Edomiter, Volk im Osten Judas 13, 21, 29, 31, 37, *38,* 69, 76, 77, 84–86, 104, 108, 124, 126 f., 129, 132, 143, 149, 208

Ehe 51 f., 54, 58, 81, 85, 103, 156, 184

Ehebruch 57 f.

Ehrbegriff 26

Ehud, Rettergestalt 40

Eigentum 51, 56, 60 f., 63, 173 f., 178 f., 185
vgl. Besitz

Einzelkämpfer 22

Eisenzeit 35, 160

Ekron, Ort der Philister 22, *123,* 131 f., 135, 138, *155,* 193

Ekstase 67, 199

El-Äljon, Gottheit 67

Ela, 887–886 König von Israel 14, 102, 147, 163, 208

Elath, Ort am Roten Meer 13, 77, 84, 87, 124, 127, 143, 161, 166 f., 209

Eleasar, Gesandter 157

Elfenbein 87, 107, 135, 166, 180

Elia, um 850 Prophet 50, 67, 107, 112, 208

Eljakim, König s. Jojakim

Eljakim, Palastvorsteher 152

Elon, Kleiner Richter 48 f.

endogam 50 f.

Engedi, Ort in Juda 71, *123*

Engel 51, 148

Entjungferung 195

Entwaffnung 46

Enzyklopädie 88, 187 f.

Ephraim, Stamm 43, *44,* 49, 101 f., 112, 115, *155,* 159

ephraimitisch-samarisches Gebirge 11, 37

ephraimitisch-syrischer Krieg 13, 116

Er, biblische Sagengestalt 56

Erbrecht 52, 54, 60, 81, 174

Erbteilung 62

Ernte 41, 63
Eroberungen Davids 75
  vgl. Großreich
Erstgeborener 67, 196
Erstlingsfrucht 67
Erwählung, göttliche des Königs 147
Erzählung 21, 28, 31 f., 34 f., 39, 41,
  43, 50 f., 53, 57, 72, 83, 87, 125 f.,
  136, 141, 188 f., 192
Erzvater s. Patriarch
Esau, biblische Sagengestalt 25
Esbaal, Sohn Sauls 65, 73 f.
Eschatologie 202
Esel 23, 41, 45, 133, 164, 168
Estemoa, Ort in Juda 69, 123
Eunuch 150
Euphrat 9, 16, 18, 21, 76, 120, 143,
  165, 208
Exil 78
Exilszeit 54, 101, 141, 188–191,
  199 f., 203–205
Exodus s. Auszug
Ezechiel, um 590 Prophet 168, 198 f.,
  204

Familie 12, 24, 26, 29, 41, 46, 49 f.,
  53, 56, 58, 61, 163, 173, 175, 178,
  184
Familienoberhaupt 51–53, 56, 58
Feige 25
Feldzug s. Krieg
Festung 12 f., 19, 37, 46 f., 74, 87, 95,
  99, 105, 117, 122–124, 127, 131 f.,
  134, 139, 143, 145, 158, 161,
  163 f., 168, 176, 181
Finanzen 150, 177
Flöte 67
Flotte s. Schiff
Freigebigkeit 63
Freund des Königs 153
Fron s. Dienstleistungen
fruchtbarer Halbmond 9, 21, 165
Fruchtbarkeit
  – des Bodens 65, 73, 148, 164
  – der Herden 27 f.
  – des Menschen 27, 55–57, 195
Fruchtbarkeitsgott 67

Früchte 25, 164
Fünfstädtebund 22, 207
Fünfzigschaft 59, 79, 158

Gad, Stamm 112, 154, 155, 159
Galiläa, Landschaft in Israel 11, 38,
  95, 117, 161
Garde s. Leibwache
Garnison s. Festung
Gastfreundschaft 61, 63, 178
Gath, Ort der Philister 22, 38, 72, 123,
  125, 155
Gaza, Ort der Philister 11, 19, 22, 38,
  75, 77, 118, 131, 135, 143, 155,
  211
Geba, Ort in Juda 95 f., 123, 172
Gebirge Ephraim 33, 36, 38, 69, 154
Gebirge Juda 38, 172
Gebot 28, 58
Gedalja, Beamter 152, 157
Gefangener 134
Gefolgsleute 62
Geldbuße 60, 180
Gemarja, Beamter 157
Genezareth, See in Israel 95, 154
Genitalien 27
Gerichtsbarkeit 184 f.
Gerichtshalle 184 f.
Gesandtschaft 153, 157
Geschichtsschreibung 11, 14, 26, 32,
  35 f., 39, 49, 129, 153, 188–190,
  205
  vgl. Anekdote, Annalen, Chronist,
  Erzählung, Geschichtswerk, Helden-
  erzählung, Legende, Literatur, Mär-
  chen, Mythos, Überlieferung
Geschichtswerk, deuteronomistisches
  129, 131, 137, 140, 189 f.
Geschlechtsverkehr 51, 57, 195, 197
Gesellschaftsordnung 60–64, 79 f.,
  172–182
  vgl. Besitz, Eigentum, Großgrundbesitz, Grundbesitz, Mittelschicht,
  Oberschicht, Reichtum, Schuldner,
  Sklave, soziale Gegensätze, Sozialordnung, Status, Tagelöhner, Unterschicht, Verarmung

Geser, Ort in Israel 16, 19, 22, 37, *38,* *44, 75, 155,* 161
Gesetzbuch 140f., *157,* 190
Gesetzgeber 55, 139
Getreide 11, 20, 24f., 41, 62, 164, 166–168
Gibbethon, Ort der Philister 101f., *123*
Gibea, Ort in Juda 58, 67, 74, *123*
Gibeon, Ort in Juda 33, 73, 75, *123, 155*
Gideon, Rettergestalt 19f., 40f., 49, 59
Gilead, Stamm *38,* 42, *44,* 45, 49, 69, 73, 109, 112, 117, *118,* 138, 159, 210
Gleichheitsbewußtsein 63, 181f.
Gold 87, 94f., 111, 117, 127, 135, 160, 166f.
vgl. Stierbilder, goldene
Golf von Elath s. Elath
Goliath, biblische Sagengestalt 22
Gott, Gottheit 16, 26f., 35, 39, 53, 56, 59, 65, 67, 85, 100f., 136, 144, 158, 189
vgl. Amun, Astarte, Baal, El-Äljon, Hadad, Ischtar, Jahwe, Kamosch, Melkart, Milkom, Schamasch, Tammuz
Gott der Väter 28, 93
Gottesberg 64
Gottessohnschaft des Königs 148
Götzendienst 58, 191, 201
Grab 180
Granatapfel 25
Grenze Israels 95f., 113, *155*
Grenze Judas 95f., 128
Griechenland 139
Großfamilie 46, 50, 52, 59f., 182, 184f.
vgl. Familie, Sippe
Großgrundbesitz(er) 167–169, 173, 176f., 179f., 182, 204
Großreich Davids 22, 28, 76, 78, 83f., 89, 129, 139, 142, 150
Grundbesitz(er) 17, 19, 45, 60, 80f., 84, 168f., 172

Hadad, Gottheit 101
Hadadeser, um 1000 König von Zoba 76
Hadadeser, um 870 König von Damaskus 104, 111, 208
Hamath, assyrische Provinz 77, 115, *118,* 119, 210
Hammurabi, 1792–1750 König von Babylon 183
Handel 19, 24f., 70, 85f., 104, 108, 113, 127, 165–168, 170, 208
Handelswege 37, 84, 87, 108, 121, 161, 165f.
Handwerk 108, 127, 143
Harem *54*f., *85*f., 88, 122, 149f., 156
Harfe 67
Harran, Ort in Nordsyrien *18,* 137, 142
Hasael, um 841–800 König von Damaskus 111f., 125f., 209
Hauptmann 46, 102f., 116
vgl. Abner, Joab
Hauran, assyrische Provinz *118*
Hebamme 29
Hebräer passim
Hebron, Ort in Juda 34, *38,* 69f., 72, 74, 77, 81, 122, *123,* 151, *155,* 162, 164
Heerbann 81f., 86, 89, 102, 115, 159, 161, 163f., 172
Heerwesen
– ägyptisches 17
– assyrisches 114
– hebräisches 16, 41, 47, 71–73, 76, 78, 80, 99f., 102, 109, 112, 127, 145, 150–152, 154, 157–164, 169f., 173, 176
– kanaanäisches 16
vgl. Belagerung, Bogenschütze, Einzelkämpfer, Entwaffnung, Festung, Fünfzigschaft, Hauptmann, Heerbann, Infanterie, Krieg, Leibwache, Mobilmachung, Offizier, Rammbock, Schwerbewaffneter, Söldner, Steinschleuderer, Streitwagen, Tausendschaft, Waffen, Wurfgeschoß
Hegemonie 22, 45, 75

Heiligtum 64, 85, 93, 100, 138, 140, 192, 195
vgl. Höhenheiligtum, Tempel
Heilsgeschichte 14
Heirat s. Ehe
Helden 39–50
Herde 29, 60, 67
Hermon, Gebirge im Norden Israels 9, 38, 42
Herold 152 f.
Herrscher 39–50, 59
Hettiter 17–20, 22, 85, 149, 159 f., 207
Heuschrecke 61
Hexe 196 f.
Hiël, Beamter 196
Himmelskörper 196
Hinnom-Tal, bei Jerusalem 196
Hinrichtung 134
Hiram, 969–936 König von Tyros 50, 85, 88, 165 f., 170, 172, 208
Hirte 27, 46, 60, 89 f., 168
Hiskia, 715–697 König von Juda 13, 129, 131–133, 135, 176, 194, 210
Hof 74, 77 f., 80, 83, 88–90, 92, 99, 106 f., 109, 113, 119, 122, 129, 136, 142 f., 149–154, 156 f., 163, 169–171, 173 f., 177, 186–189, 192–194
Höhenheiligtum 65 f., 139, 194, 199, 202
Holz 20, 172
Horma, Ort in Juda 69, 123
Hosea, 730–722 König von Israel 117, 119, 210
Hosea, um 750 Prophet 110, 113, 116, 194, 196, 199 f., 210
Hungersnot 29, 73, 112
Hyksos 17, 19, 207

Ibzan, Kleiner Richter 48 f.
Infanterie 133
Isaak, biblische Sagengestalt 26, 53, 57 f., 64
Isai, Vater Davids 70, 81, 92
Ischtar, Gottheit 197
Isebel, Gattin Ahabs 102 f., 105–107, 109 f., 150, 166

Ismael, biblische Sagengestalt 25
Israel 13–15, 23, 43, 45, 47, 67, 69 f., 74, 76, 77, 78, 81, 84–87, 89–121, 123, 124–129, 139 f., 147, 149 f., 152, 154, 156, 158, 161, 163, 165 f., 169–174, 177, 191–193, 196, 201, 203, 208–210
Issachar, Stamm 43, 44, 101 f., 154, 155

Jaasanja, Ältester 157
Jabbok, linker Nebenfluß des Jordan 38, 44, 103, 112
Jabes, Ort in Israel 44, 45, 71, 73, 155
Jahwe, Gottheit 11, 14, 21, 28, 30, 49, 65, 67, 93, 100 f., 104, 106 f., 109–111, 115, 122, 124, 139–141, 144, 147, 190, 192, 194, 196 f., 201, 204–206
Jahwe, Land 64
Jahwe-Kult 31, 54, 64, 68, 100 f., 106, 124, 129, 136, 140, 142, 148, 190–192, 195, 200
Jahwe-Sabaot, Gottheit 197
Jair, Kleiner Richter 48 f.
Jakob, biblische Sagengestalt 25–27, 50, 52, 54 f., 58, 64
Jarmuk, linker Nebenfluß des Jordan 38, 42, 44
Jattir, Ort in Juda 69, 123
Jebusiter, Kanaanäer 67, 192
Jedidja s. Salomo
Jehu, 842–815 König von Israel 102, 104, 108–111, 116, 124, 147, 194, 201, 209
Jephthah, Rettergestalt 39 f., 42 f., 45, 49, 71, 84, 159
Jerachmeel, Stamm 44, 69 f.
Jeremia, um 620 Prophet 141, 143–146, 157, 199, 201 f., 204, 211
Jericho, Ort in Israel 10, 16, 35 f., 40, 44, 196
Jerobeam I., 932–911 König von Israel 93 f., 98–102, 147, 193, 208
Jerobeam II., 784–753 König von Israel 113, 115, 151, 209
Jerusalem 9 f., 16, 18, 37, 38, 44, 58,

66 f., 73–75, 77, 81, 84–87, 89–91, 93–95, 97, 99–101, 105, 109 f., 117, *118*, 122, *123*, 124–127, 130, 132 f., 135 f., 138, 140, 142–145, 148 f., 151, 153 f., 156 f., *160* f., 163, 166, 172 f., 187, 190–192, 194, 197, 199, 204 f., 209–211

Jesaja, um 740 Prophet 115, 128 f., 131, 136, 152, 165, 176 f., 179 f., 182, 195, 197, 199–201, 204, 210

Jesreel, Ort in Israel 11, 43, *44*, 102, 109, 124

Jesreel-Ebene 36 f., *38*, 39 f., 43, 45–47, 69, 94, 100, 117, 142, 154, 161

Jesse s. Isai

Jibleam, Ort in Israel 37, *38*, *44*

Joab, Hauptmann Davids 26, 73 f., 81, 84, 160

Joahas, 815–799 König von Israel 112, 125, 209

Joahas, 609 König von Juda 142, 211

Joas, 799–784 König von Israel 113, 125 f., 209

Joas, 837–797 König von Juda 14, 126, 160, 176, 194, 209

Jojachin, 598–597 König von Juda 143 f., 146, 149, 211

Jojada, Priester 125

Jojakim, 609–598 König von Juda 13, 141–143, 157, 171 f., 211

Jonadab, Führer der Rechabiter 110

Jonathan, Sohn Sauls 46

Joram, 852–842 König von Israel 104, 106, 108 f., 209

Joram, 850–843 König von Juda 103, 124, 209

Jordan 9, 37, *38*, 41, 101, 112, *123*, 154

Jordan-Graben 10, 40, 47, 95, 142, 161

Josaphat, 874–850 König von Juda 13, 104, 124, 127, 196, 208

Joseph, Stamm 33, 36, *44*

Josia, 640–609 König von Juda 13, 137–142, 145, 157, 181, 190 f., 194, 196, 198 f., 211

Josua, biblische Sagengestalt 31–33, 35 f.

Jotham, 741–734 König von Juda 127, 152, 209 f.

Juda, biblische Sagengestalt 55 f.

Juda, Stamm 37, 43, *44*, 159

Juda, Südreich 12–15, 23, 67, 69 f., 72 f., 76, 77, 78, 81, 86 f., 89–100, 102–105, 108–110, 113, 116, *118*, 120–122, *123*, 124–147, 149 f., 152–154, *155*, 156–159, 163 f., 170–173, 176 f., 181, 191–194, 196–198, 201, 203 f., 208–211

Judentum 34, *54*, 71, 141, 199, 203, 205 f.

Kadesch, Ort im Negeb 37, *38*, 87

Kadesch, Ort in Nordsyrien 207

Kain, biblische Sagengestalt 25, 53

Kaleb, Kalibbiter, Stamm 37, *44*, 70, 72, 122

Kamel 40 f., 133, 168

Kamosch, Gottheit 93, 103 f., 106

Kanaan, Kanaanäer 15–20, 23, 28 f., 32–37, 43, 49, 52, 59, 65–67, 69 f., 72 f., 75, 78 f., 87, 90, 93 f., 97 f., 101 f., 106, 109 f., 116, 124, 137, 140, 151, 153 f., 157 f., *160* f., 167, 171, 173, 175 f., 183, 186, 191–195, 197 f., 200, 205, 207 vgl. Beamte, Heerwesen, Jebusiter, Kult, Stadtfürst, Stadtstaat, Verwaltung

Kannibalismus 112

Karawane 9, 43, 85, 87, 165, 170

Karkar, Ort in Nordsyrien *18*, 104 f., 112, 163, 209

Karkemisch, Ort in Nordsyrien 16, *18*, 143

Karmel, Gebirge in Israel 11, *38*, 43, 98, 107, 110, 117, 154, 161

Karnaim, assyrische Provinz *118*

Kegila, Ort in Juda 71, 78, 122, *123*

Keniter, Stamm *44*, 69 f., 122

Keramik s. Töpferwaren

Kereti s. Leibwache

Kilikien, Landschaft in Kleinasien 166

Kison, Fluß in Israel 38, 43, 47
Kleinasien 20, 139, 166
Kleine Richter 48, 54
Kleinvieh 23, 80, 133, 164, 168
Kleinviehzüchter 24f., 31f., 70
Klima 9f.
König 14, 20, 26, 45, 71, 73, 78f.,
    87–89, 106, 116, 129, 131, 143,
    147–150, 152, 170, 174, 184, 186,
    193, 205
    vgl. Monarchie
Königinmutter 150
Koitus interruptus 56
Kollektivhaftung 185
Kolonisation 85, 165
Kosmologie 67
Kreta 21
Krieg 14, 28, 42, 49f., 73, 83, 85, 87,
    93–96, 102f., 108, 113, 116, 119,
    126, 130, 135f., 138f., 156, 172,
    177, 198, 206
Krieg, heiliger 49
Kriegslist 35f.
Krönung 75
Krongut s. Domäne
Krughenkel 132, 162
Kult 67, 88, 90, 141, 156, 191, 193,
    204
– astraler 197f., 200
– einheitlicher 47, 139, 198f.
– der Assyrer 140, 197
– der Kanaanäer 85, 90, 105f., 140,
    198
Kultbaum 65
Kultfunktion 73
Kultgemeinde 59
Kulthöhe s. Höhenheiligtum
Kultpolitik 108f., 122, 191
Kultreigen 65f.
Kultsage 66
Kultstifter 26, 66
Kultvorsteher 152
Kyros, 559–529 König der Perser 203

Laban, biblische Sagengestalt 26
Lachis, Ort in Juda 13, 16, 78, 122,
    123, 126, 132–134, 145, 176, 210

Lade 101, 191, 193, 197
Laiengerichtsbarkeit 184
Lamech, biblische Sagengestalt 26
Landesausbau 34, 36f., 39
Landnahme 21, 23f., 31–40, 52, 59f.,
    65, 72, 121, 148, 158, 173
Landparzelle 60, 179
Landwirtschaft 16
    vgl. Ackerbau
Lea, biblische Sagengestalt 55
Lebensmittel 41, 166
Lebo-Hamath, Ort in Israel 77, 113,
    118
Legende 16, 30, 136
Leibwache 78, 82, 125, 151, 159
Leihen 62, 178
Levirat 55f., 185
Libanon, Gebirge im Norden Israels 9,
    38, 166, 172, 187
Libanonwaldhaus 88, 160, 167
Libna, Ort in Juda 123, 124
Libyen, Libyer 18, 21f., 93, 207
Lied 187f.
Litani, Fluß im Norden Israels 38
Literatur 89
Loskauf 60
Loyalität 51
Luxus 86–88, 113, 143, 149, 179f.
Lydien, Landschaft in Kleinasien 203

Maacha, Frau Rehabeams 124, 147,
    150
Machir, Stamm 43, 44
Macht 56, 63
Madeba, Landschaft östlich des Toten
    Meeres 38, 104
Märchen 45, 125, 165, 188, 193
Magazine 132
Magie, Magier 27f., 196, 199
Mahanaim, Ort in Israel 77, 154, 155
Manasse, Stamm 13, 43, 44, 112, 115,
    136f., 154, 193f., 196–198, 211
Mansuate, assyrische Provinz 118
Maon, Ort in Juda 18, 122, 123
Mari, Ort am Euphrat 18
Massebe 65, 194, 198
Mathanja s. Zedekia

Maurer 172
Meer 11
Meerfeindlichkeit 9
Medien, Meder *18*, 120, 137, 203
Megiddo, Ort in Israel 11, 16f., 22,
37, *38*, 43, *44*, 77, 94, 99, 107, 117,
118, 139, 142, 151, *155*, 161f.,
207, 210
Melkart, Gottheit 106
Memphis, Ort in Ägypten *18*
Menachem, 752–742 König von Israel
115f., 171, 210
Menschenopfer 67, 128, 196
Mernephta, 1213–1203 Pharao 18,
21, 29, 207
Mesa, um 850 König von Moab 103f.
Mesopotamien 9, 14, 16f., 21, 67,
100, 114, 132, 160, 170, 192, 197
Messias 70f., 129, 138, 148
Metall 40
Micha, Hofbeamter 157
Micha, um 720 Prophet 71, 136, 176,
178f., 204, 210
Midianiter, Volk im Osten der Hebrä-
er 40f., 46, 49, 59, 61
Militär s. Heerwesen
Milkom, Gottheit 93, 106
Millo, Festung in Jerusalem 88
Minister 92, 151, 153f., 156
Mißernte 73
Mitanni, Reich in Mesopotamien 17,
18, 160, 207
Mitregent s. Regent
Mittelmeer 9, *18*, 37, 98, 104, 111,
121, 127, 138, 161, 165f., 168
Mittelschicht 19
Mittleres Reich in Ägypten 16, 207
Mizpa, Ort in Juda 42, *44*, 95f., *123*,
155, 172
Moab, Moabiter, Volk im Osten Ju-
das 21, 31, 37, *38*, 40, 42, *44*, 49,
69, 76, 77, 84f., 93, 95, 103f.,
108, *118*, 129, 132, 149, *155*,
196, 208
Mobilmachung 163
Monarchie 12, 14, 16, 23, 29, 33, 39,
41, 43, 47, 51, 54, 56, 58f., 64, 67,

78, 91f., 97–99, 105, 120, 138,
141, 148, 200
vgl. Doppelmonarchie
Mondfinsternis 28
Monogamie 55
Mose, biblische Sagengestalt 27,
30–32, 64, 139–141, 198
Mythos 27f.

Nabal, Bauer 80, 172
Nabopolassar, 626–604 König von
Babylon 137, 211
Naboth, Grundbesitzer 102, 169, 174
Nadab, 911–910 König von Israel
101, 147, 208
Nahor, biblische Sagengestalt 27
Nahrungsmittel 63, 178
Naphthali, Stamm 43, *44*, 95, 154,
155
Naturalabgabe 19f., 71, 103, 106
Nebukadnezar, 604–562 König von
Babylon 141, 143–146, 149, 153,
203, 211
Necho II., 610–595 Pharao 137,
142f., 171, 211
Negeb, Landschaft im Süden Judas 34,
38, 69f., 87, 127f., 143f., 161
Nekromantie s. Totenbefragung
Neues Reich in Ägypten 21, 166, 207
Nil 16, 21f., 130
Ninive, Ort am Tigris *18*, 133,
135–138, 211
Nomade 11, 23–34, 41, 58, 60,
62–64, 66, 81, 110, 158, 175,
182–185, 195
Nordreich s. Israel
Numina 27, 64, 84

Obadja, Priester 107
Oberpriester 125, 128, 173
Oberschicht 17, 19f., 75, 80, 88, 107,
113, 117, 119, 143, 146, 164, 173,
177, 180
Obstanbau 16
Öl, Ölbaum 20, 25, 80, 164, 166,
168f., 173

Offizier 79f., 102, 125, 159f., 163
Omri, 886–875 König von Israel, Omriden 97, 102–110, 112, 116, 124, 136, 147, 166, 174, 191, 193f., 196, 201, 208
Onan, biblische Sagengestalt 56, 185
Opfer 16, 23, 53, 66, 73, 110, 140, 193f., 196, 199
Orakel 67, 195
Ostjordanland 31, 42, 69, 75f., 84f., 94, 113, 117, 154, 159, 209
Ostrakon 106, 145, 169, 181
Othniel, biblische Sagengestalt 39
Othniel, Stamm 37, 44, 70

Padi, um 710 Stadtkönig von Ekron 131f., 135
Palast 87f., 94f., 105, 108f., 132, 137, 143f., 149f., 153, 162, 171f., 174, 192f., 209
Palastvorsteher 102, 152–154, 157
Palastwache 151, 160
Palästina 9–11, 15–18, 20–22, 28, 30–33, 36f., 38, 59, 64f., 75f., 85f., 93f., 97, 100, 104, 108, 110, 114, 117, 122, 130–132, 137, 142f., 151, 159f., 166, 183, 199, 203, 207, 211
vgl. Philister
Passah-Fest 27, 29
Patriarch 23, 26, 55, 65, 165, 191, 198, 202
patriarchal 25, 50, 53–55
patrilinear 50, 54
patrilokal 50, 52
Pekach, 741–730 König von Israel 116f., 127f., 160, 210
Pekachja, 742–741 König von Israel 116, 160, 210
Peleti s. Leibwache
Perser 154, 203
Personalunion 76, 78, 86
Pfandwesen 178f.
Pferd 17, 133, 154, 160f., 163, 166
Pharao 13, 17, 19, 28, 30, 64, 75, 85, 94, 111, 126, 130, 142, 148, 150, 152, 170f., 192

vgl. Amenophis, Mernephta, Necho, Psammetich, Ramses, Schabaka, Schoschenk, Sethos, Thutmosis
Philister 9, 15, 20f., 31, 33, 37, 38, 43, 44, 45–47, 52, 57f., 69–71, 73f., 77, 78, 82, 95, 101, 112, 116, 118, 123, 124f., 127–129, 131, 138, 142, 154, 155, 158–160, 166, 207, 209
vgl. Achis, Palästina, Sisera, Stadtfürst, Vasallen
Phöniker, Phönikien 44, 69, 77, 85, 87f., 103–105, 154, 155, 165, 167, 180, 193
Pilger s. Wallfahrt
Plünderung 20, 126, 146, 159, 176
Pnuel, Ort in Israel 94, 101, 208
Poesie 16
Polygynie 50, 54, 78, 85, 149
Priester 67, 84, 100, 125, 140, 144, 148, 156, 173f., 193–195, 199–201
vgl. Ebjathar, Jojada, Obadja
Privateigentum 60
Prophet, Prophezeiung 21, 50, 58, 65, 71, 97, 101, 107, 110, 112f., 128, 130, 136, 141, 144f., 148, 152, 156f., 165, 167f., 175, 177, 179–182, 186, 190, 195f., 199–202, 204
vgl. Amos, Elia, Ezechiel, Hosea, Jeremia, Jesaja, Micha, Zephanja
Prostitution 140, 199
Provinzen
– assyrische 97, 104, 113, 115, 117, 118, 130, 136, 138–140, 210
– babylonische 146, 153
Psalmodie 16
Psammetich II., 595–589 Pharao 145, 211

Rabbath-Ammon, Ort in Ammon 38, 42, 44, 76, 77, 118
Räuberwesen 62, 71
Rahel, biblische Sagengestalt 54f.
Rama, Ort in Juda 95, 123, 208
Ramath, Ort in Juda 69, 123, 143
Rammbock 133

Ramoth, Ort in Israel *38*, *44*, 109, *118*, 154, *155*
Ramses II., 1279–1213 Pharao 18, 207
Ramses III., 1184–1153 Pharao 21 f., 207
Ratgeber 91 f., 152 f., 191
Rauchopfer 197–199
Rausch 195
Rebekka, biblische Sagengestalt 57 f.
Rechabiter, religiöse Gemeinschaft 110, 175
Rechtsgemeinde 59, 62, 185 f.
Rechtsordnung 60, 116, 140, 142, 183
Rechtswesen 19, 42, 53, 62, 73, 78 f., 88, 175, 177–179, 182, 185 f.
vgl. Gerichtsbarkeit, Gerichtshalle, Gesetzgeber, Kollektivhaftung, Laiengerichtsbarkeit, Richter, Todesstrafe, Torgerichtsbarkeit
Regent, Regentin, Regentschaft 14, 82, 124 f., 127, 147
Rehabeam, 932–916 König von Juda 13, 70, 82, 84, 91–93, 98 f., 122, 124 f., 147, 160, 172, 176, 208
Reichtum 63, 79, 149, 170, 177, 180, 201
Reinheitsvorschriften 205
Reiterei 114
Religion, Religiosität 12, 16, 26 f., 64–68, 90, 101, 110, 141 f., 147, 175, 190–202
vgl. Amulett, Aschera, Ekstase, Eschatologie, Fruchtbarkeitsgott, Gott, Götzendienst, Heiligtum, Höhenheiligtum, Kult, Lade, Magie, Massebe, Menschenopfer, Orakel, Priester, Prophet, Rauchopfer, Schöpfergott, Schutzgott, Seher, Sippengott, Staatsreligion, Stierbilder, Synkretismus, Tabu, Tempel, Vegetationsriten, Wegegötter, Wunder
Resan, um 930 König von Damaskus 84 f., 208
Residenz 94
Retter 39–50
Revolte s. Aufstand

Rezin, um 735 König von Damaskus 116, 127 f.
Ribla, Ort in Syrien *118*, 142, 145
Richter der Richterzeit 39–50, 63, 68, 79, 121, 158, 165, 174, 176, 181, 194
Richter im Rechtswesen 163, 177
Rind 24, 41, 133, 168
Rodung 33 f., 60 f.
Rotes Meer 9, *18*, 87, 127, 166
Ruben, biblische Sagengestalt 55
Ruben, Stamm *44*, 47, 112
Saalbim, Ort in Israel 37, *38*, *44*, *155*
Sabbath 205
Sacharja, 753–752 König von Israel 115, 209 f.
Säulenhalle 88
Sage 11 f., 26, 30, 34–36, 65, 83, 188
Salbung 148
Sallum, 752 König von Israel 115, 210
Salmanassar III., 859–824 König von Assur 95, 104, 110 f., 124, 130, 209
Salmanassar V., 727–722 König von Assur 119, 210
Salomo, um 965–932 König von Juda und Israel 11, 13, 26, 50, 54, 70, 75, 82–92, 94 f., 97–99, 101, 106 f., 113, 117, 122, 124, 128, 147, 149–154, 156, 158, 160 f., 165 f., 170–172, 174 f., 185–189, 192 f., 208
salomonisches Urteil 83, 88
Samaria, Ort in Israel 105–110, 112 f., 117, *118*, 119 f., 128 f., 138–140, 156, 163, 169, 174, 193, 208–210
Samuel, Seher 193, 197
Sanherib, 705–681 König von Assur 94, 126, 132, 134 f., 137, 145, 153, 163, 166, 210
Saphan, Schreiber 157
Sargon II., 722–705 König von Assur 108, 118, 129–132, 163, 210
Sarkophag 47 f.
Saron, Ebene an der Mittelmeerküste *38*, 154, 168

Saul, Rettergestalt 26, 33, 37, 42, 45–47, 67, 71–74, 76, 159, 193, 196f., 207

Schabaka, 712–698 Pharao 129f., 210

Schaf 23, 41, 62, 70

Schamasch, Gottheit 197

Schatzhaus 88, 131

Scheba, Israelit 81f., 86, 92

Schebna, Palastvorsteher 153

Schiff 19, 87, 124, 165–167

Schöpfergott 67, 205

Schoschenk, 935–915 Pharao 13, 93–95, 99, 101, 122, 126, 160f., 167, 208

Schmuck 180

Schreiber s. Sekretär

Schulden, Schuldner 60, 62, 71, 167

Schuldsklaverei 178f.

Schutzgott 28, 30

Schutzverpflichtung 41

Schwerbewaffneter 22, 114, 158

Sebulon, Stamm 43, 44, 49

Seevölker 20–22, 207

Seher 67, 199

Sekretär 152f., 157, 163, 189

Semiten 21, 29, 67, 197

Septuaginta 15, 159

Seßhaftwerdung 33, 37, 56, 58, 63, 65f., 82

Sethos I., 1293–1279 Pharao 18, 207

Sexualität 57, 59, 195

Sichem, biblische Sagengestalt 58

Sichem, Ort in Israel 19f., 37, 38, 66, 77, 91f., 94, 101, 155

Sidon, Ort in Syrien 18, 38, 69, 77, 85, 93, 118, 127, 149

Siegel 19, 151f., 172

Silber 87, 95, 111, 117, 127, 135, 166, 168

Silo, Ort in Israel 66, 191

Simei, Gegner Davids 26, 84

Simri, 886 König von Israel 102, 109, 163, 208

Simson, biblische Sagengestalt 52

Sinai 10, 18, 30, 64

Siph, Ort in Juda 123

Sippe 11, 24–26, 28, 32f., 41, 50, 52, 59f., 62–64, 66, 71, 90, 158, 179, 189

Sippengott 26, 64

Sippenhaftung 185

Sippenordnung 157, 174, 177, 179, 186

Sisera, philistäischer Stadtfürst 43

Skarabäus 19, 61, 162

Sklaven, Sklaverei 20, 31, 80, 112, 145, 171, 184

vgl. Schuldsklaverei

Socho, Ort in Israel 155

Sodom, Ort in der Sage 51

Söldner 17, 20, 22, 46, 62, 71f., 75, 78f., 81f., 114, 126, 139, 158–160, 163, 171, 174f., 177, 189

Solidarität der Familie 26, 53, 60

Sommerweide 27, 33

Sonnenfinsternis 28

Sonnenkult 198

soziale Gegensätze 62, 113

Sozialordnung 62, 81, 90f., 110, 152, 172–182, 204

Sprache 65

Sprüche 187f.

Staatsreligion 101, 124f., 147, 191–194

Stadtfürst
– der Kanaanäer 20, 103, 130f., 148
– der Philister 43, 69, 72, 123

Stadtkultur 33, 73, 110, 175

Stadtmauer 24, 34–36, 88, 126, 131–133, 136, 145f., 171

Stadtplan 12

Stadtstaat der Kanaanäer 16f., 19f., 22–25, 33–35, 37, 38, 44, 65, 78f., 87, 98, 122, 151, 158, 161, 175

Stadttor 35, 109, 132f., 184

Stadt-Land-Gegensatz 79, 90, 175

Städteriegel 37, 38, 39, 59, 69 100

Stallmeister 160

Stallungen 86, 107, 132, 161f.

Stamm 29, 32f., 37, 43, 44, 47, 49, 59, 72f., 90–93, 101, 156–159, 164, 189

vgl. Asser, Benjamin, Dan, Ephraim, Gad, Gilead, Issachar, Jerachmeel, Joseph, Juda, Kaleb, Keniter, Ma-

chir, Manasse, Naphthali, Othniel, Ruben, Sebulon
Stammesoberhaupt 45
Stammesorganisation 69
Stammesrivalitäten 97 f., 115, 147
Stammesterritorium 36
Statthalter
– aramäischer 126
– assyrischer 117, 119
– hebräischer 76, 85
Status 51 f.
Steinigung 184
Steinschleuderer 133
Stempel 132, 162
Steppe 10, 23 f., 27, 70, 72, 127
Steuer 79–81, 86, 91, 99, 115, 142, 152, 156, 169–173, 179, 186
Stierbilder 100 f., 106
Streitwagen 17, 20, 29 f., 33, 43, 46, 78, 87 f., 102, 109, 112, 119, 127, 158, 160 f., 163, 166
Subite, assyrische Provinz 118
Südreich s. Juda
Sumer 141, 197
Sunem, Ort in Israel 41, 44, 83, 94, 155
Synagoge 205
Synkretismus 65, 90, 124, 128, 137, 139, 191, 194
Syrer, Syrien 9, 16–18, 20–22, 31, 64, 76, 87, 97, 100, 104 f., 108, 110, 112–114, 117, 130 f., 137, 142 f., 160, 166, 192, 203, 207, 211

Tabu 200
Tagelöhner 62
Tamar, Tochter Davids 51
Tamburin 67
Tammuz, Gottheit 197
Tanz 192
Tausendschaft 59, 79, 158, 163
Teilzwang 63, 178
Tempel 47, 66, 84, 100, 141
Tempel in Jerusalem 23, 87 f., 94 f., 100, 122, 124, 126, 128, 136, 139–142, 146, 164, 171, 174, 192 f., 197 f., 203, 209

Tempelannalen 93
Tempelprostitution 195–197
Tempelschatz 125, 144, 153, 170
Tempelwache 125
Thaanach, Ort in Israel 37, 38, 44, 94, 155
Thamar, Ort in Juda 38, 77, 84, 161
Thappuah, Ort in Israel 115
Theben, Ort in Ägypten 136, 211
Thebez, Ort bei Sichem 20
Thibni, 886–882 König von Israel 102, 208
Thimna, Ort in Juda 52, 123
Thirza, Ort in Israel 101 f., 105, 155, 180, 208
Thola, Kleiner Richter 48 f.
Thronbesteigung 76, 101
Thronhalle 88, 185
Thutmosis III., 1479–1425 Pharao 17, 207
Tierkreiszeichen 198
Tiglatpilesar III., 745–727 König von Assur 114 f., 117–119, 128, 171, 210
Tigris 9, 16, 18
Tob, Ort im Ostjordanland 42, 44
Todesstrafe 184
Töpferwaren 127, 139, 162
Toleranz 106 f., 110
Torgerichtsbarkeit 57, 177, 179, 185 f.
Totem 200
Totenbefragung 196 f.
Totes Meer 9, 38, 122, 123, 161
Traum 67
Tributzahlungen
– der Hebräer 13, 40, 46, 63, 74, 90, 93 f., 104, 110, 113, 115, 117, 119 f., 125, 129–132, 135 f., 138, 143, 160, 171, 174, 176 f., 209
– an die Hebräer 71, 76, 86 f., 91, 95, 103 f., 108, 122, 169 f.
Turmbau von Babel 25
Truppen s. Heerwesen
Tyros, Ort in Syrien 18, 38, 44, 69, 77, 86, 103, 105 f., 108, 110, 118, 127, 132, 155, 208
vgl. Hiram, Isebel

Überlieferung 26, 30–32, 34
Ugarit, Ort in Syrien 16, *18*, 170
Unfruchtbarkeit 58
Untergang
– der Monarchien 106, 148, 158, 200, 203–205
– Israels 114–120, 125, 139, 173, 198
– Judas 128, 139, 142–146, 202
Unterschicht 19, 62
Unzucht 58, 201
Urbanisierung 69 f.
Urias, Offizier Davids 159
Ussia s. Asarja

Vasallen
– der Ägypter 20, 22
– der Aramäer 112
– der Assyrer 117, 121, 129–131, 136, 138, 158, 194, 197, 210 f.
– der Babylonier 121, 211
– der Hebräer 76, 78, 86, 95, 103, 159, 169 f.
– der Philister 73
Vegetationsriten 65
Verarmung 20
Verbannung s. Deportation
Vergewaltigung 51, 58, 78
Versammlungshalle 88
Verschmelzen der Bevölkerungsteile 98 f., 101, 105, 107
Verwaltung
– ägyptische 19
– assyrische 115
– hebräische 63, 79, 86, 91, 99 f., 122, 132, 171 f., 186, 188
– kanaanäische 16
Viehhaltung 16, 20, 25, 72, 127, 154, 179, 184
Vision 195
Vorderer Orient *18*
Vorratsgefäß 132, 162

Waffen 74, 88, 131, 158, 160, 163
Wagenkämpfer s. Streitwagen
Wald 10, 164

Wallfahrt 100 f., 193, 196
Wanderungen 21, 23, 64
Wasserversorgung 9, 24 f., 33, 127, 131
Wegegötter 28
Weideplätze 23 f., 33, 70
Weidewechsel 24, 33, 41
Wein, Weinberg 16, 20, 25, 60, 80, 102, 110, 164, 166, 168 f., 173 f., 176, 180, 195
Weisheitslehre 187 f.
Weissagung 48, 67
Wertewandel 178 f.
Westjordanland 9, 31, 71, 113, 159, 209
Widerstand
– gegen die Monarchie 63, 71, 79 f., 82, 99, 104, 109 f., 116, 125, 136 f., 147, 170–172, 181
– der Monarchien gegen Großmächte 117, 129, 133, 143, 145
Wirtschaftsordnung 60–64, 79, 90 f., 96, 98, 108, 129, 149, 165, 167, 170, 175 f., 183, 186, 201
Wissenschaft 88, 186–188
Wolle 103, 166
Wüste 9 f., 18, 23, 25, 27, 32 f., 37, *38*, 120, 127, 165, 183
Wunder 29 f., 67, 136, 189
Wurfgeschoß 133

Zauberei 28, 196
Zedekia, 597–587 König von Juda 144–146, 157, 211
Zeder 88, 143, 166, 187
Zelt 34, 52, 55, 110
Zentralinstanz 25, 37, 50, 58, 62–64, 86, 99, 173, 177
Zephanja, um 620 Prophet 211
Zeuge 184
Ziege 23, 70
Ziklag, Ort in Juda 72, *123*
Zoba, Landschaft im Norden Israels 77, 84
Zweistromland s. Mesopotamien

KULTUR UND GESCHICHTE DES JÜDISCHEN VOLKES

Haim Hillel Ben-Sasson (Hrsg.)
Geschichte des jüdischen Volkes

Band I: Von den Anfängen bis zum 7. Jahrhundert.
Von Abraham Malamat, Hayim Tadmor, Menachem Stern
und Shmuel Safrai. 2. Auflage. 1981. IX, 515 Seiten mit
13 Karten und 44 Abbildungen. Leinen

Band II: Vom 7. bis zum 17. Jahrhundert.
Das Mittelalter. Von Haim Hillel Ben-Sasson. 1979.
IX, 434 Seiten mit 37 Abbildungen und 5 Karten. Leinen

Band III: Vom 17. Jahrhundert bis zur Gegenwart.
Die Neuzeit. Von Shmuel Ettinger. 1980. XI, 493 Seiten mit
37 Abbildungen und 10 Karten. Leinen

Franz J. Bautz (Hrsg.)
Geschichte der Juden
Von der biblischen Zeit bis zur Gegenwart

1983. 248 Seiten mit 13 Karten und einer Zeittafel. Paperback
(Beck'sche Schwarze Reihe Band 268)

Die Juden in Böhmen und Mähren

Ein historisches Lesebuch
Herausgegeben und eingeleitet von Wilma Iggers.
1986. Etwa 400 Seiten. Leinen

Leo Prijs
Die Welt des Judentums

Religion, Geschichte, Lebensweise
2., durchgesehene Auflage. 1984. 222 Seiten mit 38 Abbildungen. Paperback
(Beck'sche Schwarze Reihe Band 261)

VERLAG C.H.BECK MÜNCHEN

KULTUR UND GESCHICHTE DES JÜDISCHEN VOLKES

Günter Stemberger
Das klassische Judentum
Kultur und Geschichte der rabbinischen Zeit
(70 n. Chr. bis 1040 n. Chr.)
1979. 271 Seiten mit 2 Übersichtskarten. Broschiert
(Beck'sche Elementarbücher)

Heinrich und Marie Simon
Geschichte der jüdischen Philosophie
1984. 233 Seiten. Broschiert
(Beck'sche Elementarbücher)

Günter Stemberger
Der Talmud
Einführung – Texte – Erläuterungen
1982. 324 Seiten. Leinen

Günter Stemberger
Geschichte der jüdischen Literatur
Eine Einführung
1977. 257 Seiten. Broschiert
(Beck'sche Elementarbücher)

Albrecht Alt
Kleine Schriften zur Geschichte des Volkes Israel
In drei Bänden

Band I: 4. Auflage. 1968. XII, 357 Seiten. Leinen
Band II: 4. Auflage. 1977. VIII, 476 Seiten. Leinen
Band III: Herausgegeben von Martin Noth.
2. Auflage. 1968. XII, 496 Seiten. Mit einem Bild des Verfassers. Leinen

VERLAG C.H.BECK MÜNCHEN